U0519924

中国学术流派研究丛书

周群 主编

泰州学派研究

周群 著

商务印书馆
The Commercial Press

总　序

《易·系辞》云："天下同归而殊途，一致而百虑。"中国学术史的长河是由不同时期、不同地域、形态各异的万派支流汇注而成的。学术流派是以相似的学术宗旨或治学方法为特征的学术群体，是因应一定社会政治文化要求，体现某种学术趋向，主要以师承关系为纽带，与古代教育制度、学术传承方式密切相关的历史存在。

以学派宗师为代表的共同的学术宗旨或治学方法往往是学派的主要标识和学派传衍的精神动力。学派的开派宗师往往是首开风气的学术先进，他们最早触摸到了时代脉搏，洞察到学术发展新的进路。这必然会受到敏锐的学人们的应和，他们声应气求，激浊扬清，去短集长，共同为学派肇兴奠定了基础。师承是学术流派传衍的重要途径，盟主宗师，振铎筑坛，若椎轮伊始；弟子后劲，缵绪师说，如丸之走盘，衍成圭角各异的学派特色。学派后劲相互切劘、补益，使得该流派的学术廊庑更加开阔、意蕴更加丰厚，是学派形成理论张力的重要机制。高第巨子既有弘传师说的作用，同时，还需有不悖根本宗旨前提下学术开新的能力。没有学派后劲各具特色、各极其变的发展，以水济水，并不能形成真正的学派。家学因其特有的亲和力，是学派传衍的重要稳定因素，克绍箕裘以使家学不坠，这是学术之家的共同祈向。书院讲学便于学派盟主宣陈学术思想，强化了同道的联系，为形成稳定的学派阵营以及学术传衍提供了重要平台。民间讲会、书牍互通促进了学派成员之间的交流与学术的传播。中国古代学术大多以社会政治、道德文化为研究对象，往往随着时代的脉动而兴衰起落，观念史的逻辑演进过程之中必然带有时代的烙印。时代精神与社会政治是推进学术演进的重要动因。

中国古代学术传统的源流色彩极浓，学术源流，先河后海，自有端绪。学术的承袭与变异形成的内在张力是推进学术发展的重要动因，学派间的争鸣竞辩、激荡互动及不同学派的因革损益、意脉赓续，书写了中国古代色彩斑斓的学术发展史。尽管学术史上不乏无待而兴、意主单提之士，取法多元、博采汇通而自成其说的现象也在在可见，学者对学派的认识也每每歧于仁智。但中国学术史上林林总总的学术流派仍然是学者们展示各自学术风采的重要底色。因此，对各个学派进行分别研究，明乎学派源流统绪，梳理流变过程，呈现其戛戛独造的学术风采，分析其对于中国学术思想发展的价值，厘定其地位，对于揭示中国古代学术思想因革发展机制，推进中国学术史研究具有重要意义。这是我们组织编撰《中国学术流派研究丛书》的根本动因。

为了实现这一目标，我们将力求客观厘定学术流派在中国学术史上的地位，以共时比较与历时因革相结合。别同异，辨是非。不为光景所蔽，努力寻绎其真脉络、真精神。从历史情境与学理逻辑等不同的维度评骘分析其价值。同时，由于学术流派风格不同，内涵殊异，《丛书》在体例上不泥一格，以便于呈现学派各自的特色为是。

南京大学中国思想家研究中心是因已故南京大学校长匡亚明先生主编《中国思想家评传丛书》而成立，本人有幸躬逢这一盛举，跟随匡亚明先生参与了《评传丛书》的编撰出版工作。《评传》传主是中国学术思想史上二百多个闪光点，这些传主往往又是学术流派的盟主或巨子。从这个意义上说，《中国学术流派研究丛书》是在《评传丛书》基础上，对中国古代学术思想史上以杰出思想家为核心的不同学术集群的研究，是对色彩斑斓的中国古代学术思想历史画卷中最具特色的"面"的呈现与"线"的寻绎。《中国学术流派研究丛书》不啻是《中国思想家评传丛书》的学术延展。每每念此，备感责任重大。幸蒙一批学殖深厚、对诸学术流派素有研究的学者们共襄其事，他们以严谨的治学态度，做出或将要做出对学术、对历史负责的研究成果。对他们为了一个共同的学术宏愿而付出殚精竭虑的劳动表示由衷的敬意。南京大学社科处处长王月清教授欣然首肯《丛书》规划，使其得以付诸实施，对他的支持与付出表示衷心的感谢。

热诚欢迎学界同仁不吝指谬，以匡不逮。是为序。

周　群

2021年3月于远山近藤斋

目 录

序 ………………………………………………………………… 陈 来 1

导论 泰州学派概说 ……………………………………………………… 5
 一、《泰州学案》的特点与内容 …………………………………… 6
 二、序文的矛盾及其成因 ………………………………………… 11
 三、泰州学派的主要特征与社会意义 …………………………… 18

第一章 王艮：泰州学派的肇兴 ………………………………………… 25
 一、家世及生平简介 ……………………………………………… 25
 二、以身为本的淮南格物说 ……………………………………… 29
 三、大成学 ………………………………………………………… 46
 四、百姓日用即道与现成良知 …………………………………… 58
 五、乐学说 ………………………………………………………… 69

第二章 王襞："援龙溪以济心斋"的泰州干城 ………………………… 78
 一、援"天命""率性"证"良知见成" ……………………………… 79
 二、乐即心 ………………………………………………………… 85
 三、对泰州之学的传承与发展 …………………………………… 91

第三章 王栋：心斋学术的疏证者及其主意说 ………………………… 100
 一、"近炙安丰，远溯姚江"：援姚江以证安丰 ………………… 100
 二、阐扬心斋之学 ………………………………………………… 108
 三、诚意慎独论 …………………………………………………… 116
 四、作用与嗣响 …………………………………………………… 125

第四章 徐樾："百姓日用即道"的阐释与泰州学派的传承 …………… 131
 一、现成自在与百姓日用即道 …………………………………… 131
 二、心性论 ………………………………………………………… 137
 三、隐而不彰的内在原因 ………………………………………… 140

第五章　颜钧："精神心造"的泰州别派开山 ………………… 145
一、大中仁学 …………………………………………… 146
二、神莫论及其陌生化的论学方法 …………………… 154
三、三教观及论学的宗教色彩 ………………………… 159
四、余论 ………………………………………………… 166

第六章　何心隐：综汇个体、群体意识的思想家 ……………… 169
一、师承论略 …………………………………………… 169
二、蒙难原因 …………………………………………… 174
三、思想特征 …………………………………………… 183

第七章　罗汝芳：泰州学派的集大成者 ………………………… 198
一、学拜山农与二溪并置 ……………………………… 198
二、远承明道与万物一体论 …………………………… 204
三、借《易》以论生生之学 …………………………… 218
四、人性论与工夫论 …………………………………… 226
五、孝弟观 ……………………………………………… 238
六、影响：阳明到李贽的中介 ………………………… 245

第八章　赵贞吉：于经世出世中实现泰州学派的转向 ………… 254
一、学属泰州辨证 ……………………………………… 254
二、"跻阳明而为禅"的主要代表 …………………… 262
三、在泰州学派演变中的地位与影响 ………………… 269

第九章　邓豁渠："跻阳明而为禅"的泰州传人 ……………… 281
一、《南询录》与邓豁渠的为学经历 ………………… 281
二、思想的历时变化及主要内涵 ……………………… 283
三、入列《泰州学案》的学理依据 …………………… 290
四、从邓豁渠看泰州学派的历时特征 ………………… 298

余　论 …………………………………………………………… 302

参考文献 ………………………………………………………… 308

后　记 …………………………………………………………… 314

序

　　黄宗羲在《明儒学案·泰州学案》的序中明确说"泰州之后……遂复非名教之所能羁络矣",认为泰州学派后来的发展已经突破了名教的束缚。由于泰州学派的学者多出身下层农工商阶层,他们的著作又多散失,故现代学者往往由黄宗羲的断语而认定泰州学派代表了下层人民对当时的社会秩序、意识形态和价值系统的反抗。其实,黄宗羲所说"泰州之后"是指王艮死后,并不包括王艮;而他所谓"复非名教之所能羁络",也是特指泰州后学中颜山农、何心隐一派,而不是指泰州学派的全体。即使是他对颜、何派的批评,从近年发现的颜山农等的著作来看,也应是指颜、何世俗化的特点,即与士大夫儒学不同的民间儒学的特点。我们现在看泰州学派大部分学者的著作,不仅不是反儒家的,也不是反理学的。

　　王艮有名的学说是他对"格物"的新解释。而他的思想所以受到广泛注意,是因为他在以"正身"解释格物的意义外,更提出格物的第二个要点,即"安身"。安身又被他表达为爱身、保身、尊身,这是历来儒家思想中所没有的。在王艮的思想中,安身、保身的"身"都是指个体血肉之躯的生命存在;爱身说是把爱护人的感性生命置于与珍重道德原则相等的地位。这种思想不仅与朱熹、阳明的格物说不同,与整个理学传统的发展也显示出重要的差异,这的确显示了一种新的思想方向。但王艮的这些思想,不应视为理学的异端,而应看作是作为精英文化的理学价值体系向民间文化扩散过程中发展出来的一种形态,带有"世俗儒家伦理"的特色。

　　王阳明和许多理学家都是学者兼官僚,即所谓士大夫,他们觉得以天下为己任是士大夫的当然之则;但他们却反对一般民众(匹夫)有担当天下的胸怀,要匹夫们"思不出位"。而王艮的思想及其实践,要求普通民众具有"思出其位"的气魄,冲破士大夫对其安分守己的要求,要把理学变成不仅是士大夫的学问,而且是普通百姓的日用之道。总之,王艮讲百姓日用即是道,讲爱护人的感性生命,主张匹夫可以有尧舜君民之心,以及热心于民间传道等,在这些问题上,王艮都表现出平民思想家的特色。

泰州学派的成员罗汝芳晚年在《大学》本文释齐家治国的传九章中说:"君子不出家而成教于国:孝者,所以事君也;弟者,所以事长也;慈者,所以使众也。"罗汝芳据此认为《大学》的宗旨可归结为"孝""弟""慈"三个标准。他提出,"天下之大,未尝有一人而不孝弟慈者",认为人人都是"孝弟慈"。罗汝芳对"孝弟慈"的理解不限于儒家经典中冬温夏清的方式、遵从长上的要求等,而是容纳了从供养父母、抚养子孙,到安生全命、勤谨生涯、保护躯体,以至光大门户、显亲扬名等一系列生活价值,这些价值可以说都体现了家族伦理的原则和规范。正如王艮一样,他在孝弟慈的家族伦理解释下,肯定了为家庭而追求富裕等价值,以及保护自我、勤勉从业等伦理的规范。

泰州学派不再把儒家的价值当作士大夫经过复杂修养过程才能达到的境界,而把它作为百姓日用中就已实现着、表现着的东西;儒学从此不再是高不可攀、远不可及的,而是人人不虑而知、不学而能的。泰州学派的理想是,把人人都有的这种现成的不虑之知即不自觉的所能所知,更为提高一步,变成自觉的所能所知。这样一种思想的实质,是把儒学平民化、世俗化了。在这一过程中,一方面儒学普及化了,而另一方面儒学也民间化了,容纳了更多的生活价值和家族伦理。王艮、颜山农、罗汝芳所体现的正是明代中后期"儒家伦理普及化"的运动。

颜山农、何心隐的化俗和族的道德实践,不仅不反名教,而且是把当时正统的道德要求落实于基层生活。颜山农集中"箴言六章",自注"阐发圣谕六条",完全是把朱元璋的六条圣谕用通俗诗歌的形式加以发挥,意在使之深入民间,落实基层;他还作有"劝忠歌""劝孝歌""勉世诗"以及"歌修省""歌修齐""歌安业""歌乐学"等,与明代蒙学和儒家的"基层化""生活化"的潮流完全一致。又如韩贞,耿定向《陶人传》称他"毅然以弘道化俗为任,无问工、贾、佣、隶,咸从之游,随机因质诱诲之,化而善良者以千数"。因他翊赞王化成效显著,县令特嘉赏米、金,他致书谢曰:"第凡与侬居者,幸无讼谍烦公府,此侬所以报明府也。"他的理想是"人人知孝知悌""政平讼息"。此外颜山农的萃和会、何心隐的聚和堂,其活动一方面可以说是巩固乡村秩序,另一方面都具有明确的"合族"目的,突出"和"的价值,追求宗族与乡村共同体的和谐。可见,颜、何、韩的思想主张,并未逾越名教的藩篱。他们的活动与主流社会的价值观和要求都是一致的。

当然,泰州学派的思想家对阳明学的理论也做出了自己的贡献,如本书所谓泰州学派的正统派成员,但更为突出的是,他们讲学的对象或他们主导的教学活动的参与者,多是普通民众。对此,泰州学者也有明确的自觉,如王栋说:"自古士农工商,业虽不同,然人人皆可共学。孔门弟子三千,而身通六艺者才七十二,其余则皆朴茂无文之流耳。至秦灭学,汉兴,惟记诵古人遗经者起为经师,更相授受。于是指此学独为经生文士之业,而千古圣人原与人人共明共成之学,遂泯没而不传矣。天生我先师,崛起海滨,慨然独悟,直起孔孟,直指人心,然后愚夫俗子不识一字之人,皆知自性自灵,自完自足,不假闻见,不烦口耳,而两千年不传之消息,一朝复明,先师之功可谓天高而地厚矣。"这是说朴茂无文之人本来就是孔门弟子的主体,与愚夫俗子共明之学本来就是圣学的传统,这就为民间儒者的民间讲学做了最充分的论证。而泰州学派的代表人物,主要是未出仕任职而只在地方活动的阳明学运动的参与者,他们或只有较低的功名,或是平民,皆属纯粹地方精英;与讲学的对象相应,他们(如颜山农)的文字形式与内容所合成的话语,明显是非中心、非主流、非上层、非正统理学的民间话语,与士大夫王学的话语面貌有相当大的距离,形成了当时的民间儒学形态。

由此可知,泰州学派的实际作用和意义,很重要的一点,就是自觉地把社会主流价值和思想民间化、生活化、大众化、普及化、通俗化,在教化和传播主流价值方面取得了明显的成功。当然,在一定程度上,民间儒学的话语和实践也引起了当时正统的儒学士大夫对他们中一些人的批评,但这些批评并不能遮掩或抹杀民间儒学的积极作用和地位。

周群教授研究泰州学派有年,他的研究颇有贡献。如晚明的李贽曾叙述王心斋之后的传承为两支:一支是"波石之后为赵大洲,大洲之后为邓豁渠";一支是"山农之后为罗近溪,为何心隐"。以往对泰州学派的研究,在王心斋及其家学王东厓、王一庵之外,重视颜山农、何心隐、罗近溪;而本书在以上诸家外,也重视徐波石、赵大洲、邓豁渠一支。且本书对此三人的系统研究在国内乃属首次,故本书比起以往的研究要更为全面,其中细节的分析研究,亦有创获。今其专著《泰州学派研究》业已完成,书中对泰州学派的核心内涵及发展过程进行了全面的解读,得出了一系列新颖的结论,这是很可喜的。书将付梓,作者要我写几句话。我就把我对泰州学派的一些认识述之如上,以为简序,既向作者表示祝贺,也向读者推荐此书。

陈　来

2021年3月于清华学堂

导论　泰州学派概说

泰州学派是中国思想史上具有独特魅力而又有颇多争议的一个学术流派,后学中颜山农、邓豁渠、何心隐等人多有与正统乖悖的行谊与论说,因此备受顾炎武、王夫之等清儒的贬抑,而被视为"逾于洪水,烈于猛兽"。但在二十世纪,以嵇文甫、侯外庐以及美国学者狄百瑞(William de Bary)、日本学者岛田虔次等为代表的学者们对泰州学派予以了很高的评价,视其为近代思维的先驱。岛田虔次对承续阳明之学的泰州学派的流行有这样的评价:"以阳明、近溪,还有这个程后台为中心人物,儒学史上发生了如此生动的、纯真的、热情的事,可以说几乎超过勃兴期的宋学好几倍。我认为,在中国精神史上,明代所具有的特殊的意义正在于这一点上。"①乃至因对泰州学派的浓厚兴趣,最终改变了其学位论文的题目。② 诚如岛田所感悟的那样,泰州学派是一个与中国传统学术相异其趣的流派。

学术界对于泰州学派的认识一般基于黄宗羲《明儒学案》中的《泰州学案》,但泰州之学的称名则更早,如钱谦益在《朝列大夫管公行状》中有这样的论述:"姚江以后泰州之学方炽,则公之意专重于绳狂,泰州以后姚江之学渐衰,则公之意又专重于砭伪。"③管志道去世于1608年,当时黄宗羲尚未出生,而行状一般是去世不久后由门人或亲戚所撰,钱氏所作的《行状》显然早于黄宗羲的《明儒学案》。此前的袁宏道也有这样的记载:"夫阳明之学,一传而为心

---

① 岛田虔次著,甘万萍译:《中国近代思维的挫折》第二章《泰州学派:从大丈夫到"吾"》,江苏人民出版社2005年版,第68页。
② 据《中国近代思维的挫折·序》载,岛田在京都大学文学部读书时原来的毕业论文题目是"从王阳明到黄宗羲",最后改成了"阳明学的人的概念、自我意识的展开及其意义",对其原因,他说:"选择这个题目是因为能力不足以及阳明学本身的魅力的缘故。在这里尤其要特别交代一下的是,更因为是由于阅读了嵇文甫先生的《王学左派》的小册子(民国23年,开明书店),而开始对泰州学派产生了兴趣的缘故,最终没有完全实现当初的意图。"(岛田虔次著,甘万萍译:《中国近代思维的挫折·序》,江苏人民出版社2005年版,第5—6页)
③ 钱谦益著,钱曾笺注,钱仲联标校:《牧斋初学集》卷四十九,上海古籍出版社1985年版,第1252页。

斋,再传而为波石,三传而为文肃,谓之淮南派。"①该文作于万历三十五年(1607),稍早于管志道行状,但袁宏道称其为淮南派。值得注意的是袁宏道将徐波石、赵大洲作为主脉,并未提及颜山农、何心隐。可见时人对于泰州学派的脉络已有认识,在黄宗羲所谓"颜、何一派"之外,尚有泰州学派的主脉在,且是时人的共识。当然,袁宏道仅简述了赵大洲之前的三传脉络而已。比较而言,李贽的记述虽然没有明确标示何种学派,但对于心斋之学传衍线索的描述更加全面,云:"心斋之后为徐波石,为颜山农。山农以布衣讲学,雄视一世而遭诬陷;波石以布政使请兵督战而死广南。云龙风虎,各从其类,然哉!盖心斋真英雄,故其徒亦英雄也。波石之后为赵大洲,大洲之后为邓豁渠;山农之后为罗近溪,为何心隐,心隐之后为钱怀苏,为程后台。"②李贽主要论述了心斋后学所承的"英雄"品格,对其学术本身的评价并不充分。真正对泰州学派予以全面评述,且对后世产生重要影响的是黄宗羲在《明儒学案》中所列的五卷《泰州学案》。黄宗羲描述的泰州学派的规模与特征得到了后世的普遍认同。因此,《泰州学案》乃研究泰州学派的门径。

一、《泰州学案》的特点与内容

《泰州学案》堪称是《明儒学案》中最为复杂的学案,有两个显著的特点:其一,肯定泰州学派开派宗师王心斋承学阳明,但又不冠以"王门"。黄宗羲在《明儒学案》中将诸王门后学相关的学案一般都冠以"王门",如"浙中王门学案""江右王门学案""南中王门学案""楚中王门学案"等。另有两个学案案主受学于阳明,但未冠"王门"二字,这就是"泰州学案"与"止修学案"。《止修学案》中仅列李材一人。对于李材的学术特征,《明儒学案·师说》载:"文成而后,李先生又自出手眼,谆谆以'止修'二字压倒'良知',亦自谓考孔、曾,俟后圣,抗颜师席,率天下而从之,与文成同。"③亦即,李材的思想有与阳明并驾而分途的趋向。

---

① 袁宏道著,钱伯城笺校:《袁宏道集笺校》卷五十四《寿何孚可先生八十序》,上海古籍出版社1981年版,第1535页。
② 李贽:《焚书》卷二《为黄安二上人三首之一》,中华书局1975年版,第80页。
③ 黄宗羲著,沈芝盈点校:《明儒学案·师说》,中华书局1985年版,第13页。

因此，黄宗羲不以"王门"称之，已明察这两派与阳明学异趣的一面。当然，黄宗羲这样的处理，实导因于其师刘宗周。黄宗羲著《明儒学案》，但全书首列"师说"，显然视刘宗周之说为座右铭。而在篇首所列的"师说·李见罗材"中，刘宗周接着还有这样一段表述："《大学》一书，程、朱说'诚正'，阳明说'致知'，心斋说'格物'，盱江说'明明德'，剑江说'修身'，至此其无余蕴乎。"①可见，刘宗周认为阳明、心斋据《大学》论学，所重各有不同。心斋被时人视为"自立门户"②，与刘宗周视李见罗"抗颜师席"相似。这也是他们自"王门"入而黄宗羲又不将其列于"王门"的根据。其二，有《明儒学案》中最长的案序。黄宗羲在《明儒学案》的各学案之前均有长短不一的案序，综述本学案的基本特征，内容一般颇为简括，如《三原学案》序，全文仅为："关学大概宗薛氏，三原又其别派也。其门下多以气节著，风土之厚，而又加之学问者也。"③但《泰州学案》与其他学案的序文迥然不同，内容最为繁富，且频频为后世学者论及泰州学派特征时引据。因此，理解泰州学派，须从《明儒学案·泰州学案》序的特征、内容入手。《泰州学案》序首先对心斋及其后学进行概述，黄氏云：

> 阳明先生之学，有泰州、龙溪而风行天下，亦因泰州、龙溪而渐失其传。泰州、龙溪时时不满其师说，益启瞿昙之秘而归之师，盖跻阳明而为禅矣。然龙溪之后，力量无过于龙溪者，又得江右为之救正，故不至十分决裂。泰州之后，其人多能以赤手搏龙蛇，传至颜山农、何心隐一派，遂复非名教之所能羁络矣。顾端文曰："心隐辈坐在利欲胶漆盆中，所以能鼓动得人，只缘他一种聪明，亦自有不可到处。"羲以为非其聪明，正其学术也。所谓祖师禅者，以作用见性。诸公掀翻天地，前不见有古人，后不见有来者。释氏一棒一喝，当机横行，放下挂杖，便如愚人一般。诸公赤身担当，无有放下时节，故其害如是，今之言诸公者，大概本弇州之《国朝丛记》，弇州盖因当时爱书节略之，岂可为信？④

---

① 黄宗羲著，沈芝盈点校：《明儒学案·师说》，中华书局1985年版，第13页。
② 王艮撰，袁承业编纂：《明儒王心斋先生全集》卷三《年谱》，民国元年(1912)铅印本，第6页上。
③ 黄宗羲著，沈芝盈点校：《明儒学案》卷九《三原学案》，中华书局1985年版，第158页。
④ 黄宗羲著，沈芝盈点校：《明儒学案》卷三十二《泰州学案一》，中华书局1985年版，第703页。

其后又以较大的篇幅记述了泰州后学颜钧、梁汝元、邓豁渠、方与时、程学颜、管志道等人的学行。这篇《明儒学案》中最长的序文，有三方面的内容值得关注：

其一，对泰州学派学术特征及其历时性的认识。在黄宗羲看来，泰州学派与龙溪之学在阳明后学中以禅学为显著特征，但"龙溪之后，力量无过于龙溪者，又得江右为之救正，故不至十分决裂"。而泰州学派则不同，自心斋等人"跻阳明而为禅"之外，泰州之后"多能以赤手搏龙蛇"，且衍成了"非名教之所能羁络"的颜山农、何心隐一派。可见，泰州学派特质的形成是一个历时的过程，学术取向也有多元的色彩。黄宗羲事实上将泰州学派内部分成不同的派别。《泰州学案》序文中突出之处还在于列了一些人物小传，这些人物均不见列于学案正文。序文所传人物，是黄宗羲所列的"颜山农、何心隐一派""派下之著者"。① 因此，事实上，黄宗羲将泰州学派分为两派：其一是见列于《泰州学案》各卷中的诸传主。在黄宗羲看来，他们属于泰州学派的正脉，姑称其为"正统派"。另一派则是颜山农、何心隐以及其后的一派，姑称其为"颜何派"。这一派中主要成员即是序文中所列的颜钧、梁汝元、邓豁渠、方与时、程学颜、钱同文、管志道等人。需要指出的是，黄宗羲将"颜山农、何心隐一派"别出，主要是根据为学取向而非师承脉络，否则便难以解释《泰州学案》这样的安排：与颜、何没有联系的邓豁渠列于序文，而将颜山农的弟子罗近溪列于正传之中。从"颜何派"成员之间的关系来看，仅颜钧与何心隐是师生关系。程学颜、钱同文与何心隐并无师承而仅是同道之"友"，如程学颜之弟程学博云："梁（何心隐）先生以友为命，友中透于学者，钱同文外，独吾兄耳。"②方与时虽然与何心隐的关系不及程学颜、钱同文密切，但与程、何同样有惺惺相惜之谊，据载："后台、心隐大会矿山，车骑雍容，湛一以两僮舁一篮舆往，甫揖，心隐把臂谓曰：'假我百金。'湛一唯唯，即千金惟命。"③"友者，同志之名。"④"颜何派"之形成，源于他们之间学术旨趣抑或精神气质的相得。

其二，评价的标准涉及学术与性情两个方面。一般的学术批评多据学术

---

① 黄宗羲著，沈芝盈点校：《明儒学案》卷三十二《泰州学案一》，中华书局1985年版，第703页。
② 黄宗羲著，沈芝盈点校：《明儒学案》卷三十二《泰州学案一》，中华书局1985年版，第707页。
③ 黄宗羲著，沈芝盈点校：《明儒学案》卷三十二《泰州学案一》，中华书局1985年版，第707页。
④ 毛亨传，郑玄笺，孔颖达疏：《毛诗正义》卷十七，北京大学出版社1999年版，第1094页。

思想本身,但黄宗羲对泰州学派的评价则有所不同。《泰州学案》序云:"泰州之后,其人多能以赤手搏龙蛇,传至颜山农、何心隐一派,遂复非名教之所能羁络矣。""赤手搏龙蛇"是性情而非学术。黄宗羲还引述了顾宪成之说:"心隐辈坐在利欲胶漆盆中,所以能鼓动得人,只缘他一种聪明,亦自有不可到处。"黄氏对此基本认同,但稍有改变,即:"羲以为非其聪明,正其学术也。"①黄宗羲还是看到了性情背后的学术根源,并隐然以"作用见性"这一祖师禅的特征讨论泰州学派。尽管如此,性情仍然是黄宗羲评价泰州后学的重要标准之一。对于"颜何派"的特征,黄宗羲从两个方面进行了考察与评价:一是"作用见性"的论学特征。二是"赤手搏龙蛇""掀翻天地""赤身担当"的性情气禀。虽然后者与"作用见性"的论学特色有关,但是史学界往往更注意泰州学派中人的性情气禀特色,如李贽在《为黄安二上人三首》中即认为心斋之学的内在脉络便是英伟之气禀,即所谓"心斋真英雄,故其徒亦英雄也",其传承乃是"一代高似一代"。② 在李贽看来,泰州学派的精神气禀是一以贯之的,所有学者几乎概莫能外。同样,钱谦益在管志道行状中也曾论及管志道之于泰州后学的绳狂之功。"狂"显然是泰州后学的特色。陆世仪亦认为泰州之学论学的特点在于"粗",性情气禀在于"豪杰",云:"心斋之学虽粗,然以一不识字灶丁而能如此,却是豪杰,有气魄,鼓动得人,故当时泰州一派亦盛,然接引者多是布衣,又多死非命,如颜山农、邓豁渠、何心隐之属亦学问粗疏,一往不顾之所致也。"③由此不难看出,时人对泰州学派的认识基本集中于学术与性情两个方面。这也是明清之际学人对泰州之学较普遍的认知标准。将性情气禀作为评价学派的一个重要维度,这在《明儒学案》中殊为独特。

其三,论及泰州之学与阳明学的关系。《泰州学案》开篇即云:"阳明先生之学,有泰州、龙溪而风行天下,亦因泰州、龙溪而渐失其传。"阳明学是黄宗羲评价泰州之学的重要理论基础与逻辑起点,同样,这也是我们今天研究与评价泰州学派的一个重要维度。据王心斋《年谱》记载"先是,塾师黄文刚,吉安人也,听先生说《论语》首章,曰:'我节镇阳明公所论类若是。'先生讶曰:'有是哉? 方

---

① 黄宗羲著,沈芝盈点校:《明儒学案》卷三十二《泰州学案一》,中华书局1985年版,第703页。
② 李贽:《焚书》卷二,中华书局1975年版,第80页。
③ 陆世仪:《思辨录辑要》卷三十一,《文渊阁四库全书》第724册,台湾商务印书馆1982—1986年版,第294页下。(《文渊阁四库全书》均为台湾商务印书馆影印本,以下脚注出版社和年份略。)

今大夫士汩没于举业,沉酣于声利,皆然也。信有斯人论学如我乎?不可不往见之,吾俯就其可否,而无以学术误天下。'"①黄文刚之惊讶,是因为心斋未识阳明之时,论学已有与阳明不谋而合处。心斋与阳明暗合的内容是"说《论语》首章"。《论语》首章是"学而时习之,不亦说乎?有朋自远方来,不亦乐乎?人不知而不愠,不亦君子乎?"显然,心斋所论当与乐学有关。但心斋《乐学歌》并不是作于此时。据王东崖记载:"见阳明翁而学犹纯粹,觉往持循之过力也,契良知之传,工夫易简,不犯做手,而乐夫天然率性之妙,当处受用,通古今于一息。著《乐学歌》。"②黄文刚之讶,极可能是今存于《语录》中的"'不亦说乎','说'是心之本体"③。将乐学与心之本体相结合,也就是说很可能是心斋此时已初具乐学的思想,而这与阳明的良知说颇有应合之处。但泰州学派的主体思想仍然是心斋师事阳明之后,受阳明学的启发而产生的。④ 如《乐学歌》之外,"百姓日用即道"思想的提出即是如此,嘉靖三年(1524),心斋在会稽之时,"四方学者聚会稽日众,请阳明公筑书院城中以居同志,多指百姓日用以发明良知之学"⑤。嘉靖十年(1531),"是年,四方从游日众,相与发挥百姓日用之学,甚悉"⑥。可见,如果说泰州学派衍阳明学而至荡轶礼法、蔑视伦常,则根源仍在阳明而非心斋。心斋恰恰是一位"律身极峻"之人,乃至"先生总理严密,门庭肃然,子弟于宾客不整容不敢见"⑦。心斋当时"五常冠、深衣、绦绖、笏板"的装束并非疏狂之证,其服饰是按《礼经》所制,"服尧之服"的目的诚如王东崖所说"直以圣人自任"⑧,是循古制以弘传古道。但当其承学阳明之后,方一改"持循之过力",而为"工夫易简,不犯做手,而乐夫天然率性之妙,当处受用"。⑨ 心斋从阳明处得良知本具,而这与心斋此前的修持方法恰成对比。可见,心斋受阳明的影响是全面而显著的。对于泰州学派与阳明学的关系,钱穆先生认为:

---

① 王艮撰,袁承业编纂:《明儒王心斋先生全集》卷三《年谱》,民国元年(1912)铅印本,第2页下。
② 王襞:《新镌东崖王先生遗集》卷上《上昭阳太师李石翁书》,明万历刻明崇祯至清嘉庆递修本。
③ 王艮:《重刻心斋王先生语录》,《四库全书存目丛书》子部第10册,齐鲁书社1995年版,第6页。
④ 赵大洲《泰州王心斋墓志铭》中记心斋淮南格物思想形成于见阳明之前,而与其他诸文献记载有别,吴震《泰州学派研究》第一章《王艮:泰州学的创立》已作考辨,甚确,兹从之。
⑤ 王艮撰,袁承业编纂:《明儒王心斋先生全集》卷三《年谱》,民国元年(1912)铅印本,第4页上。
⑥ 王艮撰,袁承业编纂:《明儒王心斋先生全集》卷三《年谱》,民国元年(1912)铅印本,第4页下。
⑦ 王艮撰,袁承业编纂:《明儒王心斋先生全集》卷三《年谱》,民国元年(1912)铅印本,第2页上。
⑧ 王襞:《新镌东崖王先生遗集》卷上《上昭阳太师李石翁书》,明万历刻明崇祯至清嘉庆递修本。
⑨ 王襞:《新镌东崖王先生遗集》卷上《上昭阳太师李石翁书》,明万历刻明崇祯至清嘉庆递修本。

"守仁的良知学,本来可说是一种社会大众的哲学,但其落到社会大众手里,自然和在士大夫阶层中不同。单从这一点讲,我们却该认泰州一派为王学的唯一真传。"①余英时先生的阐发更加详细:"朱熹、陆九渊的儒学传授还是以士大夫为直接的对象,对于社会大众不免尚隔一层,虽然他们的终极关怀是如何给社会大众建立一个合理的社会秩序。王阳明才在士大夫之外,同时也直接向社会大众说教。但阳明本人仍然是士大夫。王艮则出于小商人的背景。他的著籍弟子和私淑门人中有樵夫朱恕、陶业匠人韩贞、商人林讷等,还有七十人仅具姓名,不详里居事迹,看来至少不全是士大夫阶层中人。这才真是所谓社会大众。"②他们从为学取向方面肯定了心斋承祧阳明的史实,这一认识从心斋对阳明抠衣称弟子的行谊中得到了印证。

当然,阳明变而为泰州,根本原因在于泰州学术有其自身的独特之处,这是我们将要讨论的主要内容。黄宗羲将《泰州学案》不冠以"王门"而径以"泰州学案"名之,对泰州之学与阳明学的切割意识客观上也强化了学界对于泰州这一独立学派的认同。黄宗羲在《明儒学案》中对泰州之学的处理方式,与王世贞"东越之变为泰州"的论述一样,都对后世学者对泰州之学的认识客观上起到了推助作用,这也是我们在研究泰州学派时首先考察黄宗羲《泰州学案》序的原因。

二、序文的矛盾及其成因

《泰州学案》序文内容丰富,影响甚大,但其中又留下了看似矛盾的诸谜团。由于《泰州学案》的巨大影响,因此,研究泰州学派首先需要直面这些谜团,并努力探寻其形成的原因。

首先,是黄宗羲对泰州及其后学的褒贬态度。黄氏序文中的述议部分对泰州之下的颜、何一派总体以贬斥为主,指出其"无有放下时节,故其害如是"。虽然批评的严苛程度不如王世贞、顾炎武等人,但对于颜、何一派的总体贬意

---

① 钱穆:《宋明理学概述》四十七《王艮》,《钱宾四先生全集》第9册,台北联经出版事业股份有限公司1998年版,第303页。
② 余英时:《儒家伦理与商人精神·士商互动与儒学转向》,广西师范大学出版社2004年版,第194页。

一目了然,然而紧承其后的颜、何诸人小传则语含褒意。在颜山农小传中,黄氏历述了山农的侠义之德,云:"山农游侠,好急人之难。赵大洲赴贬所,山农偕之行,大洲感之次骨。波石战没沅江府,山农寻其骸骨归葬。颇欲有为于世,以寄民胞物与之志。"①更记述了罗近溪为了营救其出狱,"不赴廷对者六年",并引述了近溪的至崇之评:"山农与相处,余三十年。其心髓精微,决难诈饰。不肖敢谓其学直接孔、孟,俟诸后圣,断断不惑。不肖菲劣,已蒙门下知遇,又敢窃谓门下,虽知百近溪,不如今日一察山农子也。"②黄氏对于何心隐、邓豁渠等人的记述亦大致相似,其赞叹之意同样一目了然。再如,虽然对于颜、何一派有"其害如此"的判断,但又指出"今之言诸公者"之言颜、何一派不可凭信,云:"今之言诸公者,大概本弇州之《国朝丛记》,弇州盖因当时爱书节略之,岂可为信?"③在黄宗羲看来,时人对于颜、何的认识,大概源自王世贞的《国朝丛记》,而王世贞凭据的或许仅是颜、何入狱时的司法文书,亦即"今之言诸公者"仅是依凭构陷者罗列的颜、何"违法"的有关行实,而并不是基于对颜、何等人的全面认识。黄宗羲所论明确溯及王世贞的《国朝丛记》,该书无存,但王世贞在《嘉隆江湖大侠》中有这样的记述:"嘉隆之际,讲学者盛行于海内,而至其弊也,借讲学而为豪侠之具,复借豪侠而恣贪横之私,其术本不足动人,而失志不逞之徒,相与鼓吹,羽翼聚散闪倏,几令人有黄巾五斗之忧。盖自东越之变为泰州犹未至大坏,而泰州之变为颜山农则鱼馁肉烂,不可复支。"④王世贞所谓"鱼馁肉烂,不可复支"则是指颜山农"读经书不能句读,亦不多识字,而好意见穿凿文义,为奇邪之谈,间得一二语合,亦自洒然可听,所为必无使其徒预往张大炫耀其术,至则无识",以及"每言人之好贪财色,皆自性生,其一时之所为,实天机之发",等等。⑤黄宗羲对于颜山农之学的批评主要是关于作用见性的论学旨趣,而对于其"赤身担当"的侠义豪杰精神则不无褒赞。因此,黄宗羲在颜山农等人的小传中多有褒意,并且不苟从时议,通过对史料的甄别,对泰州学派做出了较客观的评述。而黄氏批评泰州"学"之"害"背后蕴含着严儒释之大防的

---

① 黄宗羲著,沈芝盈点校:《明儒学案》卷三十二《泰州学案一》,中华书局1985年版,第703—704页。
② 黄宗羲著,沈芝盈点校:《明儒学案》卷三十二《泰州学案一》,中华书局1985年版,第704页。
③ 黄宗羲著,沈芝盈点校:《明儒学案》卷三十二《泰州学案一》,中华书局1985年版,第703页。
④ 王世贞著,董复表辑:《弇州史料》后集卷三十五《嘉隆江湖大侠》,明万历四十二年(1614)刻本。
⑤ 王世贞著,董复表辑:《弇州史料》后集卷三十五《嘉隆江湖大侠》,明万历四十二年(1614)刻本。

学术旨趣,以及为阳明纾困的心理动因。黄宗羲的序文,既体现了其对泰州学派中颜、何一派学术的不满,又表现了对其豪杰精神的些许首肯。《泰州学案》殊为独特的长序,体现了黄宗羲对泰州之学的格外重视,用心尤多而又不乏乖舛之处,恰恰体现了对泰州学派的评价是一个多元复杂的课题。

其次,是黄宗羲对泰州涉禅的判断。黄宗羲认为,泰州与龙溪一起"益启瞿昙之秘而归之师,盖跻阳明而为禅矣"。龙溪的涉佛毋庸讳言,但泰州之学盟主王心斋则是严格区分儒释的,他认为儒释是完全不同的体用系统,据《语录》记载:

> 或言佛老得吾儒之体。先生曰:"体用一原,有吾儒之体,便有吾儒之用。佛老之用,则自是佛老之体也。"①

《年谱》亦载其:"撤神佛像,祀祖先。里俗家庙多祀神佛像。先生告于守庵公曰:庶人宜奉祖先。守庵公感悟,遂祭告而焚之。"②清人李颙亦载之:"里俗好奉佛,先生(王心斋)准古秉礼,思以易之,令隳佛像,崇儒教。"③从现存的王心斋集以及《年谱》等文献的记载来看,李颙所记显然更近史实。④ 对于心斋在阳明后学中的特色,明人王士性曾有这样的表述:"江门之派至增城而浸晦,姚江之派复分为三:吉州仅守其传,淮南亢而高之,山阴圆而通之。"⑤就是吉州邹东廓,也就是黄宗羲所说的江右派得阳明真脉,而淮南亦即泰州学派重在精神,山阴亦即王龙溪所谓"圆而通之",似乎即在于圆通三教。这样的认识也得到学界的普遍认同,如荒木见悟说:"王门当中,与佛教最接近的人是龙溪,心斋此种倾向极为薄弱,其子东厓虽然出入玉芝法聚之门,但也见不着多少佛学

---

① 王艮:《重刻心斋王先生语录》卷上,《四库全书存目丛书》子部第 10 册,齐鲁书社 1995 年版,第 4 页。
② 王艮撰,袁承业编纂:《明儒王心斋先生全集》卷三《年谱》,民国元年(1912)铅印本,第 2 页上。
③ 李颙著,陈俊民点校:《二曲集》卷二十二《观感录·心斋王先生》,中华书局 1996 年版,第 274 页。
④ 《年谱·武宗十二年丁丑》载:"撤神佛像,祀祖先。里俗家庙多祀神佛像。先生告于守庵公曰:庶人宜奉祖先。守庵公感悟,遂祭告而焚之。因按文公家礼,置四代神主祀焉。"(王艮撰,袁承业编纂:《明儒王心斋先生全集》卷三,民国元年[1912]铅印本,第 2 页上)
⑤ 王士性撰,吕景琳点校:《广志绎》卷四,中华书局 1981 年版,第 79 页。

的影子。"①黄宗羲何以得出这一结论？我们认为，这是因泰州弟子而归之于师，即如同他判断泰州龙溪之于阳明一样。泰州学派中的赵大洲、邓豁渠等人入禅尤深，但禅学与泰州盟主王心斋并无关系。另一方面，黄宗羲认为泰州之学如祖师禅作用见性一样，这同样存在着一定的事实根据。王心斋之"百姓日用即道"就其思维路径而言，与作用见性并无根本的区别，因此，心斋之学本具"类禅"的特点，这也许是黄宗羲将泰州学派归之于"启瞿昙之秘"的原因。黄宗羲对泰州学派涉禅的判断影响了其对泰州之学的准确定位。黄宗羲看似矛盾的态度，体现了其对泰州学派尤其是颜、何一派其人、其学的不同认识。在黄宗羲看来，其"害"仍在于"学"，而学之害正是"以作用见性"的"祖师禅"。黄宗羲对泰州学派的"害"的认识亦源于此。当然，这样的判断也造成了对泰州学派认知上的一些混乱。黄宗羲对于泰州学派的涉禅判断不尽允洽的原因可能与刻意分判阳明和泰州、龙溪乃至颜、何一派有关。对于黄宗羲在《泰州学案》序中的态度，我们需要考察一下作者的心境：阳明学在经历了明代中后期的"风行天下"之后，可谓谤议蜂起，受到了多方面的批判。但黄宗羲是一位意在纠阳明后学流弊而持守阳明基本取向的学者，其学术思想是在对阳明学的继承与调整中展开的。如东林领袖顾宪成对于当时学者乐趋便易、冒认自然、提倡当下即是的流弊深以为忧，指出其根源在于阳明四句教，认为四句教乃坏天下教法之始。尽管黄宗羲之父亦为东林人，但黄宗羲在《东林学案》中还是为阳明学力辩，认为阳明的"无善无恶"并非指性体，而只是指无善念恶念而已，阳明于"知"加一良字，"正言性善也"②。对于阳明后学的一些流弊，黄宗羲孜孜将之与阳明切割，认为时人排决阳明四句教，"岂知与阳明绝无干涉。呜呼！天泉证道，龙溪之累阳明多矣"③。事实上，当时排决阳明的并不仅限于四句教，如同样也曾见列于刘宗周门墙的张杨园对阳明学有这样的苛斥："大抵近世学者，信洛、闽不如信姚江，究而言之，信邹、鲁亦不如信姚江。非信姚江也，信其言之出入于释老，而直情径行，可以无所顾忌，高自许可，是以目无古人也。"④认为

---

① 荒木见悟著，廖肇亨译：《明末清初的思想与佛教·赵大洲的思想》，台北联经出版事业股份有限公司2006年版，第98页。
② 黄宗羲著，沈芝盈点校：《明儒学案》卷五十八《东林学案一》，中华书局1985年版，第1379页。
③ 黄宗羲著，沈芝盈点校：《明儒学案》卷五十八《东林学案一》，中华书局1985年版，第1379页。
④ 张履祥著，陈祖武点校：《杨园先生全集》卷十《与吴裒仲》，中华书局2002年版，第287页。

阳明良知之学乃世风颓坏的根源："今日邪说暴行之徒,莫非自托于'良知'之学,究其立身,寡廉耻,决名教,流祸已极,而有志于学问者曾不之察,方将主张其说,以鼓动学徒,招来群辈,断然自信而不疑。亦难乎其为豪杰之士矣。"①陆陇其对阳明的诘难更加峻烈,乃至将阳明立教之弊与明代覆亡相联系,批评阳明于禅学阴合而阳离,是世风纵肆的根源。而黄宗羲则不同,他将时人认为的阳明学理之病分别由阳明后学来担荷,将纵肆自适之弊归诸"非名教之所能羁络"的颜、何一派。对于姚江之学出入于释老的批评,黄宗羲则释之为"泰州、龙溪时时不满其师说,益启瞿昙之秘而归之师,盖跻阳明而为禅矣"②。但黄宗羲因佑阳明而进行的切割也留下了有违事实的破绽。黄宗羲刻意分判阳明学立教与末学之弊,以维护阳明立说之本,其中的曲意隐然可寻。颜、何等人虽然不无疏狂,但是否如序文中所说的那样"非名教之所能羁络",何心隐等人是否如顾宪成所言"坐在利欲胶漆盆中",等等。对于这些数百年来几乎成学界"共识"的论说,我们亟须剔除评价者的情感心理因素,对泰州学派(尤其是颜、何一派)予以客观评价。

再次,《泰州学案》序文并没有论及泰州学派盟主王艮的淮南格物、大成仁学、乐学等最能代表学派特色的内容。其对泰州之学禅学化与粗豪气质的判断,主要限于颜山农、何心隐一派。从这个意义上说,对学界影响甚巨的《泰州学案》序文并不能作为我们全面考察泰州学派的主要依据。要了解黄宗羲对于泰州学派的全面认识,应主要依据《泰州学案》中其他的传记等内容。泰州学派受到批评最烈的在于"非名教之所能羁络"。在黄宗羲看来,其害更重于释氏,即他所谓"释氏一棒一喝,当机横行,放下拄杖,便如愚人一般。诸公赤身担当,无有放下时节,故其害如是"③。虽然黄宗羲将之视为颜、何一派的特征,其实,这从泰州学派开宗立派的王艮的行谊中即可以看出端倪。据《年谱》载:"先生一夕梦天坠毁压身,万人奔号求救,先生独奋臂托天而起,见日月列宿失序,又手自整布如故,万人欢舞拜谢。醒则汗溢如雨,顿觉心体洞彻,万物一体,宇宙在我之念益真切不容已。自此行住语默,皆在觉中。"④托天救世之梦正是

---

① 张履祥著,陈祖武点校:《杨园先生全集》卷四《与沈德孚》,中华书局2002年版,第86页。
② 黄宗羲著,沈芝盈点校:《明儒学案》卷三十二《泰州学案一》,中华书局1985年版,第703页。
③ 黄宗羲著,沈芝盈点校:《明儒学案》卷三十二《泰州学案一》,中华书局1985年版,第703页。
④ 王艮撰,袁承业编纂:《明儒王心斋先生全集》卷三《年谱》,民国元年(1912)铅印本,第1页下。

泰州后学"赤身担当"的精神依凭。从这个意义上说,泰州学派的豪杰精神是一以贯之的。这种气禀,褒之者谓之"英灵"或"英雄"之气,并往往与所持之学、所求之道紧密相连。在李贽看来,泰州学派的"英灵"气概指的是矢志求道的精神,云:"当时阳明先生门徒遍天下,独有心斋为最英灵。心斋本一灶丁也,目不识一丁,闻人读书,便自悟性,径往江西见王都堂,欲与之辩质所悟。此尚以朋友往也,后自知其不如,乃从而卒业焉。故心斋亦得闻圣人之道,此其气骨为何如者!"①"心隐以布衣出头倡道而遭横死;近溪虽得免于难,然亦幸耳,卒以一官不见容于张太岳",李贽列述泰州之学的流脉,亦在于说明"英雄之士,不可免于世而可以进于道"。② 在李贽看来,泰州诸志士无论身份显微,都是孜孜以"进于道"的"英灵"。③ 黄宗羲还认为,泰州学派中人,之所以能鼓动得人,并不是因为其"一种聪明",而是其学术。他们"赤身担当"的英灵气概,实源自泰州学派直面现实的淑世情怀,以及成就圣贤之业的强烈意愿。诚如朱熹所说:"豪杰而不圣贤者有矣,未有圣贤而不豪杰者也。"④ 王心斋的担当意识以及其后的邓豁渠以体道为帜志、何心隐以笃行为务等等,无论是证道意志还是外王之业,都可见泰州学派强烈的淑世情怀、豪杰精神。当然,黄宗羲认为泰州学派被人诟病的狂侠之气,是因为其染禅而演至极限使其然,即他所谓:"释氏一棒一喝,当机横行,放下拄杖,便如愚人一般。诸公赤身担当,无有放下时节,故其害如是。"但这样的判断多少具有区隔泰州、阳明的意图,因此,对其豪杰精神学术背景的探寻未必十分客观,而近人唐君毅先生在关于心斋承阳明本具的"洒脱之义"时的一段论述对我们理解泰州学派豪杰精神的学术背景不无启迪:

  阳明原有"乐为心之本体"之言,其言良知之戒慎中,亦有洒脱之义。

---

① 李贽:《焚书》卷二《大孝一首》,中华书局1975年版,第80页。
② 李贽:《焚书》卷二《大孝一首》,中华书局1975年版,第80页。
③ 泰州后学的性情特征是颇受时人讥评的内容,即便是深受泰州后学濡染,且以疏放著称的文坛巨擘袁宏道亦有这样的论述:"夫阳明之学,一传而为心斋,再传而为波石,三传而为文肃,谓之淮南派。淮南王担荷,而其子孙喜为拔俗之行,其弊至为气魄所累。语云:'字经三写,乌焉成马。'淮南之后而为悍然不顾,其一短也。"(袁宏道著,钱伯城笺注:《袁宏道集笺校》卷五十四《寿何孚可先生八十序》,第1534页)
④ 罗大经撰,孙雪霄校点:《鹤林玉露》丙编卷三《圣贤豪杰》,上海古籍出版社2012年版,第170页。

然王门学者,则未有明倡自觉此乐在本体,而依之以起工夫,而使人自乐其工夫,亦自乐其学者。心斋则首倡此义。其所以能首倡此义,则正与其不单言心,而即安身之事以言此心之学有关。①

与黄宗羲相反,唐君毅先生认为,心斋从学术层面光大了的"洒脱"之义是阳明本具的,并成为泰州后学"赤手搏龙蛇""掀翻天地"的精神滥觞。心斋之所以能够发挥阳明之学本具的"洒脱"精神,与其安身之学有密切的关系。豪杰精神虽然显现于泰州后学,而其内在精神脉理则贯及泰州学派始终。

最后,是泰州学派成员的问题,《明儒学案》同样存在着一些值得商榷的内容。黄宗羲列入《泰州学案》中的正式传主按卷次分成五系:

王艮、王襞、徐樾、王栋、林春
赵贞吉
罗汝芳、杨起元
耿定向、耿定理、焦竑、潘士藻、方学渐、何祥、祝世禄
周海门、陶望龄、刘塙

但这些见列成员尚有一些可议之处,如对于周海门一系,彭国翔《周海门的学派归属与〈明儒学案〉相关问题之检讨》一文②从地域、思想传承以及自我认同诸方面,考证了周海门应是王龙溪的弟子,而不应见列于罗近溪的门下归入《泰州学案》,所论甚确。对于耿定向一系,吴震在《泰州学派研究》一书中也认为不应列于《泰州学案》,论述同样十分详密。③ 这些结论在黄宗羲的弟子万斯同的记载中得到了印证。万斯同在《儒林宗派》中将王艮与王畿并列,王畿派下有周汝登、邓以赞、张元忭等。王艮的传人有徐樾、林春、王栋、王襞、朱锡、周可宗、朱恕等。在万斯同所列的王艮以下的学术谱系中,一无耿天台的名氏。万斯同乃黄宗羲的学生,这一记载已对黄宗羲所列的泰州学派的人员有

---

① 唐君毅:《中国哲学原论·原教篇》,中国社会科学出版社2005年版,第248页。
② 载《清华学报》(台北),新三十一卷三期,2001年9月。
③ 详见吴震:《泰州学派研究·绪论 泰州学案的重新厘定》,中国人民大学出版社2009年版,第16—30页。

所校正。① 黄宗羲何以将耿天台列入泰州学派？吴震先生从两个方面推测了原因。② 同时，另有一条线索值得注意，黄宗羲在《泰州学案》序文中述及管志道时曾说："东溟受业于耿天台，著书数十万言，大抵鸠合儒释，浩汗而不可方物。"③而将管志道视为"派下人"的根据即是"决儒释之波澜"。可见，耿天台归属于泰州学派很可能是因其弟子管志道而又反溯及耿天台，并判定其学派归属。仅仅因论学"决儒释之波澜"而认为管志道属于泰州学派显然有失公允。可见，《泰州学案》虽然是认识泰州学派的重要文献，但又不能以黄宗羲之是非为是非，尚需综合师承关系、学术宗旨、交游等多种因素方可厘判其是否属于泰州学派。对于入列泰州学派的学者，我们应以他们秉持的基本学术旨趣为本，而辅之以考证他们的传承之序，而不应太多依据其性情特征。对此，李贽论邓豁渠是否得泰州学脉之时所言为我们提供了重要的借鉴："如其迹，则渠老之不同于大老，亦犹大老之不同于心老，心老之不同于阳明老也。若其人，则安有数老之别哉！知数老之不容分别，此数老之学所以能继千圣之绝，而同归于'一以贯之'之旨也。若概其面之不同而遂疑其人之有异，因疑其人之有异而遂疑其学之不同，则过矣。"④李贽对于邓豁渠、赵大洲、王心斋、王阳明学术承续关系的厘判正可以为我们判定泰州学派的成员提供借鉴，亦即李贽所说的以"学"为本，而非以人为别，序其本而不泥于其迹。

三、泰州学派的主要特征与社会意义

泰州学派的立派基础在于心斋首倡的"淮南格物"，这也是时人的普遍认识。⑤

---

① 详见《儒林宗派》，四明丛书约园刊本。
② 详见吴震：《泰州学派研究·绪论　泰州学案的重新厘定》，中国人民大学出版社2009年版，第29—30页。
③ 黄宗羲著，沈芝盈点校：《明儒学案》卷三十二《泰州学案一》，中华书局1985年版，第708页。
④ 李贽：《焚书》卷一《又答石阳太守》，中华书局1975年版，第5页。
⑤ 赵贞吉：《泰州王心斋墓志铭》："越中良知，淮南格物，如车两轮，实贯一毂。"（赵贞吉著，官长驰注：《赵贞吉诗文集注》卷十八，巴蜀书社1999年版，第581页）即显示了心斋格物说与阳明良知说的关系。同样，《年谱·嘉靖十六年》："是年，先生玩《大学》，因悟格物之旨曰：'其本乱而末治者否矣。'……时有不谅先生者，谓先生自立门户，先生闻而叹曰：'某于先师，受罔极恩，学术所系，敢不究心以报。'"可见，时人认为心斋自立门户，亦在于"悟格物之旨"。

我们将在讨论心斋学术思想时论及。这里主要从论学方法、论学旨趣等方面对泰州学派的特征与价值做一考察。

心斋倡学的目的在于将儒学从经生的书斋中解放出来，以闾阎百姓易晓的形式，使儒家思想成为百姓自我陶冶精神、成德修为的内在动力。王栋认为，这就是将原本为经生文士所独擅之学，变为人人共明共成之学。① 传统政治教化都是通过统治者与士人对百姓的教化而实现的，百姓的道德行为主要依靠外在的力量，而缺乏直接从儒家经典中得到道德滋养的路径，难以实现道德自觉。随着儒家经典与科选的结合，对经典陌生化的诠释使其逐渐成为经生或士子们的案头文本而与百姓日用脱节，百姓道德自觉的主体意识难以发挥作用。而脱离了民众的儒学，事实上已悖离了儒家的立教宗旨。心斋立学，就是要唤起平民的主体意识，诚如王栋所说："天生我先师，崛起海滨，慨然独悟，直起孔孟，直指人心。然后愚夫俗子不识一字之人，皆知自性自灵，自完自足，不假闻见，不烦口耳。"②虽然王阳明自龙场悟道始，即已开启了直指人心的证道之路，但这仍然是士人之悟。而心斋则不同，他以更加晓易的方法，即百姓日用以明道，以至灶丁、樵夫等庶民亦能深受其感染，得其要领，如樵夫朱恕"听心斋语，浸浸有味。于是每樵必造阶下听之。饥则向都养乞浆，解裹饭以食。听毕则浩歌负薪而去"③。陶工韩乐吾从学于朱恕、王襞，虽识字不多，但一旦觉有所得，便以化俗为己任，乃至"秋成农隙，则聚徒谈学，一村既毕，又之一村，前歌后答，弦诵之声洋洋然也"④。泰州学派（尤其是前期）主要以庶民为论学对象，决定了其论学的方法多为随机指点，即事明道。刘宗周曾记载心斋以良知诲盗的情形："海陵王心斋从王阳明讲学，以良知为宗，一日盗至其家，公亦与之讲良知，群盗哗曰：'如吾辈者，良知安在？'公曰：'汝试去衣，良知便露。'群盗悉去衣，唯一裤，相顾不去。公曰：'此即良知所在也。'汝不去此是有耻也。此心本有谓之良知，因为之反复晓喻，群盗感悟而去。"⑤早期的泰州学

---

① 转引自李颙撰，陈俊民点校：《二曲集》卷二十二《观感录·心斋王先生》，中华书局1996年版，第277页。
② 转引自李颙撰，陈俊民点校：《二曲集》卷二十二《观感录·心斋王先生》，中华书局1996年版，第277—278页。
③ 黄宗羲著，沈芝盈点校：《明儒学案》卷三十二《泰州学案一》，中华书局1985年版，第719页。
④ 黄宗羲著，沈芝盈点校：《明儒学案》卷三十二《泰州学案一》，中华书局1985年版，第720页。
⑤ 刘宗周：《人谱类记增订五·记警穷治盗贼第八十二》，《文渊阁四库全书》第717册，第258页。

派成员多为平民,对百姓生活有真切体验,论学的方式往往即事以明理,晓易直接。随着泰州之学在士大夫阶层影响的扩大,这种特征虽然不及初期那样鲜明,但仍然与其他王门后学的论学色彩稍有不同,即使是精于身心性命之微的罗近溪,论学也不脱形象晓易的色彩,黄宗羲谓之:"顾盼咡欠,微谈剧论,所触若春行雷动,虽素不识学之人,俄顷之间,能令其心地开明,道在眼前。"[1]泰州学派论学方法的简易直接,根本原因与其论学不遗庶黎的旨趣有关。

泰州学派注重庶民教育,这使得其与统治者教化民众的为政目标高度契合。当然,泰州学派是启发民众觉知自灵自性以成德,而统治者则是以行政的手段,通过外在规约乃至圣谕的形式以达到化民成俗的目的。就行政手段而言,明初朱元璋即令户部颁布《教民榜文》,其中的六条圣谕为:"孝顺父母,尊敬长上,和睦乡里,教训子孙,各安生理,毋作非为。"[2]并且严令遵行,违者依律令处置:

> 榜文内坐去事理,皆系教民孝弟、忠信、礼义、廉耻等事。所在官吏、老人、里甲等,当体朝廷教民之意,各宜趋善避恶,保守身家,常令遵守奉行,毋视虚文,务在实效,违此令者,各以所犯罪之。[3]

由于都以成德为目的,因此,泰州学派中人对于六条圣谕都竭诚宣传,如心斋谓:"我太祖高皇帝《教民榜文》以孝弟为先,诚万世之至训也。"[4]当然,泰州学派所论与圣谕之煌煌昭垂不同,他们是通过学理疏证、讲会言宣以成教化之功。如心斋将孝弟观念与万物化生相联系,谓:"盖闻天地之道,先以化生,后以形生。化生者天地,即父母也;形生者父母,即天地也。是故仁人孝子,事亲如事天,事天如事亲,其义一也。"[5]将传统的孝亲思想与天道性命、易道阴阳结合起来,谓之:"盖孝者,人之性也,天之命也,国家之元气也。元气壮盛而六阴

---

[1] 黄宗羲著,沈芝盈点校:《明儒学案》卷三十四《泰州学案三》,中华书局 1985 年版,第 762 页。
[2] 载杨一凡点校:《皇明制书》第二册,社会科学文献出版社 2013 年版,第 728 页。
[3] 载杨一凡点校:《皇明制书》第二册,社会科学文献出版社 2013 年版,第 733 页。
[4] 王艮:《重刻心斋王先生语录》,《四库全书存目丛书》子部第 10 册,齐鲁书社 1995 年版,第 34 页。
[5] 王艮:《重刻心斋王先生语录》卷下《与南都诸友》,《四库全书存目丛书》子部第 10 册,齐鲁书社 1995 年版,第 34 页。

渐化矣,然而天下有不孝者鲜矣。"①心斋的道德论以化俗为目的。当父兄教之以孝弟,子弟学之以孝弟,师者以孝弟勉之,乡党以孝弟荣之,则上下皆趋于孝,且时时、日日、月月、岁岁如此。上下同心,"在上者不失其操纵鼓舞之机,在下者不失其承流宣化之职,遂至穷乡下邑愚夫愚妇皆可与知与能",结果必然是"人人君子,比屋可封"。② 因此,泰州学派中人将朱元璋的圣谕谱入了儒学传统,如罗汝芳说:"居官常绎诵我高皇帝圣谕,衍为乡约,以作会规,而士民见闻,处处兴起者,辄觉响应,乃知大学之道在我朝果当大明,而高皇帝真是挺生圣神,承尧舜之统,契孔孟之传,而开太平于兹天下万万世无疆者也。"③同时,他在《宁国府乡约》之中,对朱元璋的六条圣谕做了详细阐释说明:对于"孝顺父母,尊敬长上",便引述孟子"孩提之童,无不知爱其亲"④为证;"和睦乡里,教训子孙"则引张载《西铭》中"民吾同胞,物吾同与"⑤为凭,并以更加通俗易晓的语言阐释了遵行圣谕的道理。王一庵作有《乡约谕俗诗六首》《乡约六歌》等,以诗歌的形式对朱元璋圣谕六条进行诠释。同样,颜山农作《箴言六章》,自注为"阐发圣谕六条",各条之后又分别赋诗两首。他们大致都通过万物一体以及天道人性的角度,援据孟子等论述,使原本作为外在规约的圣谕,渐变为人们道德实践的内在自觉。他们虽然有时也以乡约的形式传递儒家教化,但强化了说理的色彩。注重教化民俗,面向民众,是泰州学派为学的重要特征。同时,泰州学派中的一些成员还躬行践履,从颜山农的萃和会到何心隐的聚和堂,都显示了泰州学派的这一理论与实践祈向。在儒学已僵化而主要成为科场程式的背景之下,泰州学派回归儒学的立教之本。敦化民俗,启导民众心性自觉,实现自我成德之路,这也是心斋大成学形成的动力之源。泰州学派开派宗师与巨子们大多以卑微之身,而作出位之思,基于乡村实践,探寻闾阎百姓的德

---

① 王艮:《重刻心斋王先生语录》卷下《与南都诸友》,《四库全书存目丛书》子部第 10 册,齐鲁书社 1995 年版,第 36 页。
② 王艮:《重刻心斋王先生语录》卷下《与南都诸友》,《四库全书存目丛书》子部第 10 册,齐鲁书社 1995 年版,第 36 页。
③ 罗汝芳:《明道录》卷一《会语》,明万历刻本。
④ 罗汝芳著,方祖猷等编校整理:《罗汝芳集·近溪罗先生乡约全书》,凤凰出版社 2007 年版,第 752—753 页。
⑤ 罗汝芳著,方祖猷等编校整理:《罗汝芳集·近溪罗先生乡约全书》,凤凰出版社 2007 年版,第 754 页。

性自觉方法,成就了儒学发展史的重要篇章。由于一般儒士已习惯于以士大夫们案头阅读为主的学行方式,泰州学派中人面向民间的为学以及践履反而被视为无忌惮之"异端"。事实上,即使泰州学派中被视为最为矫激的颜、何一派,持论也并无多少与经典乖悖之处。颜、何一派之所以受到正统儒士们的诋诃,而被视为"能以赤手搏龙蛇",主要在于他们的笃行精神,致使儒士感受到他们"掀翻天地"的冲击力。但支撑他们行为背后的动力并不是离经叛道的异端之论,而恰恰是正统儒学原本具有的道德践履精神。泰州学派尤其是颜、何一派之所以受到卫道者的侧目,主要在于他们"欲有为于世,以寄民胞物与之志"①。颜李学派中人带有理想色彩的践履,撬动了固有的社会秩序。从这个意义上说,视颜、何为怪悖者的并不是真正的卫道者,而仅仅是既有社会秩序与利益阶层的守护者而已。

  泰州之学强烈的淑世情怀注定了他们是一个注重致用、践行的学术流派。如果说龙溪等人的学说孜求的是理论的精微,那么泰州学派则是以现实指向性为特征的,他们的论学往往是因现实生活触机而发,李春芳谓之"先生(心斋)之学,始于笃行,终于心悟"②。他们都期期以实现外王之业,这也是泰州之学秉持的传统。王心斋等人通过日用践行以证学,赵大洲、罗汝芳等人将论学与为政结合在一起,将泰州学派的学术理论融入于治平事功。颜山农与何心隐等人更是将理想付诸乡村实践之中,以"异端"的形式践行着儒家最高的社会理想。可见,无论是泰州学派的正传还是别派,这一倾向是一以贯之的。

  泰州学派期期以觉庶民为目标,决定了他们须采取较为独特的证道方法,对此,黄宗羲云:"阳明而下,以辩才推龙溪,然有信有不信。唯先生(王艮)于眉睫之间,省觉人最多,谓'百姓日用即道'。虽僮仆往来动作处,指其不假安排者以示之,闻者爽然。"③可见,泰州学派之所以能够形成昭著的影响,除了道在百姓日用的方便法门之外,还与其独特的启教方式有关。对此,心斋与龙溪不同,龙溪往往通过理论本身来证道,无论是黄宗羲所谓"辩才",还是"龙溪笔胜舌",都证明了这一点。这也是儒家传统的证道方式。但泰州学派则有所不同,泰州学派的思想家除了常常以通俗、朗朗上口的语言宣教之外,还经常以带有

---

① 黄宗羲著,沈芝盈点校:《明儒学案》卷三十二《泰州学案一》,中华书局1985年版,第703页。
② 李春芳:《贻安堂集》卷九《崇儒祠记》,明万历十七年李戴刻本。
③ 黄宗羲著,沈芝盈点校:《明儒学案》卷三十二《泰州学案一》,中华书局1985年版,第710页。

神秘体验的方式以证人或自证。心斋"于眉睫之间"以省觉人。颜山农"瞑目兀坐，闭关七日，若自囚，神智顿觉，中心孔昭，豁达洞开，天机先见，灵聪焕发，智巧有决沛江河之势，形气如左右逢源之□"①。泰州学派这一独特的证道方式，是其受到迥然有异的评价的一个重要原因。泰州学人与王门诸派之间鲜有论辩的记载，这与王龙溪明显不同。龙溪与聂双江、罗洪先、季本等人都有激烈的论争，其思想常常是在辩难之中得到显示。而时人及后世学人对于泰州之学往往不是遵行便是痛诋，很少有冷静的学理评析。这当然是由泰州学派的论学内容以及勇于践行的特点决定的，同时也与其较为独特的论学方式有关。龙溪、江右像佛教中的天台、华严的判教之争，而泰州则近乎禅宗。从这个意义上说，黄宗羲对泰州学派"跻阳明而为禅"的判断，对我们考察泰州学派证道方式不无启迪。

与此相联系，心斋与颜山农等人还通过托梦以荷治平之任。如果说泰州学派觉人的方法颇有些禅宗悟道的意味，那么，托梦以弘宣学术则与历史上鼎革之时起义者以秘密宗教的形式取信民众颇为类似。当然，泰州学派中人是为宣教而非问鼎。余英时先生从儒学宗教转向的角度讨论了颜山农在泰州学派中的独特作用，认为其已越出了理学的范围，在理学的角度并无新的创获，但"如果从民间宗教的观点说，他在《道坛志规》中所宣布的'自立宇宙，不袭今古'则很能表达出他的开创精神。这正是他在泰州学派发展史上能够成为划时代人物的关键所在"②。但颜山农之于宗教，并无多少教义新见，而仅得一些宗教仪范。其目的仅仅是借助于某些带有宗教色彩的形式以实现对民众的影响而已。但是在学术思想方面，颜山农明显承续了心斋的为学取向，他所谓"大成仁道"明确出自心斋。我们认为，泰州学派某些宗教化特征的成因与他们以布衣身份而期以实现德政理想有关。他们没有使其道德乃至政治教化得以实现的行政手段，实现理想的途径之一是遵循孔子的大成之道，以"天下万世师"为期，这些仍主要限于成德化俗方面。但将理想付诸实施之时，没有行政手段而仅凭化俗之功则仍然难以实现，因此，他们只得"自立宇宙"，借助宗教的神秘性作为政治理想实现的途径。这些身为平民的传道者，论学时因为

---

① 颜钧著，黄宣民点校：《颜钧集》卷三《自传》，中国社会科学出版社1996年版，第24页。
② 余英时：《儒家伦理与商人精神·士商互动与儒学转向》，广西师范大学出版社2004年版，第194页。

没有显赫的科场经历以证明他们承祧圣贤的大成学统,需要借天谴以成其合法性;他们践行之时因为触及了既有的社会秩序,又无强大的行政手段,因此更需要以天意相号召。从这个意义上说,泰州后学的某些神秘性色彩,实乃经世精神驱使之下的必然选择,是践行理想的方便法门。

  泰州学派自形成以来褒贬殊异,这与评论者的性情以及所处的时代氛围有关。高扬"童心说"的李贽称叹心斋乃"真英雄",认为泰州学派乃"云龙风虎,各从其类"的结合,而七子魁首王世贞则视其为"鱼馁肉烂",而使人有"黄巾五斗之忧"。近代以来,随着西学在中国影响的扩大,学者们对泰州学派的历史作用有了较充分的认识,如刘师培就曾认为王艮所具有的自重自立精神,足资逡巡畏缩者憬然自省。① 其后的学者对泰州学派亦多有褒赞。历代学者对泰州学派的评价难免带有一定的主体性及时代因素。在正统儒学看来,泰州学派"启瞿昙之秘"而融汇于儒,便是不经之举,"异端"之尤。而晚近的学人则从人格独立性角度挖掘出了泰州学派的现代因子。面对这一判断殊异的泰州学派接受史,冷静、理智地从泰州学派产生缘起以及立说宗旨中寻求其对传统学术的新变、对于传统学术薄弱环节的补充等方面的学术贡献,客观地厘定其历史地位,似乎是我们今天再次对泰州学派进行研究的价值所在。从前人对泰州学派的评价可以看出,他们对于王心斋与其后的颜山农、何心隐等人做了某种区别,一如黄宗羲将泰州学派与阳明学做区别一样。泰州后学中的一些学者失在荡轶,但并不一定是盟主心斋学术思想中所固有的。因此,后学衍出的某些流弊,即使视其为"病",亦是"人病"而非"法病"。泰州学派的理论价值、直面现实的精神都值得我们今天以理性的态度进行冷静的分析。

---

① 刘师培:《刘申叔先生遗书》,台北大新书局1965年版,第2046页。

第一章　王艮：泰州学派的肇兴

一、家世及生平简介

王艮(1483—1541),原名银,后因王阳明易其名为艮,字汝止,号心斋,泰州府安丰场人。其地于清乾隆三十二年(1767)由泰州析置为东台县,安丰隶属于东台。据《东陶王氏族谱》载,王艮的远祖伯寿,由姑苏徙至安丰场定居,以煮海盐为业。安丰场乃明代淮南重要的盐场之一。据明嘉靖《两淮盐法志》载,两淮盐运司下辖通州分司、泰州分司和淮安分司。通州分司辖金沙、丰利等十场,泰州分司辖富安、安丰等十场,淮安分司辖白驹、伍祐等十场。盐业是民生日用之需,也是国家赋税的重要组成部分,而两淮又是当时最为重要的海盐生产、转运场所。清人王定安云:"府海之饶,两淮称最。"① 毕自严曰:"两淮盐利甲天下。"②

伯寿生国祥。这时,王氏取得灶籍。王艮祖辈的灶籍身份,对其思想的形成具有一定的影响。就明代社会而言,灶籍的社会地位颇为低下,且辛苦异常。据载明代的灶户"朝夕烹炼,不胜劳苦"。这是因为灶户虽有涂荡,但粮食不足,安息无所。尤其是晒淋之时,举家登场,"刮泥吸海,午汗如雨,隆寒砭骨,亦必为之","煎煮之时,烧灼薰蒸,蓬头垢面,不似人形",诚所谓"庶民之中,灶户尤苦"。③ 因此,"灶籍逃绝"的现象屡屡见诸史籍。正是这个原因,历史上灶籍最难变更。如清代因明代之例,民以籍分,有官籍、民籍、军籍,医匠驿灶籍皆世守其业。清顺治年间,其余的民籍都除豁,唯有灶丁为世业。但是,王艮的祖上王国祥及其子王仲仁已由普通灶户升为"百夫长"。因此灶籍出身的王艮既有社会层次低下的一面,同时王氏在王国祥这一辈的地位又发生了些许变化,

---

① 王定安等纂修:《两淮盐法志》卷一《王制门》,清光绪三十一年(1905)刻本。
② 毕自严:《度支奏议·堂稿》卷十五《题遵奉圣谕议修盐政疏》,明崇祯刻本。
③ 彭韶:《进盐场图诗疏略》,载《皇明名臣经济录》卷九,明嘉靖二十八年(1549)刻本。

因而与最基层的灶丁稍有不同。何谓"百夫长"?《盐政志》"团灶"条云:"第二盐场有团、有灶,每灶有户、有丁,数皆额设。每团里有总催,即元百夫长,数亦有定。一团设总催十名,每名有甲首。"① 当时的"总催大户者,煎盐既多,私卖尤广"②。总催实乃灶户中最基层的管理人员,职在征纳。约管理十余灶户,数十灶丁。如明代的泰州分司,灶户四千七百一十二,灶丁一万零三百一十四,总催三百八十名;通州分司,灶户四千七百一十二,灶丁一万零三百一十四。总催四百三十名。③ 总催职虽卑微但责任颇重,据《盐政志》记载,如果盐课不足、仓口亏折如违,"该场分司官及总催委官俱发边远充军"④。事实上,总催之职是国家盐政的重要节点,据《盐政志》载:"自宣德以来,总催交通上下官,攒扶司虚出奏缴,盐法之蠹,此其最也。"⑤ 如灶户所报之灶丁数多于总催所报数五名,则"或定为总催身役"⑥。王仲仁后被充军至四川,也许与此有关。但另一方面也可以看出,王艮祖辈任总催一职,表明其已摆脱了灶籍下户艰辛劳作的生活状况,尤其是总催"私卖尤广",贩卖私盐已成王艮祖辈们重要的生活来源。

王仲仁之孙王公美生王玘,乃王艮之父,字纪芳,号守庵。据《王淘王氏族谱》载,王玘"古朴坦夷,里称长者"。王艮母亲汤氏生子七人,王艮乃其次子。

盐民劳作十分辛苦,且民不知学。王艮祖辈虽然任总催微职,并私卖海盐得些微利,但仍然颇为清贫。王艮幼年即中断了学业,十四岁时,母亲汤氏去世。当时王玘已五十多岁,亲老弟弱,王艮因而在十九岁时即秉承父命,担当起了经营这个大家庭的重担。王艮商游四方,经理财用,措置得宜,人莫能及,自此家道日裕。但当明正德二年(1507)商游曲阜时,他过阙里瞻拜孔庙,为孔子以及颜、曾、思、孟的文教大业所感染,任道之志骤兴。归来即日日诵读《孝经》《论语》《大学》等儒家经典;外出时则置诸袖中,逢人质义。其后又努力自证,夜以继日,寒暑无间,圣贤之志益坚。据《年谱》载,明正德六年(1511)的一个夜晚,王艮梦见天塌下来,万人奔号求救,心斋奋臂托天,整布列宿如故,万

---

① 朱廷立、史绅等:《盐政志》卷四《制度》,明嘉靖刻本。
② 章懋:《代题议处盐法利弊以裨国用事》,载《皇明名臣经济录》卷九,明嘉靖二十八年(1549)刻本。
③ 朱廷立、史绅等:《盐政志》卷四《制度》,明嘉靖刻本。
④ 朱廷立、史绅等:《盐政志》卷四《制度》,明嘉靖刻本。
⑤ 朱廷立、史绅等:《盐政志》卷七《奏议·李嗣立通关议》,明嘉靖刻本。
⑥ 朱廷立、史绅等:《盐政志》卷十《禁约》,明嘉靖刻本。

人欢欣拜谢,自此他顿觉心体洞然,悟得万物一体、宇宙在我的道理。其后稍有闲暇便读书习古,鸣琴雅歌,并为乡邻讲说儒家经典,声望渐著于乡里。心斋期期以承传古昔圣贤为志,有感于"孟轲有言'言尧之言,行尧之行',而不服尧之服,可乎?"①于是按《礼经》制作并穿着佩戴五常冠、深衣、绦绖、笏板,行则规圆矩方,坐则焚香默识。心斋归慕圣贤,承挑儒学正统的意愿十分强烈。正德十五年(1520),心斋从塾师黄文刚处得知自己论学的内容与王阳明的观点相似,故而专程赴江西拜见阳明,并抠衣称弟子。阳明在世之时,心斋主要往还于会稽、泰州之间,并参与各地的讲会或主持教事,如嘉靖四年(1525)应邹东廓之聘,参与广德复初书院讲席,同时应尹丰之聘,开讲于孝丰学宫;嘉靖五年(1526)应王瑶湖礼聘主持泰州安定书院教事;嘉靖六年(1527)至金陵,与湛甘泉、吕泾野、邹东廓、欧阳南野会讲于新泉书院;嘉靖七年(1528)在会稽书院与同门讲百姓日用即道;等等。阳明卒后,心斋讲学不辍,四方从游者日众,声望日隆。与儒林硕学往还甚密,李二曲《观感录叙》云:"御史洪垣构东淘精舍以居其徒。"②据载:"时大儒太宰湛公甘泉、祭酒吕公泾野、宗伯邹公东廓、欧公南野,咸严重先生,而罗殿元洪先尤数造其榻请益。"③嘉靖十九年十二月(1541),心斋病卒于乡里,时年五十八岁。

心斋之学受到时贤及当政者的高度重视,这从心斋卒后哀荣以及祭祀情况即可看出,对此,李二曲《观感录》有这样的记载:

> 大学士赵贞吉志其墓,户部尚书耿定向传其事,提学御史胡植祀先生于乡贤,冯天驭置精舍祠祭田、定祀典,兵备副使程学博奉督抚檄建专祠于州西,巡抚王宗沭、吴桂芳各捐俸置崇儒祠祭田,大学士李春芳、巡抚凌儒撰祠记,总督李燧修茔域,尚书孙应魁,祭酒敖铣,给事中黄直林,大钦戚贤,都御史耿定力、周寀、张元冲,总督毛恺,廉使胡尧时,太常卿郭汝霖,巡盐御史彭端吾、陈遇文、谢正蒙、张九功,提学御史杨廷筠、宋仪望,巡按御史黄吉士,修撰焦竑,知府朱怀干,推官徐銮等,相继置田肖像,表章私淑。万历十三年,右谕德韩世能、工部郎中萧景训题请从祀孔庙。二十

---

① 《孟子》原文为:"服尧之服,诵尧之言,行尧之行,是尧而已矣。"(《孟子·告子章句下》)
② 李颙撰,陈俊民点校:《二曲集》卷二十二《观感录·心斋王先生》,中华书局1996年版,第276页。
③ 李颙撰,陈俊民点校:《二曲集》卷二十二《观感录·心斋王先生》,中华书局1996年版,第276页。

年,大学士沈一贯、郎中田大年、给事中王士性复请旨从祀。三十七年,给事中曹子忭、胡忻请旨待谥,后钦谥"文贞"。四方缙绅,凡宦于其地者,莫不晋谒瞻礼。祠宇以时葺治,春秋二祭有永无替。①

与阳明身后受到先抑后扬的评价相比,心斋卒后即受到了当政者的旌表,这也从一个侧面印证了心斋之学的辅政功能得到了庙堂之上的普遍认同。心斋为数不多的著述由曾孙王元鼎辑集,经耿定力、焦竑校阅而成《王心斋先生遗集》,其论学多即事以明理,言简意赅,但有限的篇幅中体现了较丰厚的内涵。对于其中的核心篇章以及价值,王一庵有这样的概述:

> 先师《乐学歌》,诚意正心之功也;《勉仁方》,格物致知之要也;《明哲保身论》,修身止至善之则也;《大成学歌》,孔子贤于尧舜之旨也。学者理会此四篇文字,然后知先师之学,而孔孟之统灿然以明。②

《遗集》也记录了心斋思想的历时演变过程。对此,其子东厓《上昭阳太师李石翁(李春芳)书》曾有这样的总结:

> 愚窃以先君之学有三变焉,其始也,不由师承,天挺独复,会有悟处,直以圣人自任,律身极峻。其中也,见阳明翁而学犹纯粹,觉往持循之过力也,契良知之传,工夫易简,不犯做手,而乐夫天然率性之妙,当处受用,通古今于一息,著《乐学歌》。其晚也,明大圣人出处之义,本良知万物一体之怀,而妙运世之则。学师法乎帝也,而出为帝者;学师法乎天下万世也,而处为天下万世师。此龙德正中而修身见世之矩,与点乐偕童冠之义,非遗世独乐者侔,委身屈辱者伦也,皆大学格物修身立本之旨,不袭时位而握主宰化育之柄,出然也,处然也,是之谓大成之圣,著《大成学歌》。③

---

① 李颙撰,陈俊民点校:《二曲集》卷二十二《观感录·心斋王先生》,中华书局1996年版,第277页。
② 王栋:《一庵王先生遗集》卷上,《四库全书存目丛书》子部第10册,齐鲁书社1995年版,第62页。
③ 王襞:《新镌东厓王先生遗集》卷上《上昭阳太师李石翁书》,明万历刻明崇祯至清嘉庆递修本。

东厓谓之三变,但其所论核心思想主要集中于乐学与大成学,对于淮南格物及百姓日用即道没有提及,这体现了东厓对于心斋之学的理解(详见本书第二章)。从东厓对心斋学术思想的历时描述可以看出,"见阳明翁"乃是心斋思想形成特色的转折点。心斋思想的特质概分以下几个方面。

二、以身为本的淮南格物说

赵大洲谓心斋之学"以格物为要"①,并将"淮南格物"②与"越中良知"并列。显然,在赵大洲看来,这是心斋思想最显著的特色,也是泰州学派的精核。"越中"是指绍兴地区,因此,"越中良知"是指阳明还是龙溪遂成疑问(龙溪为绍兴人,阳明为余姚人,亦属古绍兴府)。《止修学案》案主李材也曾以"绍兴良知"与"淮南格物"并举。③ 当然,"越中良知"一般认为还是指王阳明,如胡维霖云:"昔赵大洲铭王心斋与文成如车两轮,实贯一毂。"④ 无论"越中良知"指谁,其与"良知"并举,都是视"格物"为心斋思想的标志。

(一)"淮南格物"的内涵及"格物之旨"

"格物"是《大学》修养论中的一个条目,但理学家们对其内涵的理解并不相同,如朱熹之格物就是即物穷理,王阳明则认为格物不是穷理,而是正心。所谓:"格者,正也,正其不正,以归于正也。"朱熹与王阳明的理解各有偏胜,各

---

① 赵贞吉著,官长驰注:《赵贞吉诗文集注》卷十八《泰州王心斋墓志铭》,巴蜀书社 1999 年版,第 580 页。
② 《赵文肃公文集》原作"淮北格物"。《国朝献征录》《明史窃》《明文海》《国榷》等文献征引赵大洲铭文亦作"淮北格物"。唯焦竑《焦氏笔乘》、李材《见罗先生书》作"淮南格物",且《见罗先生书》中乃"陆生策"所问,而不是直接引据《泰州王心斋墓志铭》。可见,大洲原作当为"淮北格物",极可能是焦竑据实而改为"淮南格物"。
③ "陆生策问:绍兴致知,淮南格物。致知不可提宗信矣,只格物两字,据经似有归重意。先生曰:'如何?'曰:'在明德,在亲民,在止于至善三纲领,俱着一在字。八条目惟格物着一在字。'先生曰:'读经者要会意,究理者不牵文,古人著书固以明道,其遣词处未尝无法,如由射于百步之外也。其至尔,力也。其中非尔力也。此分明是其中尔,巧也,却说中……且三纲领原是虚提,盖约言之,八条目却是实说,盖详言之。言岂一端,各有攸当,章句训解之士泥句牵文如此,多可笑者也。'"(李材:《见罗先生书》卷十六,明万历刻本)
④ 胡维霖:《胡维霖集·白云洞汇稿》卷一《答朱平涵相国》,明崇祯刻本。

具意义,但他们所论都具有"六经注我"脱离原典的倾向。王艮则稍有不同,他提出的"格物"被称为"淮南格物",其具体内容,黄宗羲在《明儒学案》卷三十二《处士王心斋先生艮》中有这样的解释:

> 先生以格物,即物有本末之物。身与天下国家一物也,格知身之为本,而家国天下之为末,行有不得者,皆反求诸己。反己,是格物底工夫,故欲齐治平在于安身。《易》曰:"身安而天下国家可保也。"身未安,本不立也,知身安者,则必爱身、敬身。爱身、敬身者,必不敢不爱人、不敬人。能爱人、敬人,则人必爱我、敬我,而我身安矣。一家爱我敬我,则家齐,一国爱我敬我,则国治,天下爱我敬我,则天下平。故人不爱我,非特人之不仁,己之不仁可知矣。①

根据董燧《年谱》记载,嘉靖十六年(1537),"是年,先生玩《大学》,因悟格物之旨"②之后,"时有不谅先生者,谓先生自立门户"③,王艮且"闻而叹曰:'某于先师,受罔极恩,学术所系,敢不究心以报?'"④从时人的"不谅",到心斋的申辩,都可以看出"悟格物之旨",即"淮南格物"是心斋"自立门户",亦即泰州之学形成的关键。但对淮南格物思想的形成时间,赵大洲《泰州王心斋墓志铭》中的记载则是在拜见阳明之前:

> 是时越中王先生自龙场谪归,与学者盛论孔门求仁,知行合一。泥者方龃争之。至十四年王先生巡抚江西,又极言良知自性,本体内足。大江之南学者翕然从信,而先生顾奉亲鹑居,皆未及闻也。有黄塾师者,江西人也,闻先生论,诧曰:"此绝类王巡抚之谈学也。"先生喜曰:"有是哉?虽然王公论良知,艮谈格物。如其同也,是天以王公与天下后世也;如其异也,是天以艮与王公也。"⑤

---

① 黄宗羲著,沈芝盈点校:《明儒学案》卷三十二《泰州学案一》,中华书局1985年版,第710页。
② 王艮撰,袁承业编纂:《明儒王心斋先生全集》卷三《年谱》,民国元年(1912)铅印本,第6页上。
③ 王艮撰,袁承业编纂:《明儒王心斋先生全集》卷三《年谱》,民国元年(1912)铅印本,第6页上。
④ 王艮撰,袁承业编纂:《明儒王心斋先生全集》卷三《年谱》,民国元年(1912)铅印本,第6页上。
⑤ 赵贞吉著,官长驰注:《赵贞吉诗文集注》卷十八,巴蜀书社1999年版,第579—580页。

何说为是？我们需从"淮南格物"指涉的诸因素进行考察。事实上，时人对于"淮南格物"的认识角度并不完全一致。如心斋弟子王一庵有言：

> 先师之学，主于格物。故其言曰：格物是"止至善"工夫。"格"字不单训"正"，"格"如格式，有比则、推度之义，物之所取正者也。"物"即"物有本末"之物，谓吾身与天下国家之人。"格物"云者，以身为格，而格度天下国家之人，则所以处之之道，反诸吾身而自足矣。①

王一庵阐释心斋格物本义，由训解"格"为始，将"格物"视为"止至善"的功夫，突出的是格物的成德之义，而不及于"安身""尊身"。刘宗周、黄宗羲等人关注的主要是心斋对《大学》"物有本末，事有终始"以及"自天子以至于庶人，壹是皆以修身为本。其本乱而末治者否矣"思想的承袭而得出的身本论。刘宗周所理解的"淮南格物"是"格知身之为本，而家国天下之为末"②。"淮南格物"即身本，刘宗周对此予以高度评价，谓之"后儒格物之说，当以淮南为正"。当然，刘宗周与心斋不同的是，他倡主意说，并承心斋之意而申之曰"格知诚意之为本，而正修齐治平之为末"③。对此，黄宗羲认为刘宗周的表述乃淮南格物之注脚。④ 显然，在刘宗周与黄宗羲看来，淮南格物的核心在于身本。但"身"还应成为德性的主体，故而需辅之以诚意，可见，此"身"并不是形骸之身。对此，黄宗羲又说："然所谓安身者，亦是安其心耳，非区区保此形骸之为安也。"⑤尽管如此，黄宗羲还是对心斋以身为本的格物说存有"无乃开一临难苟免之隙乎"⑥的疑问。可见，以身为本乃是刘宗周、黄宗羲等人对淮南格物的共同认识。

但董燧《年谱》记载心斋于嘉靖十六年（1537）悟证"格物"的重点则稍有不同：

---

① 黄宗羲著，沈芝盈点校：《明儒学案》卷三十二《泰州学案一》，中华书局1985年版，第733页。
② 刘宗周：《学言》，《文渊阁四库全书》第717册，第163页下。
③ 刘宗周：《学言》，《文渊阁四库全书》第717册，第163页下。
④ 黄宗羲云："子刘子曰：'后儒格物之说，当以淮南为正。'第少一注脚，格知诚意之为本，而正修齐治平之为末，则备矣。"（黄宗羲著，沈芝盈点校：《明儒学案》卷三十二《泰州学案一》，中华书局1985年版，第710—711页）
⑤ 黄宗羲著，沈芝盈点校：《明儒学案》卷三十二《泰州学案一》，中华书局1985年版，第711页。
⑥ 黄宗羲著，沈芝盈点校：《明儒学案》卷三十二《泰州学案一》，中华书局1985年版，第711页。

十六年丁酉,先生五十五岁。是年,先生玩《大学》,因悟格物之旨曰"其本乱而末治者否矣",乃叹曰:"圣人以道济天下,是至尊者道也,人能弘道,是至尊者身也。道尊则身尊,身尊则道尊,故轻于出则身屈而道不尊,岂能以济天下,自天子以至于庶人,壹是皆以修身为本,其本乱而末治者否矣,故曰'安其身而后动','身安而天下国家可保'。'其身正则天下归之','大人者,正己而物正者也'。此谓'知本',此谓'知之至'也,是为'物格而后知至'。故出处进退,辞受取与,一切应用,失身失道,皆谓不知本,而欲求末治者未之有也。"①

《年谱》嘉靖十六年(1537)记心斋所悟的"格物之旨"的内容是"其本乱而末治者否矣"②,可见此"旨"乃是"目的"义,而非"宗旨",亦即格物的内涵义。而此"旨"实际指的是以身为本的一体之论。而"不谅先生者",亦在于"格物之旨"。不难看出,心斋之"淮南格物"其实包含着两重意蕴:一是"格物"之本意,一是论"格物"之目的,亦即以安身、尊身为旨归。《年谱》嘉靖十六年(1537)所记心斋之格物,虽源于《大学》"壹是皆以修身为本",以实现内圣外王,但所论始于"尊身",而又及于"安身"。"尊身""安身"才是其重点,"身安而天下国家可保"。可见,这里主要述及的是"格物"所具的"尊身""安身"之旨,这也是"淮南"之学的特色所在。显然,"淮南格物"包含着由"格物"本义训释以及缘之而起的身本论,进而又及于"尊身""安身"论等不同层面的意蕴。其内容散见于心斋的著述《语录》《明哲保身论》《答问补遗》中。嘉靖十六年(1537)当是系统阐发,心斋悟得"淮南格物"的"尊身""安身"之旨,标志其最终形成。

心斋"淮南格物"说既有提高儒学民间认同效应的一面,同时还具有承《大学》学脉的一面。对此,唐君毅先生认为,朱熹、王阳明诠释《大学》,"其共同之致误之原,在物事二者之不分"③。唐君毅先生援据的"昔贤之不契于二家之说,而又分别物与事,大体如吾人以上之所陈者"的第一人,即是倡"淮南格物"说的王心斋:

---

① 王艮撰,袁承业编纂:《明儒王心斋先生全集》卷三《年谱》,民国元年(1912)铅印本,第6页上。
② 王艮撰,袁承业编纂:《明儒王心斋先生全集》卷三《年谱》,民国元年(1912)铅印本,第6页上。
③ 唐君毅:《中国哲学原论·导论篇》第九章《原致知格物上:大学章句辨证及格物致知思想之发展》,中国社会科学出版社2005年版,第198页。

《明儒学案》谓其主"格物即物有本末之物,身与天下、国、家,一物也。格知身之为本,而家、国、天下之为末,行有不得者,皆反求诸己。反己是格物底工夫"。其语录又有言曰:"安身而得止至善也。……知止,知安身也。物有本末,故物格而后知本也。"心斋之学以安身标宗,知安身即知止至善。又以身与天下国家,整个合为一物,虽与吾人前文所论不尽合;然其以天下、国、家、身为物,亦格物之物之所指,则固的然而无疑,同于吾人之说,以异于朱子、阳明之以物为事者也。①

心斋之释"格物"与朱熹、王阳明不同之处在于其不以事、物相混,这样的解释更合乎《大学》的原意。但是,何以学植远没有朱熹与阳明深厚的心斋能够做出更近于《大学》原意的解释?这与其没有朱子"即物穷理"、阳明"心外无理"的理论预设有关。阳明在"心外无理"的前提之下,将"格物致知"变成了"致吾心良知之天理于事事物物,则事事物物皆得其理矣",遂使"格物"的涵义近于"正心"。心斋没有这些理论预设,因此他能够依《大学》"物有本末,事有终始"之本意训释。当然,心斋不混"事""物",根本原因并不是要墨守《大学》本义,而是因其为学的现实诉求更为强烈。

与阳明将"格物"与"正心"融合不同,心斋之淮南"格物"与"修身"更为切近。"淮南格物"其实是以"修身"作为"八条目"中承转的关键,《大学》"八条目"是一个德性决定政治的工夫论系统。理学家一般重德性修养,因此讨论的重点或在"格物",如朱熹;或在"正心",如陆九渊、王阳明;或在"诚意",如王襞、刘宗周。这些都主要限于内圣的范围。宋人真德秀作《大学衍义》,主要限于格致诚正,而鲜及于修齐治平。因此,明代大学士丘濬作《大学衍义补》,所补的即是外王诸条目所涉的内容。真德秀与丘濬论学重点不同,与他们的身份关系甚切。理学家尤重内圣之德,政治家更重外王之业。与一般理学家就性理论性理不同,心斋肯綮于内圣与外王的关捩点,论学重心与一般的理学家相比明显外倾,他最终的目的在于经世,在于"所以学为师也,学为长也,学为君也"②。

---

① 唐君毅:《中国哲学原论·导论篇》第九章《原致知格物上:大学章句辨证及格物致知思想之发展》,中国社会科学出版社 2005 年版,第 198 页。
② 王艮:《重刻心斋王先生语录》卷上,《四库全书存目丛书》子部第 10 册,齐鲁书社 1995 年版,第 14 页。

心斋与一般饱饫经籍的儒生明显不同,他论性理不是为了成就科举之业,其"功利"是以大成学使儒学成为士庶各阶层成德的工具。同时,由于阳明、心斋论学重点不同,阳明在致知(良知),心斋在修身(安身),显然,在内圣外王的同心圆结构中,心斋的理论重点更加外拓与平衡,这与心斋强烈的经世目标有关。外拓的逻辑结果是,心斋比阳明更注重性与天道的圆融一体。阳明的四句教解释了心、意、知、物的一体关系,但天道的色彩十分淡薄:良知说是以心体为本的学说,其价值在于"致良知"的工夫论为人们提供了一条简单直接的成德之路。但当阳明晚年孜求以良知言本体时,则得出了"良知是造化的精灵。这些精灵生天生地,成鬼成帝,皆从此出,真是与物无对"①这样有悖理性的结论,这与阳明理论重主体有一定的关系。心斋则稍有不同,他依凭《易》的理论资源,在性与天道方面对良知说进行了新的阐释,云:"良知即性,性即天,天即乾也。以其无所不包故谓之仁,无所不通故谓之亨,无所不宜故谓之利,无所不正故谓之贞。"②其中,他以"仁"代"元",使性理与天道运化相沟通。又云:"窃思《易》道,洁净精微……以此印证吾良知,无毫厘之差,自能知进退保身之道矣。"③心斋将阳明的良知说与天道观相贯通,这主要是通过借《易》道以证良知而实现的。心斋理论重心的外移也使得性与天道的贯通更加允贴自然。

"淮南格物"的归趣在于"身"。但肉体之身又是自然欲望的基础,因此修身乃是儒学工夫论的核心内容。《大学》谓之:"自天子以至于庶人,壹是皆以修身为本。"④修身是指反求诸己,知未善而改之,即是理学家所谓:"养天性,治天情,正天官,尽天伦。"⑤修去的正是身之冲动之欲,而复其中道平和之性。就是要了解何为仁义礼智之道,何为喜怒哀惧爱恶之节,何为耳目鼻口、手足四肢之则,何为君臣父子夫妇长幼朋友之常。不知者究之,知之者践之。在儒家的话语体系中,修身的过程是一个立诚居敬、静心肃身的过程,目的在于抛弃一

---

① 王守仁撰,吴光、钱明、董平、姚延福编校:《王阳明全集》卷三《传习录下》,上海古籍出版社2011年版,第119页。
② 王艮:《重刻心斋王先生语录》卷下《答朱惟实》,《四库全书存目丛书》子部第10册,齐鲁书社1995年版,第29页。
③ 王艮:《重刻心斋王先生语录》卷下《再与徐子直》,《四库全书存目丛书》子部第10册,齐鲁书社1995年版,第37页。
④ 朱熹:《四书章句集注·大学章句》,中华书局1983年版,第4页。
⑤ 胡广等:《性理大全书》卷七十《自修铭》,《文渊阁四库全书》第711册,第537页上。

切杂念,晓明道德理念,谨守道德规范。《东坡志林》中有这样一个记载:"子由言有一人死而复生。问冥官如何修身可以免罪? 答曰:子宜置一卷历,旦昼之所为,暮夜必记之,但不记者,是不可言不可作也。无事静坐,便觉一日似两日,若能处置此生常似今日,得至七十便是百四十岁。"①可见,修身即是为善去恶,静心养性,这是儒家道德修养的一个重要途径。因此,修身实乃复性。但心斋"淮南格物"则有所不同,他以安身、尊身为"修身"的核心内涵,这也是其淮南格物有别于传统修身观念的关键所在。需要指出的是,心斋所论之"身"还并不直接是"本",在心斋看来,《大学》"八条目"分为三个层次:第一个层次为本,即物格、致知;第二个层次是诚意、正心、修身;第三个层次是与"本"相对的范畴,虽然心斋没有言及,但其内涵当为"末",即齐家治国平天下。心斋说:"物格知至,本也;诚意、正心、修身,立本也。"对于心斋的这一表述,劳思光先生有这样的分析:

> 如此立论,用语中自生极大困难;盖徒用一"本"字指"物格知至",则此处有无工夫便成可疑,因"立本"可说是工夫,只一"本"字难包含工夫义。但若"格致"一层面上竟无工夫,则不独就历史标准说全违阳明之旨,且就理论标准说,"立本"工夫之根源何在,亦属不可解矣。此是就心斋用语立论之欠明欠严说。②

劳思光先生从"八条目"工夫论的一贯性方面提出了心斋表述的令人费解处,但我们如果从心斋对于"八条目"词素结构的变化来看,则可以理解心斋所论的本意。心斋称"物格知至"为本,而非"格物致知"为本,原因在于心斋以工夫既成作为前提,而"诚意、正心、修身"为立本,即"诚意"等的目的在于"物格知至"。心斋的立意在于尊身,通过这样的解释,"格物"与"身"得到了统一。通过本末一体,心斋将其都归于"淮南格物"的理论框架之中。事实上,心斋并不是要省却格物、致知的工夫内涵,他曾有这样的明确表示:

---

① 苏轼撰,王松龄点校:《东坡志林》卷三,中华书局1997年版,第59页。
② 劳思光:《中国哲学史》第三卷上册,广西师范大学出版社2005年版,第368页。

《大学》言"平天下,在治其国;治国,在齐其家;齐家,在修其身;修身,在正其心"。而"正心",不言"在诚其意","诚意",不言"在致其知"。可见,"致知"、"诚意"、"正心",各有工夫,不可不察也。①

显然,心斋所理解的《大学》,"致知"中即有工夫在,这正可印证了心斋所谓的"本",并不是要摒弃工夫,他真正的目的在于尊"身"以"立本",虽然他是本于程明道以来的万物一体说,但孜求的目标是以身为本。如他说:

"大人者,正己而物正者也。"故立吾身以为天下国家之本,则"位、育",有"不袭时位"者。②

危其身于天地万物者,谓之"失本";洁其身于天地万物者,谓之"遗末"。③

人有困于贫而冻馁其身者,则亦失其本而非学也。④

在"诚意、正心、修身"等"立本"诸项中,心斋唯对"身本"屡屡言及。从这个意义上说,心斋"淮南格物"的核心或特色在于"身本"。其"本"是就家、国、天下之间的关系而言的,云"治天下有本,身之谓也"⑤,又说《大学》曰物有本末,是吾身为天地万物之本也。能立天下之本,然后能知天地之化育"⑥。身本的展开与流行,是通过仁德实现的。在这里,心斋之学与传统儒学得到了统一,云:"知保身者,则必爱身如宝。能爱身,则不敢不爱人。能爱人,则人必爱我。人爱我,则吾身保矣。能爱身,则必敬身如宝。能敬身,则不敢不敬人。不慢人,

---

① 王艮撰,袁承业编纂:《王心斋先生全集·明儒王心斋先生遗集》卷一,民国元年(1912)铅印本,第1页。
② 王艮:《重刻心斋王先生语录》卷上,《四库全书存目丛书》子部第10册,齐鲁书社1995年版,第3页。
③ 王艮:《重刻心斋王先生语录》卷上,《四库全书存目丛书》子部第10册,齐鲁书社1995年版,第3页。
④ 王艮:《重刻心斋王先生语录》卷上,《四库全书存目丛书》子部第10册,齐鲁书社1995年版,第9页。
⑤ 王艮:《重刻心斋王先生语录》卷上,《四库全书存目丛书》子部第10册,齐鲁书社1995年版,第14页。
⑥ 王艮:《重刻心斋王先生语录》卷下《答林于仁》二,《四库全书存目丛书》子部第10册,齐鲁书社1995年版,第29页。

则人不慢我。人不慢我,则吾身保矣。此'仁'也,'万物一体之道'也。以之齐家,则能爱一家矣。能爱一家,则一家者必爱我矣。一家者爱我,则吾身保矣。吾身保,然后能保一家矣。以之治国,则能爱一国矣。能爱一国,则一国必爱我矣。一国者爱我,则吾身保矣。吾身保,然后能保一国矣。以之平天下,则能爱天下矣。能爱天下,则天下凡有血气者莫不尊亲,莫不尊亲,则吾身保矣。吾身保,然后能保天下矣。此仁也,所谓至诚不息也,一贯之道也。"①但我们应特别注意心斋对身与天下万物之间关系的认识:"知得身是天下国家之本,则以天地万物依于己,不以己依于天地万物。"②心斋的仁、爱人,目的在于保身,而不是道德践履。虽然孝悌忠信等道德观念在心斋的思想中同样占据重要的地位,但其理论的重心与朱子等人迥然不同。心斋将一己之私与德性主体巧妙地结合起来,云:"知保身而不知爱人,必至于适己自便,利己害人,人将报我,则吾身不能保矣。吾身不能保,又何以保天下国家哉?此自私之辈,不知'本末一贯'者也。"③心斋将保吾身视为保天下国家的前提,爱人之目的在于更好地保身。因此,在处理爱人与爱身这对关系时,心斋云:"若夫知爱人而不知爱身,必至于烹身割股,舍生杀身,则吾身不能保矣。吾身不能保,又何以保君父哉?此忘本逐末之徒,'其本乱而末治者否矣'。"④心斋从孔子"敬身为大"、孟子"守身为大"中找到了经典依据。在心斋看来,圣凡之不同,原因之一即在于凡人不识爱人以保身的逻辑关系。心斋的尊身思想,显然与传统儒家所尚的舍身以取义的价值取向并不一致。传统孝道中的割股疗亲等愚孝是以舍身为代价的。当面临民族大义之时,儒生也往往以杀身成仁相号召,但这样的德性理想是以舍弃常人的自然欲求为代价的。事实上,这也并非儒家最高的社会理想。舍身以取义是独特历史情境之中的一种不得已的痛苦抉择,始终充满着悲壮色彩。但是,这种极端的身与义的零和关系并非儒家伦理能得到普世信守的

---

① 王艮:《重刻心斋王先生语录》卷上《明哲保身论》,《四库全书存目丛书》子部第 10 册,齐鲁书社 1995 年版,第 15 页。
② 王艮:《重刻心斋王先生语录》卷上,《四库全书存目丛书》子部第 10 册,齐鲁书社 1995 年版,第 5 页。
③ 王艮:《重刻心斋王先生语录》卷上《明哲保身论》,《四库全书存目丛书》子部第 10 册,齐鲁书社 1995 年版,第 16 页。
④ 王艮:《重刻心斋王先生语录》卷上《明哲保身论》,《四库全书存目丛书》子部第 10 册,齐鲁书社 1995 年版,第 16 页。

内在动力。身殉而义存虽然树立了极致人格的典范,但这种与自然人性相冲突的道德实现过程是以道德主体的消失、主体道德行为的中断为代价的,这事实上成为儒学难以被常人接受的心理屏障。因此,极端的以舍身为代价的践"义"要求,事实上拉大了儒学与民众的心理距离。心斋立说的一个重要向度是百姓大众,即百姓日用以明道是其论学的特色之一,论学内容亦须体会百姓的现实关切。但在"尊身"的背景之下,何以解释孔子所谓"志士仁人,无求生以害仁,有杀身以成仁"①呢?对此,王艮本于其尊身论,对其做了创造性的回答:

> "乍见孺子入井而恻隐者",众人之仁也;"无求身以害仁,有杀身以成仁",贤人之仁也;"吾未见蹈仁而死者矣",圣人之仁也。②

保身乃实行仁道的前提。"杀身以成仁"仅是贤人之仁,蹈仁而不害身才是圣人之仁。保身、惜身、尊身而不违仁,且是圣人之仁,这是心斋仁学的特色。他还认为,孟子言"成仁""取义",则是"应变之权","非教人家法也"③。尊道而不辱身,心斋将"尊身"与"求仁"统一起来,使儒家的道德原则在"尊身"的背景下得到了实现。

(二) 安身论

如上所述,"淮南格物"的"立言之旨"是身本,在此前提之下,心斋还屡有"安身"之论,他说:

> "明明德"以立体,"亲民"以达用,体用一致,阳明先师辨之悉矣。此尧舜之道也,更有甚不明?但谓"至善"为心之本体,却与明德无别,恐非本旨。"明德"即言心之本体矣,三揭"在"字,自唤省得分明。孔子精蕴立极,

---

① 杨伯峻译注:《论语译注·卫灵公第十五》,中华书局 1980 年版,第 163 页。
② 王艮:《重刻心斋王先生语录》卷上,《四库全书存目丛书》子部第 10 册,齐鲁书社 1995 年版,第 8 页。
③ 王艮:《重刻心斋王先生语录》卷上,《四库全书存目丛书》子部第 10 册,齐鲁书社 1995 年版,第 9 页。

独发"安身"之义,正在此。尧舜"执中"之传,以至孔子,无非"明明德"、"亲民"之学,独未知"安身"一义,乃未有能"止至善"者。故孔子悟透此道理,却于"明明德"、"亲民"中立起一个极来,故又说个"在止于至善"。"止至善"者,安身也;安身者,立天下之大本也。本治而末治,正己而物正也,"大人之学"也。①

知安身而不知行道,知行道而不知安身,俱失一偏。故"居仁由义",大人之事备矣。②

"止于仁,止于敬,止于孝,止于慈,止于信",若先不晓得个安身,则"止于孝",烹身、割股有之矣。"止于敬"者,饿死、结缨有之矣。必得孔子说破此机括,始有下落,才能"内不失己,外不失人"。③

"安身"之论前人的论述并不少见,如《周易·系辞下》有所谓"利用安身,以崇德也"④。王弼注论及"安身"云:"夫安身莫若不竞,修己莫若自保。守道则福至,求禄则辱来。"⑤讲的是要居静息虑。心斋之安身论则不同,主要有三方面的含义:其一,安身是求得主体间的和谐共存。明明德、亲民,以达到"正己而物正",本治而"末治",⑥从和谐的人际关系中体现人的价值,云:"本末原扳不开,凡于天下事,必先要知本,如我不欲人之加诸我,是安身也,立本也,明德止至善也;吾亦欲无加诸人,是所以安人、安天下也,不遗末也,亲民止至善也。"⑦其二,安身是道德实践的前提与条件。烹身、割股、饿死、结缨都不能使孝敬等道德行为得到赓续。其三,安身具有物质条件方面的意义,这就是他所说的

---

① 王艮:《重刻心斋王先生语录》卷上《答问补遗》,《四库全书存目丛书》子部第10册,齐鲁书社1995年版,第19页。
② 王艮:《重刻心斋王先生语录》卷上,《四库全书存目丛书》子部第10册,齐鲁书社1995年版,第13页。
③ 王艮:《重刻心斋王先生语录》卷上《答问补遗》,《四库全书存目丛书》子部第10册,齐鲁书社1995年版,第22页。
④ 王弼注,孔颖达疏,《周易正义》卷八,北京大学出版社1999年版,第359页。
⑤ 王弼注,韩康伯注,孔颖达疏,陆德明音义:《周易注疏》卷五,《文渊阁四库全书》第7册,第407页上。
⑥ 王艮:《重刻心斋王先生语录》卷上《答问补遗》,《四库全书存目丛书》子部第10册,齐鲁书社1995年版,第20—21页。
⑦ 王艮:《重刻心斋王先生语录》卷上《答问补遗》,《四库全书存目丛书》子部第10册,齐鲁书社1995年版,第22页。

"苟养之有道,教之有方",达到"衣食足而礼义兴",具体而言即是"田有定制,民有定业",学习前人"均田""限田之议""口分世业之制"的基本方法而不拘守其形迹,形成所谓"代贡助彻之法"。心斋期望在人心和洽的前提之下,力求"行之有渐则通变得宜,民皆安之而不见其扰"①。可见,"安身"具有应对"扰民"之政的含义。显然,"安身"论是与心斋的政治观念相联系的。虽然心斋的《均分草荡》已难觅全篇,但是从其残篇中仍可见其基本的理论构架,这也是其"安身论"的具体体现。

为了寻求"安身"的经典依据,心斋通过概念承转,将"安身"直接转换成《大学》固有之意。他说:"故曰'自天子以至于庶人,壹是皆以修身为本'也。'修身','立本'也,'立本','安身'也。"②那么,心斋何以用"安身"替代"修身"呢?他借助《大学》中的"止于至善",将"修身"变为"安身",云:"以经而知'安身'之为'止至善'也,《大学》说个'止至善',便只在'止至善'上发挥:'知止',知'安身'也,'定、静、安、虑、得','安身'而'止至善'也。"③心斋将《大学》中的"止于至善""知止""定、静、安、虑、得"等命题与范畴进行综合分析,认为"安身"是《大学》的本有之意,"安身"即是"止至善"。心斋以"三纲领"作为立论的根基,进而向"八条目"进行推演,通过"知至"即是"知止"的概念转换,最终将"八条目"之一的"修身"改为"安身"。同时,他还援引《周易》《孟子》等儒家文献进行旁证,以证明"安身"有自,云:"《易》曰'君子安其身而后动',又曰'利用安身',又曰'身安而天下国家可保'。孟子曰:'守,孰为大?守身为大……失其身而能事其亲者,吾未之闻。'同一旨也。"④同时,王艮以"安身"替换"修身"还依循这样的思维路径:《大学》以"修身"为本,但"修身"是一个德性充裕的过程,而德性修养的动态过程又有"本"不定之虞,因为"本乱而末治者否矣"。只有"本"定,才能不求于"末",才能国治、天下平。心斋将"知止而后定"之"知止"解释为"知本",

---

① 王艮:《重刻心斋王先生语录》卷上《王道论》,《四库全书存目丛书》子部第10册,齐鲁书社1995年版,第25页。
② 王艮:《重刻心斋王先生语录》卷上《答问补遗》,《四库全书存目丛书》子部第10册,齐鲁书社1995年版,第20页。
③ 王艮:《重刻心斋王先生语录》卷上《答问补遗》,《四库全书存目丛书》子部第10册,齐鲁书社1995年版,第19页。
④ 王艮:《重刻心斋王先生语录》卷上《答问补遗》,《四库全书存目丛书》子部第10册,齐鲁书社1995年版,第20页。

而"本"即"身",因此,"身"应"定"或"安"。王艮通过经典内在意蕴的逻辑推衍以及经典旁证的方法,最终改变了经典中的固有表述,解决了"安身"论得以成立的难题。据此,他将"安身"说直溯于孔子,谓之"孔子精蕴立极,独发'安身'之义"①。

心斋通过《大学》实现了从"修身"到"安身"的概念转换后,又通过本末一体的逻辑关系,由安身而外拓至天下国家之安,云:"修身,立本也,立本,安身也,安身以安家而'家齐',安身以安国而'国治',安身以安天下而'天下平'。"②根据本末一体、体用为一的良知现成派的观点,欲求安天下,必先安身,因此,"安身"是心斋以及理学家们道德、政治一体的论学路径的必然要求。同时,理学名家们在论述这一问题时,往往将一己之身与天下国家之间的关系赋予了几分对峙的色彩,而心斋的安身论,则实现了一己之身与天下国家、道德与政治的统一。从这个意义上说,心斋的安身论固然有崇扬个性精神的理论价值,同时也是对理学体系乃至儒家道德与政治相融为一传统的持守与贯彻。正是这种一体性,使得心斋又从经典文献中找到了舒张一己精神的理论资源,即他所谓"不知安身便去干天下国家事,是之谓'失本'也"③。对此,王士纬《心斋先生学谱》云:"先生(心斋)于明体达用而外,别树安身一义,其所谓安身,实统夫明体达用而言。"④王士纬"明体达用"之评,准确地揭示了安身论圣王一体的内涵。

王艮孜孜以"安身"替代"修身",将传统的身体观赋予新的内容。"安身"首先是指"保身",云:"不知安身便去干天下国家事,是之谓'失本'也。就此失脚,将或烹身、割股、饿死、结缨,且执以为是矣。不知身不能保,又何以保天下国家哉?"⑤"身且不保,何能为天地万物主。"⑥王艮将《大学》"八条目"中的修身变为

---

① 王艮:《重刻心斋王先生语录》卷上《答问补遗》,《四库全书存目丛书》子部第 10 册,齐鲁书社 1995 年版,第 19 页。
② 王艮:《重刻心斋王先生语录》卷上《答问补遗》,《四库全书存目丛书》子部第 10 册,齐鲁书社 1995 年版,第 20 页。
③ 王艮:《重刻心斋王先生语录》卷上《答问补遗》,《四库全书存目丛书》子部第 10 册,齐鲁书社 1995 年版,第 20 页。
④ 王士纬:《心斋先生学谱》一《传纂》,民国三十一年(1942)排印本,第 5 页。
⑤ 王艮:《重刻心斋王先生语录》卷上《答问补遗》,《四库全书存目丛书》子部第 10 册,齐鲁书社 1995 年版,第 20 页。
⑥ 王艮撰,袁承业编纂:《明儒王心斋先生全集》卷三《年谱》,民国元年(1912)铅印本,第 4 页上。

安身,这是心斋援据经典而实现的一次重要的理论突破,因为"八条目"中"修身"是儒家工夫论的核心。如,朱熹认为,《大学》简括地体现了儒家思想要义,因此,他视《大学》是为学纲目"①。而"修身"的涵义在这段答问中得到了体现:"问:'《大学》一书,皆以修身为本,正心、诚意、致知、格物,皆是修身内事。'曰:'此四者成就那修身。'"②以修身作为治政的起点,是先秦儒家的固有之意。孔子说:"不能正其身,如正人何?"(《论语·子路》)《中庸》中亦载:"子曰:'知所以修身,则知所以治人;知所以治人,则知所以治天下国家矣。'"同样,孟子也提出"天下之本在国,国之本在家,家之本在身"③。这些都是指通过反求诸己、守仁行义,提高自己的道德素养。但对于"保身",其在儒家的经典著作中十分鲜见④,而几乎仅存于《诗经》中"既明且哲,以保其身"(《诗经·大雅·烝民》),但这是陈述和赞扬仲山甫的功业与素质,而并不是对儒家道德理念的正面阐述。除此,仅有一些经学家在经典的释读中偶尔提及,如郑玄在解释孔子"不能爱人,不能有其身"时曰:"'有'犹'保'也。"⑤因此,王艮将"保身"寓于"安身"之中,并以"安身"代替"修身",论证其乃《大学》以及儒家原典的固有之意,赋予了教人成德的《大学》以重视个体生命存在的意义,找到了一个开启近代思维的理论依据。

不难看出,心斋走的是一条复杂的证道之路,这是因为他需要本于《大学》的固有语境进行论说,而不是径自立论,加之其师王阳明的良知说占据了学术话语的中心位置。尽管如此,心斋仍有与其他阳明后学不同的特色。他虽然承认阳明对《大学》中的"明明德""亲民"已"辨之悉",但他并不胶执于师说,直接指出了阳明对于"至善"的诠解"恐非本旨",遂而直探本原,征圣以立论,认为"止于至善"乃是孔子立出的一个"极",并缘此而演绎出他的格物身本论。当然,我们还应注意这样的现象:心斋的"淮南格物"所蕴含的安身、保身之义,或许因为过于卓异不经,被后世正统学者有意无意地忽略了。刘宗周是鲜有的对淮南格物说直接予以正面评价的学者,云:"后儒格物之说,当以淮南为

---

① 黎靖德编:《朱子语类》卷十四《大学》一,中华书局1994年版,第252页。
② 黎靖德编:《朱子语类》卷十四《大学》一,中华书局1994年版,第252页。
③ 杨伯峻译注:《孟子译注·离娄上》,中华书局1966年版,第167页。
④ 儒家之外,《庄子·养生主》云:"缘督以为经,可以保身,可以全生,可以养亲,可以尽年。"
⑤ 孙希旦:《礼记集解》卷四十八,中华书局1989年版,第1264页。

正。"①但他这一判断或许仅是就心斋论"格物"之"物"所具有的本末一体的意蕴而言,而对心斋由格物而引出的身本论并不认同,因为在此判断之后刘宗周随即便引心斋的论述而校改之:"曰:'格知身之为本,而家国天下之为末。'予请申之曰:'格知诚意之为本,而正修齐治平之为末。'"②从而将心斋格物的核心内容抽离改变而成其诚意说的基础。对于安身,他则还是返归传统,云:"安之也者,修之也,修则安,不修则危。"③黄宗羲则从另一个维度对心斋的这一思想进行了解读,并将其拉回正统,云:"然所谓安身者,亦是安其心耳,非区区保此形骸之为安也。"④并引心斋"安其身而安其心者上也,不安其身而安其心者次之,不安其身又不安其心,斯其为下矣"为证。但心斋的这一段论述显然是因别人的质疑而做出的补充论述,其背景是:"有疑先生安身之说者问焉曰:'夷齐虽不安其身,然而安其心矣。'"⑤黄宗羲的目的与刘宗周一样,是将安身论回归到传统的工夫论系统之中,而非仅仅为了保形骸之身。传统的"修身"之"身"是指道德的修养而非形骸之身,即朱熹所谓:"修身以上,明明德之事也。"⑥但心斋所谓"安身"之"身",其形骸之身的意味已甚为明显,其在论述"安身"之时引据孟子"失其身而能事其亲者,吾未之闻"⑦,便是明证。

(三) 身本论的思想史意义

心斋的身本论带有形骸之身的意味时,便具有了超越于道德哲学之外的意义。泰州学派是一个具有启蒙色彩的学术流派,我们势必会以西方启蒙思想与之作比较。西方的身心之论也走过了与中国几乎相同的路径。从柏拉图的"身体坟墓说"到笛卡尔的"身体铁镣说"都显示了扬"心"抑"身"的思维特征。笛卡尔所谓"我思故我在"中的"我",是一个"纯粹思维"之"我",他所谓"我思"是纯粹没有外部经验内容的、纯粹精神性的"我"。但是,需要注意的是,笛卡尔

---

① 刘宗周:《学言》,《文渊阁四库全书》第717册,第163页下。
② 刘宗周:《学言》,《文渊阁四库全书》第717册,第163页下。
③ 刘宗周:《刘蕺山集》卷十序下《入官小序》,《文渊阁四库全书》第1294册,第480页下。
④ 黄宗羲著,沈芝盈点校:《明儒学案》卷三十二《泰州学案一》,中华书局1985年版,第710页。
⑤ 王艮:《重刻心斋王先生语录》卷上,《四库全书存目丛书》子部第10册,齐鲁书社1995年版,第12页。
⑥ 朱熹:《四书章句集注·大学章句》,中华书局1983年版,第4页。
⑦ 王艮:《重刻心斋王先生语录》卷上《答问补遗》,《四库全书存目丛书》子部第10册,齐鲁书社1995年版,第20页。

等人身心分离的思维路径,是意欲克服神学的束缚,彰显人的自性:在西方的身、心论之外,尚有一个全能的上帝在,身心之论是相对于神学而论的。笛卡尔等人彰显自性,实质是肯定人的地位。因此,他与主张经验主义人性论的霍布斯一样,都是社会启蒙思想家,只不过殊途而同归:霍布斯是强调人的利己本性、享乐欲求及利益的合理性,使人成为利益的主体;笛卡尔则是强调人的思维本性和理性能力,使人成为一个"在思想的东西",强调人的精神性的主体。他们理论锋芒所向,都是指向宗教神学,彰显人的地位。因此,西方现代性的历史就是个人诞生、成长的历史。来自人自身的标准取代了上帝对人的规定和限制。人,尤其是个体的人及其自由成为世界的中心、价值的源泉。

虽然中国古代文化中宗教的色彩并不显著,神的力量可以忽略不计,但中国封建专制体制显得更加严整。中国古代政治体制是以道德伦理为基础的,因此,在中国,道德理性客观上充当了专制统治的理论荫庇,专制政体在道德的遮蔽之下得到了充分的发展,以君臣关系为纽带的五伦关系成为中国道德体系的基本构架。可见,道德理性在中国近代启蒙思潮中的作用,往往更多地与专制制度相关联,而主要不是人性的觉醒,因此西方人文启蒙的两重路径,在中国只剩下一条,即唯有强化自然欲求才能得到实现。换言之,在人类理性的两极中,个体理性与类理性本质上都是人本精神的实现途径,而在中国,道德伦理(相当于西方的类理性)往往是专制政体的附庸,这就是古代中国道德规范与专制制度同样发达的原因。因此,过度强化类理性的作用,势必会压抑个性的发展,这正是中国近代化的瓶颈所在。故而道德理性这一在西方文艺复兴中作为反对宗教神学的重要工具,在中国近代化过程所起的作用则与西方显然有别,真正能够冲破封建桎梏的还是个体精神的张扬,心斋的身本论堪称是其典型表述。当然,心斋的身本论并没有排斥道德理性,没有将个体与群体绝对对立起来。心斋以《大学》为基本构架来阐发自己的思想,还是从身与天下国家的一体观念中认识身的价值,便不可能越出道德理性的底线。而只有当在"身本论"中赋予更多的安身、保身的意蕴,当形骸之身的意义凸现出来之后,"身本论"才具有现代性价值。

身体与万物的关系在现代西方学者那里得到了同样的重视,美国学者奥尼尔(John O'Neill)在其《身体形态——现代社会的五种身体》一书中,提出"世界身体"的概念。他认为"人类首先是将世界和社会构想为一个巨大的身体",

并由身体的结构出发理解世界、社会以及动物的种属类别。① 显然，这种路径与泰州学派的大人之论十分相似。当然，严格来说，西方的拟人说与董仲舒等天人感应的观念更为接近，他们主要是将非生命的世界比喻成人体。他们所说的"世界身体"主要是从类比、修辞学的层面而言的。泰州学派则不同，他们是从主体的方面外扩而衍及宇宙万物，如果用美国思想家乔治·赫伯特·米德(George Herbert Mead)所说的主我与客我的关系来考察，那就是主我的外延而及于客我的过程。米德认为"自我是逐步发展的；它并非与生俱来，而是在社会经验与活动的过程中产生的"②。因此，自我与身体是既有区别又有联系的两个概念，他说："我们可以非常明确地区分自我与身体。身体可以存在并且可能以智能性很强的方式活动，而无须一个包含在经验中的自我。自我有这样一个特征，即它是它自身的一个对象，这个特征把它与其他对象和身体区别开来。"③他还将自我分为主我与客我两个方面："主我"是有机体对其他人的态度做出的反应，而"客我""本质上是一社会群体的成员，并因而代表着该群体的价值观"④。显然，"客我"是自我内部的道德根基。无论其是否具有社会行为主义的色彩，但毋庸置疑的是，他所提出的理论引起了人们越来越多的重视，其中一个很重要的原因在于他使自我扮演了泛化的他者的角色，自我价值与社会价值是一体相生的，以此摆脱了自我中心论的困境。同时，他又提出社会需要比"客我"更重要的"主我"创造性，自我的进取精神。这使其"成为思想王国里的沃尔特·惠特曼"⑤。米德的理论贡献其实在很大程度上是对西方自我中心论的反拨。比照这样的理论，我们可以更清晰地看出泰州学派理论的价值所在。泰州学派在自我与社会共同体之间寻求和谐，其中，既有自我的意味，亦有主我与客我的意味。当然，王艮及其后学是以一己之身为核心而论及这一关系的。

---

① 春风文艺出版社 1999 年版，第 15—17 页，详见陈立胜：《王阳明思想中的"身体"隐喻》，《孔子研究》2004 年第 1 期。
② 乔治·赫伯特·米德著，霍桂桓译：《心灵、自我和社会》，译林出版社 2012 年版，第 120 页。
③ 乔治·赫伯特·米德著，霍桂桓译：《心灵、自我和社会》，译林出版社 2012 年版，第 121 页。
④ 乔治·赫伯特·米德著，霍桂桓译：《心灵、自我和社会》，译林出版社 2012 年版，第 190 页。
⑤ 查尔斯·H.莫里斯：《身为社会心理学家和社会哲学家的米德》，载乔治·赫伯特·米德著，霍桂桓译：《心灵、自我和社会》卷首，译林出版社 2012 年版。

三、大成学

赵大洲《泰州王心斋墓志铭》称颂心斋"以明学启后为重任"①，这也是心斋独特的外王之法，亦即"大成学"。对此，心斋仲子王东厓有这样的记述："其晚也，明大圣人出处之义，本良知万物一体之怀，而妙运世之则。学则法乎帝也，而出为帝者师；学师法乎天下万世也，而处为天下万世师。此龙德正中而修身见世之矩，与点乐偕童冠之义，非遗世独乐者侔，委身屈辱者伦也，皆《大学》格物修身立本之旨，不袭时位而握主宰化育之柄，出然也，处然也，是之谓大成之圣，著《大成学歌》。"②心斋晚年提出的"大成学"，乃承孔子而来。心斋以"大成"称其学，具有直挑孔子学脉之意，目的是要标榜自己乃当世"大成圣"。(《大成学寄罗念庵》："便是当时大成圣。")他认为通过理解《大学》"止至善"，"格物至知"，"便知孔子'大成学'"。③而心斋理解的"止至善"即是"安身"。可见，心斋之"大成学"是与"淮南格物"联系在一起的，他在《送胡尚宾归省》中亦云："又明孔孟学，继绝二千年。修身乃立本，枝叶自新鲜。诚能止至善，大成圣学全。"④"大成"原出于孟子称叹孔子之"集大成"，曰："伯夷，圣之清者也；伊尹，圣之任者也；柳下惠，圣之和者也；孔子，圣之时者也。孔子之谓集大成。集大成也者，金声而玉振之也。"⑤赵岐注曰："孔子集先圣之大道，以成己之圣德者也。"⑥《性理大全》亦载："虽然孔子不得位而在下，其道实出帝王之上，而能用乎皇帝王伯者也，故孟子谓孔子集大成者也。"⑦可见，"集大成"是说孔子集先圣之大道，成己圣德。其后学者便以孔子师天下为己任，不独成己而成人、成

---

① 赵贞吉著，官长驰注：《赵贞吉诗文集注》卷十八，巴蜀书社1999年版，第580页。
② 王襞：《新镌东厓王先生遗集》卷上《上昭阳太师李石翁书》，明万历刻明崇祯至清嘉庆间递修本。
③ 王艮：《重刻心斋王先生语录》卷上《答问补遗》，《四库全书存目丛书》子部第10册，齐鲁书社1995年版，第19页。
④ 王艮：《重刻心斋王先生语录》卷下，《四库全书存目丛书》子部第10册，齐鲁书社1995年版，第44页。
⑤ 杨伯峻译注：《孟子译注·万章章句下》，中华书局1960年，第233页。
⑥ 孟轲撰，赵岐注：《孟子》，四部丛刊景宋大字本。
⑦ 胡广等：《性理大全书》卷九《皇极经世》三，《文渊阁四库全书》第710册，第229页下—230页上。

天下,"大成"乃是合天下之成,亦即通过以师天下而使天下同道,心斋之"大成学"即取此意。这在王一庵解释心斋"常将中正觉斯人,便是当时大成圣"时得到了证明:"盖言孔子当时以师天下为己任,拳拳欲与天下同底于道,则是成不独成,合天下之成,而为一大成也。"①"今学者苟知随处觉人,不徒自善一身而已,虽不能为大成之圣,是亦大成之学也。"②亦即不以天下万世师为期,而仅求"独善其身",这仅是"小成",而非"大成"。③ 只有大成,才是"本末一贯","合内外之道"。④ 在心斋看来,孔孟的大成尚有一些区别,孟子的大成"只以其集合群圣兼全众理为大成"⑤,这就是孟子称叹孔子"集大成"之"大成"义。而心斋认为孔子的大成则不仅仅是指集合了"群圣""众理",根据一庵的理解,心斋认为的孔子之大成,是要以天下同于道,其大成之义是"合天下之成"。心斋所说的"大成之学"乃"常将中正觉斯人,便是当时大成圣",是人人可为的。将"大成圣"与"大成学"相区别,这使得心斋"继绝学"成为可能,也是心斋"扩孟子所未发处"⑥的独创。这即是心斋在《大成歌》中所表述的继孔子"大成"绝学的宗旨:"随大随小随我学,随时随处随人师。掌握乾坤大主宰,包罗天地真良知。自古英雄谁能此? 此开辟以来惟仲尼。仲尼之后微孟子,孟子之后又谁知?"⑦心斋在学术史上虽然以淮南格物、百姓日用即道著称,并成为泰州学派的立派标识,但这些思想尚不能担荷起"继绝学"的责任。在心斋看来,只有"随大随小随我学,随时随处随人师",即以师道觉人,才能使"太平万世还多多"。⑧ 教人

---

① 王栋:《一庵王先生遗集》卷上《会语续集》,《四库全书存目丛书》子部第 10 册,齐鲁书社 1995 年版,第 99 页。
② 王栋:《一庵王先生遗集》卷上《会语续集》,《四库全书存目丛书》子部第 10 册,齐鲁书社 1995 年版,第 99 页。
③ 王艮:《重刻心斋王先生语录》卷上,《四库全书存目丛书》子部第 10 册,齐鲁书社 1995 年版,第 14 页。
④ 王艮:《重刻心斋王先生语录》卷上,《四库全书存目丛书》子部第 10 册,齐鲁书社 1995 年版,第 14 页。
⑤ 王栋:《一庵王先生遗集》卷上《会语续集》,《四库全书存目丛书》子部第 10 册,齐鲁书社 1995 年版,第 99 页。
⑥ 王栋:《一庵王先生遗集》卷上《会语续集》,《四库全书存目丛书》子部第 10 册,齐鲁书社 1995 年版,第 99 页。
⑦ 王艮:《重刻心斋王先生语录》卷下,《四库全书存目丛书》子部第 10 册,齐鲁书社 1995 年版,第 42 页。
⑧ 王艮:《重刻心斋王先生语录》卷下,《四库全书存目丛书》子部第 10 册,齐鲁书社 1995 年版,第 42 页。

成德,才是其论学的最终目的,这也是心斋最为自豪的人生职志。心斋承祧孔孟的大成学也为其传道实践与方式所证明。儒学虽然自汉代以来历受尊崇,但经典化是与经生、利禄同步进行的。从汉代五经博士的设立到唐代明经科试,直至明代科举以四书义、经义为本,都是如此,儒学关乎士子的功名利禄,导致了儒学发展日益形式化、案头化。三教论衡影响之下的唐宋儒士们慨然以继绝学自任,但主要是在争夺秉政话语权,因此儒学虽然借助功令、王权而影响于社会的各个层面,但这种影响主要通过制度层面的刚性约束来实现。儒家经典文献的传衍流布或陷于名物训诂,或流于空谈性理,往往脱离了民众,减弱了教化功能。原始儒家教人成德的立教宗旨在儒学地位一步步提高的过程中反而被逐渐削弱。宋明理学以先秦内圣外王的思想资源为基础,将内圣纯化为以仁为核心的道德原则,其中,王阳明以廓然大公之态,有意将良知说普及于全体民众,即所谓"良知良能,愚夫愚妇与圣人同",调适了传统的教化之路,在期求执政者内圣以施仁政的前提之下,又有意寻求向下一路,期以提高民众的德性水准,以实现社会理想。但由于阳明是一位立言与立功相兼的士大夫,传道的对象仍以士人为主,并运用了与其相适应的言说方式,决定了其"向下"一路受到了很大的限制。这从《明儒学案》中诸"王门"成员鲜有布衣民众即可看出。而心斋则不同,他的门人以及听众多为庶民百姓,心斋躬行无类之教。就此而论,心斋确是孔门教育思想的真正传人。这也得到了时人或后人的普遍认同,如,管东溟说:"道之至者,曰惟仲尼,以匹夫明明德于天下,无所倚焉故耳。心斋之学,盖得诸此。嗟嗟!以泰州一布衣,直窥正脉,师当代而风后贤,彼独何人也哉!"①李颙亦云:"心斋先生不由语言文字,默契心宗,一洗俗学支离之陋,毅然以尧、舜、孔、孟以来道脉自任。"②心斋真正赓续了原始儒家"有教无类"的教化传统。

心斋的大成学以称叹并承祧孔子为重要标志,他很认同宰我所说的"以予观于夫子,贤于尧舜远矣",子贡所说的"自生民以来,未有夫子也",以及有若、孟子等称叹孔子的表述。虽然尧舜治天下能以德感人,但尧舜有其位,乃有其治;孔子则无其位,"只是'学不厌,教不倦'",而能够致中和、位天地、育万物,成就尧舜事业。孔子以至简至易之道,视天下如家常事以论学兴教,因此,他认

---

① 转引自李颙撰,陈俊民点校:《二曲集》卷二十二《观感录·心斋王先生》,中华书局1996年版,第278页。
② 李颙著,陈俊民点校:《二曲集》卷二十二《观感录·心斋王先生》,中华书局1996年版,第278页。

为"孔子为独盛"①。王一庵称《大成歌》乃"孔子贤于尧舜之旨也"②。心斋称叹孔子,并不以伊尹、傅说为人生目标,这是因为伊、傅得于君只是奇遇,并不值得效法。他们如果不遇明君,则终身仅得独善而已。据《年谱》五十六岁(嘉靖十七年,1538)载:

> 御史陈公让按维扬,访先生。至泰州,病目不得行,作歌呈先生曰"海滨有高儒,人品伊、傅匹"云云。先生读之,笑谓门人曰:"伊、傅得君可谓奇遇,如其不遇,终身独善而已,孔子则不然也。"③

伊尹、傅说等人的经历还不能体现"大成"精神,因为心斋的"大成"思想是超越于仕与隐,遇与不遇的。隐是仕的准备,不遇是遇的准备,即其所谓"阴者阳之根,屈者伸之源"。因此,他说:"伊、傅之事我不能,伊、傅之学我不由。"④心斋认为孔子则不然,孔子教人以成圣之学,"遇"可为"帝者师",不遇则可为"天下万世师",以造命为本而不遵宿命之遇,云:"孔子之不遇于春秋之君,亦命也,而周流天下,明'道'以淑斯人,不谓'命'也。若'天民'则听命矣。故曰'大人造命'。"⑤论学可以不因凭于命,这是心斋大成学的理论前提。

心斋认为,"出则必为帝者师,处则必为天下万世师",才是"止至善之道"。他体认的"天下万世师",就是"讲修身立本之学"。认为独善其身并不符合本末一体之道,云:"危其身于天地万物者,谓之失本;洁其身于天地万物者,谓之遗末。"进不失本,退不遗末,方可称其"大成"。显然,这与阳明所体认的"圣人之道,吾心自足"⑥并不相同,他关于出处的人生旨趣是越过阳明而上达于孔子

---

① 王艮:《重刻心斋王先生语录》卷上,《四库全书存目丛书》子部第 10 册,齐鲁书社 1995 年版,第 12 页。
② 王栋:《一庵王先生遗集》卷上《会语》,《四库全书存目丛书》子部第 10 册,齐鲁书社 1995 年版,第 62 页。
③ 王艮撰,袁承业编纂:《明儒王心斋先生全集》卷三《年谱》,民国元年(1912)铅印本,第 6 页下。
④ 王艮:《重刻心斋王先生语录》卷上,《四库全书存目丛书》子部第 10 册,齐鲁书社 1995 年版,第 4 页。
⑤ 王艮:《重刻心斋王先生语录》卷上,《四库全书存目丛书》子部第 10 册,齐鲁书社 1995 年版,第 6 页。
⑥ 王守仁撰,吴光、钱明、董平、姚延福编校:《王阳明全集》卷三十三《年谱一》,上海古籍出版社 2011 年版,第 1354 页。

的,其《答王龙溪》书云:"来书云:出入为师之说,以致罗子之疑,惜乎疑不思问。吾末如之何也已。谚云:'相识满天下,知心有几人?'舍先生其谁乎?先生知我之心,知先师之心,知尧舜之心,未知能知孔子之心否?欲知孔子之心,须知孔子之学;知孔子之学,则丈夫之能事毕矣。"①在心斋看来,孔子之心与"先师"王阳明之心并不完全相同,阳明之心尚有"丈夫之能事"未毕处,这也就是洁身于天地万物之"遗末"处。在心斋看来,孟子才真正了解并承祧了孔子的出处思想,云:"孟子道'性善',必称尧舜;道'出处',必称孔子。"②又云:"孔子之学,惟孟子知之,韩退之谓'孔子传之孟轲',真是一句道着。有宋诸儒,只为见孟子粗处,所以多忽略过。学术宗源全在'出处'大节,气象之粗未甚害事。"③这是心斋对于孔孟学脉的别样疏解。当然,心斋所称叹的"出",乃行道之出。他尊崇孔子,主要是因为孔子教人以道,因为"道既不行,虽出,徒出也"④。因此,心斋认为,"出"之前需要识大本,有诸己,要以达道为期。明确了这样的目的,具备了自我修养的条件方可以出,这样就可以"随时随处无入而非行道矣"⑤,反之,"漫然苟出,反累其身,则失其本矣"⑥。心斋体认的孔孟超越一己出处之境的即是师道,这就是王东厓所昭示的"学则法乎帝也,而出为帝者师;学师法乎天下万世也,而处为天下万世师"⑦。在心斋看来,师道立,则善人多,善人多,则朝廷正而天下治。⑧ 可见,成德为善,最终实现朝政清,天下治,乃师道宗旨。心斋屡屡以"出必为帝者师,处必为天下万世师"教人,当有人问其这是否有

---

① 王艮:《重刻心斋王先生语录》卷下《答王龙溪》,《四库全书存目丛书》子部第10册,齐鲁书社1995年版,第36页。
② 王艮:《重刻心斋王先生语录》卷上,《四库全书存目丛书》子部第10册,齐鲁书社1995年版,第10页。
③ 王艮:《重刻心斋王先生语录》卷上,《四库全书存目丛书》子部第10册,齐鲁书社1995年版,第10—11页。
④ 王艮:《重刻心斋王先生语录》卷上,《四库全书存目丛书》子部第10册,齐鲁书社1995年版,第14页。
⑤ 王艮:《重刻心斋王先生语录》卷上,《四库全书存目丛书》子部第10册,齐鲁书社1995年版,第14页。
⑥ 王艮:《重刻心斋王先生语录》卷上,《四库全书存目丛书》子部第10册,齐鲁书社1995年版,第14页。
⑦ 王襞:《新镌东厓王先生遗集》卷上《上昭阳太师李石翁书》,明万历刻明崇祯至清嘉庆间递修本。
⑧ 见王艮:《重刻心斋王先生语录》卷下《答邹东廓先生》,《四库全书存目丛书》子部第10册,齐鲁书社1995年版,第30页。

"好为人师"之嫌时,心斋将出处为学与德性修养相联系,以修身立本为师道的道德基础:

> 先生曰:"《礼》不云乎:学也者,学为人师也。学不足以为人师,皆苟道也。故必修身为本,然后师道立,而善人多矣。如身在一家,必修身立本以为一家之法,是为一家之师矣。身在一国,必修身立本以为一国之法,是为一国之师矣。身在天下,必修身立本以为天下之法,是为天下之师矣。故'出必为帝者师',言必尊信吾'修身立本'之学,足以起人君之'敬信','来王者之取法',夫然后'道可传',亦'可行'矣。庶几乎'己立'后,'自配之得天地万物',而非'牵以相从'者也,斯'出'不'遗本'矣。'处必为天下万世师',言必与吾人讲明'修身立本'之学,使为法于天下,可传于后世,夫然后'立'必俱'立','达'必俱'达',庶几乎修身'见'世而非'独善其身者'也。斯'处'不'遗末'矣。"①

不难看出,成就师道,乃心斋立学的宗旨。其"学"之内容是修身立本,目的是"为法于天下"。心斋虽然伏处草茅,但并不满足于独善其身,尧舜君民之心无时不有,所谓"修身见世而非'独善其身'者也"。因此,其"处"世之时,也就为学不辍,教学不止,所谓"其处也,学不厌,而教不倦,本末一贯",并将其与《大学》"三纲领"相统一,谓之:"夫是谓'明德''亲民''止至善'矣。"②

心斋认为,道在心中,人人具有,觉此便是大成圣。严格来说,这与《大学》"八条目"稍有不同,因为"八条目"是以平天下作为德性的展开,是展示德性与政治一体关系的系统。心斋的这一认识与其独特的人生有关。作为布衣的王艮,虽然有强烈的淑世情怀,但毕竟没有为政一方的政治实践,他对政治领域的影响,是通过私淑以及及门弟子而实现的。基于这样的现实,心斋的大成学力图消解出处之别,王东厓谓之:"不袭时位而握主宰化育之柄,出然也,处然

---

① 王艮:《重刻心斋王先生语录》卷上《答问补遗》,《四库全书存目丛书》子部第 10 册,齐鲁书社 1995 年版,第 24 页。
② 王艮:《重刻心斋王先生语录》卷上《答问补遗》,《四库全书存目丛书》子部第 10 册,齐鲁书社 1995 年版,第 24 页。

也,是之谓大成之圣。"①但是,心斋之不袭时位并非囿于独善,而是要觉而经世,由安身而及于治国平天下,他说:"危其身于天地万物者,谓之'失本';洁其身于天地万物者,谓之'遗末'。"②这也是其"大成"而非"小成"的要义。

出处是心斋大成学的基本视角,也是其解读孔子的一个重要维度。如孔子所谓"二三子以我为隐乎",此之"隐",历来的注家都释为"隐瞒"之意。如朱熹《四书章句集注》:"诸弟子以夫子之道高深不可几及,故疑其有隐。"但心斋则将其释为与"见"字相对,亦即"处"之意,并以《易》"龙德而隐""见龙在田"相印证。心斋称颂孔子的"无行不与二三子",是指孔子"修身讲学以'见'于世,未尝一日'隐'也"③。心斋对孔子理解的关键在于"出"。他认为《易传》之"时乘六龙",就是说的圣人出处,认为识得圣人出处,是学之关键处。《易传·乾·彖》:"六位时成,时乘六龙以御天。"是说乾卦六爻取龙为象的潜、见、惕、跃、飞、亢升降变化的全过程。其中有潜有亢,但心斋的最终目的还是在于"亢",在于"出",在于他所谓"致天下尧舜之世"④。心斋之重"出",还表现在化"处"为"出"。心斋之"处",不在于"独善其身",而是"处必为天下万世师","处"乃是更深广意义上的"出"。因此,其淑世情怀不受有位无位所限,云:"'致中和,天地位焉,万物育焉',不论有位无位。孔子学不厌,而教不倦,便是'位、育'之功。"⑤心斋还将"出"与德性相联系,云:"君子之欲仕,仁也;可以仕则仕,义也。"⑥在心斋看来,君子之仕,乃仁心的体现,君子有机会入仕,是义的践履。"大成学"的要义之一在于化"处"为"出",视教、学为位育之功。"大成学"实乃心斋和泰州学派政治理想实现的途径。

---

① 王襞:《新镌东厓王先生遗集》卷上《上昭阳太师李石翁书》,明万历刻明崇祯至清嘉庆间递修本。
② 王艮:《重刻心斋王先生语录》卷上,《四库全书存目丛书》子部第 10 册,齐鲁书社 1995 年版,第 3 页。
③ 王艮:《重刻心斋王先生语录》卷上,《四库全书存目丛书》子部第 10 册,齐鲁书社 1995 年版,第 5 页。
④ 王艮:《重刻心斋王先生语录》卷上,《四库全书存目丛书》子部第 10 册,齐鲁书社 1995 年版,第 7 页。
⑤ 王艮:《重刻心斋王先生语录》卷上,《四库全书存目丛书》子部第 10 册,齐鲁书社 1995 年版,第 5 页。
⑥ 王艮:《重刻心斋王先生语录》卷上,《四库全书存目丛书》子部第 10 册,齐鲁书社 1995 年版,第 9 页。

心斋所谓"大成学"概有两方面的含义:一是《大成歌》中表现的为师之道,就是将"个个人心自中正"的道理"说此与人"的为师之道,也就是王一庵所理解的"孔子贤于尧舜之旨"的原因,这是就"师"的功能而言。二是教人成圣的内容。对此,心斋有这样一段表述:

> 子谓诸生曰:惟《大学》乃孔门经理万世的一部完书,吃紧处惟在"止至善"及"格物致知"四字本旨,二千年来未有定论矣。某近理会得,却不用增一字解释,本义自足,验之《中庸》《论》《孟》《周易》,洞然吻合,孔子精神命脉具此矣。诸贤就中会得,便知孔子"大成学"。①

心斋从《大学》中寻绎孔子"大成学"。其"吃紧处"在于"止至善""格物致知"等。心斋认为,这是孔子的精神命脉所系,且与儒家的其他经典相吻合。因此,心斋对于《大学》以及"止至善"的看法②,是我们理解其"大成学"的前提。

对于"止至善",心斋的理解与前人有所不同。"止于至善"之"止",朱熹的解释是"必至于是而不迁之意"③,亦即"必达"之意。"至善",用朱熹的话说是"事理当然之极"④,朱熹将其解释为"天理",即其所谓"必其有以尽夫天理之极,而无一毫人欲之私也"⑤。朱熹将"止于至善"释之为"存天理""灭人欲",这显然是在宋明理学中赋予了原始儒家的本意。而王阳明则说:"至善也者,心之本体也。"又说:"诚意之极,止至善而已矣;止至善之则,致知而已矣。"⑥又说:"至善者,明德亲民之极则也。"⑦可见,王阳明对于"至善"实有两解,一是"心之本体",一是将"至善"看成是"明德""亲民"的一个特殊境界。比较而言,前者在王阳明的思想语境中显然更具有本质的意义。阳明所谓的"心之本

---

① 王艮:《重刻心斋王先生语录》卷上《答问补遗》,《四库全书存目丛书》子部第10册,齐鲁书社1995年版,第19页。
② "'格物致知'四字本旨"可参见此前关于心斋"淮南格物"的讨论。
③ 朱熹:《四书章句集注·大学章句》,中华书局1983年版,第3页。
④ 朱熹:《四书章句集注·大学章句》,中华书局1983年版,第3页。
⑤ 朱熹:《四书章句集注·大学章句》,中华书局1983年版,第3页。
⑥ 王守仁撰,吴光、钱明、董平、姚延福编校:《王阳明全集》卷七《大学古本序》,上海古籍出版社2011年版,第270页。
⑦ 王守仁撰,吴光、钱明、董平、姚延福编校:《王阳明全集》卷二十六《续编》一《大学问》,上海古籍出版社2011年版,第1067页。

体",并非赋"至善"以本体论意义,而是借"三纲领"之一的"至善"对"心"进行德性判断,这也是阳明"四句教"首句的另一种表达方法。阳明"无善无恶心之体",其实就是对心体至善的判断。因为"知善知恶是良知",所谓良知是就心的灵明处而言,如果是无善无恶,则心体又怎能知善知恶?从"为善去恶是格物"亦可知,为善者必是心体所本有,因此,冯从吾认为,阳明"无善无恶心之体"乃误说,与"四句教"中首句的不谛之处相似。① 对阳明关于"止于至善"的解释,心斋亦有不同的看法,云:"但谓'至善'为心之本体,却与'明德'无别,恐非本旨。'明德'即言心之本体矣,三揭'在'字,自唤省得分明。"② 心斋认为,阳明将"至善"与"明德"的意义归一,如此诠释似有不妥。心斋认为不妥的原因在于《大学》中分别以"在"判明了三者乃不同的含义。那么,心斋对于"至善"做何解释呢?他说:"孔子精蕴立极,独发'安身'之义,正在此。"心斋认为,从尧舜到孔子,虽然有"明明德""亲民"之学,但是,"止于至善"乃孔子独得之妙,云:

> 孔子悟透此道理,却于"明明德""亲民"中立起一个极来,故又说个"在止于至善"。"止至善"者,"安身"也;"安身"者,"立天下之大本"也。③

心斋将"三纲领"与"八条目"相对应,将"安身"视为"立天下之大本",将"止至善"(亦即"安身")视为治国平天下之基。就"身"与天下国家的关系而言,王艮所论与《大学》的本意颇为吻合。《大学》在论述了"八条目"之后说:"自天子以至于庶人,壹是皆以修身为本。"④亦即"修身"以前诸条目,都是修身的途径与方法;"修身"之后诸目,则是德性修养的外拓。《大学》所论,在于内圣(德性)与外王(政治)的一体。《大学》的这一论述,与孟子的思想颇多吻合。孟子说:"天下之本在国,国之本在家,家之本在身。"⑤孟子所言,显然是在讲为政,其意即在于德性决定政治。对于"身",《大学》中谓之"修身",指对身的道德养成。

---

① 见冯从吾:《少墟集》卷十五《答黄武皋侍御》,《文渊阁四库全书》第 1293 册,第 272—273 页。
② 王艮:《重刻心斋王先生语录》卷上《答问补遗》,《四库全书存目丛书》子部第 10 册,齐鲁书社 1995 年版,第 19 页。
③ 王艮:《重刻心斋王先生语录》卷上《答问补遗》,《四库全书存目丛书》子部第 10 册,齐鲁书社 1995 年版,第 19 页。
④ 朱熹:《四书章句集注·大学章句》,中华书局 1983 年版,第 4 页。
⑤ 杨伯峻译注:《孟子译注·离娄章句上》,中华书局 1960 年版,第 167 页。

在《孟子》中虽然没有明言,但此句之后又有:"孟子曰:'为政不难,不得罪于巨室。'"所谓"得罪",朱熹释之曰:"谓身不正而取怨怒也。"① 显然也是指自我的道德修养,亦即传统儒家论"身",都着意于其成德、内圣。王艮在论《大学》时,虽然承续了《大学》以身为本的思想,但与《大学》所昭示的德性修养意趣不尽相同,他以"安身"而非"修身"为"立本",带有尊身之义。明乎此,我们才能全面理解心斋大成学的涵义。

据王东厓的记述,"大成学"乃心斋的终极之学,主要涉及淮南格物、乐学之旨以及王学现成派的天然率性之妙。出处一如,成己作圣,成人为师等内容,可视为其学术思想的总结。"大成学"的意义不仅仅在于彰显师道神圣,还揭示了圣学不再是神圣不可及、为经生文士所独擅的玄妙之学,而是贤愚所共成共明的,是"个个都中和""个个自中正"的。心斋称叹的师之道,是一种开启愚不肖者的钥匙,是启发主体自觉之学。心斋在《大成歌》中以通俗易晓、音韵和美的语言表达了其基本思想,使百姓易晓易懂,从而实现主体自觉。这是心斋的卓异处,也是自认其直承孔孟精神的关键所在。

心斋的大成学是明师道、尊师道之学,同时又是承《大学》之旨的经世学问。心斋云:"六阳从地起,故经世之业莫先于讲学以兴起人才,古人位天地、育万物,不袭时位者也。"② 心斋推尊的大成之圣,是"非遗世独乐者侔,委身屈辱者伦也"③。心斋所谓"古人谓学而后入政,未闻以政为学",原因即在于"若于人民社稷处试,恐不及救也"。④ 因此,其学其师,乃德政的基础。正因为大成学的这一特征,心斋传授主要限于徐波石与罗洪先二人。心斋在晚年给徐樾的尺牍中云:

> 屡年得书,必欲吾慈悯教诲,于此可见子直不自满足,非特谦辞已也。殊不知我心久欲授吾子直大成之学,更切切也。但此学将绝二千年,不得

---

① 朱熹:《四书章句集注·孟子集注》卷七,中华书局 1983 年版,第 278 页。
② 王艮:《重刻心斋王先生语录》卷上,《四库全书存目丛书》子部第 10 册,齐鲁书社 1995 年版,第 12 页。
③ 王襞:《新镌东厓王先生遗集》卷上《上昭阳太师李石翁书》,明万历刻明崇祯至清嘉庆间递修本。
④ 王艮:《重刻心斋王先生语录》卷下《答宗尚恩》一,《四库全书存目丛书》子部第 10 册,齐鲁书社 1995 年版,第 29 页。

吾子直面会口传心授,未可以笔舌谆谆也。①

而《大成歌》则是为寄罗洪先而作,据李二曲《观感录》载:

> 时大儒太宰湛公甘泉、祭酒吕公泾野、宗伯邹公东廓、欧公南野,咸严重先生,而罗殿元洪先尤数造其榻请益。一日,述近时悔恨处求正,先生不答。但论立大本处,以为能立此身,便能位天地,育万物,病痛将自消融。且曰:"此学是愚夫愚妇能知能行者。圣人之道,不过欲人皆知皆行,即是位天地,育万物欛柄。"明日,复入见,因论正己物正,先生曰:"此是吾人归宿处。凡见人恶,只是己未尽善;若尽善,自当转易。以此见己一身不是小,一正百正,一了百了,此之谓通天下之故。圣人以此修己以安百姓,而天下平。"因为《大成歌》以赠之……洪先大喜而别。②

徐波石是心斋嫡传弟子中官阶最高者,官至礼部侍郎、云南布政使。而罗洪先则是嘉靖八年(1529)状元、翰林院编修。罗洪先乃私淑阳明而有得者(黄宗羲《明儒学案》将其列于"江右王门"),虽非心斋及门弟子,但敬服心斋之学,乃至"数造其榻请益"。他们识博位崇,心斋殷殷寄嘱以大成学,是因为在心斋看来,"大成学"乃承袂孔孟后中绝的学统,心斋授受是有一定条件的,这个条件是由"大成学"贯通学与政的意义所决定的。同时,"大成学"的传授尚需"面会口传心授",可见,除了《大成歌》中所述之外,还应涉及具体的施教方法与技巧等。

心斋的大成之学虽以承袂孔子为标识,但又具有鲜明的特色。心斋的经世大成思想教人以率性与依循规范的统一,而并非仅仅教人成德。这在心斋的《鳅鳝赋》中得到了体现。《鳅鳝赋》中道人因鳅鳝互动而悟得的人生道理,体现了心斋的社会人生理想。鳝因鳅神龙般的变动不居而得以转身通气,奄奄若死的一缸鳝鱼得以重得生机,但鳅救鳝之功并非因为其对鳝鱼心怀悲悯,而

---

① 王艮:《重刻心斋王先生语录》卷下《再与徐子直》二,《四库全书存目丛书》子部第 10 册,齐鲁书社 1995 年版,第 37 页。
② 李颙撰,陈俊民点校:《二曲集》卷二十二《观感录·心斋王先生》,中华书局 1996 年版,第 276—277 页。

是因自率其性,自得其乐使其然。道人见鳅鳝互动而悟,明确了这样的态度:既不入于樊笼,亦不高飞远举,而是"虽不离于物,亦不囿于物也",即在规则与自由之间获得平衡,这与传统儒学纯粹以道德理性教化有所不同。这一人生态度的社会意义在心斋随后的诗歌中得到了体现:"一旦春来不自由,遍行天下壮皇州。有朝物化天人和,麟凤归来尧舜秋。"① 同时,虽然心斋亦引张横渠"为天地立心,为生民立命"的经世箴言,但他所理解的万物一体,与横渠"民吾同胞,物我与也"有所不同。横渠的物我之"与"是内在的相融为一体,民是以内在亲情相联系的。可见,横渠之一体是内在浑融的一体。而心斋则不同,他的鳅鳝之喻体现了这样的思维导向:同育于一缸是偶然而非必然的异体共存。鳅客观上的活鳝之举,缘起于"鳅之乐"而非"悯此鳝"。② 这与其《明哲保身论》中表现的思想正相顾盼。因此,我们在揭示心斋承祧孔子大成学的同时,还应看到其中赋予的主体意识;注意其弘传儒家成德之教的同时,尚有"不囿于物"的自在精神。使人顿悟"为天地立心,为生民立命"的活鳝之鳅,何尝不是作者自己期以天下万世师,承祧大成之业的形象体现?

在宣教方法上,心斋亦具有自己的特点。这在与同为阳明弟子的王龙溪的比较中即可看出。龙溪善于辩说,其思想多通过讲会等形式得以流布,且龙溪著述更胜于讲会③,因此,其学术影响主要限于士人阶层。心斋则不同,他虽有大成之志,但其宣教并不是以讲会与著述,而主要是通过生活日用以觉人。心斋的教化之法是灵活的、乐感的。据载:"先生(王艮)于眉睫之间,省觉人最多。"④心斋对于弟子的熏染往往是无言的,是通过举手投足的行谊,给弟子以启示,这颇类似于禅宗的悟道方法。据载:"学者有积疑,见先生多不问而解。"⑤肇始于心斋的独特的教法,是泰州学派形成社会影响的重要因素。

---

① 王艮:《重刻心斋王先生语录》卷下,《四库全书存目丛书》子部第 10 册,齐鲁书社 1995 年版,第 42—43 页。
② 王艮:《重刻心斋王先生语录》卷下《鳅鳝赋》,《四库全书存目丛书》子部第 10 册,齐鲁书社 1995 年版,第 42 页。
③ 即所谓"龙溪笔胜舌"。(黄宗羲著,沈芝盈点校:《明儒学案》卷三十四《泰州学案三》,中华书局 1985 年版,第 762 页)
④ 黄宗羲著,沈芝盈点校:《明儒学案》卷三十二《泰州学案一》,中华书局 1985 年版,第 710 页。
⑤ 王艮:《重刻心斋王先生语录》卷上,《四库全书存目丛书》子部第 10 册,齐鲁书社 1995 年版,第 13 页。

四、百姓日用即道与现成良知

王艮"百姓日用即道"思想的形成以及商证过程,《年谱》的记述可见其大略。嘉靖三年(1524)春,王艮在会稽,时年四十二岁,《年谱》载:

> 四方学者聚会稽日众,请阳明公筑书院城中以居同志,多指百姓日用以发明良知之学,大意谓百姓日用条理处,即是圣人条理处。圣人知,便不失;百姓不知,便会失。同志惕然有省。①

四年之后,嘉靖七年(1528),《年谱》载:

> 在会稽。集同门讲于书院,先生言"百姓日用即道"。初闻多不信。先生指僮仆之往来,视听持行,泛应动作处,不假安排,俱是顺帝之则,至无而有,至近而神,惟其不悟,所以愈求愈远,愈作愈难。谓之有志于学则可,谓之闻道则未也。贤智之过与仁智之见俱是妄。②

嘉靖十年(1531),《年谱》载:

> 四方从游日众,相与发挥百姓日用之学,甚悉。③

据嘉靖三年的记载可知,心斋"百姓日用即道"的肇端当是其受到阳明的启示以及通过与王学现成派同志的商论得出的。④ 处,即是圣人条理处。"圣

---

① 周汝登辑《王门宗旨》卷八《王心斋先生语抄》亦有载。
② 王艮撰,袁承业编纂:《明儒王心斋先生全集》卷三《年谱》,民国元年(1912)铅印本,第4页下。
③ 王艮撰,袁承业编纂:《明儒王心斋先生全集》卷三《年谱》,民国元年(1912)铅印本,第4页下。
④ 李二曲在《观感录》中所记则稍有不同,他认为是心斋自觉所论。《二曲集》卷二十二《观感录·心斋王先生》:"有逊坐者,先生曰:'坐坐,勿过逊废时。'因百姓日用以发明'良知'之旨,谓:'百姓日用条理处,便是圣人条理处;圣人知便不失,百姓不知便易失。'学者初见,先生便指之曰:'即尔此时就是。'"李氏对心斋服膺甚至,强化心斋理论的独创性亦在情理之中。(李颙撰,

人知,便不失;百姓不知,便会失"见载于明刻本《心斋王先生语录》之中,周汝登所辑《王门宗旨》,亦将《年谱》嘉靖三年(1524)所记的内容载于《王心斋先生语抄》之中。四年之后(嘉靖七年,1528)王艮在会稽言及"百姓日用即道"时,听闻者尚多有疑问,但嘉靖十年(1531)时,经过与过从者的相与发挥,此说已不见质疑而"甚悉"。从其过程可以看出,"百姓日用即道"乃是心斋受到阳明及其同志影响下的独得之悟。同时,心斋"百姓日用即道"的思想,还含有充拓良知的含义,云:"故道也者,性也,天德良知也,不可须臾离也。率此良知,乐与人同,便是充拓得开。"①心斋讲学以执中与万物一体之仁为核心。② 尤其是一体之仁,是其教人成德为善的重要理据。在心斋看来,此之仁心是"纲纪宇宙,流行今古"③的,亦即其所谓道、天理、良知。心斋说:"此道(即良知,引者注)在天地间遍满流行,无物不有,无时不然,原无古今之异。"④良知遍满流行于天地间,"百姓日用"自莫能外。这一思想正是"现成良知"之义。

阳明对心斋的影响在阐释百姓日用时对"异端"的解释中也宛然可见。《论语》中即论及"异端",所谓:"攻乎异端,斯害也已。"(《论语·为政》)对"异端"的训解人各不同,如梁皇侃云:"异端,谓杂书也,言人若不学六籍正典,而杂学于诸子百家,此则为害之深。"朱熹在《四书章句集注》中引范祖禹的解释是:"异端,非圣人之道,而别为一端,如杨墨是也。"亦即,圣人之道是标准,非此即异端。宋人张载则说:"道之不同谓之异端。"⑤他们都将异于圣人之道的种种学术谓之异端。但心斋对于异端之论则独辟蹊径,他判断"异端"的终极标准并不是圣人之道,云:"圣人之道,无异于'百姓日用'。凡有异者,皆谓之'异端'。"⑥即百姓日用才是最终标准。心斋的卓异之论,实导源于阳明,阳明有

陈俊民点校:《二曲集》,中华书局1996年版,第275—276页)
① 王艮:《重刻心斋王先生语录》卷下《答徐凤冈节推》,《四库全书存目丛书》子部第10册,齐鲁书社1995年版,第33页。
② 见王艮:《重刻心斋王先生语录》卷下《答太守任公》,《四库全书存目丛书》子部第10册,齐鲁书社1995年版,第31页。
③ 王艮:《重刻心斋王先生语录》卷下《答侍御张芦冈先生》,《四库全书存目丛书》子部第10册,齐鲁书社1995年版,第33页。
④ 王艮:《重刻心斋王先生语录》卷下《答徐凤冈节推》,《四库全书存目丛书》子部第10册,齐鲁书社1995年版,第33页。
⑤ 张载著,章锡琛点校:《张载集·张子语录》,中华书局1978年版,第320页。
⑥ 王艮:《重刻心斋王先生语录》卷上,《四库全书存目丛书》子部第10册,齐鲁书社1995年版,第7页。

云：" 与愚夫愚妇同的，是谓同德；与愚夫愚妇异的，是谓异端。"① 当然，心斋的表述亦有自身的特点，如阳明并未涉及圣人之道，而心斋的这一表述则蕴含着将"百姓日用"作为判断"圣人之道"的标准的意味。虽然与"异端"对治的是"百姓日用"，但讨论的对象则是"圣人之道"。"百姓日用"是甄别"圣人之道"的标准，这堪称是颠覆性的论述，因为传统学术中的"圣人之道"是无须证明的真理，或者说是检验纷纭众说真理性的标准。当然，心斋论及"异端"的目的是为"百姓日用即道"张本，而并不是着意于"异端"的内涵之辨。

心斋虽然有得于阳明，但他并不明确标识得之于阳明，而是直截源头，证圣人之道与百姓日用的同一。心斋的这一价值取向时有显现，诸如"圣人经世只是家常事"等等。但心斋征圣立说的方法存在着一个现实的问题，因为在儒家的典籍中，仅《易·系辞》中有"百姓日用而不知"，论者往往将其作为诠释孔子所谓"民可使由之，不可使知之"② 的根据，对此，心斋何以能够借圣人以证己说呢？请看他对于"中"的一段对话：

> 或问中。先生曰："此童仆之往来者，中也。"曰："然则百姓之日用即中乎？"曰："孔子云，百姓日用而不知。使非中，安得谓之道？特无先觉者觉之，故不知耳。若智者见之谓之智，仁者见之谓之仁，有所见便是妄，妄则不得谓之中矣。"③

心斋对《易传》中"百姓日用而不知"进行了别样的诠释，将"不知"视为"道""中"，即如"童仆之往来"一般。"不知"乃是未觉之前的状态，但这在心斋看来是符合"道""中"的状态。当然，落于"见"便是"妄"，即便其"见"是被列为"五常"之中的仁、智亦复如是。心斋的这一论述，开启了李贽"童心说"的法门。这样的路径其实亦得之于阳明。其"不知"状态，恰如阳明所谓的未发之中，亦即良知。阳明在《答陆原静》中说："性无不善，故知无不良，良知即

---

① 王守仁撰，吴光、钱明、董平、姚延福编校：《王阳明全集》卷三《传习录下》，上海古籍出版社 2011 年版，第 121 页。
② 杨伯峻译注：《论语译注·泰伯第八》，中华书局 1980 年版，第 81 页。
③ 王艮：《重刻心斋王先生语录》卷上，《四库全书存目丛书》子部第 10 册，齐鲁书社 1995 年版，第 4 页。

是未发之中,即是廓然大公寂然不动之本体,人人之所同具者也。"①此之未发,即是未受习染的童稚的本能,即阳明所谓"心自然会知,见父自然知孝,见兄自然知弟,见孺子入井,自然知恻隐。此便是良知"。心斋之论显然也是循阳明的路径而来。对此,江右王门邹守益之孙邹德涵《聚所先生语录》中有这样的记载:

> 往年有一友问心斋先生云:"如何是无思而无不通?"先生呼其仆,即应,命之取茶,即捧茶至。其友复问,先生曰:"才此仆未尝先有期我呼他的心,我一呼之便应,这便是无思无不通。"是友曰:"如此则满天下都是圣人了。"先生曰:"却是,日用而不知,有时懒困着了,或作诈不应,便不是此时的心。"②

邹德涵在记述了心斋的行谊之后,接着即叙述了阳明即事论说的情形:"阳明先生一日与门人讲大公顺应,不悟。忽同门人游田间,见耕者之妻送饭,其夫受之食,食毕与之持去。先生曰:'这便是大公顺应。'门人疑之,先生曰:'他却是日用不知的。若有事恼起来,便失这心体。'"③阳明以良知为未发之中,且圣愚无别,云:"性无不善,故知无不良。良知即是未发之中,即是廓然大公,寂然不动之本体,人人之所同具者也。"④依据"体用一源显微无间","体用一源,知体之所以为用,则知用之所以为体矣"的观点,阳明认为体用是一致的。对此,阳明与王畿在"严滩问答"中有这样的对话:

> 先生起行征思、田,德洪与汝中追送严滩。汝中举佛家实相幻相之说。先生曰:"有心俱是实,无心俱是幻;无心俱是实,有心俱是幻。"汝中曰:"有心俱是实,无心俱是幻,是本体上说工夫;无心俱是实,有心俱是幻,

---

① 王守仁撰,吴光、钱明、董平、姚延福编校:《王阳明全集》卷二《传习录中》,上海古籍出版社2011年版,第71页。
② 黄宗羲著,沈芝盈点校:《明儒学案》卷十六《江右王门学案一》,中华书局1985年版,第352页。
③ 黄宗羲著,沈芝盈点校:《明儒学案》卷十六《江右王门学案一》,中华书局1985年版,第352页。
④ 王守仁撰,吴光、钱明、董平、姚延福编校:《王阳明全集》卷二《传习录中》,上海古籍出版社2011年版,第71页。

是工夫上说本体。"先生然其言。①

"严滩问答"的基本旨趣是援佛理以解"天泉证道"。所谓"本体上说工夫",亦即王龙溪之以悟得良知为工夫,"在先天心体上立根";"工夫上说本体"其意是指"良知本体原来无有,本体只是太虚"②,渐修以明本体。阳明"然其言",正表现其"工夫不离本体,本体原无内外"③,本体与工夫相统一的思维路向。心斋亦承师说,并引其师语云:"合着本体是工夫,做得工夫是本体。"④对照"天泉证道"或"严滩问答"的语境,心斋虽然也论及保任未发之中的工夫,亦即他所谓"善念不动,恶念不动"⑤之时,"戒慎恐惧","顾諟天之明命"⑥。但他并没有落于龙溪"本体上说工夫"之一极,尚有"做得工夫是本体"相平衡的一面,并诠释道:"先知中的本体,然后好做修的工夫。"⑦由此可见,在与"百姓日用即道"相关的工夫论方面,心斋明显承续了阳明的思想。

心斋论"百姓日用即道",除了阳明学的痕迹之外,又具有自身的特点,概有以下几个方面:

其一,赋自然以中道义。如他说:"此童仆之往来者,中也。"⑧心斋虽然认为"圣愚之分,知与不知而已"⑨,又云"百姓日用条理处即是圣人之条理处,圣

---

① 王守仁撰,吴光、钱明、董平、姚延福编校:《王阳明全集》卷三《传习录下》,上海古籍出版社2011年版,第144页。
② 王守仁撰,吴光、钱明、董平、姚延福编校:《王阳明全集》卷三十五《年谱》三,上海古籍出版社2011年版,第1442页。
③ 王守仁撰,吴光、钱明、董平、姚延福编校:《王阳明全集》卷三《传习录下》,上海古籍出版社2011年版,第104页。
④ 王艮:《重刻心斋王先生语录》卷上《答问补遗》,《四库全书存目丛书》子部第10册,齐鲁书社1995年版,第23页。
⑤ 王艮:《重刻心斋王先生语录》卷上《答问补遗》,《四库全书存目丛书》子部第10册,齐鲁书社1995年版,第23页。
⑥ 王艮:《重刻心斋王先生语录》卷上《答问补遗》,《四库全书存目丛书》子部第10册,齐鲁书社1995年版,第23页。
⑦ 王艮:《重刻心斋王先生语录》卷上《答问补遗》,《四库全书存目丛书》子部第10册,齐鲁书社1995年版,第23页。
⑧ 王艮:《重刻心斋王先生语录》卷上,《四库全书存目丛书》子部第10册,齐鲁书社1995年版,第4页。
⑨ 王艮:《重刻心斋王先生语录》卷下《与薛中离》,《四库全书存目丛书》子部第10册,齐鲁书社1995年版,第38页。

人知,便不失;百姓不知,便会失",但心斋并不是着意于将圣愚的差别完全泯灭,因为他是以承认先觉、后觉为前提的,"百姓日用而不知",是因为尚未有先觉者觉之。但"百姓日用""不知"的状况,在心斋看来,实乃得之"中"、合乎"道"的未发而已,因此,有无先觉者觉之就显得并不重要了。相反,得其"见"则失之"中",即便是五常之中的仁、智亦是如此。心斋之"见"与阳明所谓"意见""闻见"相似,阳明的"意见""闻见",是指影响主体对良知体认的已有的成见,这种成见对至真至善的良知起到的是遮蔽作用而不是相反。当然,阳明认为良知与"意见""闻见"(或"见闻")又是共生的实存状态,亦即"良知不滞于见闻,而亦不离于见闻"。因此,去蔽以复良知的工夫,在阳明的学术中占据重要地位。在心斋这里则不同,心斋认为,发用之失的可能性仅是"有时懒困着了,或作诈不应",才"不是此时的心"①,亦即主观明显的失误才致使心体不能得到呈现。换言之,从未发到已发的过程并不受到其他因素的太多影响,从而将诸如"童仆往来""百姓日用"合乎"中"的有效性得到了强化。

其二,重本体的自然发用。阳明的良知说是即本体即工夫,重视良知的发用以及发而中节。他论圣愚之别是:"良知良能,愚夫愚妇与圣人同。但惟圣人能致其良知,而愚夫愚妇不能致,此圣愚之所由分也。"②阳明认为未发已发显微无间,但未发无形无相,工夫无处着力,工夫只在已发。因此,阳明重致良知之工夫。而心斋肯认的只是本体及其自然流行发用,亦即"童仆之往来"的状态。百姓日用而不知的自然呈现并无大碍,而并不着意于致知工夫。

其三,严分"知""见"。心斋论学,颇有代圣以觉后知的意味,目的是使百姓能知,即他所谓:"此学是愚夫愚妇能知能行者。圣人之道,不过欲人皆知皆行"③,又说"愚夫愚妇与知能行便是道"④。他认为圣愚之别就在于知与不知。可见,心斋认为圣愚虽天然有别,但使愚夫愚妇能知乃是为学的目的。他所谓

---

① 转引自黄宗羲著,沈芝盈点校:《明儒学案》卷十六《江右王门学案一》,中华书局1985年版,第354页。
② 王守仁撰,吴光、钱明、董平、姚延福编校:《王阳明全集》卷二《传习录中》,上海古籍出版社2011年版,第56页。
③ 李颙撰,陈俊民点校:《二曲集》卷二十二《观感录·心斋王先生》,中华书局1996年版,第276页。
④ 王艮:《重刻心斋王先生语录》卷上,《四库全书存目丛书》子部第10册,齐鲁书社1995年版,第5页。

"知",当是指人人所本有的良知,这个良知是自然而致,而非着意而为的。他在次阳明关于良知的诗句"自家痛痒自家知"时云:"良知原有不须知。"①同时,心斋又摒绝"见"的作用,云:"不执意见,方可入道。"②"才'着意',便是私心。"③"见"是使心体刻意发用而非自然流行的意念,因此,"只心有所向便是欲,有所见便是妄"④。可见他对于"见"的排斥,最根本的原因是认为其是人为、有碍自然的。心斋对于"见"的摒斥较阳明更为彻底,他还巧妙地运用了见仁见智的成语,不但排斥了见闻,而且还排斥了德性之"仁"见,认为见仁亦是妄。阳明良知不离见闻的观念,还是给"见闻"存在的合法性留下了余地,而心斋"童仆之往来者,中也"则完全杜绝了这一余地,从而为"百姓日用即道"思想的提出扫清了障碍。

其四,心斋与阳明对于圣凡的认识有所不同。阳明对于常人未发已发有一些矛盾的论述,他既认为良知人人具足,但又为了解决体用一致与圣凡差异的矛盾,提出了"不可谓'未发之中',常人俱有","今人未能有'发而皆中节之和',须知是他'未发之中'亦未能全得"⑤,阳明在未发的阶段将圣凡区别开来,从而使"中即是和,和即是中"体用一致的思想得以贯彻,但这又使得圣人之道与百姓日用产生了殊异。心斋则不同,他认为"未发"是圣凡无别的,在其"心"的本体层面是相同的,他曾以呼仆辄应、取茶即至为例来说明"我呼他的心,我一呼之便应"⑥。他又说"童仆之往来,中也"。圣凡之别仅在于凡人因偶尔懒困,或诈而不应,才使一时不应,而这些都不是心体自然发用的状态。因此,在心斋这里,得之自然才是全体大用的正途,即其所谓"愚夫愚妇与知能行便是道,与鸢飞鱼跃同一活泼泼地则知性矣"。因此,着意便是私心。从这个意义上

---

① 王艮:《重刻心斋王先生语录》卷下《次先师答人问良知》,《四库全书存目丛书》子部第10册,齐鲁书社1995年版,第4页。
② 王艮:《重刻心斋王先生语录》卷上,《四库全书存目丛书》子部第10册,齐鲁书社1995年版,第4页。
③ 王艮:《重刻心斋王先生语录》卷上,《四库全书存目丛书》子部第10册,齐鲁书社1995年版,第3页。
④ 王艮:《重刻心斋王先生语录》卷下《与俞纯夫》,《四库全书存目丛书》子部第10册,齐鲁书社1995年版,第28页。
⑤ 王守仁撰,吴光、钱明、董平、姚延福编校:《王阳明全集》卷一《传习录上》,上海古籍出版社2011年版,第20页。
⑥ 黄宗羲著,沈芝盈点校:《明儒学案》卷十六《江右王门学案一》,中华书局1985年版,第354页。

说,"百姓日用而不知"则并无大憾,并不是传统儒士将其用于训解孔子"民可使由之,不可使知之",以示圣愚之别的理由。心斋提出这一命题,目的是说明百姓日用与圣人明觉之道一体无间。圣凡同一,才是这一命题蕴含的价值取向。

由于"百姓日用即道",存在着道的泛化而失去内在贞定,最终使道成逐物的遁词,消解儒家孜求的一切道德修养工夫的可能。因此,心斋的这一主张势必难以受到学人的认同。对于其受到的质疑以及心斋的辩解,《年谱》有这样的记载:

> 先生言百姓日用即道,初闻多不信。先生指僮仆之往来、视听、持行、泛应动作处,不假安排,俱是顺帝之则,至无而有,至近而神。①

对于闻者的疑议,心斋以僮仆的自然因应为例来说明。所谓"顺帝之则",源自《诗·大雅·皇矣》"不识不知,顺帝之则",即不假知识而顺应自然法则。所谓"至无而有,至近而神",应该是得之于陈白沙所谓"道至无而动,至近而神"②,这是陈白沙对学问以及道的特征的描述,他认为善于体道者"能知至无于至近","藏而后发明其几",即通过有形的现象体悟到道的本体。但陈白沙所论的主旨是要"致虚"立本。而心斋则不同,他是以"至无而有,至近而神"以说明道通过具体的形在而得到呈现,强调需从百姓日用之中体道。不难看出,心斋在释众人之疑时,亦曾援白沙思想为据。除此,心斋所论还可以远溯及元儒许衡,许衡在解释"道不远人"时说:"众人之所能知能行者,故常不远于人。"③而检验人们是否循道而行,则是根据自身的日用常行。他将"民生日用"的"盐米细事"视为道和义,云:"大而君臣父子,小而盐米细事,总谓之文。以其合宜,又谓之义;以其可以日用常行,又谓之道。文也,义也,道也,只是一般。"④当然,心斋对许衡思想的承续,可能并非从文本阅读而来。许衡与王艮虽地位殊异,但前者出身于"世为农"之家,"家贫躬耕,粟熟则食粟,不熟则食糠菜"⑤,对

---

① 引自周汝登辑:《王门宗旨》卷八《王心斋先生语抄》,明万历刻本。
② 陈献章著,孙通海点校:《陈献章集》卷二《复张东白内翰》,中华书局1987年版,第131页。
③ 许衡:《鲁斋遗书》卷五,《文渊阁四库全书》第1198册,第349页下。
④ 许衡:《鲁斋遗书》卷一《语录》上,《文渊阁四库全书》第1198册,第282页下。
⑤ 宋濂等:《元史·许衡本传》,中华书局2005年版,第3717页。

于百姓生活有深切的体察,因而他们都期以普及儒家文化以实现经世目的。许衡著作中的一些"直解"之作,以通俗的语言解释经典,心斋也是以直白晓易的语言传学论道。虽然王艮研习许衡思想而有所得的可能性并不大,但他们都孜求儒学的普及化,因此,他们必然会以晓易的语言将儒家经典中抽象的性理、隐微的道与百姓切近的生活相关联,使他们在具体的事理中受到儒家伦理的熏染,提出了于日用常行中见道的理论。

虽然《年谱》等文献中有心斋关于"百姓日用即道"的记载,但他并未进行严密的学理论证,而主要表现在其从日用常行中证道的取向。这种表述呈现的是百姓日用与形上之道的同一性,其骇俗之效不难想见。这也是心斋诸论中最易引起争议的论题。这从及门弟子闻此论的反应中即可看出,据《年谱》记载:"集同门讲于书院,先生言'百姓日用即道'。初闻多不信。先生指僮仆之往来,视听持动,泛应动作处,不假安排,俱是顺帝之则。"①心斋初讲"百姓日用即道"时,听者何以"多不信"? 原因即在于这样的表述虽然可以从《孟子》"人之所不学而能者,其良能也;所不虑而知者,其良知也"②,"人皆可以为尧舜"③中得到启示,但"人皆可以为尧舜"说的是圣凡存在着内在同一的可能性而不是现实性,是可以为尧舜但并未成为尧舜。这便是听者"多不信"的原因。事实上,这一论题在心斋之后即逐渐沉寂,心斋仲子王东厓虽然以承袭心斋之学为任,四处讲学,但并没有涉及"百姓日用即道",而主要讲乐学等内容。④

据《年谱》记载,心斋与阳明及门弟子们论及百姓日用,最初是以其"发明良知之学",亦即从阳明良知学而来。事实上,心斋"百姓日用即道"思想的根基即是现成良知。在这方面,心斋与龙溪等阳明后学具有共同的理论背景,这就是阳明提出的良知圣凡皆具的特征。但是,心斋的"百姓日用即道"⑤,重点是

---

① 王艮撰,袁承业编纂:《明儒王心斋先生全集》卷三《年谱》,民国元年(1912)铅印本,第4页下。
② 杨伯峻译注:《孟子译注·尽心章句上》,中华书局1960年版,第307页。
③ 杨伯峻译注:《孟子译注·告子下》,中华书局1960年版,第276页。
④ 参见焦竑著,李剑雄点校:《澹园集》卷三十一《王东厓先生墓志铭》,中华书局1999年版,第493页。
⑤ 王艮所谓"道""良知""性""理"具有同一性。他说:"道一而已矣。中也,良知也,性也,一也。识得此理,则现现成成,自在在在。"(王艮:《重刻心斋王先生语录》卷上《答问补遗》,《四库全书存目丛书》子部第10册,齐鲁书社1995年版,第23页)

强调百姓生活经验所具有的本体意义,这也是泰州学派以及北方王门孟秋等人所持守,而为罗念庵等人深辟的。龙溪所谓见在良知,则主要是指良知当下具足,自性完满的特征。龙溪的着意点是体,而心斋及泰州学派的着意点是用,是从日用常行中以成德。现成良知、良知为自然天则是心斋立论的根基,其特点之一在于自然而摒绝意见、安排。心斋云:"只心有所向便是欲,有所见便是妄","良知一点,分分明明,亭亭当当,不用安排思索"。① 心斋还有这样一首诗:"知得良知却是谁,良知原有不须知。而今只有良知在,没有良知之外知。"② "不须知"是先验、自然、不假见闻的。当然,在理学的语境中,"百姓日用即道"本质上是工夫论的话题,而工夫论又是理学家们最易于判分邪正的。在这样的背景之下,心斋虽有百姓日用即道的取向,但在工夫方面,亦有持中平衡之论,云:"入室先须升此堂,圣贤学术岂多方?念头动处须当谨,举足之间不可忘。莫因简易成疏略,务尽精微入细详。孝弟家邦真可乐,通乎天下路头长。"③尤其是论及圣学之时,心斋往往诚谨持重,《次答友人》便是语及需"务尽精微入细详"方可登圣贤学术之堂奥,但当其论及良知时,往往依自然现成,即所谓"良知原有不须知"④。心斋对阳明学与圣学态度的幽微区别,理应在分析其思想时予以注意。

心斋之百姓日用即道,也是一种与大成学相表里,以事觉人、即事明理的方法。心斋论学不胶执经训,而往往以事觉人。对于"百姓日用即道"的内涵,我们也应该从心斋以"日用"觉人的角度去理解,或者说这是心斋"百姓日用即道"思想的一个重要向度,如《年谱》嘉靖十三年(1534)有这样的记载:

> 时江都令王卓峰惟贤同登金山东峰,乘兴直跻山顶,卓峰追弗及,气喘,先生携手缓步,气定而复行,东峰竟先登。先生曰:"子察否?"东峰曰:

---

① 王艮:《重刻心斋王先生语录》卷下《与俞纯夫》,《四库全书存目丛书》子部第 10 册,齐鲁书社 1995 年版,第 28 页。
② 王艮:《重刻心斋王先生语录》卷下《次先师答人问良知》,《四库全书存目丛书》子部第 10 册,齐鲁书社 1995 年版,第 44 页。
③ 王艮:《重刻心斋王先生语录》卷下《和何塾师韵》,《四库全书存目丛书》子部第 10 册,齐鲁书社 1995 年版,第 43 页。
④ 王艮:《重刻心斋王先生语录》卷下《次先师答人问良知》,《四库全书存目丛书》子部第 10 册,齐鲁书社 1995 年版,第 44 页。

"何察?"先生曰:"同行气喘弗顾,非仁也。"无何,卓峰跣足坐地。先生曰:"隶从失瞻,非礼也。"东峰敛容以谢……先生教人,大率在言外令人自觉自化。①

心斋在登金山东峰的过程中教人以仁与礼,指陈的是"非仁""失礼"的具体行为。可见,日用常行并非都是"道",百姓日用亦有遮、表二诠。心斋表达的意思是道寓于百姓日用之中,或百姓日用中有道。从这个意义上说,他与一般的良知现成并不完全一致,心斋并不是从一了百当、当下即是的路径,而是于日用之间实现成德之教。心斋之学并不以严密的逻辑论证、推演为特色,而是以悟得神髓、精神为要,不一定执意于文字表达的严密。因此,心斋的证学、觉人方法常常是悟证,王艮"于眉睫之间,省觉人最多"②。王艮对弟子的熏染往往是无言的,是通过举手投足的行谊给弟子以启示,这颇类似于禅宗的悟道方法,据载:"学者有积疑,见先生多不问而解。"③当然,心斋与佛学仅是形似而实异,心斋所论之道,乃儒学之道,而非佛学。因为他是刻意分别儒佛的,据《语录》记载,当有人说佛老得吾儒之体时,心斋说:"体用一原,有吾儒之体,便有吾儒之用。佛老之用,则自是佛老之体也。"是否取佛学而用之,一个重要的标志在于是否与丛林高僧有过从。与当时的儒士普遍与高僧们过从(如龙溪与玉芝上人,近溪于"缁流、羽客,延纳弗拒,人所共知"④)不同,现存有关心斋的文献中无一其与僧人过从的记载,且从未引据佛理论学。心斋与禅宗的相似实乃不期而遇,是因为期在为下层民众提供一个悟道的方便法门。基于心斋及泰州学派的这一证道方法,我们研究心斋及泰州学派的思想时并不能完全用哲学思辨的方法,而应通过多学科的综合研究,在真实呈现其历史状貌的基础上,分析其在特定时代的历史作用以及在思想史上的贡献。

---

① 王艮撰,袁承业编纂:《明儒王心斋先生全集》卷三《年谱》,民国元年(1912)铅印本,第5页上。
② 黄宗羲著,沈芝盈点校:《明儒学案》卷三十二《泰州学案一》,中华书局1985年版,第710页。
③ 王艮:《重刻心斋王先生语录》卷上,《四库全书存目丛书》子部第10册,齐鲁书社1995年版,第13页。
④ 王时槐:《近溪罗先生传》,载罗汝芳著,方祖猷等编校整理:《罗汝芳集》附录,凤凰出版社2007年版,第858页。

五、乐学说

由于特有的身、道统一观,乃至视保身之道为学习的内容,心斋所论及的学习过程自然不是传统的穆修静习、皓首穷经乃至程门立雪的痛苦过程,而是和乐愉悦、自然而然的学习体验,为此,心斋有广为传颂的《乐学歌》,歌曰:

> 人心本自乐,自将私欲缚。私欲一萌时,良知还自觉。一觉便消除,人心依旧乐。乐是乐此学,学是学此乐。不乐不是学,不学不是乐。乐便然后学,学便然后乐。乐是学,学是乐。呜呼,天下之乐,何如此学,天下之学,何如此乐。①

显然,心斋之乐学,是本于对心体特征的认识。心斋又云:"'不亦说乎','说'是心之本体。"②同时,心斋之乐学还基于万物一体之学,云:"须见得自家一个真乐,直与天地万物为一体,然后能宰万物而主经纶,所谓'乐则天,天则神'。"③基于万物一体而产生宽仁之心,如:

> 一友论及朋友之失,先生曰:"尔过矣,何不取法君子?见不贤而自省之不暇,那有许多功夫去较量人过失。"④

本于宽仁之心,在"成物"(包括教化别人)方面,也能以智为胜,即如其所

---

① 王艮:《重刻心斋王先生语录》卷下《乐学歌》,《四库全书存目丛书》子部第 10 册,齐鲁书社 1995 年版,第 41 页。
② 王艮:《重刻心斋王先生语录》卷上,《四库全书存目丛书》子部第 10 册,齐鲁书社 1995 年版,第 6 页。
③ 王艮:《重刻心斋王先生语录》卷上,《四库全书存目丛书》子部第 10 册,齐鲁书社 1995 年版,第 13 页。
④ 王艮:《重刻心斋王先生语录》卷上,《四库全书存目丛书》子部第 10 册,齐鲁书社 1995 年版,第 13 页。

言"不面斥朋友之失,而以他事动其机,亦是'成物'之智处"①。仁与智,是心斋乐学说的两个根本的德性范畴,云:"仁者安处于仁而不为物所动,智者顺乎智而不为物所陷。仁且智,君子所以随约乐而善道矣。"②可见,乐学是贯及心斋思想系统中的重要线索,是与其"大成学""淮南格物论"紧密联系的一个理论环节。

心斋虽然尊身重己,但是对于私欲还是摒斥的,"人心本是乐,自将私欲缚",私欲的放纵是一个痛苦的过程,束缚私欲则是人心本乐的实现过程。心斋严格地将欲与私欲这两个概念区别开来,私欲萌动之后,通过良知自觉,即可消除,即可恢复人心本有之乐。心斋承认欲的存在,云:"君子之学,以己度人。己之所欲,则知人之所欲,己之所恶,则知人之所恶……必至于内不失己,外不失人,成己成物而后己。"③显然,此之"欲"是成己成物之"欲",亦即不妨害别人所"欲"之"欲"。这是心斋论学的底线,也是心斋论学的基础。这个基础就是万物一体。万物一体,体现出的是一种社群个性;这个底线就是心斋所秉持的群体道德理念。因此,在心斋这里,人欲与道德并不相害,相害的是私欲与道德。在这样的背景之下,心斋很巧妙地肯定了人欲。我们不妨这样理解心斋的思想:行人欲,可乐;行道德,亦可乐。所学的内容,与人欲不悖,与道德不悖,自然是一个和乐愉悦的过程。同时,心斋对于人欲与天理的关系还沿着另一条路径,指出了不同的理论归宿,云"天理者,天然自有之理也,才欲安排如何,便是人欲"④。诚如龚杰先生所说,心斋将天理改造成为"承认人的知觉本能,人的生理生活本能的天然合理;以干扰、破坏这种本能的实现为人欲。因此,他反对人欲,就是反对干扰和破坏这种本能的实现,以便使其亭亭当当、顺着天性去做"⑤,因而可以说王心斋"走的是一条论欲为理的路径"⑥。明乎此,

---

① 王艮:《重刻心斋王先生语录》卷上,《四库全书存目丛书》子部第 10 册,齐鲁书社 1995 年版,第 13 页。
② 王艮:《重刻心斋王先生语录》卷上,《四库全书存目丛书》子部第 10 册,齐鲁书社 1995 年版,第 13 页。
③ 王艮:《重刻心斋王先生语录》卷上《明哲保身论》,《四库全书存目丛书》子部第 10 册,齐鲁书社 1995 年版,第 16 页。
④ 王艮:《重刻心斋王先生语录》卷上,《四库全书存目丛书》子部第 10 册,齐鲁书社 1995 年版,第 7 页。
⑤ 龚杰:《王艮评传》,南京大学出版社 2001 年版,第 68 页。
⑥ 龚杰:《王艮评传》,南京大学出版社 2001 年版,第 69 页。

我们就不难理解何以心斋有这样的表述:"天下之学,惟有圣人之学好学,不费些子气力,有无边快乐。若费些子气力,便不是圣人之学,便不乐。"①原来,心斋所谓的"圣人之学"就是不碍人欲的自然之学,就是身与道为一的保身之学,就是夏之葛、冬之裘,饥则食、渴则饮的自然而然的日用常行,这便是心斋"乐学"的基础。

　　心斋视良知为自然天则,但作为崇奉孔子的儒门学者,必然重视学习以儒家经典为主的知识、道理。因此,他认为"社稷民人,固莫非学"②。即使圣人亦是如此:"孔子虽天生圣人,亦必学《诗》,学《礼》,学《易》,逐段研磨,乃得明彻之至。"③但心斋又是承挑阳明主体精神的学者,其为学路径也带有强烈的主体意识,因此他认为学者应"初得头脑",以养微致盛为学之端,而"六经四书"仅是"所以印证者",乃主体"头脑"的辅证,即看书阅读,仅是"温故而知新",是对主体悟得的知识的印证与温习。④ 可见,主体在学习书本知识之前,通过"初得头脑","养微致盛",即已悟得"天德王道"。心斋明确昭示了为学的主体精神来自于阳明学,说:"先师常云,学者立得定,便是尧、舜、文王、孔子根基。"⑤阳明认为读书须在心体上用功。儒门经典,"不过说这心体"⑥。因此,阳明的为学路径是下学而上达,而"圣人所说,虽极精微,俱是下学"⑦。上达则是在下学里用功的最终目的,云:"'道问学'即'尊德性'之功。"⑧心斋论"学"主张"初得头脑"显然有得于阳明,但阳明又认为博识害道,云:"记诵之广,适以长其傲也;知识

---

① 王艮:《重刻心斋王先生语录》卷上,《四库全书存目丛书》子部第10册,齐鲁书社1995年版,第4页。
② 王艮:《重刻心斋王先生语录》卷上,《四库全书存目丛书》子部第10册,齐鲁书社1995年版,第7页。
③ 王艮:《重刻心斋王先生语录》卷上,《四库全书存目丛书》子部第10册,齐鲁书社1995年版,第6页。
④ 王艮:《重刻心斋王先生语录》卷上,《四库全书存目丛书》子部第10册,齐鲁书社1995年版,第5页。
⑤ 王艮:《重刻心斋王先生语录》卷上,《四库全书存目丛书》子部第10册,齐鲁书社1995年版,第5页。
⑥ 王守仁撰,吴光、钱明、董平、姚延福编校:《王阳明全集》卷一《传习录上》,上海古籍出版社2011年版,第17页。
⑦ 王守仁撰,吴光、钱明、董平、姚延福编校:《王阳明全集》卷一《传习录上》,上海古籍出版社2011年版,第14页。
⑧ 王守仁撰,吴光、钱明、董平、姚延福编校:《王阳明全集》卷一《传习录上》,上海古籍出版社2011年版,第15页。

之多,适以行其恶也;闻见之博,适以肆其辨也;辞章之富,适以饰其伪也。"①其尚道德伦理,贬功利词章等学问知识的"拔本塞源论"也是这一思想的体现。事实上,以"尊德性"为本、轻贱读书的"反智识主义"在明代思想界颇为流行,诚如余英时先生所说:"反智识主义的气氛几乎笼罩了全部明代思想史,实不仅阳明一人而已。在明代主要思想家中,前如陈献章(1428—1500),后如刘宗周(1578—1645)皆于读书穷理之说持怀疑的态度。"②心斋则对陈白沙、王阳明将成德与学问对立起来的反智识倾向有所调适,他以"圣人之学"证本心,这与其后刘宗周所说的"圣贤之心即吾心也"③相似。而"圣人之心""圣人之学"又是以儒家经典为载体而得以传衍的,因此经典自然成了心斋之"学"的重要内容。同时,将"尊德性"与"道问学"对立起来,实有悖于孔子的博文之教。心斋较之于阳明,更加注重承祧圣人之道,因此在德性与知识的关系方面,他立志而不废学,乃至对孔子"逐段研磨"。他对于陈白沙宇宙在我、万化生身之意并不完全认同,而孜求学与悟相结合,云"学者须善观之六经,正好印证吾心",乃至认为"孔子之时中,全在韦编三绝"。④ 同时,心斋之学又与一般的理学家不同,因为一般的理学家所谓"道问学"之"学"主要是德性之学,这也就是为何朱、陆虽有异致,但壁垒尚不森严的原因。心斋则不同,他的圣人之学、圣人之道是通乎百姓日用,与百姓日用等实事实功相关联的,因此他的"学"存在着致用、实践的一面。这一路向使心斋所论之"学"存在着溢出传统儒学"道问学"之"学"所拘守的德性边界,而有走向智识主义(Intellectualism)领域的可能。但遗憾的是,由于心斋严格执守着儒家的传统,使得其所论之"学"还是执守于德性发用之"事",而非客观存有之"物"。因此,他强调的"即事是学,即事是道"⑤的价值仅仅限于在论学的途径与方法层面稍有突破,而其内容仍然没有越出传统的范围,亦即仍属于道德论而非知识论。如他说"忠恕,学之准则也","学术宗

---

① 王守仁撰,吴光、钱明、董平、姚延福编校:《王阳明全集》卷二《传习录中·答顾东桥书》,上海古籍出版社 2011 年版,第 63 页。
② 余英时:《论戴震与章学诚》,生活·读书·新知三联书店 2000 年版,第 299 页。
③ 黄宗羲著,沈芝盈点校:《明儒学案》卷六十二《蕺山学案》,中华书局 1985 年版,第 1578 页。
④ 王艮:《重刻心斋王先生语录》卷上,《四库全书存目丛书》子部第 10 册,齐鲁书社 1995 年版,第 7 页。
⑤ 王艮:《重刻心斋王先生语录》卷上,《四库全书存目丛书》子部第 10 册,齐鲁书社 1995 年版,第 9 页。

源全在'出处'大节"①,"知此学,则出处进退各有其道"②,等等。

心斋倡乐学,是因其认为学具有变化气质之功。他不同意程颐"善固性也,恶亦不可不谓之性;清固水也,浊亦不可不谓之水"的说法,认为:"盖善,固性也,恶非性也,气质也。变其气质则性善矣。清固水也,浊非水也,泥沙也。"③去其泥沙则水可变清,因此"言学不言气质,以学能变化气质也"④。"气质之性"最早由张载提出,云:"形而后有气质之性,善反之则天地之性存焉。"⑤与张载并不否认气质亦为性不同,心斋严分气质与性:"谓气质杂性,故曰气质之性。"将"气质之性"释为"气质杂性"。心斋企求变化气质而至于性。变化之途,唯在于学。

心斋倡乐学,与其对"学"之内容的理解以及为学方法、目的有关。首先,心斋所论之学是本于天性之体、致中之道的,云:"天性之体本自活泼,鸢飞鱼跃便是此体。"⑥心斋执守儒家"中和"的思想,学亦以求"中"为目的,谓:"学也者,学以修此'中'也。"⑦教民亦以致中为本,他引《尚书·汤诰》中的"惟皇上帝,降衷于下民",并将原本表示"善"的"衷"改为"中",赋"中"以神道超验的色彩。而心斋孜孜以求的"中",就是万象的自然状态,云:"'鸢飞鱼跃',此中也。"⑧心斋孜求自然之学,亦有得于阳明,阳明也反对"预先定一个规矩在",反对"执一"。⑨ 完满具足的良知本体的状态,是拒斥"自家着些意思"⑩的自然境界。当

---

① 王艮:《重刻心斋王先生语录》卷上,《四库全书存目丛书》子部第 10 册,齐鲁书社 1995 年版,第 10 页。
② 王艮:《重刻心斋王先生语录》卷上,《四库全书存目丛书》子部第 10 册,齐鲁书社 1995 年版,第 11 页。
③ 王艮:《重刻心斋王先生语录》卷上《答问补遗》,《四库全书存目丛书》子部第 10 册,齐鲁书社 1995 年版,第 24 页。
④ 王艮:《重刻心斋王先生语录》卷上《答问补遗》,《四库全书存目丛书》子部第 10 册,齐鲁书社 1995 年版,第 24 页。
⑤ 张载著,章锡琛点校:《张载集·正蒙》,中华书局 1978 年版,第 23 页。
⑥ 王艮:《重刻心斋王先生语录》卷上,《四库全书存目丛书》子部第 10 册,齐鲁书社 1995 年版,第 13 页。
⑦ 王艮:《重刻心斋王先生语录》卷上《答问补遗》,《四库全书存目丛书》子部第 10 册,齐鲁书社 1995 年版,第 23 页。
⑧ 王艮:《重刻心斋王先生语录》卷上《答问补遗》,《四库全书存目丛书》子部第 10 册,齐鲁书社 1995 年版,第 23 页。
⑨ 王守仁撰,吴光、钱明、董平、姚延福编校:《王阳明全集》卷一《传习录上》,上海古籍出版社 2011 年版,第 22 页。
⑩ 王守仁撰,吴光、钱明、董平、姚延福编校:《王阳明全集》卷一《传习录上》,上海古籍出版社 2011 年版,第 22 页。

然,阳明所描述的这一境界是经理性自觉、见得心体而后得,而心斋之"中"状写的仅是自然物象的流行呈现,了无反求本体的意味。阳明所论的"中""中和"是在成德之教的语境下展开的,因此,"才自家着此意思""便是私"。而心斋改"衷"为"中",似乎刻意消解了德性的色彩,赋予其"学"鲜活自然的状态,"乐"便是学的应然之义。其次,在为学体道方法上,心斋以悟为主,以学为辅:"学者有积疑,见先生多不问而解。"①所以如此,与心斋所论之"学"的一个内涵是指使良知性体安然的方法有关,心斋云:"良知者,圣也。安焉者,学也。故曰:性焉、安焉之谓圣。"②而良知又是"不虑而知,不学而能"③的,因此,明此之学乃是"简易快乐,优游餍饫,日就月将,自改、自化"④的过程。因为是反求诸己的自证自悟,而非格外以事事物物来求知。既非"道问学"苦心孤诣之索解,又淡化了"尊德性"中的德性色彩,而多以自然为趣,因此,"学"乃自然之乐便成为必然。本于这样的前提,其学便是至简至易之学。向内,使良知性体安然是如此;向外,尧舜君民之道亦"必有至简、至易、至乐存焉,使上下乐而行之,无所烦难也"⑤。因其简易而非繁难,才能使在上者不失操纵鼓舞之机,下者不失承流宣化之职,才能"至穷乡下邑愚夫愚妇皆可与知与能"⑥,能乐而行之,以成风化。可见,无论是内求以证良知之学还是外拓以成教化之学,都不违"乐"的特质。最后,就为学的目的而言,心斋之乐学,实乃因世间溺于功利人心不能自拔而发。心斋提出识得自家一个真乐,才能与天地万物为一体,宰万物而主经纶,以超脱功利之狭隘。⑦ 在心斋看来,与天地万物为一体,体悟自家真乐是互为因果

---

① 王艮:《重刻心斋王先生语录》卷上,《四库全书存目丛书》子部第 10 册,齐鲁书社 1995 年版,第 13 页。
② 王艮:《重刻心斋王先生语录》卷下《与薛中离》,《四库全书存目丛书》子部第 10 册,齐鲁书社 1995 年版,第 38 页。
③ 王艮:《重刻心斋王先生语录》卷上,《四库全书存目丛书》子部第 10 册,齐鲁书社 1995 年版,第 18 页。
④ 王艮:《重刻心斋王先生语录》卷上,《四库全书存目丛书》子部第 10 册,齐鲁书社 1995 年版,第 17 页。
⑤ 王艮:《重刻心斋王先生语录》卷下《与南都诸友》,《四库全书存目丛书》子部第 10 册,齐鲁书社 1995 年版,第 34 页。
⑥ 王艮:《重刻心斋王先生语录》卷下《与南都诸友》,《四库全书存目丛书》子部第 10 册,齐鲁书社 1995 年版,第 36 页。
⑦ 王艮:《重刻心斋王先生语录》卷上,《四库全书存目丛书》子部第 10 册,齐鲁书社 1995 年版,第 13 页。

的。因此,心斋又说:"学者不见真乐,则安能超脱而闻圣人之道?"①不难看出,无论从内涵、方法还是目的来看,心斋"乐学"之"学",都不是"道问学"之"学"。因为对心斋之"学"特征认识不一,后世对其乐学说的评价产生了分歧。

晚明刘宗周对心斋乐学说颇为认同。其《寻乐说》云:

> 先儒每令学者寻孔、颜乐处,所乐何事?或曰:"乐贫。"贫无可乐也。或曰:"乐道。"乐道不足以尽颜子,而况仲尼乎?毕竟道亦无可乐故也。此中下落,直是深微不可凑泊。近儒王心斋先生所著《学乐歌》则曰:"人心本是乐,自将私欲缚。私欲一萌时,良知自然觉。一觉便消除,人心依旧乐。"又曰:"不乐不是学,不学不是乐。"又曰:"学则乐,乐则学。天下之乐,无如此学;天下之学,无如此乐。"可谓一箭双雕,学乐公案,满盘托出,就中良知二字是吃紧为人处。良知之在人,本是惺惺,从本体上说,即天理之别名。良知中本无人欲,所谓人欲,亦从良知受欺后见之。其实良知原不可欺也。吾自知之,吾自致之,此之谓自谦,此是人心真乐地。子云:"饭疏食,饮水,曲肱而枕之,乐亦在其中矣。"正谦此良知之谓也。颜子之乐亦然,故曰:"有不善未尝不知,知之未尝复行也。"②

刘宗周是从德性精神的角度来评价心斋乐学观的。在刘宗周看来,心斋阐论了孔子的未发之意,将乐学与孔子所说的乐贫结合起来,云:"且夫子明以'疏水曲肱'言乐,虽谓之乐贫也可,'疏水曲肱'而可乐,虽谓之乐道也可。但昔贤不肯分明说破,故悬此公案示人,要人思而自得之,他日有'无欲作圣'之旨,已是分明说破在,只是说得太高,不若心斋尤为稳当。"③刘宗周虽然对泰州后学,亦即所谓的"末流衍蔓"存有异议,但对心斋则颇为推重。刘宗周的这一倾向直接影响了黄宗羲对心斋及泰州后学的评价。

明人吕坤也曾论及心斋乐学说,但明显指出了心斋之"乐"有别于孔子。

---

① 王艮:《重刻心斋王先生语录》卷上,《四库全书存目丛书》子部第 10 册,齐鲁书社 1995 年版,第 13 页。
② 刘宗周著,吴光主编:《刘宗周全集》第二册《寻乐说》,浙江古籍出版社 2007 年版,第 289—290 页。
③ 刘宗周著,吴光主编:《刘宗周全集》第二册《寻乐说》,浙江古籍出版社 2007 年版,第 290 页。

《呻吟语》卷二内篇云:"王心斋每以乐为学,此等学问是不曾苦的甜瓜,入门就学乐,其乐也,逍遥自在耳!不自深造真积、忧勤惕厉中得来。孔子之乐以忘忧,由于发愤忘食;颜子之不改其乐,由于博约、克复。其乐也,优游自得,无意于欢欣而自不忧,无心于旷达而自不闷。若觉有可乐,还是乍得心;着意学乐,便是助长心。几何而不为猖狂自恣也乎。"①吕坤认为,孔子之乐以忘忧,乃是发愤忘食而后得,乃真积忧勤惕厉中得来;颜子之乐,乃博约而得。而在吕坤看来,心斋以乐为学,"是不曾苦的甜瓜",这就从根本上否定了心斋乐学的经典依据。因为心斋论乐学,承续圣学是重要的依据,云:"天下之学,惟有圣人之学好学,不费些子气力,有无边快乐。若费些子气力,便不是圣人之学,便不乐。"②同样,近人钱穆也认为心斋之乐学,与阳明良知说存在着差异,并认为其导致泰州后学流于疏狂,说:

  原来良知流行,活泼自在,本有一种乐的境界。但若把乐的价值太提高了,说成学只为了乐,乐即便是学,如此则不从良知上寻乐,却转从乐上去良知,此处便又有歧。因此我们可以说,心斋的良知学,是一种自我中心之快乐主义者。而彼之所谓乐,又只是一种为天下万世师的心乐。只由内心估价,不受外市折扣,如此则自然要使泰州学派走上狂者路子。这都与心斋的才气及其早年环境有关。③

当然,对于心斋乐学的评价,尚需注意两个方面的因素。其一,当心斋所论之"学"是"学术"之义时,则主张要经过养微致盛的工夫,亦即要从书本之学中体悟涵养,以与"六经""四书"相印证,温故知新。④ 其二,需结合心斋论学的对象进行考察。心斋所面对的大多是基层民众,他们所受之"学"往往是直接受用的人生道理,而非深邃的学问。他所谓"百姓日用即道",一个重要的内容即是借百姓日用以明道,以切近的生活现象晓易地说明关于人生、社会的道

---

① 吕坤撰,王国轩、王秀梅整理:《吕坤全集·呻吟语》卷二《问学》,中华书局2008年版,第717页。
② 王艮:《重刻心斋王先生语录》卷上,《四库全书存目丛书》子部第10册,齐鲁书社1995年版,第4页。
③ 钱穆:《中国学术思想史论丛》卷七,生活·读书·新知三联书店2009年版,第154页。
④ 王艮:《重刻心斋王先生语录》卷上,《四库全书存目丛书》子部第10册,齐鲁书社1995年版,第5页。

理。因此,心斋从"即事是学,即事是道"①层面论乐学时,便不是严格意义的问学,而是指知晓简易的圣人之道。他所谓"天下之学,惟有圣人之学好学,不费些子气力,有无边快乐。若费些子气力,便不是圣人之学,便不乐"②,主要是就圣学的精神而言。可见,心斋乐学观,是与论学宗旨,与"大成学""百姓日用即道"密切相关的,是心斋整个思想中的一个重要环节。评价其乐学说的得与失,亦应虑及这些因素。

---

① 王艮:《重刻心斋王先生语录》卷上,《四库全书存目丛书》子部第 10 册,齐鲁书社 1995 年版,第 9 页。
② 王艮:《重刻心斋王先生语录》卷上,《四库全书存目丛书》子部第 10 册,齐鲁书社 1995 年版,第 4 页。

第二章 王襞:"援龙溪以济心斋"的泰州干城

　　王襞(1511—1587),字宗顺,号东厓,晚号天南逸叟,心斋次子。早年即随心斋执贽于阳明门下,颇受阳明所重。据焦竑《王东厓先生墓志铭》载,当阳明大会缙绅时,"士大夫会者千人,公命童子歌,多嗫嚅不能应,先生意气恬如,歌声若金石。公召视之,知为心斋子,诧曰:'吾固知越中无此儿也。'辄奇而授之学"①。东厓在越中长期问学,当阳明在世时,王龙溪、钱绪山以及玉芝等都在阳明左右,东厓尊阳明之嘱而一一师事之,深受濡染。《行状》谓其"薰蒸日久,德器日粹"②。心斋希望其为学问中人,因此他弃科举之业。心斋授徒讲学于淮南时,东厓随侍左右。东厓覃思悠然,讲论锵然,气象洒落。据载,其讲学"归则随村落大小扁舟往来,歌声与林樾相激发,闻者以为舞雩之风复出"③。东厓在心斋之后,孜孜于传衍心斋之学,黄宗羲云:"心斋没,遂继父讲席,往来各郡,主其教事。"④焦竑亦极赞其弘宣心斋学术之功曰:"心斋子东厓先生,推衍其说,学士云附景从,至今不绝。"心斋承阳明而起,其徒与阳明"几中分鲁国"⑤,东厓的宣教之功不可掩。就学术思想而言,东厓兼得心斋、龙溪而会通之,黄宗羲谓之:"虽本于心斋乐学之歌,而龙溪之授受,亦不可诬也。"⑥这主要体现在其自然现成论及"乐即心"的思想中。

---

① 焦竑著,李剑雄点校:《澹园集》卷三十一《王东厓先生墓志铭》,中华书局1999年版,第493页。
② 王元鼎《行状》,见王艮:《王心斋全集》,江苏教育出版社2001年版,第209页。
③ 焦竑著,李剑雄点校:《澹园集》卷三十一《王东厓先生墓志铭》,中华书局1999年版,第494页。
④ 黄宗羲著,沈芝盈点校:《明儒学案》卷三十二《泰州学案一》,中华书局1985年版,第718页。
⑤ 焦竑著,李剑雄点校:《澹园集》卷三十一《王东厓先生墓志铭》,中华书局1999年版,第493页。
⑥ 黄宗羲著,沈芝盈点校:《明儒学案》卷三十二《泰州学案一》,中华书局1985年版,第719页。

一、援"天命""率性"证"良知见成"

王东厓堪称是早期泰州学派中将良知的自然发用体现得最为充分的一位,他说"性之灵明曰良知。良知自能应感,自能约心思而酬酢万变"①,是"一毫不劳勉强扭捏"的。他又说:"将议论讲说之间,规矩戒严之际,工焉而心日劳,勤焉而动日拙。忍欲饰名而夸好善,持念藏机而谓改过,正是颜子之所谓己而必克之者,而学者据此为学,何其汗漫也哉。必率性而后心安,心安而后气顺。"②在东厓看来,颜回"克己"工夫并不合乎良知德性自然的特征,这样的工夫具有"饰名""藏机"之嫌。东厓认为,德性本体的呈现是自然的过程。在东厓的良知体用系统中,良知是不着人力的自然发用过程,因此也就没有外在的规约,亦即没有"规矩戒严"。儒家传统之"学",本质上就是成德成圣之学,其德性内涵也是通过经典得以传载的。东厓否定了德性的规约,也就为否定"学"的价值提供可能。因此他说:"才提起一个学字,却似便要起几层意思。不知原无一物,原自见成,顺明觉自然之应而已。自朝至暮,动作施为,何者非道?更要如何,便是与蛇添足。"③他提倡的是自然之学,云:"吾人之学,必造端夫妇之与知与能、易知易从者而学焉,及其至也,察乎天地而不可强而入也。"④东厓的良知现成论,往往通过对《中庸》首章中的"率性之谓道"与"修道之谓教"的解读,或以"率性"与"修道"的形式表现出来。

首先,"率性之谓道"。

王东厓论良知现成,多得龙溪意脉。当然,龙溪之先天正心之学,其当下现成的前提是"即本体为工夫"⑤。在先天心体上而不在后天动意上立根,或者说识得"真阳种子",云:"从先天立根,则动无不善,见解嗜欲自无所容,而致知之功易。从后天立根,则不免有世情之杂,生灭牵扰,未易消融,而致知之功

---

① 王襞:《新镌东厓王先生遗集》卷上《语录遗略》,明万历刻明崇祯至清嘉庆递修本。
② 王襞:《新镌东厓王先生遗集》卷上《上昭阳太师李石翁书》,明万历刻明崇祯至清嘉庆递修本。
③ 王襞:《新镌东厓王先生遗集》卷上《语录遗略》,明万历刻明崇祯至清嘉庆递修本。
④ 王襞:《新镌东厓王先生遗集》卷上《上道州周合川书》,明万历刻明崇祯至清嘉庆递修本。
⑤ 王畿撰,吴震编校整理:《王畿集》卷二《松原晤语》,凤凰出版社 2007 年版,第 42 页。

难。"①为了保任活泼灵明的心体,龙溪提出了一系列的方法,如操心、养心等。他说:"操是操练之操,非执定把持之操也。良知者,人心之灵体,平旦虚明之气也。操心即是致之之功。操则存者,随时随处练习此心,复其本来活泼之机而已。不操则便泥于时、滞于方,心便死了,故谓之亡。'出入无时,莫知其乡',正是指本来真体,示以操心之的,非以入为存、出为亡也。只此便是常存他虚明体段,只是养心之法。"②东厓虽然也偶尔论及正心为本,云:"圣学只在正己做工夫,工夫只在致中和而已矣。舍本而末上致力,如之何其能位育而止至善也哉?"③但他更多的是主张率性自然,率性是其论学的根本特点。东厓从百姓日用、鸟啼花落、山峙川流处论道,并无证悟本心的过程,更无闻见知识等外铄的格致工夫。如他说:

> 人之性,天命是已。视听言动,初无一毫计度,而自无不知不能者,是曰天聪明。于兹不能自得自昧其日用流行之真,是谓不智而不巧,则其为学不过出于念虑亿度,展转相寻之私而已矣,岂天命之谓乎!④
> 圣人之心常虚常静常无事,随感而应,而应自神也。是以常休休也,坦乎其荡荡也。纵横而展舒自由,脱洒而优游自在也,直下便是,岂待旁求?一彻便了,何容拟议?⑤
> 夫圣人之学,通千古而一致也者,不过指各具之一心言也,心心不异,本诸身,征诸庶民,考不缪,建不悖,质无疑,俟不惑者也,人本有,不假外求,故曰易简,非言语之能述,非思虑之能及,至无而有,至近而神,不容拟议商量而得,故曰默识。本自见成,何须担荷?本无远不至,何须充拓?会此言下,便即了了。⑥

东厓所论的本自圆成的德性本体,或谓之心,或谓之性,或谓之良知。其

---

① 王畿撰,吴震编校整理:《王畿集》卷十六《陆五台赠言》,凤凰出版社2007年版,第445页。
② 王畿撰,吴震编校整理:《王畿集》卷十五《册付养真收受后语》,凤凰出版社2007年版,第438页。
③ 王襞:《新镌东厓王先生遗集》卷上《语录遗略》,明万历刻明崇祯至清嘉庆递修本。
④ 王襞:《新镌东厓王先生遗集》卷上《语录遗略》,明万历刻明崇祯至清嘉庆递修本。
⑤ 王襞:《新镌东厓王先生遗集》卷上《上敬庵许司马书》,明万历刻明崇祯至清嘉庆递修本。
⑥ 王襞:《新镌东厓王先生遗集》卷上《上道州周合川书》,明万历刻明崇祯至清嘉庆递修本。

工夫论,以不犯做手,而乐夫天然率性之妙,当处受用为是。显然,这样的论述较之于龙溪更加通脱自然,更强调圆满具足的德性本体与发用流行的统一。东厓论述的逻辑起点是《中庸》"天命之谓性,率性之谓道",云:"宁知性本具足,率性而众善出焉,天命之也。率天命之性,即是道。故圣者知天之学也,志此曰志道,学此曰学道。"①以"天命"言其圆满具足,以"率性"言其自然见成。这与阳明等人言"率性之道"往往仅限于见孺子入井而恻隐、饥而食、渴而饮等具体事情不同。阳明论"率性"时往往借"自诚明谓之性,自明诚谓之教"以辅证,但诚如朱熹所说:"'自诚明,谓之性',此'性'字,便是'性之'也。'自明诚,谓之教',此'教'字,是学之也。此二字却是转一转说,与首章'天命谓性''修道谓教'二字义不同。"②因此,阳明的阐释中,"率性"已具工夫的意涵在,其现成的意向也是以正心为前提的。而东厓则通过"天命""率性"的关系直接消解了致知工夫,即使是龙溪的先天正心亦成赘余,原因有二:一是根据《中庸》首章"天命"而证得"性"乃"天聪明",而不必如龙溪那样兢兢于使后天所起之意无所容身。二是本于泰州学派之"百姓日用即道"的命题,从而从根本上消解了工夫的意义。他说:

良知即乾之体,刚健中正,纯粹至精,本无声臭,挽搭些子不上,更万古无有或变者也。不容人分毫作见加意其间,自有本分天然之用,神触神应,原无壅滞,与鸢飞鱼跃同一活泼泼地。盖天命之性,原自具足故也。此《中庸》之旨,至易至简,虽愚夫愚妇,可以与知与能,而天地圣人有不能尽者,所谓先天无为之学也。才有纤毫作见与些子力于其间,便非天道,便有窒碍处。故愈平常则愈本色,省力处便是得力处也。日用间有多少快活在!③

他认为"率性之谓道"乃"圣人与百姓日用同然之体"④,即使其言致知,亦

---

① 王襞:《新镌东厓王先生遗集》卷上《语录遗略》,明万历刻明崇祯至清嘉庆递修本。
② 黎靖德编:《朱子语类》卷六十四《中庸三》第二十一章,中华书局1986年版,第1566页。
③ 王襞:《新镌东厓王先生遗集》卷上《寄庐山胡侍御书》,明万历刻明崇祯至清嘉庆递修本。
④ 王襞:《新镌东厓王先生遗集》卷上《语录遗略》,明万历刻明崇祯至清嘉庆递修本。

是"致其良知于日用间"①。东厓将阳明的良知说与心斋的百姓日用即道之"两毂",自然融合成"一轮"相贯。东厓的这一贡献受到了耿定向的高度评价,谓之"信中渡之一舭,而剖眼之金錍也"②。还需要指出的是,东厓良知现成的证解方式与阳明后学又有所不同,阳明后学一般是据《大学》的知识系统展开本体、工夫的论说,而东厓则是多援据《中庸》首章展开的,这也是东厓工夫论稍异于其他王学现成派的重要原因。

其次,"修道之谓教"。

东厓援据《中庸》首章前两句言率性自然,这也是其融会良知现成与泰州学派"百姓日用即道"的重要纽带。但东厓也并未完全置"修道之谓教"于不顾。他还有《率性修道说》一文,通过对《中庸》首章的全面阐释,体现了率性与修道的统一,云:

> 吾人至灵之性,乃天之明命、於穆不已之体也。故曰天命之谓性。是性也,刚健中正,纯粹至精者也。率由是性而自然流行之妙,万感万应,适当夫中节之神,故曰率性之谓道,此圣人与百姓日用同然之体,而圣人者,永不违其真焉者耳。而颜子者,则亦三月不违者也。若百姓则不自知其日用之本真而执持之,一动于欲,一滞于情,遂移其真而滋其蔽,而有不胜之患矣。圣人者悯之而启之修道焉。去其蔽,复其真,学利困勉之不一其功,亦惟求以率夫天命之性而归之真焉而已矣。此修道之所以为教也,故曰:修道之谓教。③

东厓认为天命真几是於穆不已的生化之流,性缘此而成。对此,圣凡无别,即所谓"圣人与百姓日用同然之体"。但东厓"修道"的内容有三方面的特点:

其一,修道的目的不是达仁,而是返"日用之本真"。据《论语·雍也》载:"子曰:回也,其心三月不违仁,其余则日月至焉而已矣。"但东厓认为圣人"不违

---

① 王襞:《新镌东厓王先生遗集》卷上《答秋曹漳州陈文溪书》,明万历刻明崇祯至清嘉庆递修本。
② 耿定向:《祭文》,载王襞:《新镌东厓王先生遗集》卷下,明万历刻明崇祯至清嘉庆递修本。
③ 王襞:《新镌东厓王先生遗集》卷上《语录遗略》,明万历刻明崇祯至清嘉庆递修本。

真",贤者颜回三月不违,而百姓则往往动于欲,滞于情,遂至失其真而滋其蔽,于是圣人悯然有修道之功,以去蔽复真,遂言"修道之谓教"。比较而言,返真淡化了德性色彩,增强了自然的属性。东厓以修真为目标的修道,也就是修"百姓日用"之"道"。这也使心斋秉持的"百姓日用即道"这一命题在《中庸》首章得到了学理论证。东厓所论的圣凡之别在于是否违"真"。东厓之修道则不言仁,率性则一统诸德,他说:"学者自学而已,吾性分之外无容学者也。万物皆备于我,而仁义礼智之性,果有外乎?率性而自知自能,天下之能事毕矣。"①因此,虽然东厓也论及"修道之谓教",但途径则是返已以内求其真。在讨论日用本真之时,东厓还分辨了"见"与"用"的关系,云:"大凡学者用处皆是,而见处有未融,先至见处似是,而用处似若不及,何也?皆坐见之为病也,定与勘破。"②当"见"与"用"不协之时,应以"用"为绳。因为"用"乃心之妙用,这种妙用有种种事相的呈现,如舜之事亲、孔之曲当、饥来吃饭倦来眠等。在东厓看来,"见"还是心体之障,欲得心体的圆神之妙,需空其心,去其见。因此,东厓之修道,实乃去其心之见障,复归心体本真,得其圆神妙用的过程。这在其《上敬庵许司马书》中也得到了体现,云"觉其失而返之,此修道之教也",但其论的核心还是反对意必、检点、安排等用智之私"。其要在于"直下便是,岂待旁求,一彻便了,何容拟议"③。

其二,在阐释"修道"方法时,东厓又以邵康节为法,而与龙溪稍有不同。康节《先天吟》诗云:"若问先天一字无,后天方要著功夫。拔山盖世称才力,到此分毫强得乎?"④东厓曰:

> 率之云者,本不假纤毫人力于其间,故曰:诚者,天之道也。即邵子所谓"若问先天一字无"。修之云者,因其体之失真,反之亦将以求,至人力之不烦,而丝毫不设于造作。故曰"诚之者,人之道也"。即邵子所谓"后天方要著功夫",天然而见成者。⑤

---

① 王襞:《新镌东厓王先生遗集》卷上《语录遗略》,明万历刻明崇祯至清嘉庆递修本。
② 王襞:《新镌东厓王先生遗集》卷上《语录遗略》,明万历刻明崇祯至清嘉庆递修本。
③ 王襞:《新镌东厓王先生遗集》卷上《上敬庵许司马书》,明万历刻明崇祯至清嘉庆递修本。
④ 邵雍著,郭彧整理:《邵雍集·伊川击壤集》卷十七《先天吟》,中华书局2010年版,第458页。
⑤ 王襞:《新镌东厓王先生遗集》卷上《语录遗略》,明万历刻明崇祯至清嘉庆递修本。

邵康节之"先天一字无",又用之于解《易》,因此,宋人俞琰引之曰:"'若问先天一字无,后天方要著功夫。'其说是已。盖太极未判,阴阳未分,此天地之先天也,以丹法言之则寂然不动,反本复静之时是也。"①朱熹所理解的邵氏先天学也是指易学:"自初未有画时说到六画满处者,邵子所谓先天之学也。卦成之后,各因一义推说,邵子所谓后天之学也。"②这些都是就邵康节的先天象数学而言。但康节的先天学又不限于论《易》。"先天一字无"乃是指太极未判、天地未分的混沌境界,具有天道观、生成论方面的意义。康节的《先天吟》诗中的"一字无"又被理学家们引为"一事无",朱熹弟子释之为"出于自然不用安排"③。康节先天学具有心本体的色彩,如其云:"心为太极,又曰道为太极。"④"先天学,心法也。故图皆自中起,万化万事生乎心也。"⑤先天之心是康节哲学的基点,后天的事体是以先天之心为根据的,这也是东厓重视康节"先天学",并引康节《先天吟》诗以释"修道之谓教"的根本原因。虽然康节与阳明的心本论本质上存在着一定的殊异:一是天道观、生成论,一是德性论,但康节的一句"后天方要著功夫"恰留下了德性工夫的印象,这也是东厓引之为据的重要原因。当然,康节哲学由于主要不是德性之学,并无系统的工夫论。东厓在论"修道之谓教"之时引康节之诗,事实上也存在着弱化德性色彩的意味。

其三,东厓的率性修道说与龙溪的先天正心之学虽然颇多相似,但龙溪的正心之学是立本于心体,其工夫表现在养心或"一念廓然,无有一毫固必之私"⑥,是正面着力于心体。而东厓之修道工夫,是当"其体之失真"之后,"反之"以求,因此是"去其蔽,复其真",亦即回归本体真心的过程。当然,就自然现成而言,东厓与龙溪又殊途同归,东厓去蔽求真的方法仍然是"诚之",了无人力之烦,丝毫不涉造作。就修道与率性的关系而言,最终还是"率夫天命之性而归之真焉而已矣",亦即仍以"率性"为本。这也是泰州学派以及王学现成派的共同取向。

东厓的率性之"性"即良知,他说:"良知本性,天之灵而粹精之体也。谁其

---

① 俞琰:《周易参同契发挥》中篇,明刻本。
② 朱熹:《晦庵集》卷三十八《答袁机仲》,四部丛刊景明嘉靖本。
③ 黎靖德编:《朱子语类》卷一百《邵子之书》,中华书局1994年版,第2552页。
④ 邵雍著,郭彧、于天宝点校:《皇极经世书》(三),上海古籍出版社2017年版,第1405页。
⑤ 邵雍著,郭彧、于天宝点校:《皇极经世书》(三),上海古籍出版社2017年版,第1418页。
⑥ 王畿著,吴震编校:《王畿集》卷十六《水西别言》,凤凰出版社2007年版,第451页。

弗具？谁其弗神？"①因此，东厓论"天命之谓性，率性之谓道"，实乃良知现成的注脚。

二、乐即心

"乐学"是东厓在心斋之后讲学四方的重要内容。虽然《王东厓先生遗集》中论及"乐学"的内容并不多，但《东厓集》中有杨希淳所作的《赠别诗引》，其中有东厓关于乐学的对话，兹录如次：

> 《载道而南》者，为东厓子发也。东厓子姓王，扬之泰州人，心斋仲子也。先生倡孔孟之绝学而东厓子默承其宗印，顾其浑然天成，略无表暴，以故知之者尚少。而乙丑仲秋之来吾留都也，邑人士独心醉焉。一时诸同志闻其超诣自得之学，皆充然若有悟也。将别，乃各为诗歌以见已志，而题之如此云。东厓子之始至而论学也，有问："学何以乎？"曰："乐。"再问之，则曰："乐者，心之本体也。有不乐焉，非心之初也。吾求以复其初而已矣。""然则必如何而后乐乎？"曰："本体未尝不乐。今日必如何而后能，是欲有加于本体之外也。""然则遂无事于学乎？"曰："何为其然也？莫非学也，而皆所以求此乐也。乐者，乐此学；学者，学此乐。吾先子盖尝言之也。""如是则乐，亦有辨乎？"曰："有所倚而后乐者，乐以人者也。一失其所倚，则慊然若不足也。无所倚而自乐者，乐以天者也。舒惨欣戚，荣悴得丧，无适而不可也。""既无所倚，则乐者果何物乎？道乎？心乎？"曰："无物故乐，有物则否矣。且乐即道也，乐即心也。而曰所乐者道，所乐者心，是床上之床也。""学止于此而已乎？"曰："昔孔子之称颜回，但曰'不改其乐'，而其自名也，亦曰'乐在其中'。其所以喟然而与点者，亦以此也。二程夫子之闻学于茂叔也于此。盖终身焉，而岂复有所加也。"曰："孔颜之乐，未易识也，吾欲始之以忧而终之以乐，可乎？"曰："孔颜之乐，愚夫愚妇之所同然也，何以曰未易识也？且乐者，心之体也；忧者，心之障也，欲识其乐而先

---

① 王襞：《新镌东厓王先生遗集》卷上《语录遗略》，明万历刻明崇祯至清嘉庆递修本。

之以忧,是欲全其体而故障之也。""然则何以曰'忧道'? 何以'君子有终身之忧'乎?"曰:"所谓忧者,非如是之皎皎然、役役然以外物为戚戚者也,所忧者道也。其忧道者,忧其不得乎此乐也。舜自耕稼陶渔,以至为帝,无往不乐。而吾独否焉? 是故君子终身忧之也,是其忧也,乃所以为乐其乐也,则自无庸于忧耳。"①

值得注意的是,焦竑《王东厓先生墓志铭》中也以大量的篇幅直录大概,亦即在焦弱侯看来,这是东厓论学中最具特色的内容。东厓承家学而又问师于阳明、龙溪。虽然心斋以乐学邀誉于世,但从东厓这段有关"乐"的问答来看,其背景似本于《传习录》中的《答陆原静书》。焦竑谓王东厓有"不啻阳明之存也"②之誉,洵非虚言。东厓将乐上升到与道、心一体同质,这显然是从阳明《答陆原静书》而来。阳明曾说:"乐是心之本体,虽不同于七情之乐,而亦不外于七情之乐。"③这是阳明在答陆原静之问这一特殊语境中所言,陆原静的问题是:"昔周茂叔每令伯淳寻仲尼、颜子乐处。敢问是乐也,与七情之乐,同乎? 否乎? 若同,则常人之一遂所欲,皆能乐矣,何必圣贤? 若别有真乐,则圣贤之遇大忧、大怒、大惊、大惧之事,此乐亦在否乎? 且君子之心常存戒惧,是盖终身之忧也,恶得乐?"④陆原静从孔颜之乐与儒家传统的性情观念之间的逻辑不洽处发问,因为儒家一般认为性情是未发与已发、本体与作用、寂然与感通的关系。情有心之主宰则得乎正,未得心之主宰则为人欲。作为七情之一的乐自然亦具情的二重性,那么何以解释作为经典存在的孔颜之乐呢? 阳明为了弥合两者之间的矛盾,遂有"虽不同于七情之乐,而亦不外于七情之乐。虽则圣贤别有真乐,而亦常人之所同有"⑤这一似是而非的回答,并以"乐是心之本体"作为肯定孔颜乐处具有经典普适性的理由。但这样的判断明显体现出了其因陆原静之

---

① 王襞:《新镌东厓王先生遗集》卷上《名公赠别遗选·诗引》,明万历刻明崇祯至清嘉庆间递修本。
② 焦竑著,李剑雄点校:《澹园集》卷三十一《王东厓先生墓志铭》,中华书局1999年版,第493页。
③ 王守仁撰,吴光、钱明、董平、姚延福编校:《王阳明全集》卷二《传习录中》,上海古籍出版社2011年版,第79页。
④ 王守仁撰,吴光、钱明、董平、姚延福编校:《王阳明全集》卷二《传习录中》,上海古籍出版社2011年版,第78页。
⑤ 王守仁撰,吴光、钱明、董平、姚延福编校:《王阳明全集》卷二《传习录中》,上海古籍出版社2011年版,第79页。

问,而"不得已与之逐节分疏"①的色彩。这一表述实乃阳明因应孔颜乐处现象"不得已"的结论。其实此前阳明还有对于性情关系的一般性表述:"性一而已,仁义礼智,性之性也;聪明睿知,性之质也;喜怒哀乐,性之情也;私欲客气,性之蔽也。质有清浊,故情有过不及,而蔽有浅深也。"②这样的表述才是阳明对于性情关系的正解。基于这样的认识,东厓关于乐与道、心的一体同质之论,仍体现出了自身的独创性。

首先,对于忧与乐的关系,东厓所论与阳明有所不同。阳明认为,虽然圣贤与常人同具真乐,"但常人有之而不自知,反自求许多忧苦,自加迷弃。虽在忧苦迷弃之中,而此乐又未尝不存。但一念开明,反身而诚,则即此而在矣"③。即便是阳明高第弟子陆原静亦有"骑驴觅驴"之困,因此在阳明看来,常人需反身而诚方可体认真乐。可见阳明是将忧与乐置于对立的位置,视"忧苦"乃"迷弃"真乐所致。但在经典表述中尚有"忧道"④、"君子有终身之忧"⑤之谓。对此,东厓认为,忧并非与乐对立,而是护乐的屏障,是"欲全其体而故障之也"。忧不是因外物所致("非……以外物为戚戚者也"),是忧道不得其乐。东厓的解释使经典中的"君子忧道不忧贫"与"乐者心之本体"得到了统一,使"乐者心之本体"这一结论在"君子有终身之忧"等先在经典的复杂背景之下仍然得以成立。同时,对于真乐,东厓认为这是愚夫愚妇同具的,并不难以体认,这与阳明所谓"常人有之而不自知"不同。东厓所论体现了其更重圣凡一致,自然现成,这正是泰州学派的论学特色。

其次,东厓理清了心斋乐学与阳明"乐是心之本体"之间的逻辑关系。东厓认为学与乐统一的原因在于乐是心之本体的自然之乐,是无所倚的"天者"之乐。乐即是道,乐即是心,而"道"与"心"即是心斋与东厓所认识的学的对象。而此道、此心即是乐,从而使心斋"乐者乐此学,学者学此乐"得到了证明,使乐

---

① 王守仁撰,吴光、钱明、董平、姚延福编校:《王阳明全集》卷二《传习录中》,上海古籍出版社2011年版,第80页。
② 王守仁撰,吴光、钱明、董平、姚延福编校:《王阳明全集》卷二《传习录中》,上海古籍出版社2011年版,第77页。
③ 王守仁撰,吴光、钱明、董平、姚延福编校:《王阳明全集》卷二《传习录中》,上海古籍出版社2011年版,第79页。
④ 见《论语·卫灵公》:"君子忧道不忧贫。"
⑤ 见《孟子·离娄章句下》。

与学得到了统一。东厓所论之学,非外铄之闻见知识,而是本体之心、本然之道,这与心斋有所不同。心斋缘于人心本自乐,而提出乐学。所论之乐,虽然本于人心本具的属性,本于其知天、乐天的道德自信,但着意点在于以其论为学的情感特征。显然,东厓所论之乐,更具有超越的色彩。东厓认为,乐与道、心是一体同质,而非偶然的同构。乐不是道、心偶然的情感体验,即其所谓"乐即道也,乐即心也。而曰所乐者道,所乐者心,是床上之床也",又说:"且乐者,心之体也。"①他并没有对作为七情之一的乐进行讨论。东厓的论证,使心斋的乐学观与自然现成论得到了统一。

东厓的这段乐学论虽然是基于阳明《答陆原静书》的内容而展开的,但阳明所论诚如其所云:"原静所问,只是知解上转,不得已与之逐节分疏。若信得良知,只在良知上用工,虽千经万典,无不吻合,异端曲学,一勘尽破矣。何必如此节节分解?"②逐节分疏的"不得已"之痕迹宛然可见,而东厓对于乐学的识解,正是在对良知心体体认的基础上,实现了乐与学、忧与乐的统一。这正是焦竑录其而成为《王东厓先生墓志铭》主体内容的根本原因。

东厓论乐学也体现了兼融阳明、龙溪之学的特点。心斋谈乐学,东厓重点论良知现成,强调人性自然,谓"视听言动,初无一毫计度"③。从某种意义上说,东厓于学不及心斋重视,这可能与东厓受学于龙溪,而兼及龙溪之学的特点有关。他批评"为学不过出于念虑亿度,展转相寻之私"而失其"天聪明"。他将人们的有为之行,归之于颜渊"克己"的内容,而不应据之为学,即他所谓:"将议论讲说之间,规矩戒严之际,工焉而心日劳,勤焉而动日拙,忍欲饰名而夸好善,持念藏机而谓改过,正是颜子之所谓己而必克之者。"④值得注意的是,他还将这些传统的"学"的内容与心斋"保身论"结合在一起,因为这些"学"往往使人"工焉而心日劳",因此他说"必率性而后心安,心安而后气顺,否则百虑交锢,杂念叠兴,心神惊动,血气靡宁,有不并其形而俱灭者,几希矣"。⑤但这一保身观念与心斋保身论的目的明显有别。心斋保身论是其德性教育的途径,而东厓

---

① 王襞:《新镌东厓王先生遗集》卷上《名公赠别遗选·诗引》,万历刻明崇祯至清嘉庆间递修本。
② 王守仁撰,吴光、钱明、董平、姚延福编校:《王阳明全集》卷二《传习录中》,上海古籍出版社 2011 年版,第 80 页。
③ 王襞:《新镌东厓王先生遗集》卷上《语录遗略》,明万历刻明崇祯至清嘉庆递修本。
④ 王襞:《新镌东厓王先生遗集》卷上《语录遗略》,明万历刻明崇祯至清嘉庆递修本。
⑤ 王襞:《新镌东厓王先生遗集》卷上《语录遗略》,明万历刻明崇祯至清嘉庆递修本。

之论则是良知现成的一部分。东厓对书册见闻之"学"的废黜虽然得之于良知现成,似乎与心斋"百姓日用即道"的思想亦有联系,但还是显示出了别样的为学取向。心斋论百姓日用即道而又重学,但东厓及龙溪则鲜论"学"。相反,东厓有废"学"之论,云:"学者自学而已,吾性分之外无容学者也。万物皆备于我,而仁义礼智之性,果有外乎?率性而自知自能,天下之能事毕矣。"①"道本无言,因言而生解,执解以为道,转转分明,翻成迷会。"②"从古以来,只有一个学字不明,必待于外而循习焉,则劳且苦矣。宁知性本具足,率性而众善出焉,天命之也。率天命之性,即是道。故圣者知天之学也,志此曰志道,学此曰学道。"③显然,这与心斋的大成学相矛盾,原因即在于其受龙溪的影响太大。东厓废学的另一个重要原因在于他认为圣人的教化作用是复其真,复真乃是率天命之性,这样就没有理性或知识意思上"学"的存在价值。但这并不影响圣人教化的作用,因为平凡百姓"不自知其日用之本真而获持之,一动于欲,一滞于情,遂移其真而滋其蔽"。因此,圣人"悯之而启之修道焉,去其蔽,复其真"④,东厓正是以"率性之谓道"为奥援,以"不假纤毫人力于其间"。⑤而"率性"就是复真,其中龙溪的影响较为显著。龙溪视良知为"经之枢,道之则"⑥,经典被视为入道之筌蹄,而"鱼兔苟获,筌蹄可忘"⑦。这样,经典只是悟证良知的途径或方法,而本身的权威性受到了弱化,以经典为本的"学"便不再是金科玉律。龙溪所论颇得阳明旨趣。阳明即认为"六经者,吾心之记籍也"⑧。东厓主张率性以修道,主要承袭了龙溪的思想,而稍别于心斋。东厓论学的这一取向显示了泰州学派兼综众说以及学术思想演变的历时特点。

东厓废支离之学,当是本于阳明的良知说而来,他在给许敬庵的书牍中有明确的论述:"良知之传千圣之秘藏,而阳明先师翁,从万死一生中拈出者,翁何为而犯难吃紧于此?盖以此物不明,一切学术尽皆支离,掇拾之繁而影响形

---

① 王襞:《新镌东厓王先生遗集》卷上《语录遗略》,明万历刻明崇祯至清嘉庆递修本。
② 王襞:《新镌东厓王先生遗集》卷上《语录遗略》,明万历刻明崇祯至清嘉庆递修本。
③ 王襞:《新镌东厓王先生遗集》卷上《语录遗略》,明万历刻明崇祯至清嘉庆递修本。
④ 王襞:《新镌东厓王先生遗集》卷上《语录遗略》,明万历刻明崇祯至清嘉庆递修本。
⑤ 王襞:《新镌东厓王先生遗集》卷上《语录遗略》,明万历刻明崇祯至清嘉庆递修本。
⑥ 王畿撰,吴震编校整理:《王畿集》卷十五《自讼长语示儿辈》,凤凰出版社2007年版,第427页。
⑦ 王畿撰,吴震编校整理:《王畿集》卷十五《自讼问答》,凤凰出版社2007年版,第429页。
⑧ 王守仁撰,吴光、钱明、董平、姚延福编校:《王阳明全集》卷七《稽山书院尊经阁记》,上海古籍出版社2011年版,第284页。

迹之似,心劳而日拙,于性命根源了无有交涉,所谓差之毫厘,谬以千里者也。"①在东厓看来,阳明的良知说"吃紧"处在于从性命根源处着力,克服了学术支离之病。比较而言,心斋作为平民儒者,崛起鱼盐之中,渴慕经典知识,尊经以倡学。心斋的这一身份在王学现成派中实属特例。东厓则不同,东厓承心斋而起,家学已成显学,已有充分的学术自信,与当时王门后学中的精英阶层并无区别。因此,体认本然自有之性,径出废学之言便不难理解。在东厓看来,"为学不过出于念虑亿度展转相寻之私而已"②,而所废的正是其后李贽在《童心说》中所说的"道理闻见"。他说:"将议论讲说之间,规矩戒严之际,工焉而心日劳,勤焉而动日拙,忍欲饰名而夸好善,持念藏机而谓改过,正是颜子之所谓己而必克之者。而学者据此为学,何其汗漫也哉?"③东厓是要体认本体,而不牵缠于后儒支离之习。因此,他所讲、所尚之学,是何以体认本体之学,亦即他所谓"养心之学",云:"意思悠远,襟怀洒落,兴趣深长,心情朗逸,非有得于养心之学,未或能然。"④在他看来,道本自然无言,执解为道则"翻成迷会"⑤,此之学,亦即人人本有、个个具足之良知,云:"诸公今日之学,不在世界一切上,不在书册道理上,不在言语思量上,直从这里转机向自己,没缘没故,如何能施为作用。穿衣吃饭,接人待物,分青理白,项项不昧的,参去参来,参来参去,自有个入处,方透得个无边无量的大神通受用。此非异学语,盖是尔本有具足的良知也。"⑥

　　与对"学"的认识相关,东厓的传学方式亦以随机证人为主。据王元鼎《东厓先生行状》载:"东厓过陪都,随以指授,都人士咸云蒸雷动,如寄得归,乃至耆老为之太息,髫齿为之忻愉,贵介为之动容,厮台为之色喜,上根为之首肯,初机为之心开。"⑦东厓之学以悟示人,即使是对于经典的证悟,亦以心悟为是,如,耿天台在《示里中后生》中有载:"昔东厓在凭虚阁会诸同志,论一贯,人各出所见。东厓不应,随因某语感触,众群然一笑。东厓曰:'此却是一贯。'同志中

---

① 王襞:《新镌东厓王先生遗集》卷上《上敬庵许司马书》,明万历刻明崇祯至清嘉庆递修本。
② 王襞:《新镌东厓王先生遗集》卷上《语录遗略》,明万历刻明崇祯至清嘉庆递修本。
③ 王襞:《新镌东厓王先生遗集》卷上《语录遗略》,明万历刻明崇祯至清嘉庆递修本。
④ 王襞:《新镌东厓王先生遗集》卷上《语录遗略》,明万历刻明崇祯至清嘉庆递修本。
⑤ 王襞:《新镌东厓王先生遗集》卷上《语录遗略》,明万历刻明崇祯至清嘉庆递修本。
⑥ 王襞:《新镌东厓王先生遗集》卷上《寄会中诸友书》,明万历刻明崇祯至清嘉庆递修本。
⑦ 转引自王襞:《新镌东厓王先生遗集》卷下,明万历刻明崇祯至清嘉庆间递修本。

聆而大骇。"①天台在为东厓所作的《祭文》中亦云："淳淳汲引，春风座生，或指导其所闻，或联群而浩吟。"②其影响及效应，堪与乃父相埒。

三、对泰州之学的传承与发展

作为心斋仲子，东厓不但弘传心斋学术之功卓著，其兼综泰州、龙溪的为学经历以及文道兼擅的为学特色使其在泰州学派中具有独特的地位。

（一）融摄阳明、龙溪之学而承传泰州正脉

东厓对于泰州学派的传衍起到了重要的作用，阳明后学中以家世传学的仅浙中王门的董沄、其子董子毅，与心斋、东厓相仿佛，而心斋父子较之于董氏的影响更著。对于东厓之于心斋之学的贡献，耿天台云："心斋无东厓不能成其圣。"③耿定向作东厓《祭文》云："顾家学之渊源兮，其克嗣者为谁？惟君之挺持兮，实五常之白眉……君随机而指授兮，固振聋而发聩。惟镐都人士之景从兮，纷声气之与同。时推衍其遗绪兮，因曲邕其宗风。"④东厓在泰州学派中的独特地位，在黄宗羲的《明儒学案》中也可以看出，黄宗羲将朱恕、韩贞、夏廷美等人作为东厓的附传，其中朱恕曾亲炙于心斋："樵听心斋语，浸浸有味。于是每樵必造阶下听之。饥则向都养乞浆，解裹饭以食。听毕则浩歌负薪而去。"⑤韩贞则"慕朱樵而从之学，后乃卒业于东厓"⑥。实乃心斋的再传弟子。夏廷美是在访耿天台之后，因天台说"汝乡焦弱侯可师也"，遂"归从弱侯游"。⑦可见朱、韩、夏师承各别，并非都是心斋或东厓的门人，但黄宗羲将其附于《处士王东厓先生襞》之后，东厓也成为《泰州学案》中唯一具有附传的传主。显然，在黄

---

① 耿定向：《耿天台先生文集》卷五，明万历二十六年（1598）刘元卿刻本。
② 转引自王襞：《新镌东厓王先生遗集》卷下，明万历刻明崇祯至清嘉庆间递修本。
③ 转引自王元鼎：《东厓先生行状》，载王襞：《新镌东厓王先生遗集》卷下，明万历刻明崇祯至清嘉庆间递修本。
④ 转引自王襞：《新镌东厓王先生遗集》卷下，明万历刻明崇祯至清嘉庆间递修本。
⑤ 黄宗羲著，沈芝盈点校：《明儒学案》卷三十二《泰州学案一》，中华书局1985年版，第719页。
⑥ 黄宗羲著，沈芝盈点校：《明儒学案》卷三十二《泰州学案一》，中华书局1985年版，第720页。
⑦ 黄宗羲著，沈芝盈点校：《明儒学案》卷三十二《泰州学案一》，中华书局1985年版，第720页。

宗羲看来，王东厓乃泰州学派的主脉。同时，附传中均是底层百姓，即"樵夫"朱恕、"陶匠"韩乐吾、"田夫"夏叟，这也暗示了东厓之于泰州之学向下一路的传衍不无贡献。当然，东厓更大的贡献在于扩大了心斋之学在庙堂士夫阶层的影响。心斋之后，东厓广受当政者之聘，四方宣教。据《东厓学述》载："心斋殁，先生望日隆，四方聘以主教者沓至。罗近溪守苑则迎之，蔡春台守苏则迎之，李文定迎之兴化，宋中丞迎之吉安，李计部迎之真州，董郡丞迎之建宁，殆难悉数。"①而这些都是为政一方的名士，其后，"至金陵，与多士讲习，连榻累旬，博问精讨，磨不愜其欲以去"②。弘传心斋之学，是东厓之于泰州之学的一大贡献。心斋卒后，光大心斋的中坚即是东厓，诚如焦竑所记："心斋子东厓先生，推衍其说，学士云附景从，至今不绝。"③可见，东厓对于心斋之学的流播是全面的。比较而言，向上一路更为显著，这对于泰州学派其后的发展趋向产生了影响。

当然，东厓在泰州学派中的影响，并不限于陈宣心斋之学，还在于他对于阳明、心斋、龙溪之学的融铸会通，使泰州学派进入了一个新的阶段。当然，东厓承袭的心斋之学也融入了自己的特色。这在东厓对心斋"学有三变"历程的记述中得到了体现。东厓的记述并没有淮南格物的内容，而重点论述了《乐学歌》以及《大成歌》，对于最能体现心斋学术特点的《明哲保身论》并未言及。④这样的取舍选择体现了东厓对心斋之学的体认态度。因为"淮南格物"是心斋与阳明良知说理论区别最大的观点，而"乐学""大成学"讨论的仅是为学态度、为学效用等外部因素，所谓"越中良知""淮南格物"虽然"实贯一毂"，但毕竟"如车两轮"，亦即两者是并列的关系，暗含有心斋之学有别于阳明学的趋向。而受学于龙溪的东厓似乎更强化了心斋之学承袭的阳明学统。一般认为，东厓执守于心斋之学而甚少发明，但其实他屡有对心斋之学的发展，如他对于理学家们所论的明体达用的一体之仁，以更加为民众晓易的'一体之慈'述之，并且将其与良知现成、乐学观等融为一体，谓："良知本性，天之灵而粹精之体也。谁

---

① 焦竑著，李剑雄点校：《澹园集》卷三十一《王东崖先生墓志铭》，中华书局1999年版，第494页。
② 焦竑著，李剑雄点校：《澹园集》卷三十一《王东崖先生墓志铭》，中华书局1999年版，第494页。
③ 焦竑著，李剑雄点校：《澹园集》卷三十一《王东崖先生墓志铭》，中华书局1999年版，第493页。
④ 详见王襞：《新镌东厓王先生遗集》卷上《上昭阳太师李石翁书》，明万历刻明崇祯至清嘉庆递修本。

其弗具？谁其弗神？而圣名者，号也。得证，则日用头头无非妙动，而纤力不与，快乐难名。然一体之慈达而经世之用出焉。苟不知立本之义，则世不可经，而吾一体之慈窒矣，而非明明德于天下之大学也，至善之则不可见矣。此孔孟运世之要诀也。"①与心斋相比，东厓具有更多阳明的色彩。心斋期期以继孔孟之绝学，而东厓则多以阳明良知为入圣津筏："良知二字实开关启钥之至诀，入圣之要津。"②他以良知为究竟之学："良知即乾之体，刚健中正，纯粹至精，本无声臭，搀搭些子不上，更万古无有或变者也。不容人分毫作见加意其间，自有本分天然之用，神触神应，原无壅滞，与鸢飞鱼跃同一活泼泼地。盖天命之性，原自具足故也。"③焦竑《王东厓先生墓志铭》中亦云："阳明卒于师，心斋始授徒淮南，先生（东厓）相之，覃思悠然，讲论锵然，不啻阳明之存也。"可见，东厓之学不尽得之于心斋一人。

　　黄宗羲在述及东厓"不乐则非学矣"的渊源时说："此虽本于心斋乐学之歌，而龙溪之授受，亦不可诬也。"④东厓学术思想中龙溪的特色甚为明显，但这并不影响其在泰州学派中的地位。因为一个学派成员的厘定，当其盟主创派既成之后，其中师承关系往往占据主要地位，这种双方及同道学人都认同的师承关系，即是对他们学术共通性的肯认，尤其是被盟主认可为主要学术传人的学者，更当然是学派传承的巨子。其学术思想与盟主之间的异趣，应理解为学派发展的另一个阶段。东厓是泰州学派发展史上以龙溪之学济泰州，实现对泰州学派改造与发展的重要学人。同时，东厓在泰州学派中又居特殊的地位，他是心斋次子，深得心斋的学术印可。心斋临终之时，对诸子曰："吾有子，吾道有继，吾何忧？汝有兄，知此学，吾复何虑？惟汝曹善事之。"⑤东厓幼承庭训，后由心斋亲遣其师事龙溪，汲取龙溪之学，实乃心斋对于泰州之学流衍方向的期许。心斋卒后，东厓毅然以师道自任，发明光大心斋之学，并得到了泰州后学的一致认可："毋论后进者，倾诚悦服，即先公群弟子无不事先生若先公

---

① 王襞：《新镌东厓王先生遗集》卷上《语录遗略》，明万历刻明崇祯至清嘉庆递修本。
② 王襞：《新镌东厓王先生遗集》卷上《上耿都宪翁书》，明万历刻明崇祯至清嘉庆递修本。
③ 王襞：《新镌东厓王先生遗集》卷上《寄庐山胡侍御书》，明万历刻明崇祯至清嘉庆递修本。
④ 黄宗羲著，沈芝盈点校：《明儒学案》卷三十二《泰州学案一》，中华书局1985年版，第719页。
⑤ 王元鼎：《东厓王先生行状》，转引自王襞：《新镌东厓王先生遗集》卷下，明万历刻明崇祯至清嘉庆递修本。

也。"①东厓之于心斋之学的传衍起到重要的作用。根据焦竑《王东厓先生墓志铭》载:"阳明公以理学主盟区宇,而泰州王心斋嗣起,其徒几中分鲁国,故海内言学者皆本两王。"而"东厓先生推衍其说,学士云附景从,至今不绝"。又云:"先生所与游,皆当世贤豪长者。"不难看出,东厓对于龙溪之学的汲取,本是心斋的安排,亦即得龙溪之学,实本于心斋学术传衍的设想之中。东厓博取而转精,问师龙溪,也是心斋对东厓的期许。东厓虽非尽得心斋之学,但已遂心斋之愿。

(二) 流连"光景"、文道兼擅的社会效益

黄宗羲虽然对东厓的评价甚高,但在其案传最后云:"细详先生之学,未免犹在光景作活计也。"②所谓"光景",就是自然和乐的"曾点传统"。对此,黄宗羲在做此结论之前,尚有详细的铺叙,且占据了东厓案传的大量篇什,体现了黄宗羲对东厓学术特征的认识,姑录如次:

> 白沙云:"色色信他本来,何用尔脚劳手攘?舞雩三三两两,正在勿妄勿助之间。曾点些儿活计,被孟子打并出来,便都是鸢飞鱼跃。若无孟子工夫,骤而语之以曾点见趋,一似说梦。盖自夫子川上一叹,已将天理流行之体,一日迸出。曾点见之而为暮春,康节见之而为元会运世。故言学不至于乐,不可谓之乐。"至明而为白沙之藤蓑,心斋父子之提唱,是皆有味乎其言之。然而此处最难理会,稍差便入狂荡一路。所以朱子言曾点不可学,明道说康节豪杰之士,根本不贴地,白沙说有说梦之戒。③

在黄宗羲看来,"光景"的论学传统虽然可远溯于孔子的川上之叹、曾点"浴乎沂,风乎舞雩,咏而归"(《论语·先进篇》)的"曾点气象",但需有工夫的贞定方能不至流入狂荡一路。但朱熹则认为"曾点气象"亦即"圣人气象",这也是孔子言"吾与点也"的原因,其云:

---

① 王元鼎:《东厓王先生行状》,转引自王襞:《新镌东厓王先生遗集》卷下,明万历刻明崇祯至清嘉庆递修本。
② 黄宗羲著,沈芝盈点校:《明儒学案》卷三十二《泰州学案一》,中华书局1985年版,第719页。
③ 黄宗羲著,沈芝盈点校:《明儒学案》卷三十二《泰州学案一》,中华书局1985年版,第719页。

曾点见得事事物物上皆是天理流行。良辰美景,与几个好朋友行乐。他看那几个说诞功名事业,都不是了,他看见日用之间,莫非天理,在在处处,莫非可乐。他自见得那"春服既成,冠者五六人,童子六七人,浴乎沂,风乎舞雩,咏而归"处,此是可乐天理。①

在朱熹看来,"曾点气象"的形成与其所见的"日用之间,莫非天理,在在处处,莫非可乐"有关。这样,泰州之学得"曾点气象"是本派学术的题中应有之义。当然,黄宗羲有别于朱熹对"曾点气象"的疏解,他以孟子的工夫论济"曾点气象",以免使其落于狂荡一路,这体现了黄宗羲稳实的一面。事实上,这也是符合《论语》中所体现的孔子的一贯思想的。黄宗羲对于东厓之"未免犹在光景作活计"的判断是符合事实的。据《明儒学案》王东厓传记载,当东厓往来各郡主理教事时,"归则扁舟于村落之间,歌声振乎林木,恍然有舞雩气象"②。当然,这仅是就"曾点气象"相关的"光景"之论。就与良知相关的光景而言,根据牟宗三的理解则有广义与狭义两种。广义的良知之光景是指无真切工夫支持的良知日用流行。狭义的良知光景则是指悬空描画而非真实具体的良知。在牟宗三看来,真正"顺泰州派家风作真实工夫以拆穿良知本身之光景,使之流行于日用之间,而言平常、自然、洒脱与乐者,乃是罗近溪"③。牟氏所言,暗含着此前的泰州学派学者有说良知流于光景的潜台词,其学理的根据其实在于近溪重万物一体之仁,即牟氏所谓"归宗于仁,知体与仁体全然是一,以言生化与万物一体"④。不难看出,牟氏对于光景与"拆穿光景"的根本区别在于是否回归于仁体,回归于德性修养工夫。这也似乎是防止泰州学派演变成狂荡一路的关键性因素,这样的判断基本是符合实际的。但需要指出的是,流连于"光景"其实与泰州学派最初的论学目的有一定的关系。心斋立教的目的在于使儒学通俗化,其语言也呈现出直观、形象,而非逻辑、抽象的特征,因此,借"光景"以现本体,是泰州学派立派的应有之义。当然,牟宗三所说的罗近溪拆穿光景又是指理学家们在学理分解基础上描画的良知本身,而罗近溪则拆穿了

---

① 黎靖德编:《朱子语类》卷四十,中华书局1994年版,第1026页。
② 黄宗羲著,沈芝盈点校:《明儒学案》卷三十二《泰州学案一》,中华书局1985年版,第718—719页。
③ 牟宗三:《从陆象山到刘蕺山》,上海古籍出版社2001年版,第204页。
④ 牟宗三:《从陆象山到刘蕺山》,上海古籍出版社2001年版,第204页。

理学家们构建起来的理论外壳,亦即光景,而将知体具体真实地流行于日用之间。泰州学派的论学目的与方法,使光景的描画成为必然途径。如果说心斋的思想是以通俗易懂乃至经常以浅俗的韵文表现,那么东厓则常常以审美而非纯粹的义理分疏的形式表达了泰州学派的思想。其在给"潘太守"的书牍中曾自谦道:"老将至矣,而驽钝如初,读书未谙义理,文艺全不晓通,徒以硁硁之迹冒虚声于乡里。"①可见,精义理而通艺文,实乃东厓的人生期许。黄宗羲批评东厓"未免犹在光景作活计",从另一个维度体现了东厓论学注重审美形象的特征。从这个意义上说,东厓堪称是泰州学派影响于文苑的一个重要环节。李贽乃晚明思想界"教主"之一②,也是晚明文学思潮的精神依凭,李贽对东厓的宗祧正揭示了这一基本事实。李贽称"师"者鲜,但明确被李贽称师的是东厓,他说:"心斋之子东厓公,贽之师。"③如果说《续焚书》中之作多为李贽杂著汇编,那么《藏书》《续藏书》则是李贽藏之名山之作,更是其慎重之作,可见东厓乃"贽之师"是确定无疑的。李贽虽然在《罗近溪先生告文》中称近溪为"吾师",亦有称丛林高僧的"达师""澹然师",也有对张居正与何心隐的选择性评价而称为师的,即所谓:"不论其败而论其成,不追其迹而原其心,不责其过而赏其功,则二老者皆吾师也。"④但真正被称为"贽之师"并且见载于《续藏书》的,仅王襞一人。李贽对东厓之尊奉,实乃缘乎他们人生态度中共同的"曾点气象"以及思想表述的形象特征,亦即借状写"光景"以明理的论学方式。而这也是晚明时期文士们错综于儒林、文苑之间,及晚明文学思潮兴起的重要诱因。

东厓雅好音律,据《年谱纪略》载,其十四岁时,"精音律,善操。阳明公以玉琴赠先生曰:'此王侯物也。'遂辞之"⑤。临终之时,"时命门人梅圣辈雅歌取乐"⑥。东厓讲学四方,亦以形象的语言,如同春风化雨,雅俗共赏。杨道南(希淳,耿天台门人)曾说:"先生(东厓)过陪都,随以指授,都人士咸云蒸雷动,如寄得归。乃至耆老为之太息,髫齿为之忻愉,贵介为之动容,厮台为之色喜,上根

---

① 王襞:《新镌东厓王先生遗集》卷上《上潘太守书》,明万历刻明崇祯至清嘉庆递修本。
② 详见沈德符:《万历野获编》卷二十七《二大教主》,中华书局1959年版,第691页。
③ 李贽著,张光澍点校:《续焚书》卷三《储瓘》,中华书局1975年版,第90页。此条并见于《续藏书》卷二十二《侍郎储文懿公》(中华书局1962年版)。
④ 李贽:《焚书》卷一《答邓明府》,中华书局1975年版,第16页。
⑤ 王襞:《新镌东厓王先生遗集》卷上《年谱纪略》,明万历刻明崇祯至清嘉庆递修本。
⑥ 王襞:《新镌东厓王先生遗集》卷上《年谱纪略》,明万历刻明崇祯至清嘉庆递修本。

为之首肯,初机为之心开。"①这与其形象的语言密切相关。同样,东厓亦往往以诗性的语言论学,如:

> 乌啼花落,山峙川流,饥餐渴饮,夏葛冬裘,至道无余蕴矣。充拓得开,则天地变化,草木蕃殖,充拓不去,则天地闭,贤人隐。②

他以题图的方式阐论立本之学,云:"生有志于学,以求诚身,以利用者也。盍不观百川汇而趋海之壑?曰江鱼龙游焉者也,鱼龙游而云从之矣。霑雨泽以济万物,苏枯润槁成化育之功者,龙乘云而神其变者也。譬则由圣门学,大本立而达道行,知天地之化育矣。学至是而学斯成矣。"③同样,其心本体论亦于题画文中得到生动的呈现:

> 心也者,吾人之极,三才之根,造化万有者也。莹彻虚明,其体也;通变神应,其用也。空中楼阁,八窗洞开。梧桐月照,杨柳风来。万紫千红,鱼跃鸢飞。庭草也,驴鸣也,鸡雏也,谷种也,呈输何限,献纳无穷,何一而非天机之动荡?何一而非义理之充融?何彼何此,何远何近,何大何小,何精何粗,放之则弥六合,卷之则退藏于密也,扩之而无涯,溥之而莫测。④

题画是中国特有的艺术样式,能给人以多重审美感受,东厓则将审美与悟道说理结合在一起,颇得邵康节之余韵。⑤康节乃北宋理学五子之一,但往往以诗明理,寄风月情怀,状写快乐人生。诚如其《伊川击壤集序》所言:"《击壤集》,伊川翁自乐之诗也。非唯自乐,又能乐时与万物之自得也。"东厓不但论学路径有追慕康节的倾向,论学内容亦颇得康节意趣。如,他在论及"率性之谓

---

① 王元鼎:《东厓王先生行状》,转引自王襞:《新镌东厓王先生遗集》卷下,明万历刻明崇祯至清嘉庆递修本。
② 王襞:《新镌东厓王先生遗集》卷上《语录遗略》,明万历刻明崇祯至清嘉庆递修本。
③ 王襞:《新镌东厓王先生遗集》卷上《题冯生一龙云江图卷》,明万历刻明崇祯至清嘉庆递修本。
④ 王襞:《新镌东厓王先生遗集》卷上《题鹤州卷》,明万历刻明崇祯至清嘉庆递修本。
⑤ 东厓推尊邵康节在其作品中时有体现,如《次韵奉答瀛槎兄》:"康节先生此怀放,区区外物何足尚。跌宕三千击壤歌,笑唾铜匙金缕唱。溪边倒戴接䍦过,风度超人思独壮。"(《新镌东厓王先生遗集》卷下)尊仰不啻康节是诗人自况。

道"时曰:"率之云者,本不假纤毫人力于其间,故曰:诚者,天之道也。即邵子所谓若问先天一字无修之云者,因其体之失真,反之亦将以求,至人力之不烦,而丝毫不设于造作。故曰:诚之者人之道也,即邵子所谓后天方要着功夫,天然而见成者。"①东厓所尚的龙溪先天正心之学,实与邵康节有密切的关系。康节以"乐"为为学旨趣,云:"学不至于乐,不可谓之学。"②承嗣心斋的东厓亦倡乐学,得康节的意趣宛然可见。当然,康节之诗作,乃"经道之余,因闲观时,因静照物,因时起志,因物寓言,因志发咏,因言成诗"③,"经道"为主,而诗为次。尽管如此,诗歌乃康节理学思想的审美表现,是康节性理与诗情交融的结果。虽然这样的诗歌被主流诗论家视为诗学别调,而得"理障"之贬评,但这无疑为诗坛增添了别样的色彩,并成为宋代诗学的一个重要表征。同时,借诗以明理,亦是康节及明代陈献章、庄昶等性气诗人们的所尚。东厓也往往引邵康节、陈献章以证学,如在《庄唐母夫人七十寿叙》中连引邵康节、陈献章之诗云:"康节先生曰:'身生天地后,心在天地先。天地自我出,其余安足言?'白沙先生曰:'有物万象间,不随万象凋。举目如见之,何必穷扶摇?'"④东厓对陈白沙甚为推敬,并将其用之于性气诗作中,如《牛首坐用白沙韵》:"一性圆通各各能,觉来身即可高腾。看山已入盘云路,对境浑如面壁僧。满目宝莲开万蕊,□空珠斗散千灯。凭轩笑点逍遥句,正在天峰翠碧层。"⑤可见,东厓对于白沙的诗作极为熟悉,"用白沙诗韵",当是白沙的《怀古》诗:"五斗之粟可以生,折腰殆非贤所能。即生斯世须妨俗,莫道前身不是僧。庐阜社中朝滚滚,浔阳菊畔醉腾腾。南山歌罢悠然句,谁续先生五字灯?"⑥就内容而言,东厓之次韵与白沙并无明显的赓续痕迹,次韵的原因当是追慕白沙借诗明理的方法。

淮南三王之中,东厓的诗作最多。在《东厓遗集》中,除了语略之外,有古近体诗约二百首。东厓的诗作最具文人色彩,有些作品完全脱略了心斋以来常常借韵文布道的路径,这从诗题即可以看出:心斋的诗作多以觉人为目的,如《示学者》《天下江山一览诗六首觉友人》《勉学者》等,即使是赠答次韵之作,亦

① 王襞:《新镌东厓王先生遗集》卷上《语录遗略》,明万历刻明崇祯至清嘉庆递修本。
② 黄宗羲著,全祖望补修,陈金生、梁运华点校:《宋元学案》卷九,中华书局2007年版,第379页。
③ 邵雍著,郭彧整理:《邵雍集·伊川击壤集·伊川击壤集序》,中华书局2010年版,第180页。
④ 王襞:《新镌东厓王先生遗集》卷上《庆唐母夫人七十寿叙》,明万历刻明崇祯至清嘉庆递修本。
⑤ 王襞:《新镌东厓王先生遗集》卷下《牛首坐用白沙韵》,明万历刻明崇祯至清嘉庆递修本。
⑥ 陈献章著,孙通海点校:《陈献章集》卷五,中华书局1987年版,第419页。

以明理为本,《乐学歌》《大成歌寄罗念庵》等更是集中地表现其思想的作品。一庵的诗作,虽然审美色彩渐浓,但数量有限,且仍带有浓厚的学理色彩,《遗集》中以"论学杂吟"集之是符合实情的。而东厓的诗作则与心斋、一庵有别,他的诗作内容甚广,有寄赠,有步和,有感兴,有优游登临,更有《咏菊八首》等典型的文人咏物诗。东厓的诗作多为抒写一己襟怀之作,他是泰州学派中颇为独特的一位。东厓的诗作也受到了诗论家的好评。如,朱彝尊在《静志居诗话》中论及东厓之诗云:"'一室风过雨,三更月到窗','好雨应宜早,秋花不恨迟','坐雨新亭晓,闻潮落月时','老携杖屦归山谷,闲看儿孙种水田',亦有活脱之趣。"①陈田在《明诗纪事》中也谓之"东崖诗宗《击壤》"②。东厓显然是泰州学派前期学者中诗学成就最高的一位。

东厓在谈道证性之外,还错综儒林、文苑之间,赋诗为文,对晚明的学坛与文坛具有重要的影响。如果说康节之于宋代诗坛的作用尚受到秉持诗有"别材别趣"的诗论家的轻忽,那么东厓融证性与审美为一的取向则具有更多的积极意义,因为晚明文学思潮兴起的重要理论诱因是泰州学派思想家对文人的影响。如万历十九年(1591),公安派主将袁宏道因仰慕李贽的学识,专程赴麻城龙湖拜会。这是一次志同道合者之间的忘年之交,一次代表着时代精神的杰出人物之间的对话,一次对晚明思想、文学领域产生重要影响的会晤。心灵的共鸣使他们彼此忘却了年龄的殊异,李贽长宏道四十一岁,但两人都有相见恨晚之慨。袁宏道留住达三个多月,殷殷不舍,李贽送到武昌才分别。这次远途造访对袁宏道文学革新思想的形成影响至深。对此,袁中道在《吏部验封司郎中中郎先生行状》中有这样形象的表述:"先生(宏道)既见龙湖,始知一向掇拾陈言,株守俗见,死于古人语下,一段精光不得披露。至是浩浩焉如鸿毛之遇顺风,巨鱼之纵大壑。能为心师,不师于心;能转古人,不为古转。发为语言,一一从胸襟流出,盖天盖地,如象截急流,雷开蛰户,浸浸乎其未有涯也。"③可见,访晤李贽,对袁宏道倡导文学革新起到了至为关键的作用,而李贽恰又执贽于东厓之门。因此,东厓在论学中体现出的与邵康节、陈白沙相似的文道相兼的论学方法,在晚明产生了独特的社会效益。

---

① 朱彝尊著,黄君坦点校:《静志居诗话》卷十四《王襞》,人民文学出版社1998年版,第425页。
② 陈田辑:《明诗纪事》己签卷二十,上海古籍出版社1993年版,第2222页。
③ 袁中道著,钱伯城点校:《珂雪斋集》卷十八,上海古籍出版社1989年版,第756页。

第三章　王栋：心斋学术的疏证者及其主意说

王栋,字隆吉,号一庵,泰州姜堰镇人,心斋族弟。其父王瓒,号柏林,以医为业。王栋七岁时,王瓒命其习举子业;二十四岁时,习《易经》补郡庠生。次年食廪饩。一庵于习举业期间即流连心学,曾谓:"举业虽出身阶梯,心学实孔曾正脉。"①习举之时师事阳明弟子、泰州知府王瑶湖。次年,与林东城一起入伯兄心斋之门,凡十五年,受淮南格物之旨,得家学之传。与心斋、东厓不同,一庵的人生依循着传统的科选之路,至嘉靖三十七年(1558)56岁时方应岁贡,除江西建昌南城县训导。数年后,母丧服阕后,补山东泰安州训导,未几迁江西南丰教谕。六十九岁时迁深州学正。不久致仕归里,受徒讲学,远近风动,创归裁草堂。知府萧抑堂聘其主会海陵安定书院,并立宗祠以统族众,制祭田以供祀典之用。他辅佐萧抑堂构吴陵精舍(即崇儒祠)以祀心斋。一庵是心斋家族中仅有的一位入仕的学人,但多任基层教职,且曾聘主白鹿洞会、南昌正学书院会等。可见,一庵的仕宦其实是与论学结合在一起的。其《一庵会语》即是在江西南丰教谕任上所著。一庵卒后配享于心斋精舍祠,当时"里中咸称之曰'越中淮南生三王夫子'"②,亦即将一庵与阳明、心斋并称。一庵的学术取向及贡献诚如黄宗羲在《明儒学案》所揭示的,一为会通阳明、心斋之学,援阳明以证心斋,二是倡主意说以修正王学现成派。

一、"近炙安丰,远溯姚江":援姚江以证安丰

心斋的学术特色鲜明,但往往于"眉睫之间,省觉人最多",学理的疏证并

---

① 王栋:《一庵王先生遗集》卷上《年谱纪略》,《四库全书存目丛书》子部第10册,齐鲁书社1995年版,第48—49页。
② 王栋:《一庵王先生遗集》卷上《年谱纪略》,《四库全书存目丛书》子部第10册,齐鲁书社1995年版,第49页。

不是其所长。一庵笃信心斋之学,他通过沿波讨源的方法,论证了心斋之学与阳明学的一贯性,并在此基础上成一家之言。

其一,区别"良知"与《大学》"致知"之"知"。一庵认为阳明之良知溯源于孟子的"不虑而知",目的是要力图避免在《大学》的知识体系中、良知体用关系中面临着的一时昏蔽的现象。在一庵看来,阳明的"良知"并非来自《大学》之"致知",而是源自孟子"不虑而知",云:"明翁是于孟子'不虑而知'处提出'良知'二字,指示人心自然灵体,与《大学》'致知'不同。"①因此,他说:

> 若明翁所指之良知,乃是大人不失赤子之知,明德浑全之体无容加致者也。盖物格而知至,方是识得原本性灵无贰无杂,方可谓之良知。若复云致,岂于良知上有增益乎? 故谓致知则可,谓致良知则不可。②

一庵认为阳明良知说源于孟子的"不虑而知"。《孟子·尽心上》云:"人之所不学而能者,其良能也;所不虑而知者,其良知也。孩提之童,无不知爱其亲者;及其长也,无不知敬其兄也。亲亲,仁也。敬长,义也。无他,达之天下也。"但《孟子》所谓"达之天下",实即含有致良知良能于天下的意味。事实上,阳明"致良知"之"致",即含有"扩充"之意,云:"后儒不明圣学,不知就自己心地良知良能上体认扩充,却去求知其所不知,求能其所不能。"③阳明之"致良知"虽得之于《孟子》,但良知说又是与《大学》"格物""致知"相联系的,阳明自谓:"若鄙人所谓致知格物者,致吾心之良知于事事物物也。吾心之良知,即所谓天理也。致吾心良知之天理于事事物物,则事事物物皆得其理矣。致吾心之良知者,致知也。事事物物皆得其理者,格物也。"④一庵所谓"谓致知则可,谓致良知则不可",对于阳明学而言,不啻是骇俗之论。

那么,一庵何以要否定致良知呢? 这是因为他认为良知作为"吾心之知",乃本色纯粹之体,无需"致"而具足。他严格地就本体言良知,将良知与见闻之

---

① 王栋:《一庵王先生遗集》卷上,《四库全书存目丛书》子部第10册,齐鲁书社1995年版,第52页。
② 王栋:《一庵王先生遗集》卷上,《四库全书存目丛书》子部第10册,齐鲁书社1995年版,第52页。
③ 王守仁撰,吴光、钱明、董平、姚延福编校:《王阳明全集》卷一《传习录上》,上海古籍出版社2011年版,第36页。
④ 王守仁撰,吴光、钱明、董平、姚延福编校:《王阳明全集》卷二《答顾东桥书》,上海古籍出版社2011年版,第51页。

知区别开来,以免与见闻情识相混。就此而言,他与现成派是一脉相承的,云:

> 良知虽人人自有,多为见闻情识所混,识认不真。且如古今从事于学者,往往有拘执道理而昧于变易之宜,或因袭故常而安于流俗之套,皆良知混于闻见而误以闻见之知为良知也……皆良知混于情识,而误以情识之知为良知也。故必有格物之学,以良知为靠心絜矩,务使内不失己,外不失人,彼此皆安,而本末不乱,方是良知洁净,而不为见闻情识之所混也。故曰:"致知在格物,物格而后知至。"①

又云:

> 明翁初讲致良知,曰:致者至也,如云"丧致乎哀"之致。其解"物格知至"曰:物格则吾良知之所知,无有亏缺障蔽,而得以极其至矣。观此,则所谓致良知者,谓致极吾心之知,俾不欠其本初纯粹之体,非于良知上复加致也。后因学者中往往不识致字之义,谓是依着良知推致于事,误分良知为知、致知为行,而失知行合一之旨。故后只说良知,更不复言致字。今明翁去久,一时亲承面命诸大贤皆相继逝,海内论学者靡所稽凭,故有虚空冒认良知,以为易简超脱,直指知觉凡情为性,混入告子、释氏而不自知,则又不言致字误之也。二者之间,善学者须识取。②

一庵反对"致良知",还在于意欲理顺阳明学的逻辑混乱。在阳明看来,《大学》致知是向内的过程,而非外拓于事,云:"乃若致知,则存乎心;悟致知焉,尽矣。"③这也是阳明与程朱论学路径最根本的区别。根据'悟致知"可知,其意实乃悟致良知。在《大学问》中,他更有明确的表述:"致者,至也,如云'丧致乎哀'之致。《易》言'知至至之','知至'者,知也;'至之'者,致也。'致知'云者,非若

---

① 王栋:《一庵王先生遗集》卷上,《四库全书存目丛书》子部第10册,齐鲁书社1995年版,第58页。
② 王栋:《一庵王先生遗集》卷上,《四库全书存目丛书》子部第10册,齐鲁书社1995年版,第78页。
③ 王守仁撰,吴光、钱明、董平、姚延福编校:《王阳明全集》卷七《大学古本序》,上海古籍出版社2011年版,第271页。

后儒所谓充广其知识之谓也,致吾心之良知焉耳。"①致知即致良知。但阳明在论及致良知时又云:"夫学、问、思、辨、笃行之功,虽其困勉至于人一己百,而扩充之极,至于尽性知天,亦不过致吾心之良知而已。"②可见,致良知还有扩充,亦即良知发用的含义,因此致良知又具有外拓以笃行的意义,亦即其所谓"致知之必在于行,而不行之不可以为'致知'也,明矣"③。一庵将良知严格限于本初纯粹之体,这样就克服了阳明致知所含有的内省与扩充践行两种向度的矛盾。一庵通过良知本体的贞定,杜绝了良知外拓过程中存在着的认"知觉凡情为性,混入告子、释氏而不自知"④的可能,这也是其反对"致良知"的根本原因。一庵认为,良知自明而无需致的功夫。一庵说"致知"谓"良知无时而昧,不必加致,即明德无时而昏,不必加明也。《大学》所谓在明明德,只是要人明识此体,非括去其昏,如后人磨镜之喻。……故学者之于良知,亦只要认识此体端的便了,不消更着'致'字"⑤。同时,就本体言良知,突出了良知本体人人具足的特征,从而能够彻底消弭圣凡之别,如其所云:"盖吾心灵体,本有良知,千古不磨,一时不息,而气禀物欲不能拘之、蔽之。所谓本明之德,莫之或昏者也,人自不用耳。故《大学》教人认此本明之德,而著之日用之间,是谓明明德。犹言用明德体用一原,非明体以待用也。"⑥教人认知人人所具、千古不磨的吾心灵体,著之日用之间,这也是泰州学派的基本价值取向。

基于这样的分判与阐释,一庵所体认的良知与阳明之良知产生了一系列的差异。如,一庵认为"良知自是人心寂然不动、不虑而知之灵体,其知是知非,则其生化于感通者耳"⑦。一庵的这一表述显然迥异于阳明。阳明认良知,尤重"是非"判断,这在"四句教"中"知善知恶是良知"句得到集中体现。同时,他

---

① 王守仁撰,吴光、钱明、董平、姚延福编校:《王阳明全集》卷十六《大学问》,上海古籍出版社2011年版,第1070页。
② 王守仁撰,吴光、钱明、董平、姚延福编校:《王阳明全集》卷二《传习录中·答顾东桥书》,上海古籍出版社2011年版,第54页。
③ 王守仁撰,吴光、钱明、董平、姚延福编校:《王阳明全集》卷二《传习录中·答顾东桥书》,上海古籍出版社2011年版,第56页。
④ 王栋:《一庵王先生遗集》卷上,《四库全书存目丛书》子部第10册,齐鲁书社1995年版,第78页。
⑤ 王栋:《一庵王先生遗集》卷上,《四库全书存目丛书》子部第10册,齐鲁书社1995年版,第52页。
⑥ 王栋:《一庵王先生遗集》卷上,《四库全书存目丛书》子部第10册,齐鲁书社1995年版,第52—53页。
⑦ 王栋:《一庵王先生遗集》卷上,《四库全书存目丛书》子部第10册,齐鲁书社1995年版,第52页。

在《大学问》中更有详细表述:"良知者,孟子所谓'是非之心,人皆有之'者也。是非之心,不待虑而知,不待学而能,是故谓之良知。是乃天命之性,吾心之本体,自然灵昭明觉者也。凡意念之发,吾心之良知无有不自知者。其善欤,惟吾心之良知自知之;其不善欤,亦惟吾心之良知自知之;是皆无所与于他人者也。"①一庵认良知为寂然不动之灵体,这与阳明所论之良知"灵昭明觉"、知是知非的异致特征昭然可见。同样,一庵将良知分为"寂然"与"感通",亦即未发、已发两截,这与阳明之本意也不尽相同。阳明虽然也以良知为寂然不动之体,云:"性无不善,故知无不良,良知即是未发之中,即是廓然大公、寂然不动之本体,人人之所同具者也。"②但阳明强调的是良知的体用一致,即所谓"体即良知之体,用即良知之用,宁复有超然于体用之外者乎?"③又云:"寂然感通,可以言动静,而良知无分于寂然感通也。"④阳明期以说明良知无前后内外,浑然一体的特征,即其所谓"未发在已发之中,而已发之中未尝别有未发者在;已发在未发之中,而未发之中未尝别有已发者存"⑤。一庵强分寂然与感通为两段,其意并不在于消解而是纯化良知本体的圆满具足。在一庵看来,知是知非,不属于浑融本体的功能,而属于"生化""感通"等"用"的功能。而"良知"乃"明德浑全之体",因此"不必加知"。否认"良知"之"知是知非"之"知",即如同其否认"致良知"之"致"一样,目的都是强调"良知"本体洁净无杂的特质,杜绝其为见闻情识所混的可能。一庵通过良知寂然与感通的区隔,为诚意说的提出留下了空间,即其所谓:"良知真宰,自慊不欺,则诚意于中者,必形于外不独内克其心。"⑥

其二,"致知格物,不可分析",将心斋格物与阳明良知贯通融会。一庵从以

---

① 王守仁撰,吴光、钱明、董平、姚延福编校:《王阳明全集》卷二十六《大学问》,上海古籍出版社2011年版,第1070页。
② 王守仁撰,吴光、钱明、董平、姚延福编校:《王阳明全集》卷二《传习录中》,上海古籍出版社2011年版,第71页。
③ 王守仁撰,吴光、钱明、董平、姚延福编校:《王阳明全集》卷二《传习录中》,上海古籍出版社2011年版,第71页。
④ 王守仁撰,吴光、钱明、董平、姚延福编校:《王阳明全集》卷二《传习录中》,上海古籍出版社2011年版,第72页。
⑤ 王守仁撰,吴光、钱明、董平、姚延福编校:《王阳明全集》卷二《传习录中》,上海古籍出版社2011年版,第72页。
⑥ 王栋:《一庵王先生遗集》卷上,《四库全书存目丛书》子部第10册,齐鲁书社1995年版,第63页。

下几个方面讨论了两者的联系。

首先,"安正其身"为良知未应之时,"推吾身之矩"则是良知既应之时。云:

> 格物原是致知工夫,作两件拆开不得。故明翁曰:"致知实在于格物,格物乃所以致知。"可谓明矣!且先师说"物有本末",言吾身是本,天下国家为末,可见平居未与物接,只自安正其身,便是格其物之本。格其物之本,便即是未应时之良知。至于事至物来,推吾身之矩顺事恕施,便是格其物之末。格其物之末,便即是既应时之良知,致知格物可分拆乎?①

赵大洲《泰州王心斋墓志铭》曰:"越中良知,淮北格物,如车两轮,实贯一毂。"②对于"实贯一毂"的内涵,《墓志铭》中并未述及。但"良知"与"格物""如车两轮"却一目了然。当阳明后学遍及南中国,乃至"风行天下"之时,心斋与阳明之异致遂成泰州学派传播的障碍。时人对于心斋"格物"的批评,即在于其与阳明良知有别。如周汝登在《与赵学博怀莲》的尺牍中云:"心斋格物之说自是归根之旨,然亦不能舍却家、国、天下、心、意,另求一物。阳明子所谓致吾心之知在事事物物之间,格其不正以归于正。夫事物非迹即是吾知,吾知非虚即是事物,工夫即格即致,本末难分。如此修证,于孔门博约中和之训无不合辙,故区区谓惟当遵阳明子之说着实做去,不必别立新奇也。"③周汝登对心斋的异议即在于认为心斋格物的核心是以身为本,而"舍却家、国、天下、心、意",他认为阳明良知说是通贯于事事物物之间的一体之学,心斋的"格物"说则只是"别立新奇"而已。周汝登是从心斋与阳明的异致,亦即良知说的圆满与心斋格物的阙略处说明"淮南格物"之"不必",而一庵则力证了心斋格物与阳明良知的一体性,他将良知分为"未应时"与"既应时"。"未应时"即未与物接的安身之时,此乃格其物之本;"既应时"则是事至物来之时,以推吾身之矩以"顺事恕施",此乃格物之末。一庵认为,心斋格物并未因安身而遗落其余诸条目,因为

---

① 王栋:《一庵王先生遗集》卷上,《四库全书存目丛书》子部第 10 册,齐鲁书社 1995 年版,第 79 页。
② 赵贞吉著,官长驰注:《赵贞吉诗文集注》卷十八《泰州王心斋墓志铭》,巴蜀书社 1999 年版,第 581 页。
③ 周汝登:《东越证学录》卷十,《四库全书存目丛书》集部第 165 册,齐鲁书社 1995 年版,第 619 页下。

心斋"格物"之"物",乃"物有本末"之"物",是与良知之"未应""既应"完全应合的。一庵的结论是致知格物不可分,阳明、心斋之学是一体贯通的,从而根本上回应了时人对心斋格物的质疑。

其次,心斋格物是对阳明良知说的补充,以及对学人误认良知现象的纠矫。一庵认为,根据《大学》"物格而后知至"可知,格物万学术头脑。阳明当时只说致知而未详论格物,是因为理学家们往往释致知为知识之知,格物为穷究物理,学者们则唯以穷理为务。阳明则惩时学之弊而提出天德良知乃性所自有,致知即是致此之知,而不复以闻见知识为路径。但阳明之后,不善学者往往又以寻常任气作用,误认良知,且以良知责人而不知自己之知已亏缺,因此,心斋申之以格物以补苴。心斋所论之"物",以身为本,而以天下国家为末。知所先后,"则吾良知之所知者,方是止于至善"①。一庵认为,心斋之"淮南格物"是补了阳明之未及。就依循《大学》的本意而言,心斋的格物论确有纠矫或补苴阳明学之功。对于格物致知的关系,《大学》云:"欲诚其意者,先致其知,致知在格物。""物格而后知至,知至而后意诚。"而阳明则尤重致知,云:"格物是致知工夫,知得致知,便已知得格物。"②心斋则申之以格物,以补阳明之阙。从这个意义上说,一庵所说的心斋"发明翁之蕴"③,不如说是补阳明之学以循《大学》之原意。或者说,心斋与阳明之学共同组成了《大学》思想体系之两翼。黄宗羲所谓"致知格物,不可分析",体现的是阳明、心斋之间的学术顾盼。正是在阳明只说致知"直待心斋继之"④的基础上,一庵对淮南格物予以历史定位,云:"格物之学,究竟只是反身工夫……颜子以克己成不校之能,曾子以忠恕阐一贯之蕴,子思以致曲造有诚之化,孟子以三反究强恕之功,皆未有不由此学而终身者也。孟子没,而此学湮矣。程子尝云'正己以格物',一言尽之。惜不力主其说以为定训。先师《勉仁方》与《明哲保身论》,发明格物,止至善之学甚详,学者

---

① 王栋:《一庵王先生遗集》卷上,《四库全书存目丛书》子部第 10 册,齐鲁书社 1995 年版,第 80 页。
② 王守仁撰,吴光、钱明、董平、姚延福编校:《王阳明全集》卷二,上海古籍出版社 2011 年版,第 67 页。
③ 王栋:《一庵王先生遗集》卷上,《四库全书存目丛书》子部第 10 册,齐鲁书社 1995 年版,第 80 页。
④ 王栋:《一庵王先生遗集》卷上,《四库全书存目丛书》子部第 10 册,齐鲁书社 1995 年版,第 80 页。

心悟而身体,当自洞然无疑矣。"①又云:"孟子反身、强恕、三自反之类,俱是格物工夫。其身正而天下归之,则物格知至而治平毕举矣。此见孟子极明格物之学,故能独接夫子之传。后儒专以即物穷理为格物,而不知反身立极、知至至之,何以承孟氏之统哉?"②在一庵看来,心斋之格物说是直挑先秦诸儒,承儒学正脉的学说。

最后,格物是透露良知的途径。一庵云:"吾人欲得透露良知,则必反身格物,从实体认,默而识之,然后此知此明,不为见闻情识所混,不为智愚贤不肖意见所偏,则信乎良知直指性命之机缄,格物又为学术之把柄。"③对于"既是良知自明,何俟学术透露",亦即工夫问题,一庵认为高明善学之士,"但一收摄精神,内观本体,则其天性虚灵,精粹皎洁,而良知真窍自与圣贤同明";但中人以下,则"虽有知觉,而气质习染,见闻情识皆能混之。故必有格物工夫,体认默识,方是知至,方是真正良知"。④ 一庵认为,这是心斋主格物的目的,因此,一庵论学"必使从格物认取良知"⑤。不难看出,一庵孜孜于论证心斋之于阳明的学术联系,认为心斋大有功于阳明。⑥ 一庵之论,目的是为揭示阳明、心斋的逻辑联系,为厘定心斋在阳明学中的地位张本。诚如《年谱》所记:"越中提出良知要旨,教人体识;淮南指出格物把柄,教人下手;先生(一庵)合而一之。"⑦

从一庵对于阳明与心斋的统一之中不难看出,一庵屡屡曲说阳明而不违心斋之教,可见其持守的乃心斋学说。孙之益谓其"近炙安丰,远溯姚江"⑧,实乃援姚江以证安丰,或借姚江之坐标以证安丰之地位。

---

① 王栋:《一庵王先生遗集》卷上,《四库全书存目丛书》子部第 10 册,齐鲁书社 1995 年版,第 53—54 页。
② 王栋:《一庵王先生遗集》卷上,《四库全书存目丛书》子部第 10 册,齐鲁书社 1995 年版,第 54 页。
③ 王栋:《一庵王先生遗集》卷上,《四库全书存目丛书》子部第 10 册,齐鲁书社 1995 年版,第 79 页。
④ 王栋:《一庵王先生遗集》卷上,《四库全书存目丛书》子部第 10 册,齐鲁书社 1995 年版,第 79 页。
⑤ 王栋:《一庵王先生遗集》卷上,《四库全书存目丛书》子部第 10 册,齐鲁书社 1995 年版,第 79 页。
⑥ 一庵云:"发明翁之蕴,教万世无穷,我先师之功不大矣哉!"(王栋:《一庵王先生遗集》卷上,《四库全书存目丛书》子部第 10 册,齐鲁书社 1995 年版,第 80 页)
⑦ 王栋:《一庵王先生遗集》卷上,《四库全书存目丛书》子部第 10 册,齐鲁书社 1995 年版,第 50 页。
⑧ 王栋:《一庵王先生遗集》卷上《王一庵先生集序》,《四库全书存目丛书》子部第 10 册,齐鲁书社 1995 年版,第 46 页。

二、阐扬心斋之学

　　心斋之后，其子王东厓继其讲席，一庵虽然不以祧心斋正脉见之于当时学坛，但诚如《心斋集·配享列传》所载："心斋先生弟子一厓与东城及门最大，阐著益大。"①理论贡献一庵较东城更大。一庵对心斋的思想有全面的阐释，如对于心斋几篇重要的著述的题旨，一庵总结道：

> 先师《乐学歌》，诚意正心之功也；《勉仁方》，格物致知之要也；《明哲保身论》，修身止至善之则也；《大成学歌》，孔子贤于尧舜之旨也。学者理会此四篇文字，然后知先师之学，而孔孟之统灿然以明。②

　　在心斋遗集中，这几篇文章各自成说，是我们理解心斋学术思想的基本框架。但对于其间的逻辑关系，以及依循的理论背景，心斋本人并未说明，亦即心斋原本是否有清晰的体系尚存疑问。更何况《明哲保身论》还是为赠别知府王瑶湖所作，因人发论的意味甚为明显。但由于心斋的学术祈向以及知识背景是存在的，当时学坛论学的特定语境也甚为清晰，因此疏理其间的逻辑关系是完全可能的，这对于理解心斋学术也颇为重要。一庵作为心斋的及门、族弟，对其思想的把握实乃我们理解心斋思想的钥匙。在一庵看来，心斋之学是直祧孔孟之统，依循《大学》的理论体系而构建的。

　　对于"淮南格物"，一庵亦有阐发，云："先师之学，主于'格物'，故其言曰：'格物是止至善工夫。'格字不单训正，'格如格式'，有比则推度之义，物之所取正者也。物即'物有本末'之物，谓吾身与天下国家之人。格物云者，以身为格而格度天下国家之人，则所以处之之道，反诸吾身而自足矣。"③将心斋的"淮南格物"与阳明学的区别做了清晰的阐发。同时，一庵的阐述还对心斋之学具有

---

① 孙之益：《明儒王一庵先生全集序》，引自王艮撰，袁承业编纂：《明儒王心斋先生全集》附《王一庵先生遗集》卷首，民国元年（1912）铅印本。
② 王栋：《一庵王先生遗集》卷上，《四库全书存目丛书》子部第10册，齐鲁书社1995年版，第62页。
③ 王栋：《一庵王先生遗集》卷上，《四库全书存目丛书》子部第10册，齐鲁书社1995年版，第53页。

补苴之功。首先,关于"格物"与"止于至善"的关系,心斋《遗集》中仅有"格物却正是止至善"的表述,但这一表述显然语脉失贯,突兀难解。一庵则引未见载于《遗集》的心斋之言"'格物'是'止至善'工夫",使其原意豁然自明。其次,对于"物",心斋原来的表述是"身与天下国家,一物也"。但根据心斋的格物说,"吾身是个矩,天下国家是个方"。"矩"与"方"之间应是维度相同,大小有别的两个"物",否则无法"絜度"。但天下国家则是区域概念,与身并非同一维度,以致矛盾。而一庵则将"天下国家"释之为"天下国家之人",使原意变得清晰合理。最后,将心斋之"絜矩"变为"有比则、推度之义"。心斋将"身"与"天下国家"都视为"物",而以前者"絜矩"后者,但两者数量上存在着一与无穷的关系,因此心斋将其比喻为矩与方的关系尚不够合理。一庵则不以矩、方为喻,仅说"格如格式",首揭两者之间具有"比则、推度之义",这样就较精确地解决了"身"之"一"与"天下国家""无穷"之间的关系,使心斋"淮南格物"的意义表达更加圆融合理。最后,也更重要的是,他还对淮南格物在儒学史上的地位进行了分析,云:"格物之学,究竟只是反身工夫,篇中藏恕、絜矩、好恶等言,无非此理。孔门传授,无非此学。"将王艮的"淮南格物"置于孔门嫡传的学脉之中。一庵认为,这一学脉至孟子以后隐而不彰,程子虽然说过"正己以格物",惜未成定训,直至心斋的《勉仁方》与《明哲保身论》始将这一学脉洞然昭彰。对于"淮南格物"的儒学渊源,心斋论述甚少,但一庵则对这一传统做了详细的介绍,他从"颜子以克己成不校之能,曾子以忠恕阐一贯之蕴,子思以致曲造有诚之化,孟子以三反究强恕之功"[①]以述其学的一贯性,尤其对孟子论述最为详备,云:"孟子反身、强恕、三自反之类,俱是格物工夫。"[②]他认为孟子之说真正使物格致知而治平毕举,但程朱等宋儒则"专以即物穷理为格物,而不知反身立极"。一庵关于后儒"何以承孟氏之统哉?"[③]的发问,正是一庵对淮南格物的定位之问。还应指出的是,"淮南格物"的另一个意蕴在于重"身",亦即回归到《大学》"壹是皆以修身为本"的路径上来,以修身作为工夫论的起点,而有别于朱熹重格物,阳明重致知。一庵除了提出主意之外,并未违忤心斋的重身取向,且援孟子以证,云:

---

① 王栋:《一庵王先生遗集》卷上,《四库全书存目丛书》子部第 10 册,齐鲁书社 1995 年版,第 54 页。
② 王栋:《一庵王先生遗集》卷上,《四库全书存目丛书》子部第 10 册,齐鲁书社 1995 年版,第 54 页。
③ 王栋:《一庵王先生遗集》卷上,《四库全书存目丛书》子部第 10 册,齐鲁书社 1995 年版,第 54 页。

"万物皆备于我",旧谓万物之理皆备我心,则孟子当时何不说万理皆备于心。孟子语意犹云视天下无一物非我,总只是万物一体之意,即所谓仁,备于我者,备于我身之谓也,故下文即说"反身而诚",其云"强恕而行",正是反身之学。由强而至于诚,都是真知万物皆备我身,而以一身体万物也。①

一庵从《孟子·尽心上》中演绎出了身本论的思想,从而为心斋的淮南格物提供了新的理论支撑。

心斋以大成学名世,云:"大丈夫存不忍人之心,而以天地万物依于己,故出必为帝者师,处必为天下万世师。出不为帝者师,失其本矣;处不为天下万世师,遗其末矣。进不失本,退不遗末,止至善之道也。"②但对于出处的条件并无明确论及。对此,一庵又予以补述,使其意义更加周延,谓:"'出则必为帝者师',言人不可轻出,必君相信之,果有尊师共道之意方可言出,否则恐有辱身之悔,非止至善之道也;'处则必为天下万世师',言当以兴起斯文为己任,讲学明道以淑斯人,若息交绝游,徒为无用之隐,非大人不袭时位之学也。"③亦即出则需因君而别,处则需以讲学明道为志,方可为天下万世师。

"百姓日用即道"的命题仅存于心斋年谱中,且易于产生歧解。对此,一庵补述道:"君子谓百姓日用是道,特指其一时顺应不萌私智者言之。谓虽圣贤处此不过如是。惟其冥然暗合,而不知其即此是道,是性,是圣,是贤。故转眼便作跷蹊,非自私则用智,忽入于禽兽之域而亦不自知也。故与道合者才什一,而背于道者恒什九矣。"④这样的阐释其实是对心斋思想的修正。一庵将"百姓日用即道"严格限制在顺应良知"不萌私智"的前提、"冥然暗合"的情境之下,亦即契于道乃是百姓日用在不自觉状况下的偶然谐和,而自私用智的状态则更为经见,乃至"背于道者恒什九"。因此,一庵认为"百姓日用即道"是特例而非常理,这是对心斋之学的一个重要补充。虽然"百姓日用即道"在阳明学

---

① 王栋:《一庵王先生遗集》卷上,《四库全书存目丛书》子部第 10 册,齐鲁书社 1995 年版,第 67 页。
② 王艮:《重刻心斋王先生语录》卷上,《四库全书存目丛书》子部第 10 册,齐鲁书社 1995 年版,第 9 页。
③ 王栋:《一庵王先生遗集》卷上,《四库全书存目丛书》子部第 10 册,齐鲁书社 1995 年版,第 63 页。
④ 王栋:《一庵王先生遗集》卷上,《四库全书存目丛书》子部第 10 册,齐鲁书社 1995 年版,第 86 页。

流行的背景之下,与良知现成具有相通性,但良知现成是悟证良知之后的自然流行,心斋的"百姓日用即道"的涵意则更易于被道德泛化,最终失之于无范则的自然流行。因此,一庵对于"百姓日用即道"的补苴,显示了其严谨的一面。由于"百姓日用即道"是由《中庸》"率性之谓道"开出的一种极端的表述,因此他对于"率性之谓道"亦有阐释,云:"今之谈率性者,多是率意,非率性也。须是先识'性'字,性是心之生理,于中自具五常之德,自知宽裕温柔,发强刚毅,齐庄中正,文理密察。故率循此性,谓之知道。岂以是任气作用者为性道耶?"①《中庸》之"率性之谓道"需从其前提"天命之谓性"处论起。"性"之"天命"特质,据朱熹的解释则是:"天以阴阳五行化生万物,气以成形,而理亦赋焉,犹命令也。于是人物之生,因各得其所赋之理,以为健顺五常五德,所谓性也。"②亦即当循理而行之时方合乎道。揆诸"百姓日用即道",同样也应在良知"不萌私智"的前提之下方可成立。一庵为了防止假诸"率性之谓道"而行任气之实,提出"今之谈率性者,多是率意",严分"性""意"以戒荡轶之弊,③由此不难窥见一庵的纠偏用心。当然,心斋之"百姓日用即道"实乃从孟子良知良能处开出。此说的重点在于"不学而能""不虑而知"。于明代学术语境之中,则是指不拘"道理闻见","不假安排",亦即在心斋《年谱》中所载,心斋"指僮仆之往来,视听持动,泛应动作,处处不假安排俱是"。因此,心斋之"百姓日用",实是指如同僮仆不假安排,顺应良知之动。由于心斋对此鲜有论述,一庵为此有详论:

> 自心自性,自诚自明,不着商量,不烦意见,仁者见之谓之仁,智者见之谓之智。既有所见,便是妄。心妄,非自诚,见非自明。惟百姓不落意见而日用皆道,却又由不知而终身罔蔽,故君子之道鲜矣。君子诚明根于心性,通乎昼夜而知,又何意见之有哉!④

"日用皆道"的前提是"不落意见"。一庵在其解释中将"自心自性,自诚自明",亦即"百姓日用即道"与自性或阳明良知说相联系,这样即可克服孟子良

---

① 王栋:《一庵王先生遗集》卷上,《四库全书存目丛书》子部第 10 册,齐鲁书社 1995 年版,第 86 页。
② 朱熹:《四书章句集注·中庸章句》,中华书局 1983 年版,第 17 页。
③ 一庵此之"意"当为孟子"毋意"之"意",而其"主意说"之"意"乃《大学》"诚意"之"意"。
④ 王栋:《一庵王先生遗集》卷上,《四库全书存目丛书》子部第 10 册,齐鲁书社 1995 年版,第 71 页。

知良能仅限"孩提之童"本初之心与"百姓日用"所含的年齿(亦即后天熏习)殊异问题又将"百姓日用"的命题在阳明良知说的理论框架中得到解决。其圣(君子)与百姓(凡)之别即在于根于心性之诚明(亦即良知)是否受到罔蔽,这便使备受争议的"百姓日用即道"这一命题回到了阳明学的核心思想上来,并得到了圆满的解释,从而使心斋语焉不详而饱受訾议的命题重新得到了确立。而这一解释理路又与心斋的本意甚为契合,亦即心斋所谓:"百姓日用条理处,即是圣人之条理处。圣人知,便不失;百姓不知,便会失。"①

心斋之"百姓日用即道"的另一个意蕴是通过百姓日用以明道,这也是泰州学派有别于王龙溪等阳明后学的一个重要特征。对此,一庵通过征诸孔孟以证儒学不尚空言,借日用以明道的尚用传统,以说明心斋的明道方法所言有自,云:"大哉,圣人之道,分明是说圣人岂是悬空论道。"②又云:"圣人神化之精,不出于人事应酬之实。"③认为孔子论知几,"其神不出于'上交不诌,下交不渎'之两言"。在一庵看来,心斋承挑了孔子的征实传统,其论明哲保身,"亦不出于爱敬之一道",并批评时人论学道:"若他人论几论哲,必着许大元微奥妙之辞,愈深远而愈不实矣。"④一庵尤其尊崇孟子,谓:"孟子之学,极精细,极严密。"⑤孟子施报于季任、储子⑥以及辞受于齐薛、宋,较量权衡,锱铢不忽,⑦以日用应酬即事明理,表现出的"踏实地工夫"是一庵推尊的根本原因。孟子的明道方法正可纠矫时人的空疏学风,云:"今人谈心说性,妙极玄微,而于日用应酬,一切糊涂放过,亦异于孟子矣。"⑧不但如此,孟子的政论亦笃实尚用,云:"孟子论治,如告梁惠王,先为义利之辨,以正其心术;次为王道之陈,以立其纪纲。其告齐宣王推恩制产,滕文公性善经界,与夫良臣民贼之辨,当道志仁之说,皆是要将乾坤世界重新镕铸一番,至今凿凿可行。"⑨一庵孜孜于征诸孟子,其目的似乎主要是针对阳明学的空疏之风。这从其对孟子"必有事焉"的讨论

---

① 王艮:《重刻心斋王先生语录》卷上,《四库全书存目丛书》子部第 10 册,齐鲁书社 1995 年版,第 7 页。
② 王栋:《一庵王先生遗集》卷上,《四库全书存目丛书》子部第 10 册,齐鲁书社 1995 年版,第 66 页。
③ 王栋:《一庵王先生遗集》卷上,《四库全书存目丛书》子部第 10 册,齐鲁书社 1995 年版,第 65 页。
④ 王栋:《一庵王先生遗集》卷上,《四库全书存目丛书》子部第 10 册,齐鲁书社 1995 年版,第 65 页。
⑤ 王栋:《一庵王先生遗集》卷上,《四库全书存目丛书》子部第 10 册,齐鲁书社 1995 年版,第 65 页。
⑥ 王栋:《一庵王先生遗集》卷上,《四库全书存目丛书》子部第 10 册,齐鲁书社 1995 年版,第 65 页。
⑦ 王栋:《一庵王先生遗集》卷上,《四库全书存目丛书》子部第 10 册,齐鲁书社 1995 年版,第 65 页。
⑧ 王栋:《一庵王先生遗集》卷上,《四库全书存目丛书》子部第 10 册,齐鲁书社 1995 年版,第 65 页。
⑨ 王栋:《一庵王先生遗集》卷上,《四库全书存目丛书》子部第 10 册,齐鲁书社 1995 年版,第 65 页。

中得到了证明。

关于"必有事焉",二程、朱熹以及王阳明等都有讨论。其中阳明《答聂文蔚》二云:

> 近岁来山中讲学者往往多说"勿忘勿助"工夫甚难,问之则云:"才著意便是助,才不着意便是忘,所以甚难。"区区因问之云:"忘是忘个甚么?助是助个甚么?"其人默然无对。始请问。区区因与说我此间讲学,却只说个"必有事焉",不说"勿忘勿助"。"必有事焉"者,只是时时去"集义"。若时时去用"必有事"的工夫,而或有时间断,此便是忘了,即须"勿忘"。时时去用"必有事"的工夫,而或有时欲速求效,此便是助了,即须"勿助"。其工夫全在"必有事焉"上用,"勿忘勿助"只就其间提撕警觉而已。①

阳明对于"必有事焉"与"勿忘勿助"的关系论述得十分清楚,其"必有事焉"才是工夫本身,而"勿忘勿助"仅是附带的警觉而已。"必有事焉"工夫的内涵,阳明表述为"只是时时去集义"。除此,阳明在《传习录》中还有类似的论述,如,"'戒惧克治',即是'常提不放'之功,即是'必有事焉'"②。又云:"在孟子言'必有事焉',则君子之学终身只是'集义'一事。义者宜也,心得其宜之谓义。能致良知,则心得其宜矣,故'集义'亦只是致良知。"③可见,阳明认为孟子"必有事焉",即是指"集义"一事,即是"戒惧克治"的向内工夫。但一庵的理解迥然不同,云:

> 象山谓"在人情事变上用功",正孟子"必有事焉"之意。"必有事焉",非谓必以"集义"为事。言吾人无一时一处而非事,则亦无一时一处而非心。无一时一处而非心,则亦无一时一处而非学。故凡日用动静云为,一切人情事变,孰非吾心性中所有之事?孰非吾职分内当为之事?故谓之"必有事焉"。犹言须臾离事不得,件件随知顺应而不失其宜,则所谓"集义"者

---

① 王守仁撰,吴光、钱明、董平、姚延福编校:《王阳明全集》卷二《答聂文蔚二》,上海古籍出版社2011年版,第93—94页。
② 王守仁撰,吴光、钱明、董平、姚延福编校:《王阳明全集》卷二《传习录中》,上海古籍出版社2011年版,第76页。
③ 王守仁撰,吴光、钱明、董平、姚延福编校:《王阳明全集》卷二《传习录中》,上海古籍出版社2011年版,第82页。

也。故孟子以后能切实用功,而不涉于虚想、虚见、虚坐、虚谈者,无如象山。①

一庵所谓"'必有事焉',非谓必以'集义'为事",明显是针对阳明"'必有事焉'者,只是时时去'集义'"而发。与此相反,一庵对于象山"在人情事变上用功"极为推崇,其原因在于,阳明的"集义"是一种向内的工夫,缺乏着力点。阳明又视"集义"为"致良知",而因为"学者中往往不识'致'字之义,谓是依着良知,推致于事,误分良知为知,致知为行,而失知行合一之旨"。② 因此,一庵认为"谓致知则可,谓致良知则不可"。阳明虽然也不离日用之间见闻酬酢以言良知,但是是从良知的本体与发用流行的角度来论述的,是从"心外无理"之本体论开出的。比较而言,一庵更认同象山心与事的一体性。象山之"心即理"之"理""在宇宙间,固不以人之明不明、行不行而加损"③。一庵论心亦然,云:"夫心之本体,静虚无物,则为心不放失,无在而无不在也。若或一有所着,驰于彼则不存于此,有所在则有所不在矣。"④一庵之心是无在无不在的心体,不着于物而又不离于物。心与物同样不是本体与流行发用,而是一般与个别的关系,这与阳明的"心外无物,心外无理"并不相同。这样,通过具体的人情事变、百姓日用以明道便成为可能。因此,一庵所理解的孟子之"必有事焉""犹言须臾离事不得",亦即象山所谓"在人情事变上用功"。这种即事以明道的方法是"百姓日用即道"的内涵之一。一庵对于孟子"必有事焉"的理解,推尊象山"在人情、事势、物理上做些工夫"⑤,否定阳明"集义"说,这就为泰州学派"百姓日用即道"命题寻求到了孟子"必有事焉"之经典依傍。

"百姓日用即道"的命题受到质疑的一个重要原因来源于传统的圣凡观念。对于圣凡关系,一庵亦有新见,云:"圣人所不知不能,即愚夫愚妇与知能行之事。故孔子于事公卿、父兄、勉丧、饮酒之事,皆曰何有于我?夫是四者,日用常行之道,谁不知之能之?然及其至而无过不及,则信乎虽圣人亦有所不能

---

① 王栋:《一庵王先生遗集》卷上,《四库全书存目丛书》子部第 10 册,齐鲁书社 1995 年版,第 64 页。
② 王栋:《一庵王先生遗集》卷上,《四库全书存目丛书》子部第 10 册,齐鲁书社 1995 年版,第 78 页。
③ 陆九渊著,钟哲点校:《陆九渊集》卷二《与朱元晦》,中华书局 1980 年版,第 26 页。
④ 王栋:《一庵王先生遗集》卷上,《四库全书存目丛书》子部第 10 册,齐鲁书社 1995 年版,第 64 页。
⑤ 陆九渊著,钟哲点校:《陆九渊集》卷三十四《语录上》,中华书局 1980 年版,第 400 页。

尽,岂曰问礼、问言、求博极于良知之外者哉?"①论及圣凡,心斋基本承续了孟子的思想,着意于愚夫愚妇与圣人相同的一面,而一庵在承认良知人人具足的前提之下,又提出圣人所不知不能的一面。一庵从圣凡都有所不能的平衡之中,消除了百姓日用即道的心理障碍。

一庵与东厓稍有不同,东厓论学以融会心斋、龙溪为特征,而一庵则将泰州学派与王龙溪之间的差异演绎得更加明显。如对于致良知,龙溪认为圣凡良知本具,区别在于能否"致",云:"见在良知,与圣人未尝不同,所不同者,能致与不能致耳。"②而"致"的工夫又十分简易,"一念自反,即得本心"③。而一庵则否认了致良知的工夫。龙溪论良知本具的虚灵特征,而一庵则强调"意""实"之"物事"特点。更重要的是,龙溪认为良知当下具足。而一庵则认为,良知随着人们的年龄增长,世情知识的添入而渐生乖智,因此复良知就要恢复本然天性,不能"不论其所知所见为何物"而"一切认为良知"④。可见,一庵之复良知,是一个去乖返真,剔除世情知识的过程,而与龙溪良知当下具足、一了百当有所不同。

心斋所倡的泰州学派以注重民众教化为特征,一庵认为心斋的重要贡献在于远挑孔子的有教无类,重视平民教化的传统。他认为,孔门之学乃士农工商共有之学。孔子虽有身通六艺的弟子,但仅七十二人,而三千弟子中绝大部分是无知鄙夫。但自秦火之后,儒学遂成经生文士之业,"千古圣人原与人人共明共成之学,遂泯没而不传矣"⑤。而心斋"慨然独悟,真超孔子,直指人心,然后愚夫俗子不识一字之人皆知自性、自灵、自完、自足,不假闻见,不烦口耳,而二千年不传之消息一朝复明",其功"可谓天高而地厚矣"⑥。只有普天率土各阶位之民知礼乐、明刑罚,才能真正达到"至和氤氲而顺气感召",如此"安有不位育者哉!"⑦一庵也承挑了心斋的论学取向,对于"学"的主体,一庵尤其注重中下根之人,以求化成民俗之效,云:"圣人经世之功,不以时位为轻重。今虽

---

① 王栋:《一庵王先生遗集》卷上,《四库全书存目丛书》子部第 10 册,齐鲁书社 1995 年版,第 61 页。
② 王畿撰,吴震编校:《王畿集》第四卷《与狮泉刘子问答》,凤凰出版社 2007 年版,第 81 页。
③ 王畿撰,吴震编校:《王畿集》第六卷《致良知辨》,凤凰出版社 2007 年版,第 134 页。
④ 王栋:《一庵王先生遗集》卷上,《四库全书存目丛书》子部第 10 册,齐鲁书社 1995 年版,第 97 页。
⑤ 李颙撰,陈俊民点校:《二曲集》卷二十二《观感录·心斋王先生》,中华书局 1996 年版,第 277 页。
⑥ 王栋:《一庵王先生遗集》卷上,《四库全书存目丛书》子部第 10 册,齐鲁书社 1995 年版,第 68 页。
⑦ 王栋:《一庵王先生遗集》卷上,《四库全书存目丛书》子部第 10 册,齐鲁书社 1995 年版,第 68 页。

匹夫之贱,不得行道济时,但各随地位为之,亦自随分而成功业。苟得移风易俗,化及一邑一乡,虽成功不多,却原是圣贤经世家法,原是天地生物之心。"①一庵著述中很多是会语,乃就会学所发之论。他在《会语》中对于定期会学予以高度评价,认为常人往往因职业的原因,不遑问学,因此,"姑与约立会,期以救离群索居之失"②。一庵还提出了具体的设想并付诸实施,据《年谱纪略》载,嘉靖三十七年(1558),"两奉柱史聘主白鹿洞、南昌府正学书院会。又创太平乡等处,集布衣为会,兴起益众",嘉靖四十五年(1566)"复联旧同志为会,四方信从益众",隆庆二年(1568)"创水东大会,建义仓,著《会学十规》",隆庆六年(1572)"致仕归里,清贫如洗,乐学不倦,开门授徒,远近信从日众。创归裁草堂,著《会语续集》行于世",万历四年(1576)"州守萧公抑堂聘主会泰山安定书院,朝夕与士民论学,四方向风"。③ 可见,一庵堪称是泰州学派中平民教育以及心斋大成学最忠实的践行者。

三、诚意慎独论

黄宗羲对《泰州学案》中的颜、何一派不无贬意,但对王一庵"自心之主宰而言谓之意"的思想激赏有加,认为与其师刘蕺山的主意说若合符节,并借此为刘蕺山"以意为心之所为为非是"的思想"真索解人而不得"鸣不平,对周海门《圣学宗传》中"埋没一庵"表示了遗憾。诚意慎独,确是一庵思想的卓异处。

其一,"诚意"。

"诚意"是《大学》八条目之一,对于"心"与"意"的关系,理学家多有清晰的论述,朱熹谓:"意者,心之所发也。"④王阳明亦认为意为心之所发,云:"心者,身之主也,而心之虚灵明觉即所谓本然之良知也。其虚灵明觉之良知应感而

---

① 王栋:《一庵王先生遗集》卷上,《四库全书存目丛书》子部第10册,齐鲁书社1995年版,第93页。
② 王栋:《一庵王先生遗集》卷上,《四库全书存目丛书》子部第10册,齐鲁书社1995年版,第91页。
③ 王栋:《一庵王先生遗集》卷上,《四库全书存目丛书》子部第10册,齐鲁书社1995年版,第50页。
④ 朱熹:《四书章句集注·大学章句》,中华书局1983年版,第3页。

动者谓之意。有知而后有意,无知则无意矣,知非意之体乎?"①阳明视良知为虚灵明觉之心,而意则是良知的应感而动,以道德是非判断的表述则是"无善无恶心之体,有善有恶意之动",亦即意乃心之所发用。但一庵则一反阳明之说,云:

> 旧谓意者,心之所发,教人审几于念动之初。窃疑念既动矣,诚之奚及? 盖自身之主宰而言,谓之心。自心之主宰而言,谓之意。心则虚灵而善应,意有定向而中涵,非谓心无主宰,赖意主之。自心虚灵之中,确然有主者,而名之曰意耳。大抵心之精神,无时不动,故其生机不息,妙应无方。然必有所以主宰乎其中,而寂然不动者,所谓意也,犹俗言主意之意。盖意字从心从立,中间象形太极,圈中一点,以主宰乎其间,不著四边,不赖倚靠。人心所以能应万物而不失者,只缘立得这主宰于心上,自能下虑而知。不然,孰主张是,孰纲维是? 圣狂之所以分,只争这主宰诚不诚耳。若以意为心之发动,情念一动便属流行,而曰及其乍动未显之初,用功防慎,则恐恍忽之际,物化神驰。虽有敏者,莫措其手。圣门诚意之学,先天易简之诀,安有作此用哉!②

一庵在处理心与意的关系时,与阳明显然有别。在阳明那里,意是有善有恶的,与无善无恶(实乃有善无恶)的心体相区别。显然,阳明的心与意是体用的关系,"意"是本体之心暂明暂灭之时,意念的不同呈现状态。因此,阳明心意之间的关系,是体与用,或能照与物感、本体与经验不同层面的关系。但一庵迥然不同,其心与意的关系是:"自心之主宰而言,谓之意。心则虚灵而善应,意有定向而中涵,非谓心无主宰,赖意主之。自心虚灵之中,确然有主者,而名之曰意耳。"意为心之主宰,是一庵屡屡论及的一个新的命题。因为这是一个难以找到经典援据的心意关系模式,因此一庵只得以造字方法来解释"意"为心之主宰。一庵如此立论,有其不得已的原因:龙溪四无说揭示了阳明心意体用

---

① 王守仁撰,吴光、钱明、董平、姚延福编校:《王阳明全集》卷二《传习录中》,上海古籍出版社2011年版,第53页。
② 王栋:《一庵王先生遗集》卷上,《四库全书存目丛书》子部第10册,齐鲁书社1995年版,第54—55页。

关系的矛盾，因此在阳明学的体系中欲修正现成派的流行之弊，只有将"意"在阳明体用关系的谱系中前移，将心与意交错融合，且特色各别："心则虚灵而善应，意有定向而中涵。"①这种将"意"本体化的明显标志是，在一庵的体系中，意不再是心之发动后的状态，而是与心并列，乃至超越于心之上的"心之主宰"。这样，工夫便不是在发用之后，因为"若以意为心之发动，情念一动便属流行"。如果意是指乍动未显之初，"则恐恍惚之际，物化神驰"，往往无所措手。一庵期望通过在发动之先，以诚意为工夫，达到修正见在良知说的目的。不难看出，一庵否定意为心之发动，完全是从工夫着力处来考虑的，是从圣门诚意之学、先天易简之诀难以落实推理而得，其言说方式与阳明对于心意关系的正面陈述不尽相同。一庵更化新说之中也不无迟疑的痕迹，原因在于其否认的"旧谓"之说，包括其师祖阳明。显然，这种迥然不同于理学传统的心意关系必然会受到时人的质疑，在提出意为心之主两年之后，门人李梴真切地记录了对于"意为心之主宰"一说的质疑："岂特他人疑之，虽以梴之久于门下者，亦不能以释然。盖以意为心之所发，则未发为心之本体，心意有所分别，而后诚正不容混也。先儒谓心如谷种，意，其所发之萌芽矣乎？"②因此，一庵在《诚意问答》中的论述悄然有变，云："未发已发，不以时言。且人心之灵，原无不发之时。当其发也，必有寂然不动者以为之主，乃意也。此吾所以以意为心之主宰，心为身之主宰也。子姑无以言语求，久之自当有得。"③亦即，此时一庵所体认的"意"，是心之发用过程中寂然不动的主宰④，而与《会语正集》中所谓"自心虚灵之中，确然有主者，而名之曰意耳"⑤稍有不同。一庵的变化从一个侧面体现了主意说在质疑之声中持论的些许调适。事实上，即使数十年之后的刘宗周亦有以

---

① 王栋：《一庵王先生遗集》卷上，《四库全书存目丛书》子部第 10 册，齐鲁书社 1995 年版，第 54 页。
② 引自黄宗羲著，沈芝盈点校：《明儒学案》卷三十二《泰州学案一》，中华书局 1985 年版，第 742 页。
③ 引自黄宗羲著，沈芝盈点校：《明儒学案》卷三十二《泰州学案一》，中华书局 1985 年版，第 744 页。
④ 《诚意问答》见载于《明儒学案》，而未列入《一庵遗集》。据门人李梴记载，其时"岁在庚午"，亦即隆庆四年（1570），一庵六十八岁时。据《年谱纪略》载，此前二年（隆庆二年）一庵"创水东大会，建义仓，著《会学十规》，大发诚意之旨"。其"诚意问答"乃是就诚意说提出之后，"岂特他人疑之，虽以梴之久于门下者，亦不能以释然"。李梴录《诚意问答》，可见当时一庵对"诚意"的诠释是深受时人质疑的。
⑤ 王栋：《一庵王先生遗集》卷上，《四库全书存目丛书》子部第 10 册，齐鲁书社 1995 年版，第 54 页。

意为主之论,云:"人心径寸耳,而空中四达,有太虚之象。虚故生灵,灵生觉,觉有主,是曰意。"但同样受到了广泛的质疑。黄宗羲在《明儒学案·泰州学案》中载:"门下亦且断断而不信。于是有答董标《心意十问》,答史孝复《商疑》。逮梦奠之后,恽日初为《刘子节要》,尚将先师言意所在节去之,真索解人而不得。岂知一庵先生所论,若合符节。"① 一庵与刘蕺山之论在漫长的中国思想史上,堪称是空谷足音。一庵之诚意说,概有以下几方面的内涵。

首先,"诚意一言,关系总要"。一庵所论之"意",依循的是《大学》"八条目"的系统。一庵认为,诚意工夫并非止于正心之要,而是通乎内外的关键,突出了"诚意"在"八条目"中的地位,云:

> 诚意一言,关系总要,良知真宰,自慊不欺。则诚意于中者必形于外,不独内克其心,宽广而正,抑且外润其身,舒泰而修,又不独畅于四支。而赫暄宣著,民不能忘,抑且发于事业而亲贤乐利,没世感化。是则诚意通于修齐,达于治平,非止为正心之要而已。②

一庵认为,诚意是内充于心而形于外,通于修齐,达于治平的枢纽,这是一庵的独得之见。虽然古本《大学》颇重"诚意",前人在论《大学》时亦有重视"诚意"的论述,如朱熹云:"更是《大学》次序,诚意最要。"③ 而将"诚意"列为"自修之首"。但朱熹对《大学》阐释的重点是"致知在格物",格物致知乃朱熹所体认的《大学》"第一义"。王阳明虽曾明言:"《大学》之要,诚意而已矣。"④ 但他的立说之本仍在于致知,即如其所说:"致知者,诚意之本也,格物者,致知之实也,物格则知致、意诚,而有以复其本也。"⑤ 而与一庵以诚意慎独为立言宗旨不同。因此,一庵于《大学》系统中,认为"诚意一言,关系总要",实乃戛戛独造之论。一庵论证的依据是《大学》言"治国在齐其家""齐(其)家在修其身""修身在正其

---

① 黄宗羲著,沈芝盈点校:《明儒学案》卷三十二《泰州学案一》,中华书局1985年版,第732页。
② 王栋:《一庵王先生遗集》卷上,《四库全书存目丛书》子部第10册,齐鲁书社1995年版,第63页。
③ 黎靖德编:《朱子语类》卷十五《大学》二,中华书局1994年版,第306页。
④ 王守仁撰,吴光、钱明、董平、姚延福编校:《王阳明全集》卷七《大学古本序》,上海古籍出版社2011年版,第270页。
⑤ 王守仁撰,吴光、钱明、董平、姚延福编校:《王阳明全集》卷七《大学古本序》,上海古籍出版社2011年版,第271页。

心",但不言"正心在诚其意"。一庵认为,其原因即在于"非诚意无关于正心,若非正心所得专耳"①。亦即,诚意是通彻"八条目"的工夫总要,并引二程所谓天德王道,其要只在慎独为证。但这必然与其师心斋明言"《大学》是经世完书,吃紧处,只在'止于至善'。'格物',却正是'止至善'"②相矛盾,对此,一庵的解释是:"此恐传之或失其真。"③原因在于一庵认为物格知至,乃止于至善的工夫,而与诚意无涉。一庵根据的是"知止而后有定","知""止"便是"格物致知"乃"止于至善"工夫的证据,而诚意则是"知止"而后的工夫,因此一庵认为诚意、致知工夫相别并无可疑,但诚意之外别无正心工夫,云:"而曰正心不在诚意,岂诚意之外复有正心之功乎?"④由此可见,一庵所说的"诚意一言,关系总要",主要是"知止"而后的工夫总要。值得注意的是,在明刻本《心斋王先生语录》中,略去了一庵所质疑的这一节,不能排除该本乃一庵经眼而后定的可能。那么,一庵的诚意说是否有违心斋之"淮南格物"呢?对此,一庵在《诚意问答》中又期以弥缝两者之间的关系,云:

> 学贵知本,诚身、诚意固一也,然不知诚意以修身为家国天下之本,则身不止于至善,而每蹈于危险之地矣。身且不保,而况于保家、保国、保天下乎?今人知格物反己之学,而犹不免于动气责人者,只为修身主意不诚。如果真诚恳恻,凡有逆境,惟知责己而不知责人,是于感应不息上用工。不然,断港绝河,弃交息游,而非圣人运世之学矣。⑤

诚如一庵自谓,以意为核心的诚意说乃其"自家体验"所得,那么其与心斋的淮南格物说是何关系呢?一庵认为,淮南格物,只是阐释了本在我,但并非已立本。而一庵之诚意,正是立本的工夫,其云:"学者既知吾身是本,却须执定这立本主意,而真真实实反求诸身,强恕行仁,自修自尽,如此诚意做去,方是

---

① 王栋:《一庵王先生遗集》卷上,《四库全书存目丛书》子部第 10 册,齐鲁书社 1995 年版,第 63 页。
② 王艮:《重刻心斋王先生语录》卷上,《四库全书存目丛书》子部第 10 册,齐鲁书社 1995 年版,第 3 页。
③ 王栋:《一庵王先生遗集》卷上,《四库全书存目丛书》子部第 10 册,齐鲁书社 1995 年版,第 63 页。
④ 王栋:《一庵王先生遗集》卷上,《四库全书存目丛书》子部第 10 册,齐鲁书社 1995 年版,第 63 页。
⑤ 转引自黄宗羲著,沈芝盈点校:《明儒学案》卷三十二《泰州学案一》,中华书局 1985 年版,第 742—743 页。

立得这本。"①亦即,在一庵看来,淮南格物仅是"知"本,而非工夫层面的"立"本。因为虽然口头说知本在我,但如果有姑息自诿、尤人责人的意念在,便会虚假自欺,因此"淮南格物"实乃知本而未立本,而欲立本,须以诚意为下手工夫,以达心正身修的目的。由此可见一庵对于心斋之学的继承与发展。

其次,"意是心之主宰"。一庵最具理论冲击力的表述在于心、意关系,"意是心之主宰"②,"心则虚灵而善应,意有定向而中涵"③,心主动而意主定。在一庵的心、意结构中,心之精神是无时不动,妙应无方的,而意则是虚灵之心中的主宰。显然,这与阳明四句教中的心、意关系迥然不同,阳明以心为体,意为动,为已发。一庵何以一反阳明之说,亦不遵心斋教法而自出新说? 根本原因是一庵认为意念发动之初,诚之已不可及。心斋"念头动处须当谨"④诗句似乎表达了"意为心之所发"之义,但一庵是这样解释的:"谨念是戒其莫动妄念,非于动后察善恶也,亦是立定主意再不妄动之义。"⑤当然,一庵此解其实是以己意度心斋。虽然他也曾引心斋"只心所向便是欲,有所见便是妄"⑥以证明与杨慈湖"不起意"的一致性,以及自己所倡之意为心之主宰,而非心之所发,但心斋并未言及"意"。对于"不以意为心之所发",他并不讳言是自得之见,而不是得之于心斋,并自信可以质诸千古而不惑,云:"虽是自家体验见得如此,然颇自信心同理同,可以质诸千古而不惑,岂以未尝闻之先师而避讳之哉?"⑦

"主意立而后,志趋定矣。"在一庵看来,"意"的核心含义在于"定"。在《大学》的理论系统中,知"止于至善"而后有志有定向,终而能得,因此"意"与"志"这两个范畴具有内在联系,他说:"意略在前,主意立而后,志趋定矣。""定字本应意诚。"⑧而此"志"关系到识认良知。如对于常人、儒者之病,"良知

---

① 王栋:《一庵王先生遗集》卷上,《四库全书存目丛书》子部第 10 册,齐鲁书社 1995 年版,第 80 页。
② 王栋:《一庵王先生遗集》卷上,《四库全书存目丛书》子部第 10 册,齐鲁书社 1995 年版,第 55 页。
③ 王栋:《一庵王先生遗集》卷上,《四库全书存目丛书》子部第 10 册,齐鲁书社 1995 年版,第 54 页。
④ 王艮:《重刻心斋王先生语录》卷下《和何塾师韵》,《四库全书存目丛书》子部第 10 册,齐鲁书社 1995 年版,第 43 页。
⑤ 王栋:《一庵王先生遗集》卷上,《四库全书存目丛书》子部第 10 册,齐鲁书社 1995 年版,第 63 页。
⑥ 王栋:《一庵王先生遗集》卷上,《四库全书存目丛书》子部第 10 册,齐鲁书社 1995 年版,第 99 页。
⑦ 王栋:《一庵王先生遗集》卷上,《四库全书存目丛书》子部第 10 册,齐鲁书社 1995 年版,第 64 页。
⑧ 王栋:《一庵王先生遗集》卷上,《四库全书存目丛书》子部第 10 册,齐鲁书社 1995 年版,第 55 页。

未尝不知也"。良知虽然人人本具,但常为见闻情识所混,学者们往往拘执道理而昧于变易之宜,或因袭故常而安于流俗之套,遂有良知混于闻见,而以闻见之知为良知的现象,①亦即误识良知或以良知自欺。要识得真良知,或良知不自欺的关键是"真志一定":"真志一定,则良知自不能欺,故皆一切消化。其不化者,只缘志不真耳。"②可见,一庵论"意",目的在于保任良知不受遮蔽、不被误识。

与"主意"而"志定"相关,一庵还认为"意"的特征之一在于实,云:"诚字虚,意字实。"③这显然是针对朱熹所谓"诚,实也"而发。他举例说:"譬如方士说丹,意是铅永丹头,诚则所谓文武火候而已。"④在一庵看来,意是一个可作把柄的"物事","意"之"定",亦因其"实"而可定。这与前儒多有言及的"敬"不同,"敬"是悬空无所附着的,敬与诚都不具有"主宰于中"的"物事"属性。一庵之所以强调"意"具有的"实"的属性,根本原因是主宰于中需有"把柄",寻求工夫的着力处,以纠矫玄虚不实之弊,这也是一庵提揭"意"的根本原因。

其二,"慎独"。

一庵之论"意"还与论"慎独"相连,对此,一庵云:

> 诚意工夫在慎独。独即意之别名,慎则诚之用力者耳。意是心之主宰,以其寂然不动之处,单单有个不虑而知之灵体,自做主张,自裁生化,故举而名之曰独。少间挽以见闻才识之能,情感利害之便,则是有所商量倚靠,不得谓之独矣。世云独知,此中固是离知不得。然谓此个独处,自然有知,则可谓独。我自知而人不及知,则独字虚而知字实,恐非圣贤立言之精意也。知诚意之为慎独,则知用力于动念之后者,悉无及矣。故独在《中庸》谓之不睹、不闻;慎在《中庸》谓之戒慎恐惧,故慎本严敬而不懈怠之谓,非察私而防欲者也。⑤

---

① 王栋:《一庵王先生遗集》卷上,《四库全书存目丛书》子部第10册,齐鲁书社1995年版,第58页。
② 王栋:《一庵王先生遗集》卷上,《四库全书存目丛书》子部第10册,齐鲁书社1995年版,第59页。
③ 王栋:《一庵王先生遗集》卷上,《四库全书存目丛书》子部第10册,齐鲁书社1995年版,第81页。
④ 王栋:《一庵王先生遗集》卷上,《四库全书存目丛书》子部第10册,齐鲁书社1995年版,第81页。
⑤ 王栋:《一庵王先生遗集》卷上,《四库全书存目丛书》子部第10册,齐鲁书社1995年版,第55页。

一庵在论及"诚意"之"意"时,一方面赋予其"物事"的特征。同时,他还以"慎独"作为"诚意"的工夫,使工夫论更趋笃实。为此,一庵对"独"赋予了新的内涵。关于"独",汉宋儒士诠释甚多,对于《大学》《中庸》中的"独",多释之为空间独处之意。如郑玄释"君子慎其独也"云:"慎独者,慎其闲居之所为。"①朱熹的解释是:"人所不知而己所独知之地也。"②汉宋儒士的诠释晓易明晰,影响甚巨,尤其是朱熹在《四书章句集注》中对"独"的诠释,更为试子们视若圭臬。一庵所理解的"独"与郑玄、朱熹等人迥然不同,其"独"不是空间的"独知之地",而直接将其视为主体之"意"。虽然一庵的"意"与"心"一样,具有本体义,是未发,但就其思想的路径而言,是从"独"具有的主体性而来,而这一理论恰恰与帛书《五行》中表达的思想颇为相近。《五行》说:"'燕燕于蜚(飞),差池其羽。之子于归,袁(远)送于野。瞻望弗及,汲(泣)沸(涕)如雨。'能差池其羽然[后能]至哀。君子慎其独也。"③《说》亦即传文释曰:"差池者,言不在衰绖。不在衰绖也,然后能[至]哀。夫丧,正绖修领而哀杀矣。其至内者之不在外也。是之胃(谓)蜀(独)。蜀(独)也者,舍(捨)体也。"④其义是真正的哀痛乃超越于外在的丧服形式,而体现为内在的情感。由"其至内者之不在外也"得之,所谓"舍体",是指舍弃身体外在的感受,而专注于内在的意念。更重要的是,《说》文尚有:"慎其蜀(独)也者,言舍(拾)夫五而慎其心之胃(谓)□□。"⑤"舍夫五"是指舍弃五官小体,含有得乎心之大体之意。换言之,在帛书《五行》中,"独"具有与"心"相似的含义。《大学》《中庸》中"慎其独"所具有的诚意意蕴虽然没有《五行》篇清晰,但仍隐约可寻。如《大学》:"所谓诚其意者:毋自欺也,如恶恶臭,如好好色,此之谓自谦,故君子必慎其独也!"又云:"此谓诚于中,形于外,故君子必慎其独也。"前句的"慎其独"正可与"诚其意"相呼应。后句所谓"诚于中",就是未发之中。可见,"独"在儒家的原始经典中即具有内在意念的含义,只是因为郑玄、朱熹等人的训释长期居于正统地位,使得"独"具有的一些意蕴变得隐而不彰。当晚近出土的马王堆汉墓帛书与郭店楚简中的《五行》篇面世之后,

---

① 郑玄注,孔颖达正义:《礼记正义》,《十三经注疏》影印本,中华书局1980年版,第397页。
② 朱熹:《四书章句集注·大学章句》,中华书局1983年版,第7页。
③ 庞朴:《帛书〈五行〉篇研究》,齐鲁书社1980年版,第31页。
④ 庞朴:《帛书〈五行〉篇研究》,齐鲁书社1980年版,第32页。
⑤ 庞朴:《帛书〈五行〉篇研究》,齐鲁书社1980年版,第31页。

对于"慎独"之"独"的理解引起了学者的关注。其实,王一庵即已提出了"自心虚灵之中,确然有主者,而名之曰意耳"①,而"独即意之别名"②一改汉宋儒士释"独"时所拘守的空间意义,而谓其具有意念、本体义。其后,明末刘宗周以及清儒王念孙、凌廷堪等人也都曾对"独"做出有别于汉宋儒士的解释,尤其是刘宗周,他认为体现孔门之学精要的《中庸》一书,慎独二字最为居要,"乃知圣贤千言万语,说本体,说工夫,总不离慎独二字。……独即天命之性所藏精处,而慎独即尽性之学。独中具有喜怒哀乐四者,即仁义礼智之别名"③。又说:"夫人心有独体焉,即天命之性,而率性之道所从出也。"④将"独"赋予了本体的意义,即他所谓"独之外,别无本体;慎独之外,别无工夫"⑤,对"慎独"的理解有别于郑玄、朱熹,与帛书《五行》篇中"慎独"的形上色彩颇多暗合。刘宗周慎独诚意的修己之学受到了学界较多的关注与肯定。其实,刘宗周之前,一庵已有先发,谓"独即意之别名",此之"独",此之"意",是心之主宰,是自作主张,自裁生化,不杂见闻才识、情感利害的,是不睹不闻的。一庵以"独"释"意",更便于诠说"意"的本体义。因为"意"为已发,乃是诸家共识,如朱熹云:"意者,心之所发也。"⑥一庵论"独",期在强化"意"的本体色彩,这在其对"不睹不闻"的诠释中得到了体现,他认为"不睹不闻即所谓独"⑦。一庵之"不睹不闻",是指心性中含有寂然不动,目不可得而睹,耳不可得而闻之本体,是未发之中。

当然,与论"意"注重"物事"特征,以求工夫"把柄"一样,一庵虽然认为"意""独"在"几"之先,但他根据《易传》"几者动之微,吉之先见者也"判断,"'几'字是在交际事几上见,非心体上有几动也"⑧。由朱熹将《易传》中"研几者"释为"至变"得知,以"变"释"几","几"则是"事几",而非心体之上的几动。与其将"意"与"独"赋予实存性质一样,一庵所论的目的在于本体工夫的立言宗旨。宋

---

① 王栋:《一庵王先生遗集》卷上,《四库全书存目丛书》子部第 10 册,齐鲁书社 1995 年版,第 54 页。
② 王栋:《一庵王先生遗集》卷上,《四库全书存目丛书》子部第 10 册,齐鲁书社 1995 年版,第 55 页。
③ 刘宗周:《圣学宗要》,《文渊阁四库全书》第 717 册,第 119 页。
④ 刘宗周:《人谱》,《文渊阁四库全书》第 717 册,第 177 页下。
⑤ 刘宗周:《刘蕺山集》卷十一《中庸首章说》,《文渊阁四库全书》第 1294 册,第 511 页上。
⑥ 朱熹:《四书章句集注》,中华书局 1983 年版,第 3 页。
⑦ 王栋:《一庵王先生遗集》卷上,《四库全书存目丛书》子部第 10 册,齐鲁书社 1995 年版,第 56 页。
⑧ 王栋:《一庵王先生遗集》卷上,《四库全书存目丛书》子部第 10 册,齐鲁书社 1995 年版,第 55 页。

明心本论易于受到荡轶之讥,根本原因在于心之本体虚灵而无处着力,"如此用功,真难凑泊"①,但已发之后,"念既动矣,诚之奚及?"②一庵将"意"视为"定向而中涵",即解决了工夫著手处,避免了虚灵荡轶的可能。

同时还应看到,一庵将"诚意"与"慎独"归一,就工夫路径而言,仍然不离泰州之学的论学传统。一庵认为的"克己",不同于先儒所说的"克去己私",并不是"去人欲、遏邪念、绝私意、审恶几"等完全摒除一己私欲的理学正统观念,指出"夫子所谓克己,本即为仁由己之己,即谓身也,而非身之私欲也"③。"克己之非去私"④是修己以敬、敬慎而不懈之义。纠矫现成派之弊的一庵,还是回到了心斋尊身、敬身的本位。以修己尊身为本,而推己行恕,达到家邦无怨之效,从而实现外王之业。⑤ 同时,一庵之说还具有这样的意义:心斋与一庵等泰州学派中人多认为良知易于受到情识、见闻所混,时人往往认作用为良知本体,因此,一庵将诚意与慎独合一,具有规约良知发用的效果,即如其论及"独即意也"之时所谓:"单单吾心一点生机,而无一毫见闻、情识、利害所混,故曰独。即《中庸》之所谓'不睹不闻'也。"⑥从这个意义上说,一庵的"诚意慎独说"体现了泰州学派新的理论探索。

四、作用与嗣响

一庵之于泰州学派的历史地位,首在倡诚意慎独以修正王学现成派之玄虚不实,同时,其错综儒林、文苑的论学方式,对当时的学术、文艺都产生了一定的影响。

其一,对于现成派的修正之功。

对泰州学派的基本学术取向,一庵仍然秉守不移,如他解释易简工夫云:

---

① 王栋:《一庵王先生遗集》卷上,《四库全书存目丛书》子部第 10 册,齐鲁书社 1995 年版,第 55 页。
② 王栋:《一庵王先生遗集》卷上,《四库全书存目丛书》子部第 10 册,齐鲁书社 1995 年版,第 54 页。
③ 王栋:《一庵王先生遗集》卷上,《四库全书存目丛书》子部第 10 册,齐鲁书社 1995 年版,第 56 页。
④ 王栋:《一庵王先生遗集》卷上,《四库全书存目丛书》子部第 10 册,齐鲁书社 1995 年版,第 56 页。
⑤ 王栋:《一庵王先生遗集》卷上,《四库全书存目丛书》子部第 10 册,齐鲁书社 1995 年版,第 57 页。
⑥ 转引自黄宗羲著,沈芝盈点校:《明儒学案》卷三十二《泰州学案一》,中华书局 1985 年版,第 743 页。

"夫乾确然健动,故易;坤隤然顺静,故简。吾人日用间只据见在良知,爽快应答,不作滞泥,不生迟疑,方是健动而谓之易。中间又只因物付物,不加一点安排意见,不费一毫劳攘工夫,方是顺静而谓之简。"①其与泰州学派所尚之不学不虑,自然现成的工夫论并无区别,只是不要以易简为草草便宜行事。当然,为了纠矫草率疏略之病,他从两个方面进行了辨证。

一方面,重视经典,以求稳实之功。他说:"夫子之文章,何者不是性天之流行? 外文章而别求性天则妄矣。"②告诫时人不可以汲汲于谈天说性,置夫子之文章于不顾,其结果必然导致"失圣门教法之常"。他以即是即学为工夫,以使工夫恒续不辍:

> 一友闻格物之说,喜曰:"看来'格物'二字只是个'致知'的'致'字。"曰:"然。"曰:"学既明白如此,须作第一事干,庶不虚负所闻。"曰:"作第一事,还有第二第三,须是看得事即学,学即事,日用间一切动静云为,总只是这一个学,方是无间断,无歇手处。"友乃跃然。③

另一方面,收摄精神,安静以养微阳。他取法于程子自家体贴出来的教法保守灵根④,以此批评时人往往静不下来,只是赶热闹,"骋闻见,较事功,眩声名,露才智",精神逐外的热闹心肠。

一庵在心斋门人中较为稳实之处在于,他又仿阳明天泉证道的教法,据根器不同而分两类修证方法:一类是高明善学之士,一旦收摄精神,内观本体,遂明良知本体;一类是根器中下者,这类人一时未能洞识真体,虽有知觉,但为气质习染,为见闻情识所混,因此"必有格物工夫,体认默识,方是知至,方是真正良知"⑤。在一庵看来,这也是心斋提出"淮南格物"的原因,亦即泰州学派主要是就根器中下之人而言。他认为"舍格物而言致知,非天分极高,原无气质之累者鲜不谬也"⑥。心斋发阳明之蕴,提出物格而后知至,即是对天分庸常者而

---

① 王栋:《一庵王先生遗集》卷上,《四库全书存目丛书》子部第10册,齐鲁书社1995年版,第86页。
② 王栋:《一庵王先生遗集》卷上,《四库全书存目丛书》子部第10册,齐鲁书社1995年版,第84页。
③ 王栋:《一庵王先生遗集》卷上,《四库全书存目丛书》子部第10册,齐鲁书社1995年版,第93页。
④ 王栋:《一庵王先生遗集》卷上,《四库全书存目丛书》子部第10册,齐鲁书社1995年版,第85页。
⑤ 王栋:《一庵王先生遗集》卷上,《四库全书存目丛书》子部第10册,齐鲁书社1995年版,第79页。
⑥ 王栋:《一庵王先生遗集》卷上,《四库全书存目丛书》子部第10册,齐鲁书社1995年版,第80页。

言。一庵将格物作为致知的工夫，这与阳明的思想正相符合。当然，一庵之谓格物，又是心斋所持的以吾身为本的淮南格物。

同时，还应认识到这样的事实：以心斋为盟主的泰州学派虽然亦承阳明而来，但别张异帜，根本原因即在于一为"越中良知"，一为"淮南格物"。从这个意义上说，持"诚意慎独"之论的一庵与心斋的关系，一如心斋之于阳明。因此，一庵实乃心斋之后的另一转向。钱穆先生认为，"一庵诚意慎独之说，正可补救阳明良知学易犯之流病，使人回头认识心体，则不致作一段光景玩弄"，肯定其修正之功，实乃公允之评，但谓其"于师门步趋不失，而醇正深厚抑有过之"①，似与事实不契，黄宗羲在处理心斋与阳明学的关系时，已不标示"王门"。一庵的"诚意慎独"说也是泰州学派中的一面异帜，并在数十年之后的刘蕺山那里得到了回响。

其二，刘蕺山的不约而同，从侧面印证了一庵诚意慎独说的价值。

刘蕺山批评阳明"只说致良知，而以意为粗根，故于慎独二字亦全不讲起"，而不知"心之主宰曰意，故意为心本"②，提出"人心有独体"。显然，这正是一庵"意是心之主宰"③理论的再现。论者往往对刘蕺山的理论贡献论之较详，而对一庵"诚意慎独"论的关注相对较少。对于一庵与刘蕺山的联系与区别，唐君毅先生有允评，他认为，蕺山论独，"此亦略如王一庵之以意为独。唯一庵尚未重此独之必显为好善恶恶之旨，而蕺山则曰：'性光呈露，善必好，恶必恶，破此两关，乃呈至善，故谓之独。'此恒定向乎善之意，存主于'知善知恶之良知'之心，以于善必好，于恶必恶，以发为好善恶恶，即能自见于流行之中"④。而钱明先生在论列了刘蕺山之主意说与一庵"所述极其相似"的诸方面之外，还指出："念台的主意说并非二王（王一庵与王塘南）主意学说的简单重复。无论概念的清晰度，还是理论的完整性，念台都远胜于二王。"⑤

王一庵的主意说与数十年之后刘蕺山之论有异曲同工之妙，但根据黄宗羲所说："师未尝见泰州之书，至理所在，不谋而合也。"⑥可见念台与一庵之异

---

① 钱穆：《中国学术思想史论丛》卷七，生活·读书·新知三联书店 2009 年版，第 154 页。
② 刘宗周：《刘子全书·学言下》卷十二，清道光二年(1822)王宗炎等刊本。
③ 王栋：《一庵王先生遗集》卷上，《四库全书存目丛书》子部第 10 册，齐鲁书社 1995 年版，第 55 页。
④ 唐君毅：《中国哲学原论·原性篇》，中国社会科学出版社 2005 年版，第 310 页。
⑤ 钱明：《阳明学的形成与发展》下篇第三章《阳明学派主意说的形成与终结》，江苏古籍出版社 2002 年版，第 244—245 页。
⑥ 黄宗羲著，沈善洪主编：《黄宗羲全集》第 10 册，浙江古籍出版社 1985 年版，第 51 页。

时同符,乃不谋而合。现存的《刘蕺山集》中对王一庵无一记载,在刘氏《圣学宗要》中,亦以阳明《拔本塞源论》为止,而不及于一庵,尤其是在其《人谱类记》的首篇《体独篇》中,列述了慎独之论,其中虽列有心斋之言"才有所向便是欲,才有所见便是妄,既无所向又无所见便是无极而太极",但并未言及一庵,显然蕺山对一庵之论并不知情。除了刘蕺山,比蕺山年长三十余岁的周汝登在其《东越证学录》中也有这样的记载:"王一庵为心斋先生门人,见地抑何超卓,真称其为心斋门人也。顾以名位不显,世无闻者。余游宦心斋故里,始得见其遗言而读之,因为表著于编后。"①据钱明先生考证,周海门《圣学宗传》中的《王栋传》,乃是"见得一庵遗言后才为其补传的"②。一庵之学不显于时,其思想并未形成昭著的影响,原因概有二:一方面,一庵之学是以纠矫王学现成派而定格于泰州学派流变史的,而与东厓主要是弘传心斋之学而占据主流地位有所不同。东厓作为心斋之承祧者而被四方敦请讲学,影响远大于一庵。当然,一庵的声音被湮没于历史之中,也说明了其说并没有达到纠矫之效。另一方面,相对于"心""知"而言,"意"受到儒门宗匠的关注相对较少,因此一庵以"意"为立说重点,虽持论新异,但也易受质疑。即使是其后的刘蕺山以意论学时,门人亦甚为惊诧,董玚《刘子全书抄述》载:"子(刘蕺山)以意为心之所存,其论似创,当时学者如董标、史孝复辈,惊为异说……子当年未见此集(《一庵遗集》),一时诸未信者,不减一桥、东厓诸人。"③在未见一庵所述之前,即使是蕺山门人,亦对蕺山的主意说不敢凭信,一庵初揭诚意慎独之论时所受到的质疑是何等之烈也不难想见。刘蕺山基于同样的论学目的,未见一庵著述而自证出相似的修正途径,即使其及门弟子也未能尽信,但这丝毫没有动摇他们立说的信念。对此,一庵曾云:"不以意为心之所发,虽是自家体验见得如此,然颇自信。心同理同,可以质诸千古而不疑惑,岂以未尝闻之先师而避讳之哉?"理论勇气实源自纠偏的急切心态、立说的社会责任。

其三,义理、艺文相会通。

一庵与东厓一样,是泰州学派中对艺文较为重视的学者。如果说东厓以艺文实践见长,那么一庵则以对艺文的认识见著。概而言之,有以下几个方面:

---

① 周汝登:《东越证学录》卷三《武林会语》,《四库全书存目丛书》集部第 165 册,第 468 页。
② 钱明:《阳明学的形成与发展》,江苏古籍出版社 2002 年版,第 232 页。
③ 刘宗周著,吴光主编:《刘宗周全集》第 5 册,浙江古籍出版社 2007 年版第,765—768 页。

首先,一庵是泰州学派中注重诗乐审美功能的学者。对于诗乐作用,他说:"古乐不传,乐无可习者,独诗歌一事,乃其遗意,学者诚不可以一日不诗歌也。能学琴者,时一抚琴,非是要备具礼乐之文,诚导养中和之助,有不得不然者矣。"①但其论乐有两点值得注意:其一,乐乃自然平和之乐,应是天性中自在和平之真体的自然显现,"日用间但觉忻忻融融,无忧郁烦恼处,即是也"②,而非"终日游歌笑舞以为乐者"那种恣肆狂暴之乐。因此,他以孔颜周程的无声无臭之乐为的。其二,乐的功能是辅成经世。一庵之乐并非偷闲学少年,自了一身之乐。乐承荷着明伦察物、齐家治国、主张学术、植立人才的重大责任,必须要有和顺悦乐的胸怀,需要导养中和,"以立即天地万物之本"③。因此,一庵对于晋代的曲水流觞,竹林宴坐,乃至一些名儒自成一段清虚高旷之怀者的超逸自得之乐,颇不认同。尽管如此,一庵是泰州学派肇始期学者中鲜有的论及诗乐功能的学者。

其次,对阳明文学观有纠矫之意。一庵认为阳明反复极言闻见之害,乃救时之弊使其然,"今良知之学既明,却不可尽废文学",因为"圣门不废文学,但有缓急之序耳"。④ 同时,从中也透露出这样的信息:在阳明及其后学的语境中,文学与闻见具有相似的涵义。对于两者间的逻辑关系,一庵有这样的叙述:"后世则专以读书穷理为学,溺闻见而牿其心,故明翁反覆极言闻见之害。"⑤亦即,此之闻见乃指儒学经典,且是"参互考订细入精微"的经典,这也是他们所说的"文学"的一种体现。阳明重主体而轻经典,遂被批评为"束书不观"。但一庵认为至心斋时已不同,他认为心斋"六经正好印证吾心"是"的当语"⑥,这体现了阳明与心斋对经典认识的区别。阳明惩朱子格物穷理之支离,而以悟证良知为的,拓展了一条以证心为本的论学之路。心斋则在承袭心学的基础上,又以"六经"为据,开始了论学途径。虽然泰州学派重点以化成民俗为目标,但他们对经典的重视体现了渐修的路径,而这也正是阳明天泉证道时为中下根器者提出的修证方法。

---

① 王栋:《一庵王先生遗集》卷上,《四库全书存目丛书》子部第 10 册,齐鲁书社 1995 年版,第 69 页。
② 王栋:《一庵王先生遗集》卷上,《四库全书存目丛书》子部第 10 册,齐鲁书社 1995 年版,第 70 页。
③ 王栋:《一庵王先生遗集》卷上,《四库全书存目丛书》子部第 10 册,齐鲁书社 1995 年版,第 70 页。
④ 王栋:《一庵王先生遗集》卷上,《四库全书存目丛书》子部第 10 册,齐鲁书社 1995 年版,第 95 页。
⑤ 王栋:《一庵王先生遗集》卷上,《四库全书存目丛书》子部第 10 册,齐鲁书社 1995 年版,第 95 页。
⑥ 王栋:《一庵王先生遗集》卷上,《四库全书存目丛书》子部第 10 册,齐鲁书社 1995 年版,第 95 页。

最后，注意文道相兼。一庵说："道之显者谓之文，心之天则谓之礼。博文是日用间人情事变。"① 同时，他还认为文章乃性与天道的载体，体会夫子的性天思想，必须通过夫子文章，云："学者理会得时，则夫子之文章，何者不是性天之流行？外文章而别求性天则妄矣。吾人今日，正不可汲汲于谈天说性，而失圣门教法之常。"② 一庵不但倡主意慎独以纠矫王学现成派以流行为本体之失，与此相关，还充分肯定了经典文献承载的圣人性天思想及体现的圣门教法。这样的论学取向与为学方法，不但有别于王学现成派，且有直矫阳明论学路径的特点。

一庵与东厓一样，常常以审美的形式表现其思想。如对于"百姓日用即道"，一庵作《答友人首尾吟》诗云："著察当观日用民，一民还具一天真。看他用处皆条理，使若知之即圣神。智向智中惟见智，仁于仁上只偏仁。偏仁见智皆非道，著察当观日用民。"③ 又云："濯耳听披肝膈言，百年此会定须坚。好攀逸驾追先哲，莫遣凡情恋俗缘。认得反身真乐处，会于日用各安然。乾坤许大经纶事，只在亲亲长长边。"④ 对于得心斋心印而传之，他有《示讲堂诸生》诗云："讲堂游侣发歌声，天籁无端静夜鸣。真乐得来非色象，良知悟破自灵明。见闻情识休相混，势利纷华岂足撄？此是乾坤真诀窍，漫矜私秘说师承。"⑤ 他将泰州之学的义理以诗的语言化出，将百姓日用与诗酒风流相融为一，为泰州之学平添了风雅情怀，如《李一吾公邀饮水笔居》之二："赋诗随酒看源头，漫兴休教花鸟愁。要挂青藜穷宇宙，肯从白发老春秋。推开理障光先室，动活天机水溢洲。识得本心真易简，吟风弄月自悠悠。"⑥ 当然，比较而言，一庵的诗作风雅不及东厓而远过于心斋。与东厓相比，一庵诗歌中多沿袭了心斋以诗说理的路径，而东厓之作则是更地道的文人诗。一庵与东厓错综于儒林、文苑的学术取向，对于晚明思想文化的变迁产生了直接的影响。

---

① 王栋：《一庵王先生遗集》卷上，《四库全书存目丛书》子部第 10 册，齐鲁书社 1995 年版，第 73 页。
② 王栋：《一庵王先生遗集》卷上，《四库全书存目丛书》子部第 10 册，齐鲁书社 1995 年版，第 84—85 页。
③ 王栋：《一庵王先生遗集》卷下，《四库全书存目丛书》子部第 10 册，齐鲁书社 1995 年版，第 103 页。
④ 王栋：《一庵王先生遗集》卷下，《四库全书存目丛书》子部第 10 册，齐鲁书社 1995 年版，第 105 页。
⑤ 王栋：《一庵王先生遗集》卷下，《四库全书存目丛书》子部第 10 册，齐鲁书社 1995 年版，第 104 页。
⑥ 王栋：《一庵王先生遗集》卷下，《四库全书存目丛书》子部第 10 册，齐鲁书社 1995 年版，第 105 页。

第四章 徐樾:"百姓日用即道"的阐释与泰州学派的传承

徐樾,字子直,号波石,贵溪人。嘉靖十一年(1532)进士,历官部郎,出任臬藩,嘉靖三十一年(1552)升云南左布政使。元江土舍那鉴杀知府那宪,攻劫州县,朝廷派兵进剿,那鉴遣使伪降,监军佥事心疑而不敢往,波石督饷至军中,慨然前行,被那鉴伏兵所害。焦竑《国史经籍志》卷五、黄虞稷《千顷堂书目》卷二十三载其著有《波石集》八卷,已佚。朱彝尊《经义考》卷一百三十五载有"《徐氏樾燕射礼仪》一卷,黔记贵州提学道贵溪徐樾撰"。

徐樾曾师事阳明,而卒业于心斋之门。虽然《波石集》已佚,但据李贽以及颜山农等人的记载,赵大洲、颜山农都是亲承徐波石的学者,而罗汝芳、何心隐等人都是颜山农的门人。因此,徐波石是心斋之后泰州学派传承主线中的重要环节,就此而言,他对于泰州学派的传衍作用甚至超过了王东厓与王一庵。尽管八卷《波石集》已佚,但《明儒学案》中仍保留了徐波石的诸多资料,据此我们仍可了解徐樾的思想概貌。

一、现成自在与百姓日用即道

"百姓日用即道"是心斋提出的一个最具特色也最有争议的命题,但其内容心斋未及详论,王东厓与王一庵也鲜有阐论。比较而言,徐波石在有限的存世文献中,对心斋的这一命题做了必要的理论阐释,弥补了心斋的某些理论缺失。

首先,自然现成论。

波石从《中庸》"天命之谓性,率性之谓道"之间的逻辑关系出发,论证了自然现成。对于这两句之间的关系,前人虽然曾有论及,如陈植曰:"天命谓性,是说浑沦一大本底;率性谓道,是就浑沦大本里分别个条贯脉络处,随人物所得之性,皆从大本中流出。如天油然作云,沛然下雨,此皆大化流行处,随他溪涧科坎,小大浅深,所得之雨,便有许多脉络之不齐,皆是此雨水也。"(《四书大全·中庸章句大全上》)但这是从本体与流行,一与多的角度,以性本体为前提来论说的。而徐波石则稍有不同,他将天、命分别论,其"命"具有作用、流行的意味,云:"天命一也,自道体之大而无外曰天;自道体之运而无息曰命。宪天者不违帝则,知命者自率性真,一尽其道者也……天也,命也,岂别为一体? 吾可得追慕而企及之耶? 不过自求自得而已矣。"①缘此再承心斋"百姓日用即道"的思想,云:

> 圣贤教来学,率性而已。人之动静食息,仁义礼智,灵明之德感通,皆以时出而名立焉,无有不感通,无有不停当,自昼而暮,自少而老者也。此天命之性如此……自得之学,于良知之自朝而暮,能闻能见,能孝能弟,无间昼夜,不须计度,自然明觉,是与天同流者,非天命而何?……人之日用、起居、食息,谁非天者? 谓其不自悟,故曰"蠢"。能率之者,动静食息,已经是真知真识,又从而知识之,是二知识也。能自信天命之真,而自安其日用之常,是则浑然与天地合德矣。②

波石认为人的动静施为都是天命、性的体现。但是贤智与愚不肖者对于性体的认知不一:"愚不肖者,日用此体也,奚谓不知? 不自知其用处是性,故曰蠢动。是以动是觉,觉处亦昏昧也。贤知者,不知日用是天则也,而有照觉。是又不能澄然无事,实过用其心,而作于伪矣。"③求觉之"动"是违背自然本真的过程,因此此之觉处,实乃昏昧之觉。贤知者不能认识日用常行乃自然天则,而如同用佛教中菩萨以光明照见众生般的"照觉"以摄日用常行,这同样是过用其心而致于伪。不难看出,波石在"百姓日用而不知"这一点上与一般的理学家并不相同,他不以"不知"为非,不再另求其觉,因为他认为日用常行就是

---

① 转引自黄宗羲著,沈芝盈点校:《明儒学案》卷三十二《泰州学案一》,中华书局1985年版,第725页。
② 转引自黄宗羲著,沈芝盈点校:《明儒学案》卷三十二《泰州学案一》,中华书局1985年版,第727页。
③ 转引自黄宗羲著,沈芝盈点校:《明儒学案》卷三十二《泰州学案一》,中华书局1985年版,第728页。

真知真识的表现,并不需要更求其知、更求其觉。徐波石认可的"觉"的价值,仅仅是指觉灵明之性,以在天地之间立人极而已,以便在与二氏所独擅的生死观中凸显儒学的话语权。理学家们讨论的圣凡之别标准在波石这里并无意义。就此而论,徐波石将心斋虽有提及,但未见明确论述的"百姓日用即道"予以了更彻底的阐述。可见波石乃是真正得心斋学脉,且将心斋学术予以更明确阐释的学者。与此相联系,波石还由此论及"学",亦即从工夫论推衍至知识论。徐波石提出的"真知真识"亦即其后罗汝芳所阐论的"赤子之心"以及李贽所谓"童心"。波石所谓"二知识",亦即其后赵大洲所谓"见"、李贽所谓"道理闻见"。徐波石认为此之真知真识本身即是性之发用,愚不肖者皆有之觉,此外别无觉外之觉。① 他还说:"圣学惟无欺天性,聪明学者,率其性而行之,是不自欺也。率性者,率此明德而已。父慈子孝,耳聪目明,天然良知,不待思虑以养之,是明其明德。一入思拟,一落意必,则即非本然矣,是曰自欺也。"②当然,虽然有自然之真知真识,真性也"不以妄而或泯"③,但徐波石还是认为需要对性之灵明"恍然一觉",因为在未觉之先,又有可能"执梦想以为真",因此"惟觉则真",亦即只有"觉"才能认识灵明真性,才能避免"百姓共玩而不察"。但波石之"觉"并非"先立乎大",亦非正心、明明德等德性证悟的过程,而是"觉"的澄然无事,率性即道,是对主体德性圆满的体认,而不是使德性圆满的过程。还需指出的是,在徐波石的存世文献中,这是鲜见的肯定"觉"的作用的文字,且仅在讨论伊尹、周公"觉天下"之功时有所论述,讲求自得方为波石立论的根本。由此可以看出,尽管徐波石卒业于心斋之门,他对于心斋之学也有变通、有发展,并不像心斋那样胶执于独尊"天下万世师"孔子,对于在位而觉天下的伊尹同样予以了极高的评价,云:"伊尹以天民之先觉而觉天下者,觉此灵明之性而已。""不有伊、周,又谁觉天下? 未觉之先,又谁其不执梦想以为真哉?"④他认为伊尹是

---

① 转引自黄宗羲著,沈芝盈点校:《明儒学案》卷三十二《泰州学案一》,中华书局1985年版,第728页。
② 转引自黄宗羲著,沈芝盈点校:《明儒学案》卷三十二《泰州学案一》,中华书局1985年版,第728页。
③ 转引自黄宗羲著,沈芝盈点校:《明儒学案》卷三十二《泰州学案一》,中华书局1985年版,第729页。
④ 转引自黄宗羲著,沈芝盈点校:《明儒学案》卷三十二《泰州学案一》,中华书局1985年版,第729页。

一位觉天下的圣哲。徐波石作为为政一方的皋藩，对于秉政施教的作用与平民之身的心斋有不同的体验。他肯定伊尹的在位觉人之功，这与波石、心斋的身份不同有关。当然，他对于伊尹的褒评主要在于"觉天下"，而其路径或方法则是"觉此灵明之性"，亦即教民众自明其性的方法。就此而言，他与阳明及心斋的立说旨趣并没有不同。

其次，为"百姓日用即道"作学理阐释。

徐波石强调天命之性，自然现成，无须"弄影于依稀假借之地"，开启了泰州后学去伪求真、一任自然的先声。心斋虽然亦有相似的思想，但并未直刺闻见之"伪"。泰州后学所斥之"伪"，往往指被悬为功令的形式化的、被理学家诠释过的儒学经典。对于这些以儒学经典为主的书本知识，心斋并未提出疑问，相反还有较明显的尊经意味。但波石则不同，他说"以闻见推测为知，念虑追责为学，规矩模仿为习，是皆外袭者，非性也"①。这开启了李贽"童心说"的先河。波石破斥"外袭"之学，仍以阳明的良知说为本，云：

> 自得之学，于良知之自朝而暮，能闻能见，能孝能弟，无间昼夜，不须计度，自然明觉，是与天同流者，非天命而何？②

波石认为，灵明之德"无有不感通，无有不停当，自昼而暮，自少而老者也。此天命之性如此"③。显然，波石所论乃道德论而非知识论，立论之本乃阳明的良知说，且是良知现成派。就论证方法而言，波石是从"与天同流"——"天命之性"的角度来论述的。这一望便知是来自于程明道，明道云："仁者，浑然与物同体。"④这也就是波石所谓"与天同流者，非天命而何？"因此，波石对于明道在《定性书》中所说的"君子之学，莫若廓然而大公，物来而顺应"以及《识仁篇》中

---

① 转引自黄宗羲著，沈芝盈点校：《明儒学案》卷三十二《泰州学案》，中华书局1985年版，第727页。
② 转引自黄宗羲著，沈芝盈点校：《明儒学案》卷三十二《泰州学案》，中华书局1985年版，第727页。
③ 转引自黄宗羲著，沈芝盈点校：《明儒学案》卷三十二《泰州学案》，中华书局1985年版，第727页。
④ 程颢、程颐著，王孝鱼点校：《二程集·河南程氏遗书》卷二上，中华书局1981年版，第16页。

的"不须防检,不须穷索"①甚为推赞,认为这是承颜子、孟子、周敦颐与程明道以来的学脉。同时,明道在论及情之蔽而不能适道的情形时,认为"大率患在于自私而用智。自私则不能以有为为应迹,用智则不能以明觉为自然"②。波石亦云:"一入声臭,即是意念,是己私也,人为也。转展苦而益劳,是作拙也。人之日用、起居、食息,谁非天者?谓其不自悟,故曰'蠢'。能率之者,动静食息,已是真知真识,又从而知识之,是二知识也。"③波石所论有得于明道的痕迹甚为清晰。当然,波石之论与程明道仍有殊异之处,这就是,明道所谓"不须防检,不须穷索"的工夫论是以先"识仁"或"识得此理",且"以诚敬存之",④亦即明道万物一体之说以"识仁"为前提,万物一体的证道方法是以德性已立而言的,亦即所谓"若心懈则有防,心苟不懈,何防之有?理有未得,故须穷索,存久自明"⑤。因此,明道的万物一体,乃是仁者的体验。但波石论万物一体则稍有不同,他没有"识仁"或"识理"的前提,径言"我者万物之体,万物者我之散殊"⑥,顺应天性则无有不当,亦即未经"识仁""识理"而自得其仁,自得其理。波石撤除了明道所论的"浑然与物同体"的前提,而径言:"圣学惟无欺天性,聪明学者,率其性而行之,是不自欺也。率性者,率此明德而已。父慈子孝,耳听目明,天然良知,不待思虑以养之,是明其明德。一入思拟,一落意必,则即非本然矣,是曰自欺也。"⑦在波石看来,天然良知,"不待思虑以养之","良知"无须"致"或保任的工夫,可见徐波石持论远比心斋放旷。心斋基本秉持了程明道"识得此理,以诚敬存之"的方法,云:"识得此理,则见见成成,自自在在。即此不失,便是庄敬;即此常存,便是持养。真不须防检。不识此理,庄敬未免着意,

---

① 程颢、程颐著,王孝鱼点校:《二程集·河南程氏遗书》卷二上,中华书局1981年版,第16—17页。
② 程颢、程颐著,王孝鱼点校:《二程集·河南程氏文集》卷二《答横渠张子厚先生书》,中华书局1981年版,第460—461页。
③ 转引自黄宗羲著,沈芝盈点校:《明儒学案》卷三十二《泰州学案一》,中华书局1985年版,第727页。
④ 程颢、程颐著,王孝鱼点校:《二程集·河南程氏遗书》卷二上,中华书局1981年版,第16页。
⑤ 程颢、程颐著,王孝鱼点校:《二程集·河南程氏遗书》卷二上,中华书局1981年版,第17页。
⑥ 转引自黄宗羲著,沈芝盈点校:《明儒学案》卷三十二《泰州学案一》,中华书局1985年版,第729页。
⑦ 转引自黄宗羲著,沈芝盈点校:《明儒学案》卷三十二《泰州学案一》,中华书局1985年版,第728页。

才着意便是私心。"①心斋虽然认为"庄敬"乃是起意而非现成自在,即是私心,但他立说的前提是"识得此理",理之不失,方能现成自在。波石则并无"识得此理"的前提,从这个意义上说,徐波石无论是从师承关系,还是思想导向来看,都是"颜山农、何心隐一派"的真正先导者。虽然身为皋藩之尊,并无"非名教之所能羁络"的行实,但其撤除"识得此理",以廓然大公之心应之的前提,实已成"非名教之所能羁络"之滥觞。当然,"童心"的理论意义在于尚真去伪,无关乎善恶,也无关乎正误,这与心斋的"百姓日用即道"其实存在着一定的差异。童心或赤子之心乃是本于先天本能的自然反应,而"百姓日用即道"能够成立的理据在于:民众的日用常行,往往是生活经验沉淀凝练而成,因此,虽日用不知,但人们经久积累的生活模式,往往是在对事理合理把握的基础上形成的。就此而论,"百姓日用即道"并非"非名教所能羁络"的不经之论,只是将经生们抽象化了的生活哲理还原到生活本身,这一简括的表述也成为心斋将儒学大众化的重要标识。因此,后学对其并不能都作片面的消极理解,仅仅看到其可能产生的隳坏纲常的作用,还应看到这一表述通过对百姓日用的圣化,强化了民众日用常行的自律循道意识。而这正是心斋立教的根本目的。从这个意义上说,心斋的百姓日用即道尚不是李贽童心说的滥觞。比较而言,徐波石撤除了"识得此理"的"与天同流""自然明觉",与李贽等人思想之间的逻辑关系更加明显。

　　心斋百姓日用即道的思想直承孟子"道一而已矣"②,其源实本于孔子"吾道一以贯之",亦即以"道"的唯一遍在的特征来说明,其核心在于道。波石虽然同样依循这样的思维路径,但与心斋稍有不同。心斋鲜有万物一体之论,这在他们论"私"意产生的途径、成因时得到了体现。心斋认为是因庄敬而起意,起意便是有私,亦即有悖现成自在的刻意之为便是私,私是因为有悖道一的原则。而波石则不同,他认为"既曰'天地之心',以言乎天地之间则备矣,而何我何万物乎哉!二之则有外,有外则非一,不一则私矣,非道也"③。当然,他的万物一体是建立在心学基础之上的,这也是他论学的基本点。他说:

---

① 王艮:《重刻心斋王先生语录》,《四库全书存目丛书》子部第10册,齐鲁书社1995年版,第23页。
② 杨伯峻译注:《孟子译注·滕文公章句上》,中华书局1960年版,第112页。
③ 转引自黄宗羲著,沈芝盈点校:《明儒学案》卷三十二《泰州学案一》,中华书局1985年版,第726页。

> 孔、孟之学,尧、舜之治,举求诸心焉而已。心外无事矣,求事也者,或逐事而二心,求心也者,以言乎天地之间则备矣。是心也,即万化也,自圣人以至愚夫,一者也。知天下国家皆我也,是曰知心;知天地万物皆心也,是曰知学。①

徐波石要得出的结论是:"自信天命之真,而自安其日用之常,是则浑然与天地合德矣。"②他采取的论证方法,显然是基于性善论与万物一体说,因此,他心目中的儒学正脉就是由这两方面互摄而成的,云:

> 是谓"喜怒哀乐,未发之中,而允执之矣"。颜子之学,尽是矣;周子所谓"一为要",程明道所谓"廓然大公,物来顺应,不须防检,不须思索",孟子曰"性善"者,皆是也。③

波石之论,使心斋的百姓日用即道获得了经典奥援。不难看出,虽然现存的关于波石的言论有限,且其中不无持论失允之处。但从其内容来看,波石是泰州学派传衍中至为重要的一个环节,这不仅仅是因为颜山农、赵大洲曾执贽于其门下,更重要的是在波石有限的论说中,开启了泰州后学的诸多话头。波石的这些论述中包含了王学现成派及泰州学派的诸多核心内容,且以现成论统一了心本体论、德性论与知识论。

二、心性论

在仅存的文献中,波石的心性论隐然可寻。这在驳斥程伊川以及关于气质之性的讨论中得到了体现。

---

① 转引自黄宗羲著,沈芝盈点校:《明儒学案》卷三十二《泰州学案一》,中华书局1985年版,第729页。
② 转引自黄宗羲著,沈芝盈点校:《明儒学案》卷三十二《泰州学案一》,中华书局1985年版,第727页。
③ 转引自黄宗羲著,沈芝盈点校:《明儒学案》卷三十二《泰州学案一》,中华书局1985年版,第727页。

首先,斥伊川而主张心本体论。指斥程伊川是《明儒学案》所载徐波石语录中一个十分明显的特征。程伊川是受到徐波石苛斥的仅有的一个理学名宿。凡有两处论述,其中一处是指斥伊川之论与告子、子莫无别:

> 告子固有义外之非矣,伊川曰:"在物为理。"何以异于义外哉!子莫固有执中之陋矣,伊川曰:"堂之中为中,国之中为中。"何以异于执一哉?信理在外也,何以曰"感而遂通天下之故?"信中可拟而明也,何以曰"故神无方,而易无体?"①

在波石看来,程伊川"在物为理",与告子的仁内义外说并无二致,亦即与孟子"义内说"完全相悖,这样波石就将程伊川推至孟子的对立面;同时,波石认为程伊川"在物为理"还有悖《周易·系辞》"感而遂通天下之故"的思想。波石对伊川的贬斥,是因为波石乃心本论者,如其云:

> 夫六合也者,心之郭廓;四海也者,心之边际;万物也者,心之形色。往古来今,惟有此心,浩浩渊渊,不可得而穷测也。②

基于这样的本体论,波石自然对程伊川的"在物为理"深为不满,可见徐波石贬斥程伊川的根本原因在于本体之"理""心"的不同,这也是南宋以来洛学南传而分野成朱、陆之异的核心所在。波石集矢于伊川,是因为伊川之学与阳明学存在着根本的殊异。虽然自宋代以来,后学对二程的评价多扬明道而抑伊川,其中多少与二程的性情气禀不同有关,但对伊川正面的批难并不多见。如陆九渊云:"二程见周茂叔后,吟风弄月而归,有吾与点也之意。后来明道此意却存,伊川已失。"③又云:"元晦似伊川,钦夫似明道。伊川蔽固深,明道却通疏。"④当然,真正对伊川析心理为二、"在物为理"思想提出批评的当属阳明,其

---

① 转引自黄宗羲著,沈芝盈点校:《明儒学案》卷三十二《泰州学案一》,中华书局1985年版,第729页。
② 转引自黄宗羲著,沈芝盈点校:《明儒学案》卷三十二《泰州学案一》,中华书局1985年版,第727页。
③ 陆九渊著,钟哲点校:《陆九渊集》,中华书局2010年版,第402页。
④ 陆九渊著,钟哲点校:《陆九渊集》,中华书局2010年版,第413页。

云:"伊川所云'才明彼即晓此',是犹谓之二。性无彼此,理无彼此,善无彼此也。"①对此,黄宗羲激赞曰:"先生恢复心体,一齐俱了,真是有大功于圣门,与孟子性善之说同。"②就心本论者的立场而言,黄宗羲对于阳明的激赞,亦可用之于徐波石。

其次,关于气质之性。宋明以来理学家们讨论甚多的天命之性、气质之性的问题,最早见于张载《正蒙·诚明篇》,云:"形而后有气质之性。善反之,则天地之性存焉。故气质之性,君子有弗性者焉。"张载将天命之性视为至善之性,而"形而后"的"气质之性"显然是善恶相混的,故而"君子有弗性者焉",需"善反之"方能存天地之性。其后程朱虽然提出天地之性与气质之性不可截然分开,但还是认为两者存在着差异性,如朱熹说:"气不可谓之性命,但性命因此而立耳。论天地之性则是专指理言,论气质之性则以理与气杂而言之,非以气为性命也。"③至明代,与理气关系相联系,一些思想家对宋人的人性论提出了质疑,如王廷相等人否定了天命之性的存在。罗钦顺与刘宗周等人则认为天命之性与气质之性具有同一性,如罗钦顺认为天命之性与气质之性是一性而两名,认为"以气质与天命对言,语终未莹"④。阳明则在心本体论的前提下,亦有关于气质与性的关系的论述,他通过水与容器的关系以喻性与气质,云:"气质犹器也,性犹水也,有得一缸者,有得一桶者,有得一瓮者,局于器也。水不因器之拘,而变其润下之性,人性岂因气质之拘而变其本然之善哉。"⑤亦即性为善,气质则各各有别。阳明的思想影响了王门学者,如江右王门的章潢认为性与气质虽有关系,但气质本身并不是性,反对"气质之性"的说法,云:"夫人不能离气质以有生,性不能外气质以别赋也。谓气即性,性即气,浑然无别,固不可。谓气之外有性,性之外有气,不免裂性与气而二之,何怪其分天地之性、气质之性,而自二其性哉?"因此,他认为不应有天命之性、气质之性之分,人所禀之气,

---

① 王守仁撰,吴光、钱明、董平、姚延福编校:《王阳明全集》卷四《与王纯甫二》,上海古籍出版社2011年版,第175页。
② 黄宗羲著,沈芝盈点校:《明儒学案》卷十《姚江学案》,中华书局1985年版,第187页。
③ 朱熹:《晦庵集》卷五十六《答郑子上》,四部丛刊明嘉靖本。
④ 罗钦顺著,阎韬点校:《困学记》上,中华书局1990年版,第7—8页。
⑤ 转引自黄宗羲著,沈芝盈点校:《明儒学案》卷二十四《江右王门学案九》,中华书局1985年版,第572页。

清浊厚薄各有不同,故而曰:"不齐者,气质也,非气质之性也。"①同为江右王门的胡直亦认为"性是性,气质是气质,又乌有气质之性哉"②。对于天地之性与气质之性的讨论,在泰州学派中颇为鲜见,但徐波石则提出了自己的看法,云:"质者性之器,气者性之运,孰得而二之而离之者哉!若曰天地之性,又曰有气质之性,则误矣。"③徐波石所论直挑阳明宗旨,与罗钦顺、刘宗周大致相似。值得注意的是,波石并未详论气质与性之间的区别,亦未论及气质的清浊之别、大小不同,亦即人人所禀的参差万殊之别。结合现存的波石言论来看,其既无防检省察的工夫之论,又无"识得此理"的先在条件,那么波石的"孰得而二之而离之者哉"的感叹,以及"质者性之器,气者性之运"的表述其实是将人性的呈现被先天善性所贞定,从而消弭了气质之性。换言之,波石将"气质""天地之性"化了。这就在人性论方面为自然现成论做了铺垫,为泰州后学思想的展开提供了一个必要的准备。

三、隐而不彰的内在原因

波石论学往往以整饬而又自然的语言表述,但又存在着不甚严谨之处,如他论述一体之道时说:"夫道也者性也,性也者心也,心也者身也,身也者人也,人也者万物也,万物也者道也。"④范畴的推演没有限定,使不同的诸范畴具有等值的内涵,不周延之处一目了然。诚如清人孙奇逢所评:"节义之骨,故语多灵快,叵谈良知处说得太自然,却失师门宗旨。"⑤孙氏之评洵为事实。当然,波石论学的这一特征,其实亦与其"卒业于心斋之门"有关。心斋之学不是以义

---

① 转引自黄宗羲著,沈芝盈点校:《明儒学案》卷二十四《江右王门学案九》,中华书局 1985 年版,第 573 页。
② 转引自黄宗羲著,沈芝盈点校:《明儒学案》卷二十二《宪使胡庐山先生直》,中华书局 1985 年版,第 518 页。
③ 转引自黄宗羲著,沈芝盈点校:《明儒学案》卷三十二《泰州学案一》,中华书局 1985 年版,第 731 页。
④ 转引自黄宗羲著,沈芝盈点校:《明儒学案》卷三十二《泰州学案一》,中华书局 1985 年版,第 726 页。
⑤ 孙奇逢:《理学宗传》卷二十一《明儒考·王门弟子》,清康熙六年刻本。

理分疏而是以通俗易晓见长,其中有些思想借助于歌谣体的形式①流播。这种表述虽然整饬明快,但在意义的阐释方面则不够严整,徐波石亦然。除此,波石评品伊川亦有失允之处,这主要表现在两个方面。

一是关于"堂之中为中,国之中为中"。在波石看来,伊川的拟"中"之论与子莫固有执中之说并无区别,违背了《周易·系辞》"故神无方,而易无体"的意蕴。孟子在论及经与权,亦即原则性与灵活性的关系时,曾针对子莫所为而提出批评。《孟子·尽心上》载:"杨子取为我,拔一毛而利天下,不为也。墨子兼爱,摩顶放踵利天下,为之。子莫执中,执中为近之。执中无权,犹执一也。所恶执一者,为其贼道也,举一而废百也。"在孟子看来,杨朱利己,墨子利他,都是极端的行为。而子莫则不同,子莫取杨墨之中而为之,似乎是近道之举,但孟子认为中不是一成不变的,取其中而不知根据具体时间、环境的不同而进行适当的调整,仍然是"执一"而非真正的中道,是对道的损害。波石认为,伊川所谓"堂之中为中,国之中为中"之论,与子莫固有执中之陋并无二致。波石对伊川的批评,针对的是《二程遗书》卷十八中的这一段话:

> 季明问:"'君子时中',莫是随时否?"曰:"是也。中字最难识,须是默识心通。且试言,一厅则中央为中,一家则厅中非中而堂为中,言一国则堂非中,而国之中为中,推此类可见矣。且如初寒时则薄裘为中;如在盛寒而用初寒之裘,则非中也。"②

伊川认识到识中颇难,须默识心通,亦即伊川深知"中"的内涵甚丰。因此,伊川姑且以堂中、国中为喻。从原文不难看出,意含识中需因地而适变;以初寒薄裘为中,是说明识中需因时而适变。可见,伊川对于"中"的认识并非"执中无权"。只是因为伊川以空间为喻,而并非如孟子那样以事为喻,如"男女授受不亲,礼也;嫂溺援之以手,权也"③。伊川的另一个以初寒薄裘喻中,同样是事而非空间,避免了固有执中的印象。可见,波石对于伊川的批难显然有苛责、

---

① 诸如《乐学歌》《大成歌》等。
② 程颢、程颐著,王孝鱼点校:《二程集·河南程氏遗书》卷十八,中华书局1981年版,第214页。
③ 杨伯峻译注:《孟子译注·离娄章句上》,中华书局1960年版,第177页。

求疵的意味,根本原因还在于伊川"在物为理"的理本论与波石所持的心本论有根本殊异。值得注意的是,波石所论在赵大洲那里得到了应和,并被黄宗羲看成是大洲有得于波石的重要依凭,黄氏将其记入了《布政徐波石先生樾》的传记之中,因此,徐波石的这一表述理应得到我们的重视。

二是对《周易程氏传》中"动见天地之心"的指斥:

问:"伊川谓动见天地之心,如何?"曰:"复其见天地之心,又着剩语。如学果自得,莫非是心,何动何静?何见何不见?不自得,皆空言也,何从而见?"①

徐波石其意是说《周易·复·彖》已有:"复,其见天地之心乎。"因此,伊川所谓"动见天地之心"乃是重复《彖辞》之意,遂称其为"又着剩语"。波石之评是否属实,且请看程伊川原文:"一阳复于下,乃天地生物之心也。先儒皆以静为见天地之心,盖不知动之端乃天地之心也。非知道者,孰能识之!"②诚如伊川所说"先儒皆以静为见天地之心",如孔颖达《正义》曰:"复其见天地之心乎者,此赞明复卦之义,天地养万物以静为心,不为而物自为,不生而物自生,寂然不动,此天地之心也。"③而程伊川与张载、欧阳修等人则另立新说,如张载云:"天地之心唯是生物"④,欧阳修亦云:"天地之心见乎动,一阳初动于下,天地所以生育万物者本于此。"⑤可见,这确实是北宋诸学者的一个理论创新。因为对其的解释都以"静"为主,伊川所谓"动见天地之心"就并不是对《彖辞》"复其见天地之心"的重复。不难看出,波石之评同样是意气之论,但波石随即转而讨论"见"的问题,而"见"乃《复·彖辞》原有之词,波石的评论似有疑经之嫌,殊难理解。对此,我们需要联系波石关于"天地之心"以及如何觉知性体的问题进行

---

① 转引自黄宗羲著,沈芝盈点校:《明儒学案》卷三十二《泰州学案一》,中华书局1985年版,第731页。
② 程颢、程颐著,王孝鱼点校:《二程集·周易程氏传·复卦》卷二,中华书局1981年版,第819页。
③ 王弼注,韩康伯注,孔颖达疏,陆德明音义:《周易注疏·卷五》,《文渊阁四库全书》经部第7册,第399页上。
④ 张载著,章锡琛点校:《张载集·横渠易说》,中华书局1978年版,第113页。
⑤ 转引自马其昶:《周易费氏学》卷三,《续修四库全书》第40册,上海古籍出版社2002年版,第408页下。

分析。波石曾有言:"往古来今,上天下地,统名曰道。是道在人,统名曰心,故曰:'人者,天地之心。'既曰'天地之心',以言乎天地之间则备矣,而何我何万物乎哉!"①波石引《礼记·礼运》中的表述为奥援,建立了心本体论。而人之所以为贵者,在于性之灵明。对此,我们需注意到波石的这一段论述:

> 曰知者,自灵明言。曰性者,自不息言。妙用无端,条理密察,曰理。灵明者,此觉也,声臭俱无,神圣莫测,曰明,曰诚。体以知名,有知无体。……语其体,固聪明睿知是已。此即一觉知者也。视听痛痒,无不觉者。此觉之外,更有觉乎?愚不肖者,日用此体也,奚谓不知?不自知其用处是性,故曰蠢动。是以动是觉,觉处亦昏昧也。贤知者,不知日用是天则也,而有照觉。是又不能澄然无事,实过用其心,而作于伪矣。②

明乎此,我们便能窥见波石对象辞中原有之"见"予以置评,并苛责伊川论"动"的原因了。这是因为波石认为日用处即是性、即是天则,无须动而为觉外之觉,亦即其所谓"一入思拟,一落意必,则即非本然矣"③。在此,波石运用了"蠢动"这一近乎粗鲁的词汇,颇具情绪色彩,其实这关涉到对伊川所谓"动见天地之心"的看法。可见徐波石对于程伊川的斥责,同样还在于伊川"在物为理"与波石基于万物一体的心本体论的根本殊异。这样就不难理解波石何以集矢于伊川,乃至论述时思路跳跃突兀的原因了。

还应注意的是,作为泰州之学承祧者的徐波石对心斋淮南格物的思想鲜有论及,对于淮南格物所具的安身立本无一体现。徐波石最终殒命元江,黄宗羲深以为惜,并认为与其学有未尽之处有关,云:"其于尊身之道,则有间矣。"④黄宗羲在《布政徐波石先生樾》传记中记述了波石与心斋关于尊身的对话,心斋诲之曰:"身与道原是一件,至尊者此道,至尊者此身。尊身不尊道,不谓之尊

---

① 转引自黄宗羲著,沈芝盈点校:《明儒学案》卷三十二《泰州学案一》,中华书局1985年版,第726页。
② 转引自黄宗羲著,沈芝盈点校:《明儒学案》卷三十二《泰州学案一》,中华书局1985年版,第728页。
③ 转引自黄宗羲著,沈芝盈点校:《明儒学案》卷三十二《泰州学案一》,中华书局1985年版,第728页。
④ 黄宗羲著,沈芝盈点校:《明儒学案》卷三十二《泰州学案一》,中华书局1985年版,第725页。

身;尊道不尊身,不谓之尊道。道尊身尊,才是至善。"① 孟子曰:"天下有道,以道殉身;天下无道,以身殉道。未闻以道殉乎人者也。"(《孟子·尽心上》)心斋亦以孟子之论以教波石,云:"若以道殉人,妾妇之道也。己不能尊信,又岂能使彼尊信哉?"② 殉人之道已非真道,诚如张轼所云:"身与道不可离也。以道殉人,则是可离矣。乌有所谓道哉?"因此,这样随人枉曲的"妾妇之道"已非与身合一之道,不必身殉此道。黄宗羲认为徐波石身殒元江,以身殉道的实践印证了心斋尊身论的重要。

虽然徐波石的存世文献不丰,但作为泰州学派承传发展史上的重要一环,其作用不但在于弥补了心斋的某些理论缺失,更重要的还在于,波石还是心斋大成学的衣钵传人。心斋有云:

> 屡年得书,必欲吾慈悯教诲,于此可见子直不自满足,非特谦辞已也。殊不知我心久欲授吾子直大成之学,更切切也。但此学将绝二千年,不得吾子直面会口传心授,未可以笔舌谆谆也。③

虽然东厓弘传心斋之学甚力,但并未见传承大成学的记载。心斋唯对徐波石殷殷相托,以继二千年之绝学。大成学的传授与一般的学术思想的传承颇有不同,"笔舌谆谆"尚不足以得其要领,还需"面会、口传、心授"而后可。也正因为这个特征,我们在心斋与波石的文献中难以寻觅他们授受大成学的梗概,但通过波石传承赵大洲、颜山农,衍成泰州学派的主脉,已可窥见波石的独特作用。从这个意义上说,徐波石虽然在理论上稍嫌疏略,但对泰州学派的传承具有不可或缺的作用,这也是我们单列一章讨论波石思想的原因。

---

① 转引自黄宗羲著,沈芝盈点校:《明儒学案》卷三十二《泰州学案一》,中华书局 1985 年版,第 725 页。
② 转引自黄宗羲著,沈芝盈点校:《明儒学案》卷三十二《泰州学案一》,中华书局 1985 年版,第 725 页。
③ 王艮:《重刻心斋王先生语录》卷下《再与徐子直》二,《四库全书存目丛书》子部第 10 册,齐鲁书社 1995 年版,第 37 页。

第五章　颜钧："精神心造"的泰州别派开山

颜钧(1504—1596)，字子和，号山农，又号耕樵，因避万历帝朱翊钧讳更名铎，江西吉安府永新县人。父颜应时，曾任常熟训导，山农早年曾随父在常熟习科举之文，但"穷年不通一窍"①。又因兄颜钥而得知阳明良知说，从其"精神心思，凝聚融结，如猫捕鼠，如鸡覆卵"的十六字心诀中得到启发，闭关七日以悟道。此后聚众讲耕读、孝悌，立三都萃和会。其游学四方，先立徐樾之门，继而亲炙于心斋；曾短暂地入胡宗宪、俞大猷幕下，参与征剿海寇；最后以讲学著述终其一生。其高第弟子有罗汝芳、何心隐、程学颜等，著有《山农集》《耕樵问答》。今见最早的《颜山农先生遗集》迟至清咸丰年间才刊刻传世。黄宣民先生据此本标点整理成《颜钧集》，由中国社会科学出版社出版。

在黄宗羲《明儒学案·泰州学案》序文中，颜山农被列为泰州学派一变而成"非名教之所能羁络"的开风气者。对于颜、何一派的评价，黄宗羲在《泰州学案》序中予以特别说明："今之言诸公者，大概本弇州之《国朝丛记》，弇州盖因当时爱书节略之，岂可为信？"②颜山农、何心隐等人都曾有过被拘系经历，原因虽然比较复杂，但大致多与讲学引起的政治因素有关。王世贞采缀爱书而成颜、何等人的事迹，负面之评必多。王世贞《国朝丛记》收录于《弇州史料》之中，其中的《嘉隆江湖大侠》记述颜山农云："盖自东越之变为泰州，犹未至大坏，而泰州之变为颜山农，则鱼馁肉烂，不可复支。"③王世贞所记内容确如黄宗羲所言，多罗列传言，竭力贬斥。时人及后学对山农的恶评，多与王世贞的记述有关，亦即黄宗羲所谓"今之言诸公者，大概本弇州之《国朝丛记》"。一些著名学者对山农的评价之所以多为观场之论，当与山农著述迟迟失诸梨枣，学者主要仅能

---

① 颜钧著，黄宣民点校：《颜钧集》卷三《自传》，中国社会科学出版社1996年版，第23页。
② 黄宗羲著，沈芝盈点校：《明儒学案》卷三十二《泰州学案一》，中华书局1985年版，第703页。
③ 王世贞著，董复表辑：《弇州史料》后集卷三十五《嘉隆江湖大侠》，明万历四十二年(1614)刻本。

据《国朝丛记》所记有关。黄宗羲不愧为一代良史，直言王世贞所记"岂可为信"，考稽而后成允评。因此，黄宗羲对泰州学派中的颜、何一派的评判与王世贞迥然有异，评颜山农云："其学以人心妙万物而不测者也。性如明珠，原无尘染，有何睹闻？著何戒惧？平时只是率性所行，纯任自然，便谓之道。及时有放逸，然后戒慎恐惧以修之。凡儒先见闻，道理格式，皆足以障道。此大旨也……颇欲有为于世，以寄民胞物与之志。"①但尽管如此，黄宗羲在撰著《明儒学案》时对山农的著作也未必能够经眼，诚如黄宣民先生所言："虽如史学大家黄宗羲撰《明儒学案》时，他也未能读到颜钧的重要遗稿如《急救心火榜文》等，否则，他是不会无所采择的。"②陈来先生亦认为"从《明儒学案》所叙来看，黄宗羲并未看到过颜钧的文集，这使得他的叙述语焉而未详"③。果如其所言，我们论析山农无须太着意于明代以来史家有关颜山农的评说，而应以山农著述为本，直面颜山农的思想、行谊，分析其在泰州学派中的作用。

一、大中仁学

颜山农虽然受到王世贞等人的呵斥，但其在泰州学派中的作用颇为显豁，一方面直启泰州别派"非名教之所能羁络"之绪，同时，泰州学派理论高峰罗汝芳亦笃嗣其学，乃至当山农留京入狱之时，近溪"尽鬻田产脱之。侍养于狱六年，不赴廷试。先生归田后，身已老，山农至，先生不离左右，一茗一果，必亲进之。诸孙以为劳，先生曰：'吾师非汝辈所能事也'"④。近溪侍坐如愚，从一个侧面体现了山农之学必有其戛戛独到之处。这在其论学方式中得到了体现：山农屡屡标示其学以《大学》《中庸》《周易》为本，且作有《论大学中庸》《论大学中庸大易》等专论。在《耕樵问答》中亦有《晰大学中庸》的专题答问，而引据《语》《孟》的论述颇为鲜见。因此，黄宣民先生以"大中哲学"⑤标示山农，诚乃

---

① 黄宗羲著，沈芝盈点校：《明儒学案》卷三十二《泰州学案一》，中华书局1985年版，第703—704页。
② 颜钧著，黄宣民点校：《颜钧集》卷一，中国社会科学出版社1996年版，前言第5页。
③ 陈来：《中国近世思想史研究》下篇《明代的民间儒学与民间宗教——颜山农思想的特色》，商务印书馆2003年版，第456页。
④ 黄宗羲著，沈芝盈点校：《明儒学案》卷三十四《泰州学案三》，中华书局1985年版，第761页。
⑤ 参见黄宣民：《明代平民儒者颜钧的大中哲学》，《哲学研究》1995年第1期。

允称。当然,颜山农以《大学》《中庸》为据主要体现在结构体系方面,就内容而言,仁学又是其思想的核心所在。因此,姑以"大中仁学"标识其思想。

首先,《大学》《中庸》之学。

山农论学既祖述儒学正统,又承嗣阳明、心斋之学脉。阳明、心斋以"四书"及《易传》作为立说基础,但"四书"中的《大学》《中庸》以及《易传》等并不是孔子所作。如《中庸》,虽然《孔丛子》记录子思"撰《中庸》四十九篇",但自宋明以来,一般都认为《孔丛子》是一部伪书,或为三国时魏国的王肃所作。更重要的是,《中庸》中又有"今天下车同轨,书同文,行同伦",这显然是秦统一之后的文字,乃至宋人王柏怀疑《汉书·艺文志》中所谓的"《中庸说》二篇"即是现存的《中庸》,也有学者认为《中庸说》乃今本《中庸》的一部分。无论何说为是,《中庸》与孔子无涉乃公认的事实。但颜山农则不以为意,他将《大学》《中庸》《易传》等都视为孔子所作,谓其"及建杏坛聚斐也,则洞发精造,曰《大学》,曰《中庸》,曰大《易》六龙,曰《系辞》,曰'六经',时措总规,为仁神变适,代天御命"①。又云:"孔子一生精神,独造《大学》《中庸》。"②对此,山农高弟程学颜亦记之曰:"《大学》《中庸》书,名篇也。自汉以来皆透视为书名,未有以为圣学精神,识达此四字作何用焉。我师颜山农独指判曰:'此尼父自造传心口诀也。两篇绪绪晰章,并出夫子手笔,非曾子、子思所撰也。'"③将《大学》《中庸》视为孔子的传道心诀。毋庸讳言,山农枉顾史实对《大学》《中庸》作主观臆解,显然有悖学术常识,但他对《大学》《中庸》的别解,仅是为其倡学立说提供学理准备。就思想史研究而言,我们需要关注的是他提出了哪些新颖之说。山农所言虽是主观曲说,但其直挑孔圣的意向十分清晰。山农之学,生乎自得,而获证于《学》《庸》,并通过会讲传学,将这一学术传统大成于当时,自云:"鳌鳏山农一生,精神心造,获融适乎《大学》《中庸》,敢继乎杏坛邱隅,直欲聚斐有为,绪历《学》《庸》,成功必期七日、三月、期年,三载大成。"④

山农基于对《大学》《中庸》理解的改变,而将"大""学""中""庸"析成各自独

---

① 颜钧著,黄宣民点校:《颜钧集》卷四《履历》,中国社会科学出版社1996年版,第34页。
② 颜钧著,黄宣民点校:《颜钧集》卷四《邱隅炉铸专造性命》,中国社会科学出版社1996年版,第36页。
③ 颜钧著,黄宣民点校:《颜钧集》卷九《附录一·衍述大学中庸之义》,中国社会科学出版社1996年版,第76页。
④ 颜钧著,黄宣民点校:《颜钧集》卷二《失题》,中国社会科学出版社1996年版,第11页。

立的范畴,因此而有"大中学庸,学大庸中,中学大庸,庸中学大"①等不同的次序与组合,这四个相对独立的范畴"互发交乘乎心性,吻合造化乎时育"②,但都属于心学,并且是关乎发生论的范畴。就四个范畴的关系来看,"大"与"中"为主,云:"夫大之体也,曰明德,曰至善,曰知在格,曰意心身,曰家国天下也。夫中之主宰也,曰天命性,曰道睹闻,曰隐微独,曰天地万物也。"③"中"则是最为重要的范畴,云:"中也者,帝乎其大。"④"学"与"庸"为次。他对"系学以大,以庸丽中"做了形象的解释,云:"盖有取于精金出矿,胚胎庞朴。据以市贾,难竟信用,遂入炉火,锻化镕煎,倾泻纹科,然后遍用贸易交通。所以,圣神识道识心,同乎矿金之肫肫,裁成辅相,翼以学庸,为炉泻此内,锡类多功,即大惯文武吹煽缓急之不等。"⑤亦即"大""中"如同矿金,而"学""庸"如同吹煽缓急不同的炉火、清除矿物中锡类的鼓风机:"学以橐,庸为籥。"⑥当然,山农的这一比喻并不意味着轻视"学""庸"的作用,他虽然以"中"为本,显示了心学的本色,但又十分重视"学""庸",并付诸"行功",云:"意必诚,心必正,身必修,家必齐,国必治,天下必平,是为平章百姓,黎民咸归亲亲也。此学之所以聚乎其大,立生己生人生天下之大本也。""人人君子,人人中和,以为位育。不遗不过,此庸之所以承乎其中,达成己成人成天下之化道也。"⑦其中即含有付之于实践的意味。同时,山农还据此作为弘传自己大中仁学的动力和根据,云:"是以耕樵识透知及,敢于勇力仁守,竟则庄苆动,礼乐遂,行功深造,所谓头头冲着,步步踏着,敢不敢欺罔,亦不敢不直扬也。或遭患难险阻,匪桓杀害,从天降,从人致者,实为

---

① 颜钧著,黄宣民点校:《颜钧集》卷六《耕樵问答·晰大学中庸》,中国社会科学出版社1996年版,第49页。
② 颜钧著,黄宣民点校:《颜钧集》卷六《耕樵问答·晰大学中庸》,中国社会科学出版社1996年版,第49页。
③ 颜钧著,黄宣民点校:《颜钧集》卷六《耕樵问答·晰行动》,中国社会科学出版社1996年版,第51页。
④ 颜钧著,黄宣民点校:《颜钧集》卷六《耕樵问答·晰行动》,中国社会科学出版社1996年版,第49页。
⑤ 颜钧著,黄宣民点校:《颜钧集》卷六《耕樵问答·晰行动》,中国社会科学出版社1996年版,第51页。
⑥ 颜钧著,黄宣民点校:《颜钧集》卷六《耕樵问答·晰行动》,中国社会科学出版社1996年版,第51页。
⑦ 颜钧著,黄宣民点校:《颜钧集》卷六《耕樵问答·晰行动》,中国社会科学出版社1996年版,第51页。

此学。"①山农通过"《大学》《中庸》之自能,合而通之",最终成为"不敢不直扬"其学的经典依据。可见,山农大中之学,既是本于《大学》《中庸》及《周易》的关于天道人性一体互动的学说,同时也是对自己学术合法性的论证过程。以我为本的理论构建,是大中之学的实质。对此,山农本人并未作十分明晰的表述,但其门人程学颜在《衍述大学中庸之义》中有这样的记述:"自我广远无外者,名为大;自我凝聚员神者,名为学;自我主宰无倚者,名为中;自我妙应无迹者,名为庸。"②山农所以要进行这样的证解,原因即在于以"耕樵"卑微之身,而有"进灭百代蓁芜、千家注集之糜滥"③直造圣殿之志。山农对其合法性的证明,既借助于"三教活机"的参证,又借理学固有的《大学》《中庸》以及《周易》等经典。宣陈学说的同时又援经自证,是山农论学的一个重要特征。

将"大中学庸"与《易》道相融合,这是山农一生中最为自得的为学成就,其云:

> 耕者曰:"大中学庸,即易运时宜,无二道,无二学,无二教也。是以潜之修也,得于七日闭关以凝神。见于世也,竟获一阳来复,利有攸往。惕乎中也,统率阳长为慎独。跃诸庸也,愤发乐学入大成,是至无上独仁,无敌自神,往来中立,时宜飞御乎性天之乐,莫御乎覆载持帱之大中。如此安身以运世,如此居其所,而凡有血气莫不尊亲,是为亢。丽神易仁道,无声臭乎上下四旁,所谓时乘六龙以御天,独造化也。如此哲晰大中大易,以变化学庸。仁道必亲身,易善易天下,彰顺化,自将进灭百代蓁芜、千家注集之糜滥也。此为耕樵一生,既竭精神心思,知及仁守,庄莅动礼成乐之极至深涵,如是严造脱颖,如是乐止自神,不贰息也。"④

---

① 颜钧著,黄宣民点校:《颜钧集》卷六《耕樵问答·晰行动》,中国社会科学出版社1996年版,第51页。
② 转引自颜钧著,黄宣民点校:《颜钧集》卷九《附录一·衍述大学中庸之义》,中国社会科学出版社1996年版,第76页。
③ 颜钧著,黄宣民点校:《颜钧集》卷六《耕樵问答·晰大学中庸》,中国社会科学出版社1996年版,第50页。
④ 颜钧著,黄宣民点校:《颜钧集》卷六《耕樵问答·晰大学中庸》,中国社会科学出版社1996年版,第50页。

虽然没有见列于"四书"之中,但《易传》是宋明理学讨论的核心内容"天道人性"中有关"天道"的主要文献依据,如:"易之为书也,广大悉备:有天道焉,有人道焉,有地道焉。"(《系辞下》)又云:"易与天地准,故能弥纶天地之道。"(《系辞上》)山农亦以易之潜、见、惕、跃、飞、亢直接与大中学庸以及山农自己的七日闭关、大成仁学等相比附,认为"大中学庸"就是"易运之时宜"。这与宋代理学家周敦颐《太极图说》以太极衍阴阳五行而化生万物,本易义而立说不同,也与邵康节《皇极经世》以先天卦象之数综贯天道人事,以成内圣外王之学不同。山农自谓对"大中大易"的"晢晣",其实仅是比附而已,穿凿痕迹一望可知。其"六龙"所对应的"大中"次第并无明显的逻辑关系。但尽管如此,山农通过这种"晢晣",使自己的"大中"学以及"七日闭关"披上了易道神圣且神秘的光环。山农所昭示的"大中""大易"的结合达到了神奇之效:"易善易天下,彰顺化,自将迸灭百代蓁芜、千家注集之糜滥也。"亦即山农一生"竭精神心思"而悟得的"大中"与"大易"和合一体,可以一扫历代儒学注疏,直造圣廷。诚如俞大猷对山农的《赠言》所云:"能穷皇极先天理,不读人间非圣书。"① 可见,山农论证的实乃自己以"七日闭关"启其端的"大中仁学"的神圣性。其对当时产生的社会影响,《程身道传》中有这样的记载:"过济宁,众友留讲三日,日启大中学庸为尼父绝学口诀。众友悦信,求笔遗指。"②

其次,"制欲非体仁"。

仁是山农最为重视的核心范畴,他说:"夫尧舜之道,帅天下以仁而已。是故仁,人心也。是心之体,肫肫焉,灵灵焉,灵照密察,隐微莫遁,肫生万物,无时或息,皆至诚为贞干也","夫孔孟之学,亦仁而已矣"。③ 仁是尧舜迄于孔子道统之本,尤其是孔子思想的核心。山农自视为承孔子仁学而又有自得,亦即其所谓"山农受传,而造有获,自成仁道"④。山农所体认的自尧舜以及孔子的道统也是一个变化的过程。这种变化,在《耕樵问答·圣儒传一辨》中得到了阐发。他认为,尧舜之"精一",文王之"纯一",就像"如今人家常用牢固底长绳

---

① 颜钧著,黄宣民点校:《颜钧集》卷九,中国社会科学出版社1996年版,第80页。
② 颜钧著,黄宣民点校:《颜钧集》卷三《程身道传》,中国社会科学出版社1996年版,第22页。
③ 颜钧著,黄宣民点校:《颜钧集》卷三《明尧舜孔孟之道并系以跋》,中国社会科学出版社1996年版,第19页。
④ 颜钧著,黄宣民点校:《颜钧集》卷五,中国社会科学出版社1996年版,第42页。

索"①,在山农看来,孔子则是在知信先圣所论的基础上,"就将此索直串万贯纹钱,随周日用,彻上下四旁不竭也"。② 山农眼中孔子的贡献在于体用一源,颇有阳明后学本体上说工夫,自然现成的工夫论意味。不难看出,山农所体悟的仁学,是在孔子体用一源基础上"造有获"而自成。山农所理解的道统的逻辑发展,即是山农最著名的工夫论命题——"制欲非体仁"。

"制欲非体仁"不见于《颜钧集》,论者一般多以黄宗羲《明儒学案》中罗汝芳传中的记载为据。据黄宗羲记载,当罗汝芳病于心火之时,恰遇颜山农讲论急救心火,遂有这样的记载:

> 先生(罗汝芳)自述其不动心于生死得失之故,山农曰:"是制欲,非体仁也。"先生曰:"克去己私,复还天理,非制欲,安能体仁?"山农曰:"子不观孟子之论四端乎?知皆扩而充之,若火之始然,泉之始达,如此体仁,何等直截!故子患当下日用而不知,勿妄疑天性生生之或息也。"先生时如大梦得醒。明日五鼓,即往纳拜称弟子。③

山农同乡后学贺贻孙在《颜山农先生传》中亦有记载,内容稍有不同:

> 始罗(罗汝芳)为诸生,慕道极笃,以习静婴病,遇先生(颜钧)在豫章,往谒之。先生一见即斥曰:"子死矣,子有一物,据子心,为大病,除之益甚,幸遇吾,尚可活也。"罗公曰:"弟子习澄湛数年,每日取明镜止水,相对无二,今于死生得失不复动念矣。"先生复斥之曰:"是乃子之所以大病也,子所为者,乃制欲,非体仁也。欲之病在肢体,制欲之病乃在心矣。心病不治,死矣。子不闻放心之说乎?人有沉疴者,心怔怔焉,求秦越人决脉,既

---

① 颜钧著,黄宣民点校:《颜钧集》卷六《耕樵问答·圣儒传一辨》,中国社会科学出版社1996年版,第49页。
② 颜钧著,黄宣民点校:《颜钧集》卷六《耕樵问答·圣儒传一辨》,中国社会科学出版社1996年版,第49页。
③ 黄宗羲著,沈芝盈点校:《明儒学案》卷三十四《泰州学案三》,中华书局1985年版,第760—761页。

诊,曰:'放心,尔无事矣。'其人素信越人之神也,闻言不待针砭而病霍然。"①

两段文字都记载了颜钧关于制欲与体仁的关系论都是因罗汝芳的"心病"而做出的判断,主要表达的是"制欲"与"体仁"的差异性,而不完全是制欲与体仁之间的对立关系,都不是直接论证"制欲非体仁"。比较而言,黄宗羲所记虽然较为简略,但对制欲与体仁的关系有较清晰的论证。山农在释罗汝芳"非制欲,安能体仁"之疑时,以孟子四端说为据,认为扩充心性,即如同火之始燃,泉之始达,这便是直截的体仁之道。山农认为罗汝芳之疑,实乃不明本体即工夫的道理。贺贻孙《颜山农先生传》的记载详细、自然,但主要论述了以放心去除心病的方法,云:"孟子曰:'学问之道无他,求其放心而已矣。'但放心则萧然若无事人矣。"②显然,"放心"之论乃承孟子而来,孟子所谓"放心",出自《告子上》:"仁,人心也;义,人路也。舍其路而弗由,放其心而不知求,哀哉!人有鸡犬放,则知求之;有放心而不知求。学问之道无他,求其放心而已矣。"③孟子之"放心",是指失落、蒙蔽乃至昏睡的本心,而仁、人心作为万变之主,不可须臾失;义,作为行事之宜,不可须臾舍。孟子所谓"求放心"是要收放心,养德性,立大本。学问之道亦在于此。而颜山农所论之"放心"说,与孟子原意迥然不同。他不是要收"放心"或求"放心",而是要放其心。要自信其心,自见其心,在心的发用与流行中不受外物牵系,亦即放下一切,直心而动。这虽然是因罗汝芳的"心病"而发,但体现了泰州学派本体即工夫,良知现成的思想。

《颜钧集》中虽未见"制欲非体仁"的记载,但有相关的论述,如在《圣儒传一辨》中,他认为孔子之"吾道一以贯之"便是体用相兼,将一贯之索"直串万贯纹钱,随周日用",随即又说:"至曰无欲,如将索外摸揩尘垢,徒劳而不知所以为用,虽间有识破独乐之汉,先立其大之能者,然皆未知一道之仁,进取立达己人

---

① 颜钧著,黄宣民点校:《颜钧集》卷九贺贻孙《颜山农先生传》,中国社会科学出版社1996年版,第82页。
② 颜钧著,黄宣民点校:《颜钧集》卷九贺贻孙《颜山农先生传》,中国社会科学出版社1996年版,第82页。
③ 焦循撰,沈文倬点校:《孟子正义》卷二十三《告子章句上》,中华书局1987年版,第786页。

为止至。"①在山农看来,"无欲"之谓,如同对精一之绳索外摸揩尘垢,而不及于"用",但这并不符合山农所理解的孔子的"随周日用"的思想,因此,所谓"无欲",实乃"徒劳而不知所以为用",其中"虽间有识破独乐之汉,先立其大之能者,然皆未知一道之仁"。②"无欲""未知一道之仁",其意与"制欲非体仁"颇为接近。当然,山农之意是要"知""一道之仁",这也是山农所要申论的重点。山农虽然认可阳明、心斋对这一儒学道统的承续之功,云:"幸遇阳明破荒呼觉良知,以开道眼;崛起心斋,穷探大成,中兴师道。"③但其中并未涉及"仁道"的内容,而真正承孔子以仁学为核心的道统的还是山农自己,云:"时际耕樵及门授禅,弃身操印,不惑不乱,遂行齐家孝弟仁让,游扬四方,颇采信与。是以壮志显比,中正易简,调燮曲致,善养同仁,确守绳墨,敢惑他技哉!"④可见,山农描述的道统,虽然也充分肯定了阳明、心斋的地位,但其直承孔子的意味隐然可见。与"制欲非体仁"的观念相关,他还提出了"各安生理",云:"人之生理,自心与身。礼法养心,衣食养身。养身养心,身心兼□。生理经营,信行天理。天理莫欺,信行为主。"⑤其所谓"各安生理"即是承认人情之欲的存在。同时,他又认为"酒色人兮,亦天性兮"⑥。"制欲非体仁"虽然不见于现存的《颜钧集》,但其理论取向在《颜钧集》中则隐然可见。这也是阳明后学向自然主义演进的一个环节。让一己欲望自然呈现,承认其存在的合理性,这渐成晚明新锐思想家所孜求的理论取向。

根据尹继美《颜山农先生遗集凡例》考证,"先生文集,原系自手编辑"⑦。而文集中并无"制欲非体仁",由此推论,这可能并不是颜山农研精竭虑之言,

---

① 颜钧著,黄宣民点校:《颜钧集》卷六《耕樵问答·圣儒传一辨》,中国社会科学出版社1996年版,第49页。
② 颜钧著,黄宣民点校:《颜钧集》卷六《耕樵问答·圣儒传一辨》,中国社会科学出版社1996年版,第49页。
③ 颜钧著,黄宣民点校:《颜钧集》卷六《耕樵问答·圣儒传一辨》,中国社会科学出版社1996年版,第49页。
④ 颜钧著,黄宣民点校:《颜钧集》卷六《耕樵问答·圣儒传一辨》,中国社会科学出版社1996年版,第49页。
⑤ 颜钧著,黄宣民点校:《颜钧集》卷五《箴言六章·各安生理》,中国社会科学出版社1996年版,第41页。
⑥ 颜钧著,黄宣民点校:《颜钧集》卷五《图赞六章》,中国社会科学出版社1996年版,第42页。
⑦ 颜钧著,黄宣民点校:《颜钧集》卷九《附录一》,中国社会科学出版社1996年版,第94页。

而是因病发药的即兴之作，但这又是贺贻孙在《颜山农先生传》中详细论述的一个重要命题，亦即后人认为这是集中体现山农论学特色的思想其实是山农并不经意的一种表述。毋庸讳言，这也是一个极具争议的命题。黄宗羲等人将颜山农、何心隐列为"非名教之所能羁络"一派，与这一表述不无关系。但当我们全面考察颜山农著述时便不难看出，他并无多少荡轶之论。事实上，我们在《颜钧集》看到很多谨守名教的论述，诸如《劝忠歌》《劝孝歌》等。《箴言六章》的内容分别是"孝顺父母""尊敬长上""和睦乡里""教训子孙""各安生理"与"毋作非为"。他还笃行名教，早年"惟知善养寡慈，将顺得欢心"①。颜山农尊师重义，孤身远赴滇南，苦寻其师碎骸，并将其附葬于心斋墓旁，绝无"坐于利欲胶漆盆中"②之行，恰恰相反，其"轻财好施，挥金如土，见人金帛辄诟曰：'此道障也。'索之，无问少多，尽以济人"③。就对心的体认来看，心斋倡心本乐而山农则以仁为心之本，恰恰体现了其笃于名教的取向。因此，将"制欲非体仁"视为颜山农思想的特征难称公允。山农之学的特质在于他多自得之论，神道设教，而其旨趣则在于经世、在于践履、在于其所具有的强烈现实情怀。

二、神莫论及其陌生化的论学方法

山农论学之殊异，不仅仅体现在对《大学》《中庸》的别解，还通过生造词汇以体现其"自为"的思想，其中最突出的当是在《辨精神莫能之义》《辨性情神莫互丽之义》两文中提出的神莫论。所谓神莫，是指心体的精神与作用，即其所谓"心之精神与莫能"④。关于"莫"，山农释之为："夫子屡称为'实'字。"⑤神莫论，是将抽象的心性论通俗化，实际表达的则是心一体生化的过程，云："心之

---

① 颜钧著，黄宣民点校：《颜钧集》卷三《自传》，中国社会科学出版社1996年版，第23页。
② 黄宗羲著，沈芝盈点校：《明儒学案》卷三十二《泰州学案一》，中华书局1985年版，第703页。
③ 颜钧著，黄宣民点校：《颜钧集》卷九贺贻孙《颜山农先生传》，中国社会科学出版社1996年版，第83页。
④ 颜钧著，黄宣民点校：《颜钧集》卷二《辨精神莫能之义》，中国社会科学出版社1996年版，第13页。
⑤ 颜钧著，黄宣民点校：《颜钧集》卷二《辨精神莫能之义》，中国社会科学出版社1996年版，第13页。

精神是谓圣。莫能载大,莫能破小为中庸,无非立达己人,人人好仁无尚,心心知秉莫能,以遂精神为时时、生生、化化循环无终始也。夫是之谓'从心所欲不逾矩',夫是之谓一团生气育类人。自致广大高明,自尽精微中庸,自乐止乎至善,玉英斐也。"①山农将哲学的心性化为日用常言之精神,状写其曲成万物的功能。关于神莫与性情之间的关系,他在《辨性情神莫互丽之义》一文中说:"若性情也,本从心帝以生。其成也,人皆秉具,是生之成,自为时出时宜者也。若神莫也,善供心运以为妙为测也。"②性情与神莫是二而一的关系,区别在于性情是显性的,即"成象成形者也";神莫是隐性的,即所谓"默运""无方体无声臭"。两者虽然互丽冥运,但神莫乃是"善供心运以为妙为测也",亦即神莫是冥会于道,"心帝之运",不见于形迹的力量,是百姓日用而不知的,是"从心所欲"而"不逾矩"的神妙保证。可见,性情与神莫之间的关系就是"从心所欲不逾矩"。山农之"神莫论"其实是对心斋提出而未及论证的"百姓日用即道"的理论诠释,但论证的方法、途径则是其独创的。"神莫"之论,重点解决的是"百姓日用而不知"中之"不知",以及"不知"而又循"道"的问题。这是山农从阳明心学开出,经自我真契默会,并认为得孔子心印的理论独创,云:"即是夫子五十知天命以后翊运精神成片之心印。麰农亦从心以为性情,而默会神莫,如是心印,辚辚然,井井然。"③山农认为"心""圣""神""莫"的关系是:"心之精神是为圣,圣不可知之谓神,不知其然而然之谓莫。"④神莫论的预设前提是其屡屡引用的"心之精神是为圣"。这源自《孔丛子·记问第五》"心之精神是谓圣"⑤。但"不知其然而然之谓莫"则是山农的独创,意在突出其神秘性。其实,《孔丛子》中所载的"心之精神是谓圣"之义与山农并不相同。其一,《孔丛子》中"心之精神是谓圣"乃孔子在特殊语境中所言,是孔子对子思"物有形类,事有真伪,必审之,奚由"的回答。在"心之精神是谓圣"之后,尚有"推数究理不以疑"的补

---

① 颜钧著,黄宣民点校:《颜钧集》卷二《辨精神莫能之义》,中国社会科学出版社1996年版,第13页。
② 颜钧著,黄宣民点校:《颜钧集》卷二《辨性精神莫互丽之义》,中国社会科学出版社1996年版,第13页。
③ 颜钧著,黄宣民点校:《颜钧集》卷二《辨性精神莫互丽之义》,中国社会科学出版社1996年版,第14页。
④ 颜钧著,黄宣民点校:《颜钧集》卷二《辨性精神莫互丽之义》,中国社会科学出版社1996年版,第13—14页。
⑤ 王钧林、周海生译注:《孔丛子》,中华书局2009年版,第66页。

充解释,也就是说,"心之精神是谓圣"是审慎推究、周其所察条件下的结论,是对审思、明辨工夫的圣化,与《书》所谓"思曰睿,睿作圣"意义相近。其二,二者所论目的不一。《孔丛子》中孔子是要子思强化心之用,强调主体精神的作用。山农则是要强调"神莫",是要说明心之自然流行发用,自然任运,日用而不知。其实,对山农启示最直接的当是杨慈湖,慈湖曰:"孔子曰:'心之精神是谓圣',人皆有是心,皆具此圣,而百姓日用而不知也。"① 当然,杨慈湖之本意是要发明本心而有所觉,这与山农所论的"神莫""不知其然而然"之自然神妙特质也稍有殊异。显然,山农仅是借这些思想资源以证心斋"百姓日用即道"而已。值得注意的是,"心之精神是谓圣"是陆学所依傍的重要经典依据,也是陆学与朱学争论的命题之一。朱熹直斥《孔丛子》乃后人伪作,陆学则引以为据,因此当象山门人杨慈湖教学者专指"心之精神是谓圣"时,多有质疑之声。② 慈湖所论已被质疑其用功偏于上达而轻于印可,山农则仍以此为据,体现了其持守心学的特质。

与神莫论相联系,山农还对"日用不知"进行了全面诠释。山农先释"日"云:"夫日也,体曰阳精,运行为昼,亘古今而悬旋,为白日之明,曝丽天地,万象万形之生生化化也。"③ 他从日乃生化之源的角度以言之,以显其普遍无遗之意。对于"用",山农认为"用"乃性之发用,云:"夫用也,言在人身天性之运动也。是动,从心率性;是性,聪明灵觉,自不虑不学,无时无日,自明于视,自聪于听,自信于言,自动乎礼也,动乎喜怒哀乐之中节也……随时运发,天性活泼,应感为仁道也。"④ 在山农看来,性乃先天具足,是不虑不学而"自动乎礼","动乎喜怒哀乐之中节""应感为仁道"的。这种先天具足的心性论虽然是王学现成派普遍持守的理论前提,但山农将其融摄于"日用即道"的诠释之中,这是泰州学派立说的一个重要环节。因为在传统的语境中,"日用不知"的主体乃"百姓",山农的"日用不知辨",实乃儒学平民化的重要组成部分。在山农看来,由不知而知,是实现人生价值而与"草木荣枯"不同的根本所在,认识"造化在我为独神"之主体精神,知此即是知己心之良知良能,就是知大中学庸。山农从

---

① 杨简:《慈湖遗书》卷二《永嘉郡学永堂记》,民国四明丛书本。
② 如《黄氏日钞》卷八十七《山阴县重建主簿厅记》:"或者亦不无疑焉。"
③ 颜钧著,黄宣民点校:《颜钧集》卷二,中国社会科学出版社1996年版,第14页。
④ 颜钧著,黄宣民点校:《颜钧集》卷二,中国社会科学出版社1996年版,第14页。

人生价值实现的角度,通过对"日用不知"的辨释,实现了学术平民化这一心斋的立教宗旨。

　　山农论学,无论是"大中学庸"还是"神莫",都不是传统的言说方式,原因并不是语言功力不逮而言不达意,而是因其屡屡申说的学术乃"精神心造"①,并无太多承荷学术传统的压力,无须严格依循传说的言说方式。因为是"心造",故而语言的表述往往晦涩、生新,如他说:"夫是心也,自帝秉御,渊浩天性,神莫精仁,以为人道。时适乎灵聪之明,为知格诚正之修,允端天下大本者也。"②颜山农还采取拆字重组、镶字入句的奇诡手法,以呈现其"心造"之学,如他根据《大学》《中庸》,而缀成"大中学庸":"《大学》《中庸》,绪造既可知可能矣。然则《易》曰潜、见、惕、跃、飞、亢之序历,将何为躬造符节此大中学庸哉?"③颜山农通过对传统语言结构的重置,使传统的、为人们所熟悉的语言通过变形、扭曲,使其以不平常的状态呈现于接受者面前。通过破坏人们的常规反应,以唤起人们对习惯的麻木性内容的注意,产生新奇的感受并进而对其发生兴趣,最终为受众理解与接受。山农采取的言说方式与德国学者布莱希特(Bertolt Brecht,而非俄国形式主义)所倡导的陌生化理论不谋而合,布莱希特之陌生化理论与俄国形式主义所强调的"唯陌生而陌生"不同,而是祈求借陌生化达到对事物的更高层次、更深刻的理解,亦即不仅仅是制造间隔。制造间隔只是一个步骤,最终是要消除间隔,以达到对事物更深刻的熟悉。山农对《大学》《中庸》进行陌生化解读,通过变换文字顺序产生复杂化的效果,使接受主体的心理受到亢奋性的唤醒,唤起接受者对其"大中仁学"的注意,最终的目的并不是要远离《大学》《中庸》,而是要对山农所解读的《大学》《中庸》有更深切的理解。山农所采用的陌生化解读方式确实起到了这样的效果,其弟子程学颜真切地记述了初闻"大中仁学"始而惊怪终而深信的过程,云:"颜叨面受心领,退省足发,遂申错综曰:'大中学庸,庸中学大。'天下人闻之,皆曰:'此老好怪也。'颜初及门,听之亦曰:'此老真怪也。'自燕南旋,忽迎此老,同舟联榻,不下三旬日,朝夕听受,感悟隐思,渐次豁如,不觉自释其明辨,乃知此老竭力深造,自得贯彻,

---

① 颜钧著,黄宣民点校:《颜钧集》卷二,中国社会科学出版社1996年版,第11页。
② 颜钧著,黄宣民点校:《颜钧集》卷二,中国社会科学出版社1996年版,第13页。
③ 颜钧著,黄宣民点校:《颜钧集》卷六《耕樵问答·晰大学中庸》,中国社会科学出版社1996年版,第50页。

未为怪诞。"①山农的陌生化解读方式并不仅限于"大中学庸",他对阳明与心斋的推尊,也采取了类似的手法:"日以阳为明造,时以心为斋明,上益神明,启师徒交震互发;驯造大成,错综理学之绪余,直合夫邹鲁一贯之道脉。"②但山农的陌生化解读存在着这样一种文化风险,因为陌生化要求消除和解构理解对象的前在性,取消与打破语言及文本经验的先设,代之以新奇的形式,才能唤起接受者的惊异心理。但山农所面对的前在文本是被历代奉为经典的《大学》《中庸》,此经典恰恰又不是作为"末技""小道"的文学文本,而是维系中国千年封建政体的儒家经典。无数儒生们皓首穷经,往往谨守着注不破经、疏不破注的传统。而山农对于《大学》《中庸》的陌生化诠释正是以解构这些经典存在为前提的,这无疑触动了正统儒学的敏感神经。无论山农对经典的解读在内涵上如何正统乃至迂执,但这一以文字重组为特征的陌生化表述,产生的不是形式主义美学所孜求的美感,而是卫道者的惊诧与不满。如果说王世贞对山农的评价依据的是爱书,这仅是"无贤不肖皆恶之"③的显性原因,那么颜山农对经典作陌生化解读,事实上存在着消除和解构经典权威性的可能,这无疑会使正统儒者对其产生抵触与不满。不但如此,他对于《大学》《中庸》的解释也被视为不经之议。《大学》《中庸》虽然受到了理学家们的一致推尊,但一般认为《大学》为曾子所作,《中庸》为子思所作。如朱熹释《大学》首章云:"右经一章,盖孔子言,而曾子述之。其传十章,则曾子之意而门人记之也。"④"《中庸》何为而作也?子思子忧道学之失其传而作也。"⑤山农则认为《大学》《中庸》乃"尼父自造传心口诀也"⑥。所谓"自造",亦即孔子亲撰。据其弟子程学颜记载:"《大学》《中庸》书,名篇也。自汉以来皆诿视为书名,未有以为圣学精神,识达此四字作何用焉。我师颜山农独指判曰:'此尼父自造传心口诀也。两篇绪绪晰章,并出夫子手笔,非曾子、子思所撰也。不然,何于《大学》引曾子之言,《中庸》直以仲

---

① 颜钧著,黄宣民点校:《颜钧集》卷六《耕樵问答·晰大学中庸》,中国社会科学出版社 1996 年版,第 76 页。
② 颜钧著,黄宣民点校:《颜钧集》卷一《急救心火榜文》,中国社会科学出版社 1996 年版,第 1—2 页。
③ 黄宗羲著,沈芝盈点校:《明儒学案》卷三十二《泰州学案一》,中华书局 1985 年版,第 704 页。
④ 朱熹:《四书章句集注·大学章句》,中华书局 1983 年版,第 4 页。
⑤ 朱熹:《四书章句集注·中庸章句序》,中华书局 1983 年版,第 14 页。
⑥ 颜钧著,黄宣民点校:《颜钧集》卷九《附录一·衍述大学中庸之义》,中国社会科学出版社 1996 年版,第 76 页。

尼名祖哉？'"①执一端而自信其成"不刊之典"，这样的立说方式即使不以考据见长的理学家看来亦难以认同。

嘉靖四十五年（1566），山农被强诬以"盗卖淮安官船，坐赃三百五十两"②而被耿定向诱骗至太平府讲学被捕。从某种意义上说，山农系狱而有爱书的不堪记载，与其论学"天下人闻之，皆曰'此老好怪也'"不无关系。同样，因为讲学，山农还招致身后訾议。同邑后学尹继美云："先生当日以布衣主盟坛坫，倾动天下，得名太高，故招忌太甚，卒之及身，不免于蒙难，身后且增兹多口。"③尹氏作为山农同邑后学，对引起"招忌"的原因并未言及。其实，颜山农论学的内容与传统儒学并无明显乖悖之处，但其言说方式以及狂悖行谊则为卫道者所难容。对此，山农亦有清醒的认识，云："岂知危言危行，招来匪桓，锻熟南狱。"④"危言"当与其不经的言说方式有关。

三、三教观及论学的宗教色彩

对于颜山农思想中体现出的儒学"宗教转向"或"神秘体验"色彩，已受到学者的普遍关注。⑤ 这里主要以三教观为基础考察其为学的宗教化倾向。

一、三教观及七日闭关。对于三教，山农在《论三教》中有专论，他认为，"宇宙生人，原无三教多技之分别，亦非圣神初判为三教、为多技也"⑥。只是因为圣神之后，"豪杰自擅，各揭其所知所能为趋向"，"各随自好知能以立教"。⑦ 但

---

① 程学颜：《衍述大学中庸之义》，载颜钧著，黄宣民点校：《颜钧集》卷九《附录一》，中国社会科学出版社1996年版，第76页。
② 颜钧著，黄宣民点校：《颜钧集》卷三《自传》，中国社会科学出版社1996年版，第27—28页。
③ 颜钧著，黄宣民点校：《颜钧集》卷九《附录一·颜山农先生遗集凡例》，中国社会科学出版社1996年版，第96页。
④ 颜钧著，黄宣民点校：《颜钧集》卷五《引发九条之旨·七日闭关开心孔昭》，中国社会科学出版社1996年版，第38页。
⑤ 如余英时：《士与中国文化·士商互动与儒学转向》，上海人民出版社2003年版，第565页。陈来：《中国近世思想史研究》下篇《明代的民间儒学与民间宗教——颜山农思想的特色》，商务印书馆2003年版，第456—480页。吴震：《泰州学派研究》第四章《颜均：思想与实践的宗教趋向》，中国人民大学出版社2009年版，第268—289页。
⑥ 颜钧著，黄宣民点校：《颜钧集》卷二《论三教》，中国社会科学出版社1996年版，第16页。
⑦ 颜钧著，黄宣民点校：《颜钧集》卷二《论三教》，中国社会科学出版社1996年版，第16页。

三教相较,儒学最优,即使如仙教之中最高之品第神仙、天仙,"而种不常出世,纵有最上乘者并出而有为于世,亦未闻上古为谁为几也,总不若尼父之传,有《大学》《中庸》《易经》之门阶阃奥,有默识知及,仁守庄莅,动礼成乐之学;教止至,至止乎心性、天命、仁道、神化之固有家第者也"①。这些儒学的学术体系是"坦平之直道,易知易从,时习日新者也"。儒学能使愚可明,柔可强,山农遂而慨叹道:"天下有混二氏者,盍反观内省,自心自知,孰虚孰实,可亲可弃哉?"②山农站在儒学的立场抑扬三教的态度十分显豁。当然,他也承认三教各自的社会作用,即其所谓"是分三教顶乾坤"。基于为学平民化的立场,山农还论述了三教于日用之中的技习呈现,云:"习乎儒者,读书作文获名利;习乎仙也,符箓法界迷世俗;习乎佛也,念经咀符惑愚民。"这些三教的技习形式,虽然有迷世愚民的消极作用,但他也承认,如果"各得受用,且沿袭百家技术",亦可达到"以遂衣食计"的客观效果。③ 山农也不讳言人生中错综三教的取向,云:"鳏农叨承父师引端作养,经历操锻五十四年,从心精神,幸如少壮,遂绪三教多技之纷华,直造御天申命之至止。"④这是颇值得玩味的。宗教之"技"虽然乃"获名利""迷世俗""惑愚民"的方法,但也可以达到"御天申命"的目的。可见,山农所传之学、所弘之道,内容又是糅合了治术等内容的复杂混合体。山农确实是在借宗教规仪立说传道,如他的布道方法颇具宗教色彩,以《急救心火榜文》《告天下同志书》等形式,号召同志"齐赴行坛,一体应接",虽然其内容乃"孔孟率修格致养气之功,息邪去诐放淫之说"⑤,但方法显然有禅宗孤灯单传的意味,云:"今农愤悱继统于后,盖有得于受传,遂放乎四海。""农之学,自授(受)承于东海。""农之道,传衣钵于西江。"⑥他正是从禅宗的传灯仪规"技习"之中,寻得合法性的依据。山农"绪三教多技之纷华"的特征,不但见诸传道过程,而且还见诸悟道途径,如"七日闭关",具体方法在《七日闭关开心孔昭》中有明确记载:"收拾各人身子,以绢缚两目,昼夜不开;绵塞两耳,不纵外听;紧闭唇齿,不出一言;擎拳两手,不动一指;趺咖两足,不纵伸缩;直耸肩背,不肆惰慢;垂头若寻,

---

① 颜钧著,黄宣民点校:《颜钧集》卷二《论三教》,中国社会科学出版社1996年版,第15—16页。
② 颜钧著,黄宣民点校:《颜钧集》卷二《论三教》,中国社会科学出版社1996年版,第16页。
③ 颜钧著,黄宣民点校:《颜钧集》卷二《论三教》,中国社会科学出版社1996年版,第16页。
④ 颜钧著,黄宣民点校:《颜钧集》卷二《论三教》,中国社会科学出版社1996年版,第16页。
⑤ 颜钧著,黄宣民点校:《颜钧集》卷一《急救心火榜文》,中国社会科学出版社1996年版,第2页。
⑥ 颜钧著,黄宣民点校:《颜钧集》卷一《急救心火榜文》,中国社会科学出版社1996年版,第3页。

回光内照",经过七日澄心闭关,后梳洗衣冠,"直犹再造此生"。① 七日卧味,"透活精神常丽躬"仅是第一步,还需"三月转教,全活满腔之运"。其境界"即《大学》之切磋琢磨,洞获瑟僩喧赫者也。《中庸》之率修慎独,驯入中和位育也"②,亦即通过与宗教体验相似的方式,证悟体认。这些方法与禅宗所谓静观默照,顿悟本心,道家所谓"绝圣去智","心斋""坐忘"等十分相似,带有宗教静观默照的色彩。山农在《七日闭关法》中描述其情形时云:"敦敦打坐,默默无语,缚目不开,塞耳不听。""自顿冲然,潜伏孔昭之灵洞开,焕发启明,如东日之出见,如龙泉之滚趵。"③这种神秘的直觉体验又是承夫子"一日克复,天下归仁"④以及阳明"精神心思,凝聚融结,如猫捕鼠,如鸡覆卵"⑤十六字心诀而成。可见,这是一种融摄三教的体验方法。事实上,当明代后期三教融会之风盛行之时,学人们(尤其心学一系的学者)有关神秘体验的记载在在皆是⑥。值得指出的是,"七日闭关法"不但是山农自述的悟道方法,也是其传道的一个重要教法,在《七日闭关开心孔昭》《七日闭法》中记载十分详备。同时,罗汝芳为救山农之难,募集同志助银的《揭词》中亦记述了山农闻其兄颜钥传讲圣人之学之后"忽胸中凝思七日夜,即心孔豁然内通,灿然灵光,如抱红日"⑦的情形。可见,七日闭关也是其启教信众夤通心性,使之孔昭的方法。就其描述而言,七日闭关的情形是豁然得道后"如东日之出见,如龙泉之滚趵",并非宗教之技习,而是"直造御天申命之至止"后的境界。⑧ 可见,山农的证道、传道方法受宗教神秘主义影响甚深。

二、神化孔子及其论学特色。山农不但自视为得心斋之教,而且以《大学》

---

① 颜钧著,黄宣民点校:《颜钧集》卷五《引发九条之旨·七日闭关开心孔昭》,中国社会科学出版社 1996 年版,第 38 页。
② 颜钧著,黄宣民点校:《颜钧集》卷五《引发九条之旨·七日闭关开心孔昭》,中国社会科学出版社 1996 年版,第 38 页。
③ 颜钧著,黄宣民点校:《颜钧集》卷六《耕樵问答》,中国社会科学出版社 1996 年版,第 54 页。
④ 颜钧著,黄宣民点校:《颜钧集》卷六《耕樵问答》,中国社会科学出版社 1996 年版,第 54 页。
⑤ 颜钧著,黄宣民点校:《颜钧集》卷五《七日闭关开心孔昭》,中国社会科学出版社 1996 年版,第 37 页。
⑥ 参见陈来:《中国近世思想史研究》下篇《儒学传统中的神秘主义》二"明代心学的神秘体验",商务印书馆 2003 年版,第 310—320 页。
⑦ 颜钧著,黄宣民点校:《颜钧集》卷五《著回何敢死事·附录〈揭词〉》,中国社会科学出版社 1996 年版,第 44 页。
⑧ 颜钧著,黄宣民点校:《颜钧集》卷二《论三教》,中国社会科学出版社 1996 年版,第 16 页。

《中庸》《周易》作为孔子仁学立教之基,云:"《大学》、《中庸》、《大易》六龙、三宗学教,乃夫子一生自操仁神为业,晚建杏坛,聚斐明道,易世传世,破荒创造,为神道设教以生心人师,代司造化,专显仁神,同乎生长收藏,莫为莫致,无声无臭于天下万古,即今日之时成也。"①可见,对于儒学,山农通过宗教化的方法,将孔子变成了教主,宣教的宗旨则是"仁",并将孔子神化为"仁神"。在山农看来,《大学》《中庸》的核心思想是仁,这与阳明后学多据《学》《庸》以谈心论性,从抽象人性论的角度言学稍有不同。"仁"是尧舜孔孟以来的一贯之道,云:"夫尧舜之道,帅天下以仁而已。""夫孔孟之学,亦仁而已矣。"②颜山农所论是符合孔子思想实际的,但山农的传道方式,不是传统的宣说仁义之道,而是通过"神"化的途径,以"神道设教"的方式实现的。他将孔子作为教主而"代司造化,专显仁神"③。山农以神道设教言孔子,还借助于《周易》来实现,云:"绪扬其中为时庸,易乎其六龙也则曰潜见,曰惕跃,曰飞亢,如此而为时乘,即变适大中之易,以神乎其学庸精神者也。"④通过《周易》六龙潜见、惕跃、飞亢之变化以"神乎其学庸精神"⑤,将入世的儒学涂抹上了神幻的色彩。在这样的语境下,山农省却了后儒对仁学的心性思辨环节,直接将孔子变成弘宣"仁神"的教主。

山农以"仁神"标识孔子,同时也为自己立说奠定了基础。他自己标示的大中学庸,也带有浓厚的奉天立说色彩,这在其《自传》中有清晰的记载。山农曾与罗近溪等人一同到安丰场心斋祠前,"会半月,洞发心师传教自得《大学》《中庸》之止至,上格冥苍,垂悬大中之象,在北辰圆圈内,甚显明,甚奇异。铎同近溪众友跪告曰:'上苍果喜铎悟通大中学庸之胐灵,乞即大开云蔽,以快铎多斐之恳启。'刚告毕,即从中开作大圈围,围外云霭不开,恰如皎月照应。铎等纵

---

① 颜钧著,黄宣民点校:《颜钧集》卷二《论大学中庸大易》,中国社会科学出版社1996年版,第18页。
② 颜钧著,黄宣民点校:《颜钧集》卷三《明尧舜孔孟之道并系以跋》,中国社会科学出版社1996年版,第19页。
③ 颜钧著,黄宣民点校:《颜钧集》卷二《论大学中庸大易》,中国社会科学出版社1996年版,第18页。
④ 颜钧著,黄宣民点校:《颜钧集》卷二《论大学中庸大易》,中国社会科学出版社1996年版,第18页。
⑤ 颜钧著,黄宣民点校:《颜钧集》卷二《论大学中庸大易》,中国社会科学出版社1996年版,第18页。

睹渝两时,庆乐无涯,叩头起谢师灵。是夜洞讲辚辚彻鸡鸣,出看天象,竟泯没矣。嗣是,翕徕百千余众,欣欣信达,大中学庸,合发显比,大半有志欲随铎成造,若师嗣王襞亦幡然信及父师学脉"①。山农在泰州学派的传承谱系中,并不以理论的分疏论证见长,但影响力巨大,乃至"翕徕百千余众,欣欣信达"。当其辞别心斋之祠,渡江入南都之时,"众友送别真州,皆号哭而别",至河间讲学受阻,河间太守以及州县官吏师生"三千众,追送泣别"。② 这已与一般的学术讲会不尽相同。他不是作义理分疏,而是以"志规"的形式使闻问者执行,诸如:"自立宇宙,不袭今古","青天白日,人皆见仰","肩任圣神,万死不回","默识天性,以灵于视听言动;鼓运精神,而成乎睟盎礼乐","孝弟谦和,修斩义利""持载覆帱,善养不倦"等,并且规定,"一旦改行易志,有败同类,并至操戈诈号,众声罪之,导而改悛,未可遽终绝也"。③ 这显然已是严苛的宗教仪规。心斋正是通过神秘的闭关、天象垂悬、道坛志规等强化了论学的宗教色彩。山农以承挑阳明、心斋之学脉为己任,自己亦明言得其师传乃是禅门衣钵相传的方法,云:"幸遇阳明破荒呼觉良知,以开道眼;崛起心斋,穷探大成,中兴师道。时际耕樵及门授禅,弃身操印,不惑不乱,遂行齐家孝弟仁让,游扬四方,颇采信与。"④宗教形式成了其传阳明、心斋之学的凭证。

山农论学之所以带有宗教神秘主义的色彩,这与其直挑孔子以自期的心态有关。山农虽然也不废阳明、心斋在学统中的地位,但他常常又以直挑孔子自期自命,如他说:"是故杏坛也,邱隅也,创始自孔子,继袭为山农,名虽不同,岁更二千余年;学教虽各神设,而镕心铸仁,实无两道两蠁理也。"⑤山农要实现越孟子、阳明、心斋直承孔子之教的途径,即是将孔子神圣化,化其为仁神。这在其《录阳明心斋二师传道要语》中也得到了印证。该文中对阳明仅标示了十六字心诀,认为其"不作声臭于言动之间,即为默识知及之功要,开心遂乐之先

---

① 颜钧著,黄宣民点校:《颜钧集》卷三《自传》,中国社会科学出版社1996年版,第25—26页。
② 颜钧著,黄宣民点校:《颜钧集》卷三《自传》,中国社会科学出版社1996年版,第26页。
③ 颜钧著,黄宣民点校:《颜钧集》卷四《道坛志规》,中国社会科学出版社1996年版,第31—32页。
④ 颜钧著,黄宣民点校:《颜钧集》卷六《耕樵问答·圣儒传一辨》,中国社会科学出版社1996年版,第49页。
⑤ 颜钧著,黄宣民点校:《颜钧集》卷四《邱隅炉铸专造性命》,中国社会科学出版社1996年版,第36页。

务也"①。在山农看来,阳明学的价值主要在于对心斋乐学的启示,所谓"开心遂乐之先务也"。对于心斋,山农则全录其《乐学歌》,且云:"山农受传,而造有获,自成仁道。"②不难看出,山农自认其承学心斋的主要是乐学,而"仁道"乃是山农"自成"之学,其隐曲意味乃是直祧孔子而得。山农的这一宗圣心理在著述中时有流露,如在论及罗汝芳救其出狱时云:"芳擅完功,可范天下万世与师难者,仰溯春秋畏匡,信不多让其独盛,及究樵夫羑造脱诣,至止孔仁,知几如神,不显声臭,敢□□芳避圣归佛,而终惭春秋之性痛耶!故著回芳事纪。"③直接将自己比成受厄于匡的孔子,而将罗汝芳比成颜回。山农这种直祧孔孟的意向也为其门人罗汝芳所洞悉。据《明儒学案》记载,"近溪谓周恭节曰:'山农与相处,余三十年,其心髓精微,决难诈饰。不肖敢谓其学直接孔、孟,俟诸后圣,断断不惑。'"④山农的"七日闭关"意在破斥闻见知识的迷障,他并不是要荒经蔑古,而是要越过注经释典的后儒诸说,直探经典本原。山农云:"人生出世,各各同具有亦孔之昭,潜伏为腔窠之灵,尽被知识见闻偃埋,名利声色侵沸,胜若溺水益深、入火益热矣。所以群类中突出一个人豪住世,自负有极样高大志气者,并遭拂逆危挫,人皆不堪其忧苦累累,然日夜自能寻思,何日得一出头大路,竟步长往以遂志,忽觉夫子教颜渊曰:'一日克复,天下归仁',印证'七日来复,利有攸往'之快心,即是敦敦打坐,默默无语,缚目不开,塞耳不听,两手擒拿,两足盘旋,回思内省,朒朒凝结,自己精神,融成一片,胸次抑郁,若醉懵愁苦,不可自解以放松。"⑤嗣此而"口传默受,神聪仁知,发明《大学》《中庸》,浑融心性阖辟"⑥。山农宗圣以立说,与其神道设教一样,都是源自其强烈的理论自主意识。

山农悟道、论学中的宗教意识,并不是要创立新的民间宗教,成为一教之

---

① 颜钧著,黄宣民点校:《颜钧集》卷五,中国社会科学出版社 1996 年版,第 42 页。
② 颜钧著,黄宣民点校:《颜钧集》卷五,中国社会科学出版社 1996 年版,第 42 页。
③ 颜钧著,黄宣民点校:《颜钧集》卷五《著回何敢死事》,中国社会科学出版社 1996 年版,第 43 页。
④ 黄宗羲著,沈芝盈点校:《明儒学案》卷三十二《泰州学案一》,中华书局 1985 年版,第 704 页。
⑤ 颜钧著,黄宣民点校:《颜钧集》卷六《耕樵问答·七日闭关法》,中国社会科学出版社 1996 年版,第 54 页。
⑥ 颜钧著,黄宣民点校:《颜钧集》卷五《引发九条之旨·七日闭关开心孔昭》,中国社会科学出版社 1996 年版,第 38 页。

主,而是为了弘传他所理解的儒学。因此,就其主观意图而言,他其实是将儒学宗教化,但这与儒教又有一定的区别。儒教是圣人而非神灵崇拜,颜山农则是神灵孔子,"代司造化,专显仁神"①,其特征与方法主要是:将孔子神灵化,将其本人悟道及传道的方法神秘化,将理学经典《大学》《中庸》与《周易》互证,将经典涂抹上宪天法地的色彩。山农本人则以的传孔子铃铎者自命,且得到神秘色彩的自我创获,亦即"农造有得,运指折枝,且于自得,乐生心性,尤获造命神几"②。可见,颜山农论学中的宗教色彩,其实是通过消弭儒教与一般宗教的关系,淡化其理性特征而实现的。在这样的氛围中,通过带有神秘色彩的悟道方式,山农强化信仰在儒学弘传中的作用。山农论学的宗教色彩是因弘宣带有山农自身特色的儒学观念而形成的,这也是山农所到之处,信众迷狂的重要原因。从这个意义上说,山农论学的宗教性也是泰州学派平民儒学的一种表现及实践形式,是不得其位而作出位之思的平民儒学家们实现社会理想的便捷途径。如果说心斋论学是以通俗的语言、民谣的形式为平民所接受,山农则是通过带有神秘色彩的悟道及传道方式,通过内容与形式的神圣化使平民得以信仰。显然,山农之学并不是黄宗羲所说的"盖启瞿昙之秘而归之师,盖跻阳明而为禅矣"③。因为颜山农是将孔子、阳明、心斋等人直接赋予了"代司造化"之功,他更多以直承孔圣以自期,其宗教性主要体现在对孔子的神化,以及山农本人"自申尧舜孔孟典章,脱化引发精造"④传承与发展圣学的功能。山农与同时期的赵大洲、邓豁渠等人不同,赵、邓(尤其是后者)主要是从学理上论证三教(尤其是儒佛)的会通,认识佛道存在的价值,并秉承良知之教的不同阐释。因此,真正体现泰州学派"跻阳明而为禅"这一特色的当是赵大洲、邓豁渠这些以良知为论学之本的学者。

---

① 颜钧著,黄宣民点校:《颜钧集》卷二《论大学中庸大易》,中国社会科学出版社 1996 年版,第 18 页。
② 颜钧著,黄宣民点校:《颜钧集》卷二《论大学中庸大易》,中国社会科学出版社 1996 年版,第 18 页。
③ 黄宗羲著,沈芝盈点校:《明儒学案》卷三十二《泰州学案一》,中华书局 1985 年版,第 703 页。
④ 颜钧著,黄宣民点校:《颜钧集》卷三《明尧舜孔孟之道并系以跋》题注,中国社会科学出版社 1996 年版,第 19 页。

四、余论

作为泰州学派的传人，山农对于心斋之学有全面的承袭与发展。在《自吟》中，可见其对心斋以尊身为本的淮南格物的全面继承。其《论长生保命》与心斋的"明哲保身论"颇多相似。当然，在"保身""保命"的方式上，山农与心斋又有所不同。心斋之保身的条件是明哲，保身是从人我一体关系，亦即从社会学的角度实现的；山农则从人性论的角度，亦即依循"从心所欲不逾矩"的圣训途径以实现长生保命。当然，山农对于心斋的乐学尤为重视，将其视为与阳明的良知并列的学说，在《急救心火榜文》中云："（山农）及壮，引导崇信圣学，仁义养心，遂乐从事，誓以终身。东西南北，访证归真，始幸诵传阳明道祖，倡讲良知，忽觉醒悟；次获从游心斋业师，引发乐学，透入活机，会而通之。知是昭心之灵，乐是根心之生。越、淮崛起二王，豪义天纵，灵聪先得，此知此乐，唤人耳目，定士心志。"①乐学乃是他体认的心斋之学的根本所在，这与王东厓承袭心斋之学的取向完全一致。山农何以注重心斋的乐学呢？因为心斋论学的目的不在于探究空疏的理论，而在于济世，济世的途径则在于讲学，因此，山农以承阳明、心斋之业，远祧孔子大成学自期，云："千古正印，以衍传于吴农汉②，破荒信，彻良知，洞豁乐学，始以耕心樵仁为专业；承流孔孟，辙环南国，继以安身运世为事功。"③其承阳明、孔子之学的志向昭昭可见。就山农施教对象来看，他自谓："追绍孔孟之流环，述通效劳于草莽，牖开盲聋于四海。"④传学的重点在于平民，但事实则远不限于此，他访会南雍之时"太司成程松溪，讳文德，少司成吕巾石，讳怀，率监士四百众听讲六月，多知省发"⑤，到京师时，"时徐少湖名阶，为辅相，邀铎主会天下来觐官三百五十员于灵济宫三日。越七日，又邀铎陪赴会试举人七百士，亦洞讲三日。如此际会，两次溢动，湖公喜，信私邀铎与

---

① 颜钧著，黄宣民点校：《颜钧集》卷一《急救心火榜文》，中国社会科学出版社1996年版，第1页。
② 所谓"吴农汉"，当为山农自谓。"吴"许是因山农"十三至十七岁，随父任常熟教"（《颜钧集·自传》，中国社会科学院出版社1996年版，第23页)，遂称"吴农"。山农号耕樵，"耕心樵仁"。
③ 颜钧著，黄宣民点校：《颜钧集》卷一《急救心火榜文》，中国社会科学出版社1996年版，第2页。
④ 颜钧著，黄宣民点校：《颜钧集》卷四《道坛志规》，中国社会科学出版社1996年版，第31页。
⑤ 颜钧著，黄宣民点校：《颜钧集》卷三《自传》，中国社会科学出版社1996年版，第26页。

近溪、吉阳,尽日倾究"①。可见,山农讲会与交游的对象已十分广泛,乃至在河间会讲时,"斋道、禅林亦聚数千,听铎绪晰圣学中正以作人"②。受众广及社会各阶层。

重社会效应而非义理分疏是泰州学派的共同特点。在泰州学派的语境中,"见龙"实乃经世、实践,治平之功,而"潜龙"则是沉潜义理而未及用世。这在焦竑评价王东厓时得到了体现,焦澹园曰:"其密也蠖屈,其动也龙变。身不离潜,其用则见。"③山农的大中之学最终的目的还是为了经世。他对于社会有痛切的批评,谓"今天下四十余年,上下征利,交ضف搏激,刑罚灭法,溢入苛烈。赋税力役,科竭蔀屋。逐溺邦本,颠覆生业",遂至"触变天地,灾异趵突。水旱相仍,达倭长驱。战陈不息,杀劫无厌。海宇十室,九似悬磬。圩野老稚,大半啼饥"。④ 而要救其溺世,颜钧开出的药方是要得"一仁天下之巨臣",蠲免天下贡赋三年,以大苏民困;恩赦天下,原恶重狱均与其生;使富豪士民各自量力,令其周护怨女旷夫,激逐漂流者,使之得其所,匹夫匹妇咸被尧舜之泽;在人才方面,将贤能之士取聘来京,授孔氏心造,以衍教四方,达到丕易人心之效。概而言之,即"大赍以足民食,大赦以造民命,大遂以聚民欲,大教以复民性"⑤。以得志仁相,实行民本之政,这就是山农的救世拯民之方,也是其以仁为核心的大中之学所蕴含的强烈淑世情怀。泰州学派是以平民儒学而见著于思想史的,虽然颜山农被黄宗羲等人视为泰州之别派,但他恰恰是平民儒学的代表者,并力求通过在基层社会践行其政治理想。他组织萃和会,短短两月就使得乡里出现了新的气象:"老者八九十岁,牧童十二三岁,各透心性灵窍,信口各自吟哦,为诗为歌,为颂为赞。"其后他独违乡里,奋游四方,是因为感到自己没有孔子相鲁三月而大治的能力,根源是"匹夫力学年浅,未有师传"⑥。可见,山农四方证道,根本动力仍在于经世。他在其后的论学过程中,始终不忘经世之

---

① 颜钧著,黄宣民点校:《颜钧集》卷三《自传》,中国社会科学出版社1996年版,第26页。
② 颜钧著,黄宣民点校:《颜钧集》卷三《自传》,中国社会科学出版社1996年版,第26页。
③ 焦竑著,李剑雄点校:《澹园集》卷三十一《王东崖先生墓志铭》,中华书局1999年版,第495页。
④ 颜钧著,黄宣民点校:《颜钧集》卷六《耕樵问答·急救溺世方》,中国社会科学出版社1996年版,第53页。
⑤ 颜钧著,黄宣民点校:《颜钧集》卷六《耕樵问答·急救溺世方》,中国社会科学出版社1996年版,第53页。
⑥ 颜钧著,黄宣民点校:《颜钧集》卷三《自传》,中国社会科学出版社1996年版,第24页。

志。如在《扬城同志会约》中,论及成己成物之时,谓"然后化成俗美,保天下于大顺"①;论学亦志在和睦乡里,他曾以箴言的形式谓:"鸟雀失群,飞跃呼寻。人生处世,和乡睦群。居住一乡,事同一体。一体相关,是非不起。是非不起,情和意美。出入相逢,如兄如弟。前缘前世,同住一乡。"②他一秉心斋身本论,且以身喻国,曰:"君子之于天下,犹身之有四体也。天下之戴大君,犹四体之供元首也。元首统四体以成形,形生必气血以周运。气运弗周,四体痿痹,则不仁矣。是故君子之学也,将以苏天下之痹者也。人习槃欲,不仁已极,身纳罟获,动招耻戮,其道穷也。道穷思通,势所必然。吾乘其必然之势,而引之于豁达之衢,民将悦之,犹水就下……"③随着学识的增长,山农的经世之志也更加宏大,乃至"自不觉凝命而遂志,遂志久久,窃比文羑之衍《系》"④。其演卦之举,同样本于经世:"我明耕樵,八卦创立者,乃为遂生忧患。"⑤身虽鄙微而心期济世,这是山农或依傍宗教,或采取陌生化的言说方式的根本原因。从其宗教化的动因来看,山农论学所体现出的儒学宗教化倾向很难说是儒学的真正转向,而仅是借助宗教而达弘传与儒学相关的社会理念的途径而已。明乎此,我们便应该对山农为学的这一特征多一份同情之理解,而不为儒学卫道者的呵斥之声所左右。

---

① 颜钧著,黄宣民点校:《颜钧集》卷四《扬城同志会约》,中国社会科学出版社1996年版,第30页。
② 颜钧著,黄宣民点校:《颜钧集》卷五《箴言六章·和睦乡里》,中国社会科学出版社1996年版,第40页。
③ 颜钧著,黄宣民点校:《颜钧集》卷一《告天下同志书》,中国社会科学出版社1996年版,第5页。
④ 颜钧著,黄宣民点校:《颜钧集》卷二《明羑八卦引》,中国社会科学出版社1996年版,第12页。
⑤ 颜钧著,黄宣民点校:《颜钧集》卷二《明羑八卦引》,中国社会科学出版社1996年版,第11页。

第六章　何心隐：综汇个体、群体意识的思想家

何心隐(1517—1579)，本姓梁，名汝元，字柱乾，号夫山，江西吉安府永丰县人。少补诸生，嘉靖二十五年(1546)赴郡试，中第一名。因闻心斋之学而弃举子业。曾创办聚和堂，后被捕死于狱中。《爨桐集》是其唯一著作。容肇祖据此整理而成《何心隐集》，由中华书局于1960年出版。何心隐与李贽都是因"异端"而付出生命代价的思想家。何心隐身后仍饱受訾诃，在中国思想史上留下的嗣响虽不及李贽显著，但何心隐殒命给了李贽强烈的精神震撼，对李贽思想渐至"异端"起到了某种催化作用。

一、师承论略

何心隐见列于泰州学派的直接根据当是其曾师事颜山农，对此，诸文献有详略不同的记载。其中，邹元标《梁夫山传》载："及闻王心斋先生良知之学，竟芥视子衿，乃慨然曰：'道在兹矣！'遂师颜山农，即以继孔孟之传。"[1]李贽《为黄安二上人三首之一》也主要依据师承关系，叙述了泰州学脉谱系："心斋之后为徐波石，为颜山农……波石之后为赵大洲，大洲之后为邓豁渠。山农之后为罗近溪，为何心隐，心隐之后为钱怀苏，为程后台。"黄宗羲在《明儒学案·泰州学案》序中亦云："（梁汝元）吉州永丰人，少补诸生，从学于山农，与闻心斋立本之旨。"邹元标与李贽都是与何心隐性情相近的傲睨王侯的磊落耿介之士，他们对何心隐的记述都是出于钦慕之情，而对何心隐的行履其实并不周悉。邹元标对何心隐了解的途径是"成言具在，犹可想见夫山者"，撰写《梁夫山传》的缘

---

[1] 何心隐著，容肇祖整理：《何心隐集·附录·梁夫山传》，中华书局1960年版，第120页。

起,是"时余偕罗礼科抵明德乡,游文忠之泷冈、文毅公之金牛书院,道经梁坊,宿焉。见夫山书院屹然如故,以故不得不起敬而为之传云"①。而李贽在《何心隐论》的开篇即明确表示"余不识何心隐,又何以知梁汝元哉"②,又云:"余未尝亲睹其仪容,而听其绪论。"③黄宗羲在《明儒学案》中所记显然不是原始材料。可见,这些文献尽管都载之凿凿,但尚不能充分说明颜山农与何心隐的师承关系。因此,考究其师承,还需从颜、何本人的著述中寻求内证,但何心隐在其著作《爨桐集》中对与颜山农之间的师承关系并无记载。不但如此,《爨桐》全集对颜山农无一述及,当然更无称"师"记载。亦即,对于师事颜山农,从何心隐方面无据可征。就颜山农方面而言,山农对自己的生平经历记述颇详,尤其是万历十年(1582)颜山农七十九岁所作的《自传》,对于自己的行谊、讲学经历都有具体记载,其中对弟子也多有涉及,如"近溪会榜有名,惮劳,确辞殿选,终究农学为出处。时在甲辰秋,聚同年若干、京仕若干倡会","九月,招徕信从者谭纶、陈大宾、王之诰、邹应龙等四十七人"。虽未直接提及何心隐(即梁汝元),但有这样的记载:"忽有太平府当涂县尹龚以正,南昌人,系旧时讲学一日之门生,差吏持聘仪,请往彼府,衍教三学生徒,且报称南道提学耿楚桐名定向,系旧徒梁汝元门生,命邀老师祖往太平久处。铎不疑,即赴太平府学,开讲三日,竟受擒。监九日,解操院,铎始知为耿定向所擒获,意欲送至盛汝谦手槌死。"④这是颜山农讲述人生中的一段不幸经历,山农认为是"旧徒梁汝元门生"耿定向所为。这次受槛,山农十分痛苦,《自传》中用较大的篇幅记述了刑部罗织罪名,强诬其盗卖淮安官船,发边充戍的痛苦经历,以致《自传》的跋文有这样的表述:"虽为实状之详,甚彰冤抑无辜之遇。""虽指友徒之陷叛,亦欲陈己之省悔。"这是对梁汝元仅有的一次记述,且仅是因致其"刑棒如浆烂""形气之昏愦"痛苦经历的梁氏"门生"所引出,并被冠以"旧徒",而与"好仁,可与适道"的程学颜、"始终一致,不倦于学"的"近溪一杰"⑤迥然有异。由此可见,何心隐确曾师从

---

① 何心隐著,容肇祖整理:《何心隐集·附录·梁夫山传》,中华书局1960年版,第121页。
② 李贽:《焚书》卷三《何心隐论》,中华书局1975年版,第88页。
③ 李贽:《焚书》卷三《何心隐论》,中华书局1975年版,第90页。
④ 颜钧著,黄宣民点校:《颜钧集》卷三《自传》,中国社会科学出版社1996年版,第27页。
⑤ 颜钧著,黄宣民点校:《颜钧集》卷三《自传》,中国社会科学出版社1996年版,第27页。

颜钧,但这段经历双方都不以为意。他们两人间存在着的学术承续关系似有若无。① 基于这样的事实,我们在探寻何心隐的学术思想时,无须着意于从颜钧处溯源。

对于何心隐的师承所自,还有一种记载颇值玩味——即使顾炎武这样严谨的学者,亦对何心隐的学术宗祧产生了混乱,云:"王门高弟为泰州、龙溪二人,泰州之学一传而为颜山农,再传而为罗近溪、赵大洲。龙溪之学一传而为何心隐,再传而为李卓吾、陶石篑。"②事实上,这样的认识并非顾炎武一人。当时的黄绾等人都认为,名为承祧阳明的一些"大礼之小人",也衍成一个"学脉",即"一传为王龙溪,再传为何心隐、李卓吾之徒",渐至"狂澜之倒几于莫可究"③的地步。清人汪绂的论述则稍有不同,他将异端之源直接溯及阳明,谓其"倡良知之学以号召一时,窃孟子之说而实扬告子之波,饰儒者之名而实为释氏之黠",而其"徒王艮、王畿益畅其邪,颠倒愈甚"。他认为王艮、王畿分别衍成了各自的学术传承系统:"心斋之学一传而颜均(钧),再传而罗汝芳。龙溪之学一传而何心隐,再传而李贽,乃直引三教为一家,异端之贼道者,不在佛老,而即在吾徒矣。"④汪绂将阳明、王艮一并归于"异端"之类,并同样将何心隐归为龙溪一脉。清人杨潮观、朱鹤龄等人亦将何心隐谱入龙溪学脉之中:"姚江远祖金溪,近宗新会,倡良知之说,诘宋儒之非……其门人最著者泰州王艮、龙溪王畿。心斋之学一传而为颜均(钧),再传为罗汝芳、赵贞吉。汝中之学一传而为何心隐,再传而为李贽。其溃败决裂不可复问。"⑤朱鹤龄云:"先生(阳明)高弟子为钱绪山、王龙溪,龙溪放谈玄渺,其流至为颜山农、何心隐之徒。"⑥他们几乎都认为何心隐承祧的是王畿学脉,并且多将颜山农与何心隐分别归列于王艮与王畿门下,显然这并不是偶然的耳食之谈。其中,朱鹤龄是在为《阳明要

---

① 黄宣民所编《颜钧年谱》虽然于嘉靖二十六年(1547)颜钧四十四岁时记有"梁汝元来学",也仅是根据山农丁未(1547)至庚戌(1550)间"颜钧可能多在江西活动,梁汝元师从颜钧当在此一时期"。(颜钧著,黄宣民点校:《颜钧集》,中国社会科学出版社1996年版,第134页)但也明确指出颜钧之《宿疏山游记》及吴焕文《纪游》一文,均未言梁汝元来学事,仅凭这三年"颜钧可能多在江西活动"推测而得。
② 顾炎武著,黄汝成集释:《日知录集释》卷十八《朱子晚年定论》,岳麓书社1994年版,第666页。
③ 详见秦瀛:《小岘山人集》续文集卷二《书归震川先生集后》,清嘉庆刻增修本。
④ 汪绂:《理学逢源》卷十二外篇《道统类·异端》,清道光十八年(1838)敬业堂刻本。
⑤ 杨潮观:《治平汇要》卷六,清雍正七年(1729)文聚楼刻本。
⑥ 朱鹤龄:《愚庵小集》卷七《阳明要书序》,《文渊阁四库全书》第1319册,第76页下。

书》作序时所言,是对阳明学深有研究、体悟而后作。同样,顾炎武、杨潮观、秦瀛、汪绂等亦是饱学之士,造成这些混乱的原因颇值玩味。

当然,何心隐与王龙溪的思想取向其实存在一个明显的区别,这就是何心隐对龙溪的豪杰批评并不认同。龙溪说:"自古圣贤须豪杰人做,然豪杰而不圣贤亦多有之,以其习气胜而志不远也。入圣入贤自有真血脉路,反身而求,万物皆备,自成自道,乃为大乐。非意气所能驰骋,非知解所能凑泊,非格套所能模仿。"①圣贤发挥万物一体之仁,但是豪杰不能用其意气达到万物一体之仁的境界。为何豪杰因有意气而不能做圣贤呢?龙溪说:"吾人今日之病,莫大于意见。著于意则不能静以贞动;著于见则不能虚以适变。不虚不静,则不能空。意见者,道之贼也。后儒尚以为好意见不可无,将终身从事焉。"②但何心隐明显不同意龙溪的看法。何心隐在《答战国诸公孔门师弟之与之别在落意气与不落意气》一文的开头说:"意与气,人孰无之,顾所落有大小耳。"豪杰与圣贤都有意气,并无本质的区别。何心隐之所以与王龙溪异致,实乃其承袭了泰州学派的精神气秉,而与龙溪的清虚玄妙之学并不相同。学者视心隐承龙溪为一脉的根据,或认为是"直引三教为一家",或为"溃败决裂不可复问",亦即视其为有悖于儒学正脉之"贼道""异端"。究其原因,恰在于王龙溪等人将"异端"指向了朱子学,这就是龙溪在《别见台曾子漫语》中所说的"吾儒自有异端"。具体表现即是"病于俗"的两种情况:一是"世之高者,溺于意识",一是"其卑者,缁于欲染"③。与朱子学殊异的龙溪"本体便是工夫"的良知现成说,因其仅谈本体而不谈工夫,而受到了普遍的诘难,尤其为承袭程朱的学者目为异端。尽管如此,其实龙溪与心隐的学术路径并不相似,何心隐之论并没有"直引三教为一家"或轻忽工夫的倾向,他的特质在于笃行,在于偶有不循正统(诸如友朋论等)之论。将何心隐列于龙溪门下,或视其为一脉的学人,一般都是恪守朱学(如汪绂"一以朱子为折衷")或纠矫王学(如黄绾)的修正者。他们对于龙溪的批评,主要集中于论学空疏而忽略工夫。他们将龙溪与心隐视为一脉并非因其学理,其实龙溪、心隐一是学理空疏超迈,一是践行笃实坚决,恰恰体现于学

---

① 王畿撰,吴震编校整理:《王畿集》卷十二《与宛陵会中诸友》,凤凰出版社2007年版,第315页。
② 王畿撰,吴震编校整理:《王畿集》卷三《宛陵观复楼晤语》,凤凰出版社2007年版,第56页。
③ 详见彭国翔:《良知学的展开——王龙溪与中晚明的阳明学》第七章《中晚明的阳明学与三教融合·正统与异端》,生活·读书·新知三联书店2005年版,第483—484页。

与行不同的两极。但由于他们都存在着致"狂澜之倒"的可能,因此,视龙溪与心隐为一脉的根据既无承续之迹,亦非理论趋同,而仅是因为其客观效果有悖于儒学的中道价值取向而已。除此,尚有将颜山农与何心隐相区别的一些记载,如明代管领文坛数十年的王世贞,曾作《嘉隆江湖大侠》,其中就将颜、何区别论之,云:"何心隐者,其材高于山农而幻胜之。"尤其是将心隐拜师到削弟子籍的经历与人品联系起来,云:"(心隐)少尝师事山农。山农有例,师事之者,必先殴三拳,而后受拜。心隐既事山农,察其所行,意甚悔。一日,值山农之淫于村妇,避隐处,俟其出而扼之,亦殴三拳使拜,削弟子籍。"①所记内容是否属实,难以考稽,但其区别颜、何的意向十分明显。元美贬山农甚烈,在该文之始有云:"嘉隆之际,讲学者盛行于海内,而至其弊也,借讲学而为豪侠之具,复借豪侠而恣贪横之私,其术本不足动人,而失志不逞之徒相与鼓吹羽翼,聚散闪倏,几令人有黄巾、五斗之忧。盖自东越之变为泰州,犹未至大坏,而泰州之变为颜山农,则鱼馁肉烂,不可复支。"②王世贞论及此风时,迄于山农,而不及于心隐,其后,还历数了山农之非,云:"颜山农者,其别号也,楚人,读经书不能句读,亦不多识字,而好意见,穿凿文义,为奇邪之谈。间得一二语合,亦自洒然可听。所至,必先使其徒预往,张大炫耀其术。"③此与记述心隐的言辞明显有别。

何心隐与颜山农之间的师承关系如此疏淡,是否意味着应该将何心隐列于泰州学派门墙之外呢?我们认为,何心隐是否属于泰州学派,还得看其对心斋等泰州学派盟主的认同程度。事实上,何心隐是先慕心斋之学而后师从颜山农的。邹元标《梁夫山传》载:"及闻王心斋先生良知之学,竟芥视子衿,乃慨然曰:'道在兹矣!'遂师颜山农,即以继孔孟之传。"④因此,何心隐与山农之间的龃龉并不影响其对泰州学派的信奉,当其游学南都之时,"与太仆寺丞后台程公有友善"。而程后台即程学颜,乃山农弟子,曾请总督胡宗宪营救心隐出狱,其后何心隐又随程学颜进京,结识程学博(程学颜之弟)、罗近溪、耿定力、耿定向等人。何心隐见列于泰州学脉,诸多历史文献亦有相关记载,如《省志本

---

① 何心隐著,容肇祖整理:《何心隐集·附录》,中华书局1960年版,第144页。
② 转引自何心隐著,容肇祖整理:《何心隐集·附录》,中华书局1960年版,第143页。
③ 转引自何心隐著,容肇祖整理:《何心隐集·附录》,中华书局1960年版,第143页。
④ 何心隐著,容肇祖整理:《何心隐集·附录》,中华书局1960年版,第120页。

传》载:"梁汝元,字夫山,永丰人。少负异才,闻王心斋讲学,慨然以道自任,率同族建聚和堂,立率教、率养、辅教、辅养之人,各董其事,延师礼贤以训乡族子弟。"①因此,何心隐与颜山农之间疏淡的师生关系,并不能改变何心隐应列于泰州学脉的事实。

何心隐追求"道大知"与"道大行"统合的学术路向与其卓荦的"见龙"气质,使其具有明显的宗祧泰州而与阳明学若即若离的特征。黄宗羲在述及心隐为学经历时云:"从学于山农,与闻心斋立本之旨。时吉州三四大老,方以学显,心隐恃其知见,辄狎侮之。"②所谓"吉州三四大老",极可能是指江右王门的主要代表邹东廓、欧阳德、聂豹、罗洪先。③ 江右王门又是得阳明正传的一派,黄宗羲有云:"姚江之学,惟江右为得其传,东廓、念庵、两峰、双江其选也。再传而为塘南、思默,皆能推原阳明未尽之旨。是时越中流弊错出,挟师说以杜学者之口,而江右独能破之,阳明之道赖以不坠。盖阳明一生精神,俱在江右,亦其感应之理宜也。"④可见,心隐对于吉州大老"辄狎侮之",从一个侧面体现了其对阳明学的态度,但何心隐对于心斋之学的态度则迥然不同。当其于嘉靖丙午(1546)"拔首冠郡"⑤得郡试第一名时,"及闻王心斋先生良知之学,竟芥视子衿,乃慨然曰:'道在兹矣!'遂师颜山农,即以继孔孟之传"⑥。虽然其承师山农而不见于自述,但对心斋之学则由衷敬服,这也是何心隐见列于泰州学派的重要依据。

二、蒙难原因

虽然罗汝芳、钱同文、耿定向、耿定力、李贽、程学颜、程学博、邹元标、周良

---

① 转引自何心隐著,容肇祖整理:《何心隐集·附录》,中华书局1960年版,第124页。
② 黄宗羲著,沈芝盈点校:《明儒学案》卷三十二《泰州学派一》,中华书局1985年版,第704页。
③ 邹守益为吉州安福人,欧阳德为吉州泰和人,聂豹为吉州永丰人,罗洪先为吉州吉水人。
④ 黄宗羲著,沈芝盈点校:《明儒学案》卷十六《江右王门》一,中华书局1985年版,第331页。
⑤ 邹元标:《梁夫山传》,转引自何心隐著,容肇祖整理:《何心隐集·附录》,中华书局1960年版,第120页。
⑥ 邹元标:《梁夫山传》,转引自何心隐著,容肇祖整理:《何心隐集·附录》,中华书局1960年版,第120页。

相等人对何心隐或相与投契,或为其作哀词、谏章,痛惜其遭遇,赞佩其炯炯于乾坤的豪杰精神。但是,心隐也受到了一些正统者的呵斥。最典型的是王之垣的《历仕录》所记:"湖广有大奸何心隐,即何夫山,即何两川,即梁无忌,即梁纲一,即梁光益,的名梁汝元,原籍江西永丰县人,以侵欺皇木银两犯罪,拒捕……"①所列都是有关何心隐触犯刑法之事,内容十分详备。但这些事实甚少为诟病何心隐的文人所引述,原因即在于王之垣"即劾诛何心隐者"②。相反,对于《历仕录》所记,万历年间御史赵崇善还具疏为何心隐鸣冤,认为其杀何心隐是为了取媚张居正③,因此,这似乎并不能构成何心隐受到呵斥的原因。对于王之垣是否取媚于张居正,后人有不同的看法。清人王士禛认为并无此事,只是因为"江陵败后,御史赵崇善者,挟私憾,追劾先公(王之恒)杀心隐以媚江陵,时先曾祖又以户部侍郎养亲家居矣。虽事之本末自有公议,而崇善捷捷幡幡,良可畏也",遂专为《历仕录》跋文,期以让"士大夫或未详何颠末者,恐辄信之,聊复述及,以质公论"④,但王士禛乃王之垣的曾孙,其为先祖避讳之意一目了然,时人并不完全信从。袁中道在《东游纪事》中记曰:"时客有道及何心隐事者,予因干笑曰:'嗟嗟江夏一片地耳。前有祢衡,后有何心隐,何独不平之多也?'祢衡以得罪于汉之宰相而死于此,心隐以得罪于明之宰相而死于此。然汉之宰相不杀祢衡而假人杀之,明之宰相不杀心隐而假人杀之。其地同,其事同,其两处士之豪气同,其假手于他人又同。是又可发一大笑也。"⑤值得注意的是何心隐与张居正见面时的一段"谶语"似的对话屡屡被论者引用。这并非后人附会,亲历者耿定力有这样的记述:

> 嘉靖庚申,张江陵官少司成,先恭简官御史,巡视东城,尝约会僧舍中。不佞甫冠,日侍恭简,闻其奇江陵而又奇心隐也。乘会日,偕心隐突入坐。心隐、恭简南面,江陵北面,大兴令吴哲与予西隅坐。恭简故令二公更相评品。江陵谓心隐:"时时欲飞,第飞不起耳。"心隐气少平,谓江陵:"居

---

① 转引自何心隐著,容肇祖整理:《何心隐集·附录》,中华书局1960年版,第145页。
② 永瑢等:《四库全书总目》卷六十四《历仕录提要》,中华书局1965年版,第573页下。
③ 详见赵崇善《明公证正大典伸积冤以彰国是疏》,载《万历疏钞》卷六《国是类》。
④ 转引自何心隐著,容肇祖整理:《何心隐集·附录·历仕录跋》,中华书局1960年版,第146页。
⑤ 袁中道:《珂雪斋集》外集卷十五《拾遗》,明万历四十六年(1618)刻本。

太学,当知《大学》之道云。"心隐退而抚膺高蹈,谓予兄弟曰:"此人必当国,杀我者必此人也。"越隆庆辛未,不佞举进士,出江陵门。江陵语及心隐曰:"汝兄弟最称其人,然在我坐,不能出片语。"睹江陵色辞,未尝相忌相仇也。迫岁已卯心隐蒙难,衅由王夷陵,非江陵意也。夷陵南操江时,孝感程二蒲以维扬兵备,直言相忤。夷陵衔之,二蒲尝父事心隐,遂借心隐以中二蒲,而朝野舆论咸谓出江陵意,立毙杖下,竟践心隐当国杀我之言。夷陵实江陵罪人矣。李氏《焚书》谓由李应城意,则传者之误也。①

耿定力乃耿定向的胞弟,且年已"甫冠",所记有相当的可信性。值得注意的是,虽然耿定力力辩何心隐之死与张居正没有关系,但还是记述了张、何相会的过程。更重要的是虽然当时"不能出片语"的何心隐,相聚甫出即"抚膺高蹈,谓予兄弟曰:'此人必当国,杀我者必此人也。'"②亦即"谶言"并非后人附会。何、张相会,何对张已形成严重的心理芥蒂确是事实。虽然在耿定力的记述中何心隐没有述及何以杀之的原因,但一般都认为是张居正禁学,何心隐因讲学而死。如友人程学博在何心隐死后不久,痛作《祭梁夫山先生文》,顿首泣言,通篇悼其"以讲学被毒死",又说:"先生之学,先生所自信,而世所共嫉。"程学博堪称是与何心隐相交最笃的知音,也是救心隐最切者,所言的真实性理应受到重视。冯肇楠《书梁夫山先生集》中亦云:"吾谓夫山之死非学之能死夫山也,夫山之自死于学也。"③而梁氏后裔也笃信其族祖之死,是因"讲学忤张相,湖广巡抚王夷陵希承意旨,罗织置之法"④。但耿定力则力辩与张居正无关,所谓睹张居正之色辞"未尝相忌相仇",似有与其兄撇清之意。不但如此,耿定力还否定了李贽关于何心隐被杀的主使者为李义河的看法。李贽认为,何心隐之死与张居正无关,但因为何心隐与张居正相会后有"此人必当国,杀我者必此人也"之语,且为时人所知。当张居正任相之后,"欲承奉江陵者,憾无有缘,

---

① 耿定力:《胡时中义田记》,转引自何心隐著,容肇祖整理:《何心隐集·附录》,中华书局1960年版,第142页。
② 耿定力:《胡时中义田记》,转引自何心隐著,容肇祖整理:《何心隐集·附录》,中华书局1960年版,第142页。
③ 转引自何心隐著,容肇祖整理:《何心隐集·附录》,中华书局1960年版,第132页。
④ 梁维翰:《梁夫山遗集跋》,转引自何心隐著,容肇祖整理:《何心隐集·附录》,中华书局1960年版,第132页。

闻是，谁不甘心何公者乎？杀一布衣，本无难事，而可以取快江陵之胸腹，则又何惮而不敢为也？故巡抚缉访于前，而继者踵其步"①。据李贽记载，当何心隐被缉之后，地方官员还向张居正密进揭帖，张居正的回答是："此事何须来问，轻则决罚，重则发遣已矣"，并无杀害何心隐之意，但"及差人出阁门，应城李义河遂授以意曰：'此江陵本意也，特不欲自发之耳'"，李义河授私意以杀心隐的原因或背景是，李义河与心隐"素有论学之忤，其杀之之心自有。又其时势焰薰灼，人之事应城者如事江陵"。② 值得注意的是，李义河又是耿天台的讲友，与天台关系甚密。黄宗羲《明儒学案·恭简耿天台先生定向传》云："卓吾之所以恨先生（耿定向）者，何心隐之狱，唯先生与江陵厚善，且主杀心隐之李义河，又先生之讲学友也，斯时救之固不难，先生不敢沾手，恐以此犯江陵不说学之忌。"③耿定力则认为"李氏《焚书》谓由李应城意，则传者之误也"。其为耿定向开脱之意更加显豁。但综合诸种文献记载来看，无论杀何心隐是否为张居正授意，但张居正以及讲学是何心隐被杖杀一案中挥之不去的因素。可以参证的材料甚多，孙奇逢《理学宗传·罗近溪汝芳》载："布衣梁汝元非罪囚楚，为鬻田往援之。有讽之者曰：'梁某害道，宜置于法。'曰：'彼以讲学罹文网，予嘉其志，遑论其他乎？'"④心隐亦自认为因讲学而蒙难，其《上祁门姚大尹书》，乃狱中申辩，其中述及当年与耿天台所言，且其中更多出江陵因讲学而及于心隐的内容，云："元亦即对耿言：'张公必官首相，必首毒讲学，必首毒元。'"⑤正可印证何心隐之系狱，确与讲学有关。⑥ 何心隐《与邹鹤山书》中似乎更能透露其中的消息，云："为讲学被毒事，且以元为名教中罪人，诚有罪矣。然肆毒于元者，不以名教罪罪，而以妖逆罪罪。虽然，佗胄之鹰犬以毒晦翁者，则以伪学变而

---

① 李贽：《焚书》卷一《答邓明府》，中华书局1959年版，第15页。
② 李贽：《焚书》卷一《答邓明府》，中华书局1959年版，第16页。
③ 黄宗羲著，沈芝盈点校：《明儒学案》卷三十五《泰州学案四》，中华书局1985年版，第816页。
④ 孙奇逢：《理学宗传》卷二十六补遗《罗近溪汝芳》，清康熙六年（1667）刻本。
⑤ 何心隐著，容肇祖整理：《何心隐集》卷四《上祁门姚大尹书》，中华书局1960年版，第77页。
⑥ 对于何心隐蒙难的原因，还有其他的记载，如《永丰县志》何心隐本传载："学博官重庆知府，请汝元与俱。适白莲贼发，佐之办贼，未一月而扑灭。后卒为湖广巡抚王之垣诬以奸逆，杖死，人皆谓其承宰相张居正意。盖居正本娼嫉汝元，又同郡御史傅庆祯、刘台、观政进士邹元标皆纠劾居正。居正率疑为汝元党，而之垣又与学博有隙，欲借汝元以中之也。"（引自何心隐著，容肇祖整理：《何心隐集·附录》，中华书局1960年版，第125页）可见，关于何心隐之死有诸多复杂的因素。

为伪党,以伪党变而为逆党,为一网打尽,是亦以逆罪罪晦翁也。元虽不敢于晦翁拟,而今之罪元者,似晦翁罪也。或者是亦名教中之罪人也。惶惧惶惧。"①《又上湖西道吴分巡书》也是为讲学之事申辩。② 可见,何心隐因讲学而被拘并非空穴来风。对于禁其讲学的原因,王元美有云:"梁汝元伪讲学,聚徒众将作乱。"③而时人沈德符的记载更为直接,锋芒直逼张居正:"时有江西永丰人梁汝元者,以讲学自名,鸠聚徒众,讥切时政,时江陵公夺情事起,慧出互天,汝元因指切之,谓时相蔑伦擅权,实召天变,与其邻邑吉水人罗巽者同声倡和,云且入都持正议,逐江陵去位,一新时局。江陵恚怒,示意其地方官物色之,诸官方居为奇货。适曾光事起,遂窜入二人姓名,谓且从光反。汝元先逮至拷死,罗巽亦毙于狱。"④沈德符直接指出,何心隐因聚众讲学,讥切时政,逐江陵去位,遂有杀身之祸。那么,何心隐讲学为何致祸?何心隐被捕后曾屡屡辩白,自己所讲的仅是《原学原讲》⑤,而"何尝有一妖言乎?"⑥《原学原讲》是何心隐自鸣自辩之作,这既是何心隐对自己讲学绝无"妖言"的鸣辩,也是对自己讲学主要内容的概括。由于这样的创作缘起,其自辩之时依循正统,了无不经之辞亦在情理之中。《原学原讲》的内容,主要体现在两个方面:其一是历述正统学脉,从《尚书》《周易》到孔孟,以明自己的讲学宗旨;其二是论述讲学的必要性,亦即"学之不讲也,容不忧耶?""圣以终乎其言者,即圣以终乎其讲也。而言以始乎其圣者,不言以始乎其讲耶? 不言,不讲不也。"⑦这样的撰写目的,决定了虽然《原学原讲》的篇幅最长,但内容则平允正统,并无多少独特之处。这也是论者在研究何心隐的思想时,常常得出较少新锐思想特色结论的重要原因。但

---

① 何心隐著,容肇祖整理:《何心隐集》卷四,中华书局1960年版,第83页。
② 何心隐著,容肇祖整理:《何心隐集》,中华书局1960年版,第116页。
③ 王世贞:《弇州续稿》卷一百二十一《嘉议大夫刑部左侍郎赠都察院右都御史雨亭陈公墓志铭》,《文渊阁四库全书》第1283册,第689页下。
④ 沈德符:《万历野获编》卷十八《大侠遁免》,中华书局1959年版,第480页。
⑤ 《原学原讲》作于祁门被缉之前:"汝元生平所事所讲学,所事不得鸣于天下,与天下共讲共学共事于孔孟名家所事所讲所学事生平事者,乃以生平所蓄谬发《原学原讲》万有余言一册,刚欲诣阙鸣之于朝廷,以鸣于天下。忽尔被缉于祁门则三月初旬,被囚于南安则五月中旬,以致光阴易度,死生难测,而前册《原学原讲》之欲鸣于朝廷,以鸣于天下者,犹夫汝元生平所讲所学,仍复不得鸣于天下也。"(何心隐著,容肇祖整理:《何心隐集》卷四《上南安康二府书》,中华书局1960年版,第96页)
⑥ 何心隐著,容肇祖整理:《何心隐集》卷四《上祁门姚大尹书》,中华书局1960年版,第79页。
⑦ 何心隐著,容肇祖整理:《何心隐集》卷一《原学原讲》,中华书局1960年版,第4页。

尽管如此,这篇长文还是为研究何心隐提供了一些重要信息:其一,何心隐自认遭受缉捕的原因是讲学,因此,才携"前册《原学原讲》之欲鸣于朝廷"①;其二,将为学之源追溯至《尚书》与《周易》,云:"是故原讲其原,则原于《范》之五其事之二而言者,原于《易》之二而兑也。兑为口也,若口而言,莫非声乎其声者也。"②追慕儒学原典,而并不仅限于理学家所尚的四书,这种为学取向与心斋有相通之处。

心隐虽然与山农之间的师承关系并不显豁,但在践行方面,明显有承续颜山农传统的一面。明人沈懋孝在《题孝感杨夷思先生怀师录》中曾转引罗近溪颇值玩味的论述:"往在壬申癸酉间,晤近溪罗先生于京邸,论学有契,为余言心斋王先生格物之旨,曰:'物有本末,本正末自理,故家国天下一以修身为本',又言:'心斋传颜山农,山农传何心隐,此一派真实恳恻,不比浙中。'"罗近溪将泰州学派与浙中王门区别开来,其中"真实恳恻"显然是指有别于浙中王门的玄虚高妙。沈懋孝对于何心隐思想是这样认识的:"自宋南渡以来,人溺于传注考订之学,故阳明先生出,直指本心,从独知入髓处令后学反照内求,而真伪之关始破,彼一时也。末学师心自用,浮湛圆巧,借良知之门入巧利之窟,故心斋先生溯言格物于正本澄源之处,令后学敦行树标,而真伪之关益彻,此又一时也。至于梁先生言尧舜对局,道大行统合于上;孔孟对局,道大明统合于下。又言天地交而万汇生,君臣交而豪杰用,师友交而英才成,皆慨然自任以斯道之重,可以俟圣人于百世矣。"③在沈懋孝看来,阳明学至末流之师心自用,已沦于巧利。而心斋的淮南格物,则通过正本澄源,达到了敦行树标的作用。何心隐则是心斋淮南格物之后的又一重要学术发展环节,作用主要体现在"统合"之功。具体而言,即是"道大明"与"道大行"的统一。心隐虽然亦言"孔孟对局",以讲学明道,但同时他又言"尧舜对局",以敦行践履,实现治平之道。明道与行道的统合,正是心隐之学的本质特征。心隐强烈的经世精神,见之于"讥切时政"之论,见之于清除权臣严嵩的努力。而聚和堂更是何心隐将社会改良理想付诸实施的果敢行动。据邹元标《梁夫山传》载,当其闻心斋良知学,师事颜山农之后,"谋诸族众,捐赀千金,建学堂于聚和堂之傍,设率教、率养、辅教、

---

① 何心隐著,容肇祖整理:《何心隐集》卷四《上南安康二府书》,中华书局 1960 年版,第 96 页。
② 何心隐著,容肇祖整理:《何心隐集》卷一《原学原讲》,中华书局 1960 年版,第 10 页。
③ 以上转引自《长水先生文钞·长水先生水云绪编·题孝感杨夷思先生怀师录》,明万历刻本。

辅养之人,延师礼贤,族之文学以兴。计亩收租,会计度支,以输国赋。凡冠婚丧祭,以逮孤独鳏寡失所者,悉裁以义,彬彬然礼教信义之风,数年之间,几一方之三代矣"①。何心隐通过一个具体的社会细胞——聚和堂的建构,尝试了儒学功能的一次变革或回归。原本以入世为特征的儒学,在被统治阶级利用之后,其经典化的过程也是脱离实际,成为利禄工具的过程。儒学的入世精神与社会价值被僵化的科考程式所消解,立教之本逐渐为人们所遗忘,儒士论学也失去了儒学创立时原有的真切体验,而仅留下儒士们所知的、虚伪的道理言说方式。明代阳明学的流行,就是纠理学的支离之弊,倡以简易直截、人人具有、不学不虑之良知,而作圣之功又不废学虑。其后,心斋以"淮南格物"以及"百姓日用即道"等贴近民众心理与接受方式的教法,以对治儒学知识化及空疏不实的现实,其中,论学向下的一路在儒学史上别具特色,这也是泰州学派根本的价值所系。但尽管如此,泰州学派中人仍是以传统的讲学为主的教化方式,以实现救治社会的理想。而何心隐则不同,他在秉持讲学明道的传统之外,不满足于儒士们实现治平理想主要通过对执政者的成德教化这一途径,还孜孜于亲身践履,期求"道大明"与"道大行"的统合,"尧舜对局"与"孔孟对局"的统合。但这一原本符合儒家立教之本的行谊则被视为迂怪狂悖,间或言行稍有不合中道,便招致卫道者的钳搓。诚如李贽所云:"道本中庸,苟毫厘未妥,便是作怪,作怪即谓之妖,如何心隐本是一个英雄汉子,慧业文人,然所言者皆世俗之所惊,所行者皆愚懵之所怕。一言行即为人所惊怕,则其谓之妖。"②心隐之所以在正统者眼里被视为"异端"乃至"妖",概有两方面的原因:

一是践行之笃,有违传统儒者的故常之习,而被误识为有悖中道。他合族成立"聚和堂",就是本着《大学》齐家之意,自己躬亲董理一族之政。邹元标在《梁夫山传》中谓其:"凡冠、婚、丧、祭,以逮孤、独、鳏、寡失所者,悉裁以义,彬彬然礼教信义之风,数年之间,几一方之三代矣。"并且在聚和堂傍建学堂,"设率教、率养、辅教、辅养之人,延师礼贤,族之文学以兴"。聚和堂实行统一管理:"计亩收租,会计度支,以输国赋。"③其核心功能是经济与教育,组织人事安排在于"养"和"教"。经济是一个组织成立的基础,其重要性及效能自不待言,而

---

① 何心隐著,容肇祖整理:《何心隐集·附录》,中华书局1960年版,第120页。
② 李贽:《续焚书》卷一《寄焦弱侯》,中华书局1975年版,第36页。
③ 以上转引自何心隐著,容肇祖整理:《何心隐集·附录》,中华书局1960年版,第120页。

教育、教化的功能则颇能显示"聚和堂"的宗旨与特质。何心隐说:"上思君之所以善其治者,以有国家之教也;下思民之所以善其俗者,以有乡学之教也。"①因此,他将子弟们汇聚于祠中,统一施教。目的有二:其一,改善学习环境,期以为师者"舒畅精神以施教",为徒者"舒畅精神以乐学"。具体包括:在教学课馆方面集中于空间广大的祠堂,以克服分散教学的"寥寥",集中教学"扰扰"的现象;在食宿方面,实施总养馈、总宿祠,以便子弟安心学习,使父兄免受驱驰牵挂之累。其二,破除子弟们的私念,以儒家的外王路径,延展亲亲观念,云:"聚于上族私馆,则子弟惟知有上族之亲;聚于中族私馆,则子弟惟知有中族之亲;聚于下族私馆,则子弟惟知有下族之亲。私馆之聚,私念之所由起,故总聚于祠者,正以除子弟之私念也。"②由此而影响到父兄们亦能"朝夕相顾",以达"兴长上之亲爱"之效。经过数年的努力,聚和堂"行之有成"。③ 他践行的是《大学》"古之欲明明德于天下者,先治其国;欲治其国者,先齐其家","家齐而后国治,国治而后天下平","所谓治国必先齐其家者,其家不可教而能教人者,无之"等思想。但正是这种笃行践履,"几令人有黄巾、五斗之忧"④。何心隐按照儒家的社会理想构建起来的"聚和堂"与当时的社会产生了强烈的冲突。据王之垣《历仕录》记载,何心隐被捕的罪名是"侵欺皇木银两,拒捕,杀伤吴善五等六命"。而"侵欺皇木银两"乃是其被捕的根本原因。

二是对何心隐讲学内容的误识。何心隐被目为狂者,还在于他讲学之笃非常人可比。据程学博《祭梁夫山先生文》云:"平生精力自少壮以及老死,自家居以至四方,无一日不在讲学,无一事不在讲学。自讲学而外,举凡世之所谓身家儿女,一切世情俗态,曾无纤毫微眇足以罣先生之口而入先生之心。"⑤事实上,他为了讲学"毁家忘躯"⑥。其人其学,往往被目为狂禅,如潘祖荫《遵议先儒从祀请旨准行疏》言:"明季心学盛行,颜山农、何心隐、李贽之徒标目狂禅,

---

① 何心隐著,容肇祖整理:《何心隐集》卷三《聚和率教谕族俚语》,中华书局1960年版,第68页。
② 何心隐著,容肇祖整理:《何心隐集》卷三《聚和率教谕族俚语》,中华书局1960年版,第68页。
③ 黄宗羲著,沈芝盈点校:《明儒学案》卷三十二《泰州学案一》,中华书局1985年版,第704页。
④ 王世贞:《嘉隆江湖大侠》,转引自何心隐著,容肇祖整理:《何心隐集·附录》,中华书局1960年版,第143页。
⑤ 转引自何心隐著,容肇祖整理:《何心隐集·附录》,中华书局1960年版,第136页。
⑥ 转引自耿定向:《耿天台先生文集》卷十六《里中三异人传》,明万历二十六年(1598)刘元卿刻本。

荡无礼法,细行不谨,束书不观,学术既坏,国运随之。"①但这仅是耳食之论,并不合事实。何心隐与邓豁渠等人论学明显不同,何心隐鲜有禅学之论。也有论者视其学以任自然为特征,如清人计东云:"盖是时,天下承王文成讲学之后,皆直指本体,其流弊至泰州王艮之徒,颜山农、何心隐辈尤任尚自然,好言不学不虑,举凡慎独主敬之学皆诃之为增添,为外铄,为桎梏天下利,其便于私也,翕然而宗其教。"②其实这与顾宪成视其为"坐在利欲胶漆盆中"一样,亦非实情。心隐为了讲学而不惜毁家忘躯,恰恰体现了他是一位具坚贞之志的豪杰。就《爨桐集》的内容来看,所论多为儒家正统之学,诚如耿定力所说:"夫心隐锐志圣人之学,以天下为家。"③周良相亦云:"先生所讲所学者,唯古之大圣大贤。"④他的著述多以"原"亦即推究学理本原为题⑤,他论学不以理学家们所依循的"四书"为限,不仅仅究之于《语》《孟》,还溯及《尚书》《周易》。心隐之卓异,在于其强烈的淑世或慕道讲学之志,为了实现这一志向,"竟芥视子衿"。此之志即泰州学派所秉持的豪杰精神,亦即李贽所述的其"见龙"气质:"吾谓公以'见龙'自居者也,终日见而不知潜,则其势必至于亢矣,其及也宜也。然亢亦龙也,非他物比也。龙而不亢,则上和为虚位;位不可虚,则龙不容于不亢。公宜独当此一爻者,则谓公为上九之大人可也。是又余之所以论心隐也。"⑥这也是闽浙总督胡宗宪将其延至幕下的原因。"在左右,能令人神王"⑦的气秉,这正是心斋给泰州学派留下的"骨刚气雄,奋不顾身"⑧的精神基因,体现的是循道的勇气,而非叛道的逆行。诚如周良相所谓"先生之狂,独狂于观过知仁之狂,独狂于当仁不让之狂,独狂于固穷俟命之狂"⑨。这种种误识,都是何心隐

---

① 贺长龄辑:《清经世文编》卷五十二《礼政三》,清光绪石印本。
② 计东:《改亭诗文集·文集》卷一《谒吕新吾先生祠堂诗序》,清乾隆十三年(1748)刻本。
③ 耿定力:《胡时中义田记》,转引自何心隐著,容肇祖整理:《何心隐集·附录》,中华书局1960年版,第143页。
④ 周良相:《祭梁夫山先生文》,转引自何心隐著,容肇祖整理:《何心隐集·附录》,中华书局1960年版,第133页。
⑤ 诸如《原学原讲》《原人》《原静》《原避遭》等。
⑥ 李贽:《焚书》卷三《何心隐论》,中华书局1975年版,第90页。
⑦ 黄宗羲著,沈芝盈点校:《明儒学案》卷三十二《泰州学案》序,中华书局1985年版,第704页。
⑧ 袁宗道著,钱伯城标点:《白苏斋类集》卷二十二《杂说类》,上海古籍出版社1989年版,第308页。
⑨ 周良相:《祭梁夫山先生文》,转引自何心隐著,容肇祖整理:《何心隐集·附录》,中华书局1960年版,第135页。

蒙难不可忽视的因素。

三、思想特征

何心隐在《原学原讲》中论述了讲学的重要,追溯了"讲学"的正脉。其讲学的内容也许并非现存的《爨桐集》所能涵括,但《爨桐集》中独特的理论锋芒时有裎露。这主要表现在以下几个方面。

首先,对于"子绝意必固我"的理解。心隐云:

> 孔子忧其害道,是故有为毋意,为毋必,为毋固,为毋我者,皆绝之。奈之何后之人昌其所绝,而为不落意气之说,为毋乎意、必、固、我之说也。不知盈天地间,皆意、必、固、我之盈也,虽欲毋之,而不可毋也。毋意、毋必、毋固、毋我之说,虽欲昌之而不可昌也。①

与孔子所谓毋意、毋必、毋固、毋我不同,他认为圣贤亦落于意气,只不过"圣贤之意气必落于大而不落于小"。所谓"大",是指德性的境界之大,即如其所云:"圣贤之意必诚,诚必诚其明明德于天下之诚也。诚其明明德于天下,而意与道凝矣。"②因为其"大",意与道相融为一了。因此,"落于大则淡"。同样,对于气,何心隐亦云:"圣贤之气必养,养必养其塞乎天地之间之养也。养其塞乎天地之间,而气与道配矣。"③又云:"孔门师弟之意之气,相与以成道者也。"④在何心隐看来,不需作落意气不落意气之分,而应作意气内涵的分别,亦即德性境界大小的分别:是一己还是明明德于天下。这也是心隐将战国侠士与孔

---

① 何心隐著,容肇祖整理:《何心隐集》卷三《答战国诸公孔门师弟之与之别在落意气与不落意气》,中华书局1960年版,第55页。
② 何心隐著,容肇祖整理:《何心隐集》卷三《答战国诸公孔门师弟之与之别在落意气与不落意气》,中华书局1960年版,第54页。
③ 何心隐著,容肇祖整理:《何心隐集》卷三《答战国诸公孔门师弟之与之别在落意气与不落意气》,中华书局1960年版,第54页。
④ 何心隐著,容肇祖整理:《何心隐集》卷三《答战国诸公孔门师弟之与之别在落意气与不落意气》,中华书局1960年版,第54页。

门师弟区别开来的主要根据。可见,何心隐虽然具有侠义之气,但这并不是他人生的理想境界,他的理想境界是明明德于天下的意之大者,孔门师弟即是其理想人格的体现者。他认为"子绝四:毋意、毋必、毋固、毋我",这是在特定背景下的表述,是"子之创道之殷而忧其阴害乎所创也"①,是孔子忧其害道之言。当然,意、必、固、我又是自然存在,亦即"盈天地间,皆意、必、固、我之盈也","故意、必、固、我者,自天地,自圣贤,以至于一节之士,以至于一民一物之微之所咸用者也"。② 不但如此,"彼为毋意,为毋必,为毋固,为毋我者,亦即意,亦即必,亦即固,亦即我之用也。"③亦即,毋意、毋必、毋固、毋我正是意、必、固、我的体现。这样,就为意、必、固、我提供了存在的理由。但意、必、固、我,需如孔门师弟那样"范之于大",亦即需"明明德于天下",这一过程亦即"圣贤之道之所以无不范也"的过程。何心隐对于意、必、固、我的阐论,承认了其客观存在的合理性,乃至于为孔门师弟及战国侠士所共同秉持。圣贤之道的实现,亦当以承认意、必、固、我,且"范之于大"为途径。因此,"不落意气"与"落意气"并无本质的区别,区别仅在于"落于大"与"落于小"。可见,何心隐并未将战国的荆轲、豫让④作为最高的人格标准,而是以孔门师弟"明明德于天下"之落意气之大者为高标。当然,何心隐的立意在于融通"落意气"与"不落意气"之间的关系,说明战国诸公的侠士之风与孔门师弟的德性精神具有相通之处,这也是其与一般理学家不同之处,即使是与心隐同门的罗汝芳的态度亦与此有别。近溪有云:"长沮、桀溺以高洁而辞爵禄,荆轲、聂政以意气而蹈白刃,且个个争效法之,是做好人的不以中庸做好人矣。此夫子所以重叹中庸之不可能。"⑤在近溪看来,长沮、桀溺之辞爵禄,荆轲、聂政之蹈白刃,都说明骋意气者之不足。而心隐则不同,他着意于阐论落意气与不落意气的融通,而不是要消除意必固我。何心隐的这一理论取向,为泰州学派的豪杰精神做了必要的理论注脚。虽然他还

---

① 何心隐著,容肇祖整理:《何心隐集》卷三《答战国诸公孔门师弟之与之别在落意气与不落意气》,中华书局1960年版,第55页。
② 何心隐著,容肇祖整理:《何心隐集》卷三《答战国诸公孔门师弟之与之别在落意气与不落意气》,中华书局1960年版,第55页。
③ 何心隐著,容肇祖整理:《何心隐集》卷三《答战国诸公孔门师弟之与之别在落意气与不落意气》,中华书局1960年版,第55页。
④ 详见《史记》卷八十六。
⑤ 罗汝芳:《一贯编·四书总论》,明长松馆刻本。

是以孔门师弟的人格标准为是,但对于落意气的肯定,承认意必固我存在的合理性,显示了何心隐对豪杰精神的认同超越了当时儒士们的普遍认知,为泰州学派"能以赤手搏龙蛇"提供了精神支持。当然,不落意气的另一面还在于他以圣人的中行人格为最高理想,因此,何心隐企求的人格精神恰如李材所说的"真豪杰"。李材曰:"昔人谓,豪杰而不圣贤者有之,未有圣贤而不豪杰。今世以意气激昂为豪杰,以恃才能取功名为豪杰,彼乌知夫不徇流俗,不避毁誉,毅然以古圣贤自期者乃真豪杰哉?"①以圣贤自期,以寻道论道为人生帜志,这也是邓豁渠和何心隐本人"芥视子衿"②的精神动力。泰州学派中人被李贽视为"英雄之士",即与其不避毁誉,而"以布衣出头倡导"③有关。这种"真豪杰"精神,正是泰州学派共同的精神气禀,何心隐落意气与不落意气的会通之论,在某种程度上就是将豪杰精神与儒家最高的人格理论——中行相贯通。

其次,友朋论。在儒学传统中,友是五种伦常关系之一,如孟子论及这五种关系的基本准则时云:"父子有亲,君臣有义,夫妇有别,长幼有序,朋友有信。"荀子将友视为修德的重要途径:"遇友则修礼节辞让之义"④,"得贤师而事之,则所闻者尧舜禹汤之道也;得良友而友之,则所见者忠信敬让之行也"⑤;等等。但何心隐则将"友"在五伦系统中的地位提到了一个新的高度,云:

> 《中庸》,象棋子也。《大学》,象棋盘也。对着是棋,于上惟君臣,尧舜以之。对着是棋,于下惟友朋,仲尼以之。故达道始属于君臣,以其上也。终属于朋友,以其下也。下交于上,而父子、昆弟、夫妇之道自统于上下而达之矣。夫父子、昆弟、夫妇,固天下之达道也,而难统乎天下。惟君臣而后可以聚天下之豪杰,以仁出政,仁自覆天下矣。天下非统于君臣而何?固唐虞以道统统于尧舜。惟友朋可以聚天下之英才,以仁设教,而天下自归仁矣。天下非统于友朋而何?故春秋以道统统于仲尼。⑥

---

① 李材:《见罗先生书》卷十五《书问附》,明万历刻本。
② 邹元标《梁夫山传》,转引自何心隐著,容肇祖整理:《何心隐集·附录》,中华书局1960年版,第120页。
③ 李贽:《焚书》卷二《为黄安二上人三首·大孝一首》,中华书局1975年版,第80页。
④ 章诗同注:《荀子简注》六《非十二子》,上海人民出版社1974年版,第50页。
⑤ 章诗同注:《荀子简注》二十三《性恶》,上海人民出版社1974年版,第267页。
⑥ 何心隐著,容肇祖整理:《何心隐集》卷三《与艾冷溪书》,中华书局1960年版,第66页。

心隐认为五伦之中唯有作为政治伦理的君臣与友朋关系能"统乎天下",是五伦中最为重要的两极。这一思想与儒家的传统伦理观念并不完全吻合。儒家虽然将"友"列为五伦之一,但叨陪末座。这是因为五伦是以"亲亲为大"的家庭伦理关系为中心的,而"友"则既没有刚性的政治隶属关系,也没有客观的血缘关系,而纯粹是以共同的价值观念或道德标准的认同为基础的伦常关系。与君臣关系相比较,友朋关系与自然亲缘关系更加疏远。因为在传统的儒学伦常观念看来,政治等级隶属关系(君臣)是亲缘关系的推演。在这种政治与亲缘相结合的伦常谱系中,亲缘天然等差的属性也为政治等级关系的合法性提供了基础,但朋友关系则是例外,这也是友在儒学的语境中始终处于边缘地位的原因。何心隐则不同,他将友在五伦中的地位大大提高了。尤其值得注意的是,何心隐对于友的功能做了新的诠释。虽然儒家传统中对友的作用也有论及,如荀子将其视为修德的途径。据《礼记》记载,孔子也提出过交友的功能与基本行为准则:"儒有合志同方,营道同术;并立则乐,相下不厌;久不相见,闻流言不信;其行本方立义;同而进,不同而退。其交友有如此者。"①但何心隐则不同,他在论及五伦关系时,特别注重友朋与君臣之间的关系,这是五伦关系中仅有的两种非家族伦理关系。君臣是典型的政治伦理关系,友朋则是超越于家族与政治之外的一种伦理关系,因为其不具有政治关系的功利与强制性特质,但其又可以成为政治关系的伦理基础,孔子所说的"同而进,不同而退"便体现了友朋关系的这一特征。何心隐则更进一步,他将君臣与友朋并列,便是直接赋予了其政治伦理亦即"统乎天下"的属性。稍有不同的是君臣主要体现的是政治统治,而友朋体现的是政治教化的关系,一是仁德"覆天下"的有形实施,一是"天下自归仁"的无形化成。值得注意的是,何心隐赋予了友朋"可以聚天下英才"的功能,亦即友朋具有了某些组织形式的色彩,具有了学派乃至政党含义的可能。但何心隐并没有向前迈进一步,而仍是恪守了儒学以及泰州学派的传统,友朋主要还是就兴学传道方面而言,其"聚天下英才"或仅仅是指书院、讲会等讲学团体。这在其给艾冷溪的尺牍之后,又作的《又与艾冷溪书》中可以看出,其中有云:"某静夜为公细搜,天下无一空处可补,以报朝廷。惟仲尼之道,海内寥寥莫闻,诚为一大空尔。此空一补,岂小补哉?补之

---

① 孙希旦:《礼记集解》卷五十七《儒行第四十一》,中华书局1989年版,第1408页。

何如？亦不过聚英才以育之，将使英才布满于下以待上用，即周子所谓善人多而朝廷正，天下治矣。"①以教辅政是其友朋论形成的基本动因。可见，心隐仍是宣教而非致政。

不但如此，心隐还将友朋关系提升到了超越于君臣关系之上的至高的地位。对于君臣与友朋之间的关系，心隐云：

> 殊不知君臣友朋，相为表里者也。昔仲尼祖述尧舜，洞见君臣之道，惟尧舜为尽善矣。而又局局于君臣以统天下，能不几于武之未尽善耶？此友朋之道，天启仲尼，以止至善者也。古谓仲尼贤于尧舜，谓非贤于此乎！且君臣之道，不有友朋设教于下，不明。友朋之道，不有君臣出政于上，不行。行以行道于当时，明以明道于万世，非表里而何？②

君臣与友朋比较，友朋更为重要。"友"的关系是超越于功利，以志同道合（即"谊"或"义"）为前提的。君臣是表，友朋是里。君臣行道于当时，友朋可明道于万世。这是一种新的伦常关系，这是没有等差前提，完全以共同价值理念构建的人际关系。正因为"友"在传统伦理谱系中的独特性或乖离性，先秦儒家通过各种方式将其拉回到家族伦理的谱系中来，诸如孟子所谓"信于友有道，事亲弗悦，弗信于友矣"③。再如，孔子将朋友与兄弟关系结合，将其视为士的主要标准，云："切切偲偲，怡怡如也，可谓士矣。朋友切切偲偲，兄弟怡怡。"④尽管如此，友朋之间的核心准则在中国传统的语境中则是"信"，如"朋友信之"⑤"朋友有信"⑥，而其中蕴含着的正是契约精神的基本特征，这也是何心隐友朋论具有的最重要的思想史意义。

为了说明"友"在五伦中独具的平等地位，何心隐将"友"与天地自然法则相贯通，云：

---

① 何心隐著，容肇祖整理：《何心隐集》卷三《又与艾冷溪书》，中华书局 1960 年版，第 66 页。
② 何心隐著，容肇祖整理：《何心隐集》卷三《与艾冷溪书》，中华书局 1960 年版，第 66 页。
③ 杨伯峻译注：《孟子译注·离娄章句上》，中华书局 1960 年版，第 173 页。
④ 杨伯峻译注：《论语译注·子路篇第十三》，中华书局 1980 年版，第 143 页。
⑤ 杨伯峻译注：《论语译注·公冶长篇第五》，中华书局 1980 年版，第 53 页。
⑥ 杨伯峻译注：《孟子译注·滕文公章句上》，中华书局 1960 年版，第 125 页。

> 天地交曰泰，交尽于友也。友秉交也，道而学尽于友之交也。昆弟非不交也，交而比也；未可以拟天地之交也。能不骄而泰乎？
>
> 夫妇也，父子也，君臣也，非不交也，或交而匹，或交而昵，或交而陵，而援。八口之天地也，百姓之天地也，非不交也，小乎其交者也。能不骄而泰乎？①

心隐认为，友乃是"交"的极致体现，而"交"乃天地自然的普遍法则，这一法则在五伦关系中亦得到了体现。但昆弟、夫妇、父子、君臣之交都存在着一些不足，或交而比，或交而匹，或交而昵，或交而陵、援，都不如朋友之交得乎正，都不如友之交那样"均之气充盈"。② 可见，能否"骄而泰"，亦即"均之气充盈"，是其他四伦得天地自然法则的关键，因此，他理想的伦常关系，亦即"交"的前提是：不落于比、匹、昵、陵、援，即其所谓"不落比也，自可以交昆弟；不落匹也，自可以交夫妇；不落昵也，自可以交父子；不落陵也，不落援也，自可以交君臣"③。不难看出，何心隐期盼的朋友关系具有平等、理性、公正的意味。这是一种有悖于传统的全新的价值取向，也是其对于中国思想史的一个重要贡献。

心隐所论之"友"是可以"聚天下英才"实现"以仁设教"的讲学主体。事实上，"朋友"的概念本身亦与讲学有关，郑玄注《论语》云："同门曰朋，同志曰友。"④因此，何心隐还论述了"师"在人与自然、人与社会之间的作用，云："师非道也，道非师不帱。师非学也，学非师不约。不帱不约则不交。不交亦天地也，不往不来之天地也。"⑤他认为人与天地交之应有的态度是易天而不革天，易地而不革地，这才是至善的境界。相反，汤武革天革地则并非尽善之举。由非道、非学而达到尽道、尽学、至善的过程是因为师的作用使其然。就人与社会关系而言，心隐云："师也，至善也，非道而尽道，道之至也；非学而尽学，学之至也。可以相交而友，不落于友也；可以相友而师，不落于师也。此天地之所以为大也。惟大为泰也，师其至乎！"⑥师是人与人之间因弘道、传学进行交流的使者，

---

① 何心隐著，容肇祖整理：《何心隐集》卷二《论友》，中华书局1960年版，第28页。
② 何心隐著，容肇祖整理：《何心隐集》卷二《论友》，中华书局1960年版，第28页。
③ 何心隐著，容肇祖整理：《何心隐集》卷二《论友》，中华书局1960年版，第28页。
④ 转引自潘维城：《论语古注集笺》卷一，清光绪七年(1881)江苏书局刻本。
⑤ 何心隐著，容肇祖整理：《何心隐集》卷二《师说》，中华书局1960年版，第27页。
⑥ 何心隐著，容肇祖整理：《何心隐集》卷二《师说》，中华书局1960年版，第27—28页。

因学因道相交而可以为友,师友相济,弘道于天地之间,使得社会、自然和谐至善,这是师道的作用。师与友的相兼会通,体现了何心隐以学平治天下的人生理想,以及以道、学为本的实现理想的途径,这也是何心隐承桃心斋之学的重要表征。

何心隐的友朋论还体现在安老怀少的日常生活之中,友朋是在生活实践中实现天下归仁的一个重要环节。他认为"分人以财,不过谓之惠。惟为天下得人,乃可谓之仁",所谓"得人"即是"以朋得朋,以友得友"。① 这些友朋乃是人生重要的精神依凭,即所谓"共乎十数年所得之朋、所得之友虽老,而怀少之本自有所由起。以致后乎十数年所得之朋、所得之友或少,而安老之本自有所由继",正是朋友之间的相继相起,不断"得人",以朋友为归,乃可以"共学以安老怀少,则自有禄于学之共,而天下自归仁"。② 能够"得人",亦即得到志趣相投的朋友,这恰恰就是仁的体现。他将自己的政治理想与仁结合在一起,其中特别之处在于以朋友为纽带。何心隐孜孜以求仁的理想,可见其泰州学派的学脉表征。

何心隐的友朋论是在淑世情怀的驱使下产生的,同时,又是在心学的背景下形成的。他在《与艾冷溪书》中将《中庸》喻为棋子,《大学》喻为棋盘。君臣与朋友分别处于棋局中的上下两端。而该尺牍之开篇即提出明《大学》《中庸》心性奥义的必要。何心隐通过明心之所在,性之所率,即通过君臣、友朋的关系,使其克服"心心各在,各在心足"。"性性各率,各率性成"③的不足,而得《大学》《中庸》的真谛。由此可见,他通过两伦关系,实现心、性问题的超越与贯通,其实是贯通一体以明道。友朋论提出的过程,就是明乎《大学》《中庸》旨意的过程。

何心隐提升了友朋在社会秩序中的地位,以共同的价值取向、情操作为社会关系的主要纽带,以讲学传道作为维系这一社会关系的主要途径。何心隐的这一社会理想在其后的东林学派中得到了继承,顾宪成说:

> 群一乡之善士讲习,即一乡之善皆收而为吾之善,而精神充满乎一乡

---

① 何心隐著,容肇祖整理:《何心隐集》卷三《辞唐可大馈》,中华书局1960年版,第67页。
② 何心隐著,容肇祖整理:《何心隐集》卷三《辞唐可大馈》,中华书局1960年版,第67页。
③ 何心隐著,容肇祖整理:《何心隐集》卷三《与艾冷溪书》,中华书局1960年版,第65页。

矣；群一国之善士讲习，即一国之善皆收而为吾之善，而精神充满乎一国矣；群天下之善士讲习，即天下之善皆收而为吾之善，而精神充满乎天下矣。①

顾宪成将学与政结合在一起，通过讲习以化成天下。他们将学术视为正人心之本。从这个意义上说，泰州学派的大成之学，在东林学派那里得到了传衍与践行。

何心隐将友朋在五伦关系中的地位提高到一个至上的高度，其思想动因在于对独立人格的肯定，在于对共同价值观念而非亲缘在人际关系中作用的提升，这一切都是具有鲜明近代色彩的思想因子。同时，友朋而非亲缘作为主要的社会关系，这实际是对维系封建统治的基本社会结构方式发起的一次冲击，其社会、政治意义不能因何心隐受杖命卒而中绝。何心隐卒后引起了巨大的社会悲悯之情，既是对其人生命运的同情，也是对其精神气秉、思想影响的追怀。几乎同时的李贽，虽然与何心隐素不相识，但自云："何心隐即梁汝元也。余不识何心隐，又何以知梁汝元哉？"②称叹其"英难莫比"。心隐除了狱中所上当道书"千言万语，滚滚立就，略无一毫乞怜之态"的凛然气概，以及"为文章高妙，略无一字袭前人"③之外，还注重独立人格的友朋之交。李贽视师友为一，"言友则师在其中矣"④。嗜义为友朋之准则⑤，视同志为友之最高境界，即所谓"世间真友难得，而同志真实友尤其难得。古人得一同志，胜于同胞，良以同胞者形，而同志者可与践其形也。孔、孟走遍天下，为着甚么？无非为寻同志耳"⑥。这正是李贽与何心隐在晚明思想界作为"同志真实友"的重要思想基础。

再次，寡欲论。黄宗羲在《明儒学案·泰州学案》序中将颜山农、何心隐列为一派，以"非名教所能羁络"为特征。其中引述了顾宪成"心隐辈坐在利欲胶

---

① 高廷珍辑：《东林书院志》卷三《会语》，清雍正刻本。
② 《何心隐论》，转引自何心隐著，容肇祖整理：《何心隐集》，中华书局1960年版，第10页。
③ 《与焦漪园太史》，转引自何心隐著，容肇祖整理：《何心隐集》，中华书局1960年版，第119页。
④ 李贽：《焚书》卷二《为黄安二上人三首·真师二首》，中华书局1975年版，第81页。
⑤ 详见李贽：《焚书》卷五《读史·朋友篇》，中华书局1975年版，第222页。
⑥ 李贽：《续焚书》卷一《与吴得常》，中华书局1975年版，第17页。

漆盆中,所以能鼓动作人"①为据。黄宗羲所引据的乃顾宪成在《小心斋杂记》卷十四中的一段文字。但下面还有作为"坐在利欲胶漆盆中"依据的记述:

> 耿司农择家童四人,每人授二百金,令其生殖,内有一人尝从心隐问仙,因而请讧心隐,授以六字曰:"一分买,一分卖。"又益以四字,曰:"顿买零卖。"其人尊用之起家,至数万。②

顾宪成慨叹的是何心隐至平易、至巧妙的两句话,"以此处天下事可迎刃而解","假令正其心术,固是一个用才也"③。虽然我们对何心隐的理财经历不得其详,但通过《聚和率养谕族俚语》可知,率养之下尚有"管粮""催粮""征粮"等部分,可见,聚和堂的供给、财用是团体得以维持的现实需求,何心隐通晓经济之道亦在情理之中,但据此即判其"坐在利欲胶漆盆中"委实失之武断。事实上,顾宪成对何心隐甚为推敬,他曾对何心隐和张居正的生前生后的社会影响进行比较,云:

> 异哉,梁永丰落落布衣也,其生也不能富人,不能贫人,不能贵人,不能贱人,樵儿牧稚可狎而睨焉。比其死也,人皆冤之。为之徒者,且相与捐身以赴之,至冒鼎镬,蹈白刃而不恤。张江陵堂堂相君也,其生也能以人贫,能以人富,能以人贱,能以人贵,公卿百执事侈口颂功德焉。比其死也,人皆快之。为其党者,且戬身以避之,惟恐影响之不悬,以蒙其累。是何两人之处势微显判然,而得失之效更自相反,何也?此以心服,彼以力服也。呜呼!昔一时也,为江陵献媚者,杀永丰如杀鸡豕,盖若斯之巍也,布衣固无如宰相何也!今一时也,为永丰雪愤者,疾江陵如疾豺狼,盖若斯之凛也,相君亦无如布衣何也!④

---

① 详见黄宗羲著,沈芝盈点校:《明儒学案》卷三十二《泰州学案一》,中华书局1985年版,第703页。
② 顾宪成:《顾端文公遗书·小心斋杂记》卷十四,清康熙刻本。
③ 顾宪成:《顾端文公遗书·小心斋杂记》卷十四,清康熙刻本。
④ 顾宪成:《重刻怀师录题辞》,转引自何心隐著,容肇祖整理:《何心隐集·附录》,中华书局1960年版,第126页。

顾宪成认为何心隐、张居正两人生前处势迥异，但一是以心服人，一是以力服人，因此死后声誉亦判然有别：为何心隐雪愤者甚多，而"疾江陵如疾豺狼"，可见顾宪成对何心隐的褒赞之意。虽然何心隐有强烈的淑世情怀，因慕道而芥视子衿，且临当授命之时，"视尊官如小儿，视深牢如福堂"①，了无"坐在利欲胶漆盆中"的行迹，那么，他的著述中是否有利欲之论呢？而这也许是我们破解黄宗羲何以片面引述顾宪成言论的原因。事实上，何心隐对于"欲"有专门论述，这主要集中于《寡欲》《辩无欲》与《聚和老老文》中。通观所论，何心隐论欲概有二义：

一是寡欲，而非无欲。何心隐对周敦颐的无欲论与孔孟的思想进行了辨析。周敦颐认为学而成圣的关键在于无欲②，但何心隐认为周敦颐之论与孔孟并不相契，云："濂溪言无欲，濂溪之无欲也，其孟轲之言无欲乎？孔子言无欲而好仁，似亦言无欲也。然言乎好仁，乃己之所好也。惟仁之好而无欲也。不然，好非欲乎？孟子言无欲其所不欲，亦似言无欲也。然言乎其所不欲，乃己之不欲也。惟于不欲而无欲也。不然，无欲非欲乎？是孔孟之言无欲，孔孟之无欲也，岂濂溪之言无欲乎？"③孔子所谓从心所欲不逾矩是寡欲，孟子舍鱼取熊掌，亦为寡欲。④ 孔孟之论均为寡欲而非无欲。心隐以孔孟之说以矫周敦颐之无欲，认为周敦颐无欲说的思想来源是老子的"常无欲以观其妙"（《老子·一章》），云："然则濂溪之无欲，亦无欲观妙之无欲乎？"⑤其"辩，辩"之切，目的是指出周敦颐为代表的理学家所秉持的无欲论并非儒家思想，从而为"欲"存在的合理性提供了儒学经典支撑。何心隐进而又提出"欲惟寡则心存，而心不能以无欲也"⑥。这是因为欲仁乃成德之核心，而何心隐又认为仁即人心，云："夫人，则天地心也。而仁，则人心也。"⑦故而何心隐得出了"心不能以无欲"的结论。同时，"寡欲，以尽性也"，"寡欲，以至命也"，⑧寡欲而非无欲，乃尽性至命

---

① 陈际泰：《何心隐文钞序》，转引自何心隐著，容肇祖整理：《何心隐集·附录》，中华书局1960年版，第129页。
② 参见周敦颐著，陈克明点校：《周敦颐集·通书·圣学第二十》，中华书局1990年版，第31页。
③ 何心隐著，容肇祖整理：《何心隐集》卷二《辩无欲》，中华书局1960年版，第42页。
④ 何心隐著，容肇祖整理：《何心隐集》卷二《辩无欲》，中华书局1960年版，第42页。
⑤ 何心隐著，容肇祖整理：《何心隐集》卷二《辩无欲》，中华书局1960年版，第42页。
⑥ 何心隐著，容肇祖整理：《何心隐集》卷二《辩无欲》，中华书局1960年版，第42页。
⑦ 何心隐著，容肇祖整理：《何心隐集》卷一《原学原讲》，中华书局1960年版，第17页。
⑧ 何心隐著，容肇祖整理：《何心隐集》卷二《寡欲》，中华书局1960年版，第40页。

的普遍法则:"凡一臭,一宾主,亦莫非乘乎其欲于性,御乎其欲于命者,君子亦曷尝外之,而有不尽性至命于欲之寡乎!"①不难看出,何心隐反对无欲,主张寡欲的背后是肯定自然人欲的存在。但何心隐孜求的是寡欲,亦即"欲所欲而若有所节,节而和也,自不戾乎欲于欲之多也"②。寡欲实乃节一己之欲,而能遂人人之欲。

二是以聚和为欲。何心隐倡以寡欲,目的在于聚和,使人人在社会关系中各遂己欲,而不能一部分人"旷于恋色恋声而苟安苟逸",其他人则无法得其欲。这种社会关系乃命之所使,并决定了各各之欲,即所谓"命也,御乎其欲者也"。③ 可见,何心隐所论之欲是兼顾群体因素的欲,乃至仁亦以为欲,"与百姓同欲"④,何心隐以"聚和"作为比"货色"更高层次之欲,对此,他在《聚和老老文》中云:

> 欲货色,欲也。欲聚和,欲也。族未聚和,欲皆逐逐,虽不欲货色,奚欲哉?族既聚和,欲亦育育,虽不欲聚和,奚欲哉?聚和有教有养,伯叔欲率未列于率,惟朝夕与率,相聚以和,育欲率也;欲辅未列于辅,惟朝夕与辅,相聚以和,育欲辅也;欲维未列于维,惟朝夕与维,相聚以和,育欲维也。育欲在是,又奚欲哉?昔公刘虽欲货,然欲与百姓同欲,以笃前烈,以育欲也。太王虽欲色,亦欲与百姓同欲,以基王绩,以育欲也。育欲在是,又奚欲哉?仲尼欲明明德于天下,欲治国、欲齐家、欲修身、欲正心、欲诚意、欲致知在格物,七十从其所欲而不逾平天下之矩,以育欲也。育欲在是,又奚欲哉?汝元亦奚欲哉?惟欲相率、相辅、相维、相育欲于聚和,以老老焉,又奚欲哉?⑤

不难看出,聚和之欲,才是何心隐孜孜于论欲的关键。他以育欲为期,所育之欲,乃公刘、周太王"与百姓同欲"之"欲",孔子"欲明明德于天下,欲治国、

---

① 何心隐著,容肇祖整理:《何心隐集》卷二《寡欲》,中华书局1960年版,第41页。
② 何心隐著,容肇祖整理:《何心隐集》卷二《寡欲》,中华书局1960年版,第40页。
③ 何心隐著,容肇祖整理:《何心隐集》卷二《寡欲》,中华书局1960年版,第40页。
④ 何心隐著,容肇祖整理:《何心隐集》卷三《聚和老老文》,中华书局1960年版,第72页。
⑤ 何心隐著,容肇祖整理:《何心隐集》卷三《聚和老老文》,中华书局1960年版,第72页。

欲齐家、欲修身、欲正心、欲诚意、欲致知在格物"之"欲"。该文是因聚和堂中的率教、率养、辅教、辅养、维教养所作的敬老之文,表现了何心隐与会中诸人相勉以成就聚和堂事业的理想,即相聚以和,培养遂社会之欲的情操。此之"欲",实乃儒家的道德理性。从这个意义上说,何心隐的聚和之欲与传统儒学的价值取向可谓殊途同归。正因为如此,聚和堂仍秉持着传统观念:"合族始聚以和,和聚于心,始知养本于君之所赐也。"①他以孔子"七十从其所欲而不逾乎天下之矩"为期②,努力育此之欲。可见,何心隐之欲,不是舒张个性,而是以鲜明的个性以实现儒家的经世理想。因此,虽然何心隐与邓豁渠都被目为异人,但诚如陈士业所说:"有明异人,其在世庙之末者,心隐、邓豁渠两人而已。然豁渠固负豪气,而祖死不葬,父丧不奔,见黜于名教,儒者不录。心隐生平所为,皆忠孝大节,即其诡托箕巫,阴去分宜之相,不烦披鳞请剑,面大奸忽尔败觉,其作用景奇,真能以忠而成其侠者,非豁渠之所敢并也。"③周良相在《祭梁夫山先生文》中痛惜何心隐在举世非议、必欲中伤的困境之中,流离颠沛以终岁,但赞叹其"身如穷无所归之身,竟不敢移易于此身,必欲身其身于家国天下之身之上以为身者也。家如穷无所归之家,竟不敢移易于此家,必欲家其家于家国天下之家之上以为家者也"④。他的狂,乃践仁之狂;他的欲,乃是与百姓同欲之欲。他戮力为之的聚和堂也以摒除私念,以善其民俗。其所撰之《聚和率教谕族俚语》有云:"私馆之聚,私念之所由起,故总聚于祠者,正以除子弟之私念也。"⑤

尽管如此,何心隐将与天理相对立的"人欲"的合理性进行了论证,对应有、应倡之"欲"进行了证明,显示了别样的理论取向。其为人欲正名的努力,体现了何心隐的理论勇气。

最后,有在保身论。

明哲保身论是心斋学术的一个重要特征。心隐在承祧了心斋保身论的同时,基于强烈的经世意识,强调保身的前提与途径,不是明哲,而是要承担其一

---

① 何心隐著,容肇祖整理:《何心隐集》卷三《聚和率养谕族俚语》,中华书局1960年版,第70页。
② 何心隐著,容肇祖整理:《何心隐集》卷三《聚和老老文》,中华书局1960年版,第72页。
③ 《答张谪宿书》,转引自何心隐著,容肇祖整理:《何心隐集·附录》,中华书局1960年版,第138页。
④ 《祭梁夫山先生文》,转引自何心隐著,容肇祖整理:《何心隐集·附录》,中华书局1960年版,第134页。
⑤ 何心隐著,容肇祖整理:《何心隐集》卷三《聚和率教谕族俚语》,中华书局1960年版,第68页。

定的社会角色,亦即身于社会关系中"有在"之时,无论在尊在卑,身都需保:"身有在而后不容以不保,身在尊而后不敢以不保。如身在农,在工,在商,身在卑也,不保,未有不殒其身者也。是身有在不容以不保也。又如身在士,由士而仕,身日尊矣。身之尊者,言足以兴,默足以容,信不敢以不保也。"①相反,当身失去了一定的社会角色之时则不必保,云:"今某不农、不工、不商,身已不在卑矣,保身何为?况又不士,何由以仕?身已不在尊矣。身不在尊,虽言不见其言,虽默不见其默,何足以兴,何足以容,虽欲保身,保身何为?某所以如痴如颠者,以身之无在也。无在而求有在之不暇矣,何暇于身之保耶?"②他还以文王、孔子的经历来证明,保身都是身之有在之后,云:"文王之不暇食,亦以身之未有在也。不然,何致羑里之囚?囚其身者,似不知所以保其身也。《诗》美文王为明哲保身者,保之于身尊之后也。仲尼之席不暇暖,亦以身之未有在也。不然,何致陈蔡之厄?厄其身者,似不知所以保其身也。而仲尼独诵明哲保身之《诗》者,得非思保之于身尊之后耶?"③心隐之"有在保身",一方面显示了其承袭心斋"明哲保身"论的特征。另一方面,将泰州学派的尊身论注入了新的元素,将保身的前提由成德变为经世。心斋视"明哲"为"良知",即所谓"'明哲'者,'良知'也"④,其保身的方式是成德成仁,即:"能爱人,则人必爱我。人爱我,则吾身保矣。"⑤而心隐之保身,则以身之是否承担社会角色为条件,保身是因为行使一定社会角色的需要。同时,是否承担一定的社会角色,亦即身之是否有在,是能否保身的条件。即在何心隐看来,身之为身,不仅仅在于生物性,还在于社会性。可见,心隐之论的经世色彩更加强烈。就此而论,心隐的有在保身论,有明显的承续颜山农的痕迹。颜山农为了阐发朱元璋的六条圣谕,曾作《箴言六章》,其中的"各安生理"章即论及"养身养心,身心兼□。生理经营,

---

① 何心隐著,容肇祖整理:《何心隐集》卷三《修聚和祠上永丰大尹凌海楼书》,中华书局 1960 年版,第 72—73 页。
② 何心隐著,容肇祖整理:《何心隐集》卷三《修聚和祠上永丰大尹凌海楼书》,中华书局 1960 年版,第 73 页。
③ 何心隐著,容肇祖整理:《何心隐集》卷三《修聚和祠上永丰大尹凌海楼书》,中华书局 1960 年版,第 73 页。
④ 王艮:《重刻心斋王先生语录》卷上,《四库全书存目丛书》子部第 10 册,齐鲁书社 1995 年版,第 15 页。
⑤ 王艮:《重刻心斋王先生语录》卷上,《四库全书存目丛书》子部第 10 册,齐鲁书社 1995 年版,第 15 页。

信行天理","士农工商,生理各业"①,勤劳居业,各安生理,身心俱养,以使社会谐和,各业兴旺。当然,颜山农关于各安其业以实现身心俱养的观念,是在阐发圣谕的过程中提出的,显然,这并不是刻意注重养身保身的条件。而心隐则不同,他是刻意强调"有在",亦即个体之人作为社会角色存在的意义。换言之,他是从社会系统中确定个人存在的意义,是强调身作为"天下国之身"②。因此,在心隐的语境中,即使如圣者文王、孔子还不是保身的最高范则,这与心斋明显有别。心斋云:"人之所以不能者,为'气禀''物欲'之偏,'气禀''物欲'之偏,所以与圣人异也。"③心斋所论,目的在于明理尚学,心隐之目的在于经世笃行。与心斋的保身论比较,何心隐弱化了个体之身的价值,强化了身的社会性和社会价值。何心隐虽然被目为异端,其实,他的思想恰恰是泰州学派思想向传统方向的回归,是儒家社会理想的坚定持守者。何心隐之所以着意于人的社会性意义,根本原因是其具有强烈的经世意识。

对于何心隐的这一特征,黄宗羲在《泰州学案》序中的梁汝元(即何心隐)传中引述心隐之论以见其思想特征时已有准确的揭示:

> 心隐之学,不堕影响,有是理则实有是事。无声无臭,事藏于理。有象有形,理显于事。故曰:"无极者流之无君无父者也。必皇建其有极,乃有君而有父也。必会极,必归极,乃有敬敬以君君也,乃有亲亲以父父也。又必《易》有太极,乃不堕于弑君弑父,乃不流于无君无父,乃乾坤其君臣也,乃乾坤其父子也。"
>
> 又曰:"孔孟之言无欲,非濂溪之言无欲也。欲惟寡则心存,而心不能以无欲也。欲鱼欲熊掌,欲也。舍鱼而取熊掌,欲之寡也。欲生欲义,欲也。舍生而取义,欲之寡也。欲仁,非欲乎?得仁而不贪,非寡欲乎?从心所欲,非欲乎?欲不逾矩,非寡欲乎?"此即释氏所谓妙有乎!盖一变而为

---

① 颜钧著,黄宣民点校:《颜钧集》卷五《箴言六章·各安生理》,中国社会科学出版社1996年版,第41页。
② 何心隐著,容肇祖整理:《何心隐集》卷二《语会》,中华书局1960年版,第29页。
③ 王艮:《重刻心斋王先生语录》卷上,《四库全书存目丛书》子部第10册,齐鲁书社1995年版,第16页。

仪、秦之学矣。"①

　　黄宗羲引述何心隐的两段文字以综述其思想概貌,显示了其作为史学家的卓越的判断力。前者出自何心隐的《辩无父无君非弑父弑君》,后者出自《辨无欲》。前者体现了何心隐斥佛斥老,非墨非杨,而一依儒学为本,建皇极以君君尊尊。后者"妙有"之喻中蕴含着的缘起性空义的否定义,是对一己之欲的破斥。而何心隐所论的"聚和"之"欲"、"欲仁"之"欲",恰如"妙有"的肯定义,这个比喻较之于直接引述顾宪成之论作为判断颜、何一派的根据要公允得多。显然,何心隐思想中传统的因子占据着显著的地位,"坐在利欲胶漆盆中"的不实标签,理应彻底摒弃。

---

① 黄宗羲著,沈芝盈点校:《明儒学案》卷三十二《泰州学案一》,中华书局1985年版,第705页。

第七章　罗汝芳：泰州学派的集大成者

罗汝芳(1515—1588)，字惟德，号近溪，江西南城人。嘉靖二十三年(1544)进士，历任太湖知县、刑部主事，宁国、东昌知府，云南副使、参政。因讲学结怨张居正，被劾以"事毕不行，潜住京师"的罪名，勒令致仕。归里后与弟子往来苏、浙、闽、广间讲学。卒于里，门人私谥明德。罗近溪著作繁富，其裔孙罗智有《罗明德公书目》，著述中较重要的有门人杜应奎编《近溪子集》、熊偑编《近溪先生一贯编》、曹胤儒编《盱坛直诠》等。今有方祖猷等编校整理的《罗汝芳集》(凤凰出版社2007年版)。

一、学拜山农与二溪并置

近溪拜颜山农为师，这不但见载于颜山农《急救心火榜文》的序文之中[①]，杨起元《罗近溪先生墓志铭》、黄宗羲《明儒学案》、贺贻孙《颜山农先生传》中亦有详细记载。对于罗汝芳拜颜山农为师的过程与原因，黄宗羲在《明儒学案·泰州学案·参政罗近溪先生汝芳》中有这样的记载：

> 少时读薛文清语，谓："万起万灭之私，乱吾心久矣，今当一切决去，以全吾澄然、湛然之体。"决志行之。闭关临田寺，置水镜几上，对之默坐，使心与水镜无二，久之而病心火。偶过僧寺，见有榜急救心火者，以为名医，访之，则聚而讲学者也。先生从众中听良久，喜曰："此真能救我心火。"问之，为颜山农。山农者，名钧，吉安人也。得泰州心斋之传。先生自述其不动心生死得失之故，山农曰："是制欲，非体仁也。"先生曰："克去己私，复还

---

① 颜钧《急救心火榜文序》云："庚子秋闱，榜告急救心火于江西城，会讲在豫章同仁祠中，翕徕信从士类千五百人，内得建昌罗近溪，与农矢志，终明圣学。"(《颜钧集》卷一，中国社会科学出版社1996年版，第1页)

天理,非制欲,安能体仁?"山农曰:"子不观孟子之论四端乎?知扩而充之,若火之始然,泉之始达,如此体仁,何等直截!故子患当下日用而不知,勿妄疑天性生生之或息也。"先生时如大梦得醒。明日五鼓,即往纳拜称弟子,尽受其学。①

除了因病心火,见山农《急救心火榜文》而病愈的因素之外,《墓志铭》中尚有这样的记载:"戊辰,闻颜先生以刚直取罪,监禁留都,乃称贷二百金,同二子及门人买舟往救。或曰:'山农不及子,子师之何也?'曰:'山农先生在缧绁之中,而讲学不倦,虽百汝芳,岂及哉?'"②亦即,近溪抠衣称弟子,不仅仅是因山农之学能救近溪心火之疾,还因为其虽困厄而讲学不辍的精神。近溪虽然为官四方,但也以讲学辅政,即所谓"其仕也以学为仕,其学也以仕为学"③,当其出守宁国之时,"联合乡村各兴讲会、清逋欠、修堂廨、建志学书院,与郡之乡先生及诸生沈子懋学、徐子大任、萧子彦、詹子沂、赵子士登、戚子恢、郭子忠信、梅子鼎祚等讲学不倦,郡堂绝无鞭扑之声"④。郡堂即讲堂,其"口之所宣,身之所履,政之所施"⑤一体相通,因此,山农讲学不辍的精神亦为近溪所钦敬,这也许是近溪敬奉山农的根本原因。由此也涉及罗汝芳在泰州学派中的地位问题。泰州学派自心斋起即有强烈的淑世情怀,但由于王心斋、王东崖、颜山农均无仕履经历,王一庵也仅担任训导、教谕、学正等职,仍囿于教育领域。徐波石虽然官位甚崇,但并无多少论学辅政的记录。而罗近溪则不同,他有主政一方的经历,借讲学以敦民化俗,实现清平政治,是一位真正将学术与政治结合在一起的学者。儒家以经世治政为目的,泰州学派就是因纠矫儒学日渐空疏、脱离实际之弊而形成的,近溪是泰州学派中将该学派的学术理想付诸治政实践,体现儒家经世传统的学者,因此,赵志皋谓之:"尼父笃笃一脉,千百年来瘵而不

---

① 黄宗羲著,沈芝盈点校:《明儒学案》卷三十四《泰州学案三》,中华书局1985年版,第760—761页。
② 罗汝芳著,方祖猷等编校整理:《罗汝芳集》附录二《明云南布政使司左参政明德夫子罗近溪先生墓志铭》,凤凰出版社2007年版,第922页。
③ 邹元标:《近溪罗先生墓碑》,载罗汝芳著,方祖猷等编校整理:《罗汝芳集》附录二,第930页。
④ 杨起元:《明云南布政使司左参政明德夫子罗近溪先生墓志铭》,载罗汝芳著,方祖猷等编校整理:《罗汝芳集》附录二,凤凰出版社2007年版,第921页。
⑤ 萧近高:《刻旴江罗近溪先生全集叙》,载罗汝芳著,方祖猷等编校整理:《罗汝芳集》附录三,凤凰出版社2007年版,第947页。

通者,直至先生而衍其派矣。"①

近溪虽然在泰州学派中的伦辈并不高,但具有重要的学术影响。近溪与亲炙阳明而被称为"教授师"的王龙溪并称为"二溪",如陶望龄《近溪先生语要序》云:"心斋数传至近溪,近溪与龙溪一时并主讲席于江左右,学者又称二溪焉。友人有获侍二溪者,常言:'龙溪笔胜舌,近溪舌胜笔。'"②邵廷采云:"艮最早出,而畿之末年授罗汝芳,又称二溪之学。"③但是从学术伦辈来看,近溪远晚于龙溪。近溪之于阳明的师承谱系是:王阳明—王心斋—徐波石—颜山农—罗近溪。而时人将"二溪"并称,足见近溪学术地位之崇。"二溪"在王门后学中殊为独特。牟宗三先生说:"浙中派以钱绪山与王龙溪为主,然钱绪山平实,而引起争论者则在王龙溪,故以王龙溪为主。泰州派始自王艮,流传甚久,人物多驳杂,亦多倜傥不羁,三传而有罗近溪为精纯,故以罗近溪为主。"④詹事讲在论及近溪时说:"兹读先生会语,宛然孔孟心法也。"⑤对泰州、龙溪之于阳明学的作用,黄宗羲云:"阳明先生之学,有泰州、龙溪而风行天下。"⑥阳明之后,不管谁真正得阳明心印,"二溪"乃阳明后学中卓荦之士则是不争的事实。"二溪"的理论同中有异⑦,基本体现了阳明之后影响最大的泰州、龙溪两大流脉不同的理论取向。

近溪学宗泰州是基于生命、现实体验的主动选择。据耿定向《读近溪罗子集》载,近溪的学术思想也经历了一个变化过程:"盖余自嘉靖戊午获交近溪子于京邸,其时近溪子谈道直指当下性真,令人反身默识,绝不效世儒詹詹然训解文义,譬则韩、白用兵,直捣中坚,搴旗斩将,不为野战者。甲子以后,近溪子博综富蓄,所学益弘以肆,其时谭道两都间,为寓言以提激朋侪,而浅肤者或讶

---

① 《近溪罗先生墓表》,载罗汝芳著,方祖猷等编校整理:《罗汝芳集》附录二,凤凰出版社2007年版,第929页。
② 《近溪先生语要序》,载罗汝芳著,方祖猷等编校整理:《罗汝芳集》,凤凰出版社2007年版,第959页。
③ 《王门弟子所知传》,载邵廷采著,祝鸿杰校点:《思复堂文集》卷一,浙江古籍出版社1987年版。
④ 牟宗三:《从陆象山到刘蕺山》,上海古籍出版社2001年版,第188页。
⑤ 詹事讲:《叙罗近溪师集后》,载罗汝芳著,方祖猷等编校整理:《罗汝芳集》附录三,凤凰出版社2007年版,第941页。
⑥ 黄宗羲著,沈芝盈点校:《明儒学案》卷三十二《泰州学案一》,中华书局1985年版,第703页。
⑦ 详见拙作《二溪卓吾关系论》,载《庆祝卞孝萱先生八十华诞文史论集》,江苏古籍出版社2003年版。

其惝恍,譬则武王克商,借兵庸、庐、彭、濮,盖有不得已焉耳。"① 即近溪论学在甲子(嘉靖四十三年,1564)发生了由直截渐至弘肆、错综众科的变化过程。这一年,近溪办宛陵大会,曾邀龙溪参加,并作讲演。② 当然,发生变化更直接的原因当与《盱坛直诠》中所记有关:

> 嘉靖甲子冬……近溪罗师以将入觐谒耿师,至院中征儒所得。
> 儒对曰:"近李生勖儒,将天下事判断了,作一圣人,不知是否?"
> 志道接语曰:"近承宗师面命,将此点明体,时时提醒。"
> 罗师曰:"此语近之,然如何唤作明体?"
> 耿师曰:"渠二子新入会,无门面话头,所说皆实话。兄可点与明体,俾渠下手。"
> 时察院门首,有击鼓报入者。
> 罗师因鼓击问儒曰:"闻否?"
> 儒对曰:"闻。"
> 又问:"寐时闻否?"
> 曰:"不闻。"
> ……
> 又问:"寐时、死时,此耳在否?"
> 曰:"在。"
> 罗师笑曰:"此虽近于异教家话,然究竟寐时、死时,此耳现在,如何不闻? 看来闻者是你,便是明体。人有此而闻,有此而生,不然便是死人。今人都将耳目口体奉事,却不将此明体照管,便是枉了此生,孟子所谓'先立乎大',如是。"
> 儒时俳然。
> 耿师复顾儒曰:"从此点默识默识!"

---

① 罗汝芳著,方祖猷等编校整理:《罗汝芳集·附录·读近溪罗子集》,凤凰出版社 2007 年版,第 934—945 页。
② 参见王畿撰,吴震编校整理:《王畿集》卷二《宛陵会语》,凤凰出版社 2007 年版,第 42—43 页。

儒唯唯。①

显然，天台认为甲子年后发生的"为寓言以提激朋侪"的变化，正是承袭了心斋以百姓日用明道的方法。心斋于嘉靖十三年（1534）与江都县令王惟贤同登金山，在登山途中应时以教王惟贤明"仁"与"礼"的道理，"在言外令人自觉自化"②，近溪的这一变化也是不拘抽象学理，即事以明道。近溪通过听闻击鼓报入以论解"明体"的作用，通俗易晓，以日用现前为真机，直指性体，显示了与一般理学家不同的证道风格。黄宗羲谓之："近溪舌胜笔，顾盼呿欠，微谈剧论，所触若春行雷动。虽素不识学之人，俄顷之间，能令其心地开明，道在现前，一洗理学肤浅套括之气，当下便有受用。"③这正是心斋所开启的百姓日用以明道的证学方式。显然，这种即兴开悟的方式又颇似禅门机锋，对此，近溪也自谓其"近于异教家话"，但他又坚称这是儒学的"明体"之学，抑或得之孟子"先立乎大"。耿天台在《读近溪罗子集》中对于时人误识近溪有这样的感慨："近日高明贤隽，往往左祖西方之教，而弁髦孔孟，以为不足与拟，则失近溪子借兵意矣，余切痛之，且重惧焉。今观《近溪子集》中，发明孔孟学脉甚的；指示孔孟路径甚明，粹然一轨于正，更无只字片言剿袭仙、释家语柄，而仙、释之奥窔精髓，故亦已包括其中矣。"④可见，近溪论学之类禅，实乃"譬则武王克商，借兵庸、庐、彭、濮，盖有不得已焉耳"。耿天台对于近溪后期思想的判断是准确的，时人王塘南亦有类似的认识，王氏谓近溪"早岁于释典玄宗，无不探讨，缁流羽客，延纳弗拒，人所共知。而不知其取长弃短，迄有定裁。《会语》出晚年者，一本诸《大学》孝弟慈之旨，绝口不及二氏。其孙怀智尝阅《中峰广录》，先生辄命屏去，曰：'禅家之说，最令人躲闪，一入其中，如落陷阱，更能转头出来，复归圣学者，百无一二'"⑤。从现存的近溪诸作来看，其间偶有二氏之迹，实乃借路葱岭，而并未

---

① 罗汝芳著，方祖猷等编校整理：《罗汝芳集·盱坛直诠》，凤凰出版社2007年版，第391—393页。
② 王艮撰，袁承业编纂：《明儒王心斋先生全集》卷三《年谱》，民国元年（1912）铅印本。
③ 黄宗羲著，沈芝盈点校：《明儒学案》卷三十四《泰州学案三·参政罗近溪先生汝芳》，中华书局1985年版，第762页。
④ 转引自罗汝芳著，方祖猷等编校整理：《罗汝芳集》附录三，凤凰出版社2007年版，第935页。
⑤ 转引自黄宗羲著，沈芝盈点校：《明儒学案》卷三十四《泰州学案三》，中华书局1985年版，第762—763页。

入其窠臼。近溪为学总体而言,仍依循孔孟路径,"粹然一轨于正"。

罗近溪之所以能在泰州学派的流变过程中占据独特的地位,根本原因还在于其思想本身。牟宗三曾从拆穿光景的角度对近溪予以高度评价:"顺泰州派家风作真实工夫以拆穿良知本身之光景使之真流行于日用之间,而言平常、自然、洒脱与乐者,乃是罗近溪,故罗近溪是泰州派中唯一特出者。"[1]对于近溪在拆穿光景方面之于阳明学及泰州学派的贡献,牟宗三先生已有详论[2]。除此之外,近溪是泰州学派之中理论最为系统的学者,他以《易》为本的结构方法,即"四书"以明道,申以己意,将泰州学派的一些重要思想做了系统的经典证明。在秉承泰州学派晓易学风的同时,也将泰州学派的证道方式与阳明学趋近。

正如泰州学派本身是一个较为松散的学术流派一样,近溪对于泰州之学的承祧也是相对的。近溪一生四方证道,学无常师。据杨起元《罗近溪先生墓志铭》载:"夫子十有五而定志于洵水,二十有六而正学于山农,三十有四而悟《易》于胡生,四十有六而证道于泰山丈人,七十而问心于武夷先生。"[3]事实上,近溪除了对山农执弟子礼之外,论及心斋之处并不很多,因此,他对于泰州学派的认同主要在于从百姓的庸常之处明道,以超越圣凡的赤子之心作为庸常之人道德自觉的基础,为儒学敦化民俗提供了简易直截的理论根据。同时,"大道只在此身"的思想亦隐约可见淮南格物的影响。但是,与王东崖等人在心斋之后四方讲学以乐学为本不同,近溪对于乐学几无论及。尽管如此,近溪与东崖一样,都具有会通阳明、心斋之学的色彩。东崖之论乐学既承秉家学,同时又明显地受到阳明《答陆原静书》的影响。而近溪之会通阳明、心斋则更明显地体现在觉悟与实践的统一,对此,近溪文集中鲜见的论及心斋的一段文字为我们提供了线索:

    因歌心斋入室须先升此堂诗句。罗子曰:"先生诗提醒学人甚切,所言工夫极明,但论为学则有从觉悟者,有从实践者,阳明,心斋二先生的亲师徒。然阳明多得之觉悟,心斋多得之实践。要之觉悟透则所行自纯,践

---

[1] 牟宗三:《从陆象山到刘蕺山》,上海古籍出版社2001年版,第204页。
[2] 详见牟宗三:《从陆象山到刘蕺山》第三章第二节,上海古籍出版社2001年版。
[3] 罗汝芳著,方祖猷等编校整理:《罗汝芳集》附录二,凤凰出版社2007年版,第924页。

履熟则所知自妙,故二先生俱称圣贤。"①

从近溪讲学、为政的实践来看,他正是融觉悟与实践为一,归心斋于阳明途辙,于综汇之中又富有独得之妙。其学术的规模与影响,都允为泰州学派之巅峰。

近溪一生谭道证性,"顺风下拜者不计其数,而接引友朋,随机开发者,亦不计其数。身所止处,辄弟子满座,而未尝以师席自居。及门者数千人,直下承当者亦众"②。值得注意的是,近溪除了有杨起元、詹事讲、杜应奎等及门与私淑,他还对文坛巨擘汤显祖、袁宏道有直接影响。而晚明思想界独标异帜的李贽对罗近溪推崇备至,乃至视其"如仲尼而又过之"③。近溪的影响已越出了儒林,与李贽一起,成为晚明文学思潮兴起的重要思想资源。

二、远承明道与万物一体论

荒木见悟先生认为,如果用"亢高"和"圆通"将心斋和龙溪区别开来,那么近溪则是处于折中二者的立场。④ 荒木先生所论的"亢高"是指泰州学派体现出的豪杰精神及经世情怀,"圆通"实乃就龙溪四无说、先天正心说为核心的良知现成论特点而言。对于近溪的学术特质,如果说是综汇了泰州学派的经世情怀以及龙溪"圆通"的特征,那么,荒木先生所言则是公允之论。就其论学的基本思维路径而言,近溪以万物一体规模其学术体系,门人熊傃编近溪语录,亦以"一贯"名编,亦可见其"圆通"特色。就当时的学林现状而言,龙溪重讲"极高明",而泰州之学则首在"道中庸"。这两种理论各有偏胜,但也存在着一定的不足,这就是,"亢高"者在强调民生日用的同时,往往流于现象之表;"圆通"者往往高蹈自视,注重理论的分疏以求学理之奥,追求向上一路,而又往往流于

---

① 罗汝芳:《一贯编·心性上》,明长松馆刻本。
② 杨起元:《明云南布政使司左参政明德夫子罗近溪先生墓志铭》,转引自罗汝芳著,方祖猷等编校整理:《罗汝芳集》附录二,凤凰出版社 2007 年版,第 924 页。
③ 李贽:《焚书》卷三《罗近溪先生告文》,中华书局 1975 年版,第 122 页。
④ 荒木见悟:《明代思想研究·罗近溪的思想》,东京创文社 1972 年版。

空疏不实。王龙溪主要以内求向上，孜求从哲学的层面解决。而近溪则孜孜于求上下融贯，从而形成了自己系统的一贯之论。

黄宗羲在总结罗近溪的为学旨趣时说："先生之学，以赤子良心，不学不虑为的，以天地万物同体、彻形骸、忘物我为大。"①所谓"以天地万物同体"，亦即理学家们论之甚详的"万物一体"。这也是古已有之的命题。就儒家而言，孔子所谓"天生德于予"（《论语·述而》），"知我者，其天乎"（《论语·宪问》），即已看到其思想的端倪，而孟子则通过尽心知性知天的思维路径，将天与人会通为一。其后，宋明理学家更是将其发展到了极致，张横渠、程明道、王阳明等人都有论述。他们几乎都以万物一体作为结构其思想体系的方法之一，但内容又各自有别，结构方法也各各不同，有的从分疏的角度探究义理，从同异关系中寻求为善去恶的途径，以达到消弭人欲的目的，以一体的途径，强化群体意识，为人伦道德观念张本；有的则从浑融为一的角度究其同，以天机包容万有，或以大我融摄贯通天人的方法，使自然人欲在万物一体的框架下求得存在的合法性。因此，这一理论构架会产生不同的结果。在原始儒家那里，天人一体感通的目的，主要是为了道德教化，因此，一体归仁是论万物一体的目的。显然，在关于万物一体的论证中，前者是主要的，后者较为鲜见；前者主要体现在先秦乃至宋代理学家的话语体系中，而后者则主要体现在阳明后学尤其是罗近溪等人的思想之中。虽然近溪之万物一体亦以求仁为宗旨②，但因其将赤子之心、不学不虑融于一体之学中，使其成为良知现成的另一表现方式。由于万物一体是儒家固有的理论命题，而由此开出的思想滥觞，可谓传统之树上生发出的带有近代色彩的嫩芽，其合理性毋庸置疑。因此，近溪之论虽然对于李贽有直接的启迪作用，但由于近溪并未对"六经"、《语》、《孟》提出疑问，而是依凭传统儒家的思想资源立说，亦即，近溪是在良知现成派的框架之下了无怀疑经典之意。但尽管如此，从李贽对于近溪的赞叹中仍可见近溪对李贽的直接影响。

首先，近溪一体论的理论依凭。

---

① 黄宗羲著，沈芝盈点校：《明儒学案》卷三十四《泰州学案三》，中华书局1985年版，第762页。
② 如明人王文熺谓之："盖先生（罗汝芳）之学，以天地万物为一体，以求仁为宗旨。"（王文熺：《近溪罗先生乡约全书序》，载罗汝芳著，方祖猷等编校整理：《罗汝芳集》，凤凰出版社2007年版，第982页）

以万物一体的角度言仁,虽是近溪论学极重要的内容,但并不是近溪的首创。就明代而言,阳明就曾屡屡言及:"'仁者与天地万物为一体',使有一物失所,便是吾仁有未尽处。"①但近溪之论万物一体更直接的机缘则是王龙溪与程明道,据《王龙溪文集》之《宛陵会语》记载:"近溪罗侯之守宣也,既施化于六邑之人,复衷六邑之彦,聚于宛陵。……甲子春暮,予以常期赴会宛陵,侯大集六邑之士友长幼千余人,聚于至善堂中。"②近溪邀龙溪论讲的题目则是:"孟轲氏有云'万物皆备于我'与孔门一体之义,何所当也?"③龙溪遂就万物一体展开论说。从《宛陵会语》不难看出,龙溪万物一体论,乃是本于阳明良知说,而以心体之致虚,使吾之良知与万物相流通而无所凝滞。即如其所云:"学者苟能不泥于旧闻,务实致其良知,去物欲之间,以求复其虚体,其于万物之感,当体具足,虚中而善应,不屑屑于典要,而自不过其则。如目遇色而明无不见也,如耳遇声而聪无不闻也。是故致良知之外,无学矣!"④因此,龙溪之万物一体,实乃万物皆备于吾之良知,以虚体为特征或条件。因是之故,龙溪批评了儒者不明一体之义,"先取古人孝弟爱敬、五常百行之迹,指为典要,揣摩依仿,执之以为应物之则,而不复知有变动周流之义"⑤。显然,龙溪之论万物一体,与近溪以一体为法,实现由孝及仁,由人及物的德性升华并不相同,甚或为南辕北辙。因此,虽然龙溪受近溪之邀而有宛陵会讲,近溪精心准备,并在讲会之前,"先命歌童举乐合歌,以兴众志"⑥。但由于"二溪"两人对于万物一体的认识殊异,龙溪在《宛陵会语》的最后留下的是这样一段极罕见的无礼文字:

今侯(指罗汝芳)以弦歌礼乐倡导多士,而犹然不知所以兴,其自待亦薄矣。"人之所以异于禽兽者几希","几希"云者,良知之微也。象山尝有君子小人之说、义利之辨,辨诸此而已。致良知,则由君子可进于圣贤;不

---

① 王守仁撰,吴光、钱明、董平、姚延福编校:《王阳明全集》卷一《传习录上》,上海古籍出版社 2011 年版,第 25 页。
② 王畿撰,吴震编校整理:《王畿集》卷二《宛陵会语》,凤凰出版社 2007 年版,第 43 页。
③ 王畿撰,吴震编校整理:《王畿集》卷二《宛陵会语》,凤凰出版社 2007 年版,第 44 页。
④ 王畿撰,吴震编校整理:《王畿集》卷二《宛陵会语》,凤凰出版社 2007 年版,第 44—45 页。
⑤ 王畿撰,吴震编校整理:《王畿集》卷二《宛陵会语》,凤凰出版社 2007 年版,第 44 页。
⑥ 王畿撰,吴震编校整理:《王畿集》卷二《宛陵会语》,凤凰出版社 2007 年版,第 44 页。

致良知，则由小人将入于禽兽。吾人甘心以禽兽自处，而恬然不知所以自奋，其自待尤薄甚矣！夫藏身不恕，则不能以喻人，斯又区区与侯所当自镜，以致交修之益者，诸君念之哉！①

龙溪言辞之所以如此峻烈，是因为近溪之万物一体是以"大我"立基，存在着消弭主体性的趋向，这与龙溪所体认的万物一体而归乎万物皆备于我，实现一体之仁是归乎向内的致良知迥然不同。因此，在龙溪看来，近溪之弦歌礼乐，因其主体的消弭，即所谓"自待亦薄"②，结果是"犹然不知所以兴"。因其"自待亦薄"，物我无间，乃至"以禽兽自处"。这在龙溪看来，正是因良知之微所致。显然，甲子年（嘉靖四十三年，1564）宛陵会讲中"二溪"对于万物一体问题的论说并非同好之间的参证，倒有几分晦庵、象山论辩鹅湖的意味。尽管如此，宛陵会讲还是促进了近溪对于万物一体的认识。近溪在任职宣州之时，以万物一体之学，施化影响一时。三尺之童、垂白之叟都受信其学，熏炙于道义，生自淑之心。龙溪对近溪倡学以化俗的行谊也予以高度评价，对其"施化于六邑，其视六邑之人，若一家之子弟，无不欲煦养而翼诲之"③甚为赞赏。尽管如此，龙溪对于弦歌礼乐之举仍不苟同，即使其在给近溪所作的寿序中，仍提出近溪教人应当下识取，不作拟议，不涉安排，"不徒声音笑貌之为"④。"先生（近溪）周流天下，遍访同志，洒然临予浙，与公（龙溪）剧谈竟夕，相得甚欢。聆其谈仁旨，毅然身为己任，公叹曰：'真颜氏子复出也。'"⑤"二溪"之间就"仁旨"问题经历了较长时间的参证。龙溪对近溪虽然诤言相劝，但他们之间的学术商

---

① 王畿撰，吴震编校整理：《王畿集》卷二《宛陵会语》，凤凰出版社 2007 年版，第 45 页。
② "自待亦薄"往往用来指物我浑一。明人吴宽《跋八一轩诗后》可参证。其《跋》云："太常卿瑞安任公以八一名轩，盖仿欧阳子六一云者，然欧阳子所好者五物以以身老其间，为六一。公则所好者八物，而以意寓其间为八一，故六一者，无物之间，八则皆物而我时取其一耳。此其名若同而意则不同者。噫，琴弈壶酒之类物之微者也，欧阳子浑然与之为一，其自待亦薄矣。寓意于物而不留于物，如苏长公之言，公岂非玩物丧志欤？公所得致仕之请，将归其乡，益以道自乐，超然物外，于八者且无一取，而况所谓六一云者耶？"（《家藏集》卷五，四部丛刊景明正德本）
③ 王畿撰，吴震编校整理：《王畿集》卷十四《寿近溪罗侯五帙序》，凤凰出版社 2007 年版，第 396 页。
④ 王畿撰，吴震编校整理：《王畿集》卷十四《寿近溪罗侯五帙序》，凤凰出版社 2007 年版，第 396 页。
⑤ 赵志皋：《近溪罗先生墓表》，载罗汝芳著，方祖猷等编校整理：《罗汝芳集》附录二，凤凰出版社 2007 年版，第 928 页。

论跟王龙溪与其他道友的辩难情况有所不同，他们两人是在相互激赏基础上存在的某些学术殊异，龙溪对近溪有"真颜氏子复出也"的激赏即是明证。所以如此，固然因为"二溪"都具有当下即是的论学基础，同时，近溪论学并不以辩难著称，而是以教辅政，以化成天下自期。升堂谭道，万众咸集，其过化存神之功，直祧泰州二王之脉。而龙溪论学无论是先天正心之学还是四无论，都是以工夫问题为宗旨，亦即都是以成德为论学的最终目的。因此，龙溪之学虽有落入禅门之嫌，但并未离开儒学的轨辙，这也是二溪甚相得的基础。

比较而言，近溪万物一体之论，更多地得之于程明道。宛陵会讲次年的京师临济宫大会，门人曹胤儒有这样的记载，"乙丑（嘉靖四十四年，1565）……谒政府存斋徐公，公访以时务。师（罗汝芳）曰：'此时人材为急，欲成就人材，其必由讲学乎？'公是之。遂属师合部寺台省及觊会诸贤，大会灵济宫。徐政府手书程子《定性》一书'学者先须识仁'一条，令长子携至会所。兵部南离钱公出次朗诵，诸公恳师申说，师亦悉心推演，听者跃然。"①近溪所讲的"万物一体之仁"，所据的正是程明道在《识仁篇》中的"仁者，浑然与物同体"。近溪也说："学者须先识仁。仁者，浑然与物同体。"②对于近溪之于程明道的学术承祧，在时人对近溪的评价中得到了印证。据《盱坛直诠》载："龙溪王先生曰：'罗近溪今之程伯子也，接人浑是一团和气。'"③虞淳熙亦云："尊道者私谥而曰'明德'，以俪明道，先生让也，无可让也。"④近人马一浮在论及近溪的学术传承时说："象山后有阳明，阳明后有近溪，而直指之道益显，实原于明道'识仁'之说。《大学》之明明德于天下，《中庸》之率性谓道，至是阐发无遗蕴矣。"⑤马一浮认为象山、阳明后学末流或有承虚接响，捐书废学之失，但近溪之学则"于天地万物一体

---

① 曹胤儒：《罗近溪师行实》，载罗汝芳著，方祖猷等编校整理：《罗汝芳集》附录一，凤凰出版社2007年版，第839页。
② 《近溪罗先生一贯编·论语上》，载罗汝芳：《耿中丞杨太史批点近溪罗子全集》，《四库全书存目丛书》集部第129册，第618页。
③ 罗汝芳：《盱坛直诠》下卷，台北广文书局影印万历刻本1991年第三版，第286页。
④ 虞淳熙：《罗近溪先生集》，载罗汝芳著，方祖猷等编校整理：《罗汝芳集》附录三，凤凰出版社2007年版，第950页。
⑤ 马一浮：《重刊盱坛直诠序》，载罗汝芳著，方祖猷等编校整理：《罗汝芳集》附录三，凤凰出版社2007年版，第958页。

之理，昭昭然揭日月而行，可以祛沉霾阴翳之习"①。当然，马一浮所论近溪得之于明道之处，就万物一体之仁而言，仅论及了"直指之道"，亦即归于心体的一面，而对于程明道《识仁》篇所蕴含的消弭物我有对，潜含着的无我导向则未有论及。事实上，近溪之崇明道，其核心亦在于一体之仁，近溪有云："有宋大儒莫过明道。而明道先生入手则全在'学者先须识仁'，而识仁之说，则全是体贴《万物皆备于我》一章。"②近溪的一体论有得于明道的在以下两个方面最为明显：

其一，本体与工夫的一体圆融。较之于孔孟以来儒家的天人合一传统，明道更重一体同化，因为孔孟之天人合一，天人之间的距离尚需工夫修养来泯合，《中庸》言"参赞天地之化育"就是以人的能动性来体证天人合一。但明道超越于此，浑然以圆融之境论述天人的同一，他说："合天人，已是为不知者引而致之。天人无间。夫不充塞则不能化育。言赞化育，已是离人而言之。"③即他所谓："须是合内外之道，一天人，齐上下，下学而上达。"④天人之间无距离、无间断，因此，无须穷索物理，只需去除习心，使本心良知显露，即明道所谓"存久自明，安待穷索？"⑤但是，明道的合一之道并非脱略工夫而仅有境界之呈现，而是存养心志，并需经久历练而后可，其云："盖良知良能元不丧失，以昔日习心未除，却须存习此心，久则可夺旧习。"⑥明道之学堪称儒家圆教的终极之论。近溪认为天人之间无须合而本为一体，这是从《孟子》"万物皆备于我"章而来，同时又明显地取径于明道。近溪云："我之与天，原无二体，而物之与我，又奚有殊致也哉，是为天地之大德而实物我之同仁也。"⑦其一体之论，依循明道之迹显而易见。本于此，近溪也注重本体与工夫的一体圆融，云："圣人之学，工夫与本体原合一而相成也，时时习之，于工夫似觉紧切，而轻重疾徐，终不若因时之

---

① 马一浮：《重刊盱坛直诠序》，载罗汝芳著，方祖猷等编校整理：《罗汝芳集》附录三，凤凰出版社2007年版，第958页。
② 《近溪子集》数卷，载罗汝芳著，方祖猷等编校整理：《罗汝芳集》上册，凤凰出版社2007年版，第199页。
③ 程颢、程颐著，王孝鱼点校：《二程集·河南程氏遗书》卷二上，中华书局1981年版，第33页。
④ 程颢、程颐著，王孝鱼点校：《二程集·河南程氏遗书》卷三，中华书局1981年版，第59页。
⑤ 程颢、程颐著，王孝鱼点校：《二程集·河南程氏遗书》卷一，中华书局1981年版，第17页。
⑥ 程颢、程颐著，王孝鱼点校：《二程集·河南程氏遗书》卷一，中华书局1981年版，第17页。
⑦ 《近溪罗先生一贯编·孟子下》，载罗汝芳：《耿中丞杨太史批点近溪罗子全集》，《四库全书存目丛书》集部第129册，第653页上。

为恰好。盖因时,则是工夫合本体,而本体做工夫,当下即可言悦,更不必再俟习熟而后悦。"①与明道泯合天人,无须参赞的路径一样,近溪在工夫方面也认为吾心之觉悟与磨镜工夫有所不同,区别即在于"镜面光明与尘垢原是两个,吾心先迷后觉,却是一个当其觉时,即迷心为觉,则当其迷时亦即觉心为迷,除觉之外更无所谓迷,除迷之外亦更无所谓觉,故浮云天日尘垢镜光俱不足为喻。若必欲寻个譬喻,莫如冰之与水犹为相近"②。近溪有得于明道的痕迹宛然可见。

其二,本于《易》学而论及生生之意。一体论与《易》学在本质上是相通的。《象·泰卦》曰:"天地交而万物通。"二程论学的一个重要特点是以《易》论学,尤以伊川为著,其所撰之《伊川易传》被视为是与朱熹《四书章句集注》同等重要的著作。③ 虽然明道论《易》不及伊川,但明道论一体之学,也以《周易》为本,并以此而论生生之学。明人高攀龙说:"易之本体只是一生字。"④《周易大传·系辞上》所谓"生生之谓易也",生生体现了《周易》的根本精神。明道说:"生生之谓易,是天之所以为道也。天只是以生为道,继此生理者即是善也。善便有一个元底的意思。'元者善之长。'万物皆有春意,便是'继之者善也。'""'成之者性也',成却待他万物自成其性须得"。⑤ 在明道的思想体系中,易是一个与天、道、理等范畴具有一体关系的范畴。他说:"盖上天之载,无声无臭,其体则谓之易,其理则谓之道,其用则谓之神。"⑥当然,明道论《易》也有内倾的取向,重退而密于藏,云:"'生生之谓易,天地设位而易行乎其中,乾坤毁则无以见易,易不可见,乾坤或几乎息矣。'易毕竟是甚?又指而言曰:'圣人以此洗心退藏于密',圣人示人之意至此深且明矣,终无人理会。易也,此也,密也,是甚物?人能至此深思,当自得之。"⑦在明道这里,生生之道本于易,而易则具有主体性。这与其万物一体之仁的观点是相通的,最终归之于主体的体验。近溪也有相似的

---

① 《近溪子集》射卷,载罗汝芳著,方祖猷等编校整理:《罗汝芳集》,凤凰出版社 2007 年版,第 80 页。
② 《近溪语要》卷下,载罗汝芳:《耿中丞杨太史批点近溪罗子全集》,《四库全书存目丛书》集部第 130 册,第 27 页下。
③ 详见侯外庐等:《宋明理学史》上卷,人民出版社 1984 年版,第 135 页。
④ 高攀龙:《高子遗书》卷二《札记》,《文渊阁四库全书》第 1292 册,第 347 页下。
⑤ 程颢、程颐著,王孝鱼点校:《二程集·河南程氏遗书》卷二上,中华书局 1981 年版,第 29 页。
⑥ 程颢、程颐著,王孝鱼点校:《二程集·河南程氏遗书》卷一,中华书局 1981 年版,第 4 页。
⑦ 程颢、程颐著,王孝鱼点校:《二程集·河南程氏遗书》卷十二,中华书局 1981 年版,第 136 页。

理论取向,据载:"戊申,(近溪)学易于楚人胡子宗正。"①以易论学,在阳明学派中罗汝芳是较为突出的一位。在近溪看来,易为根本,云:"盖易之为易,其充塞寰穹、枢机造化,惟是一神,以灵妙而通显之,在天则万万而成象,在地则万万而成形。元所成形象,万万皆乘其元化之灵妙通显而为知能,是以周遍活泼,体段若可区分,而真精可无间隔,昭彰谓之帝则,继承谓之已性,而实则浑全,是为易理也。此个易理,本神明不测,本灵显无边,故物至则知之,知之则几动,几动则吉。"②因此,由易之本而及于生生化化之相,近溪有十分详备的论述,云:

> 夫《易》者,圣圣传心之典,而天人性命之宗也。是故塞乎两间、彻乎万世,夫孰非一气之妙运乎?则乾始之而坤成之,形象之森殊,是天地人之所以为命而流行不息者也。两间之塞,万世之彻,夫孰非妙运以一气乎!则乾实统乎坤,坤总归乎乾,变见之浑融,是天地人之所以为性而发育无疆者也。然命以流行于两间万世也,生生而自不容于或已焉,孰不已之也;性以发育乎两间万世也,化化而自不容于或遗焉,孰不遗之也。是则乾之太始,刚健中正,纯粹至精,不遗于两间,而超乎两间之外;不已于万世,而出乎万古之先。浩浩其天,了无声臭,伏羲画之一,以专统之;文王象之元,以大其生,然皆不若夫子之名之以"乾知太始",而独得乎天地人之所以为心者也。夫始曰"太始",是至虚而未见乎气,至神而独妙其灵,彻天彻地,贯古贯今,要皆一知以显、发而明通之者也。夫惟其显发也,而心之外无性矣;夫惟其明通也,而心之外无命矣。故曰:"复其见天地之心乎!"又曰:"复以自知也。"夫天地之心也,非复固莫之可见。然天地之心之见也,非复亦奚能以自知也耶?盖纯坤之下,初动微阳,是正乾之太始而天地之真心也,亦太始之知而天心之神发也。惟圣人迎其几而默识之,是能以虚灵之独觉,妙契太始之精微,纯亦不已,而命,天命也;生化无方而性,

---

① 杨起元:《明云南布政使司左参政明德夫子罗近溪先生墓志铭》,载罗汝芳著,方祖猷等编校整理:《罗汝芳集》下册,凤凰出版社 2007 年版,第 920 页。
② 《近溪罗先生一贯编·孟子下》,载罗汝芳:《耿中丞杨太史批点近溪罗子全集》,《四库全书存目丛书》集部第 129 册,第 644 页下—645 页上。

天性也;终焉,神明不测,而心,固天心,人亦天人矣。①

近溪论《易》的重要所得,即在于生生之学。他认为,孔门宗旨只是求仁,而求仁实源于《易》,而"《易》又只统以生生一言"②。他以《易》道说明了何以谓之生生而不仅仅谓之生的原因,仔细描述了这个一体生化的过程。统而言之,即是"下至九地,上至九天,中及万民,旁及万物,浑是一个生,恶可已;浑是一个神,不可穷"③。近溪虽然也与明道一样,以仁统诸一本,概括《大学》及孔子的宗旨,但近溪对仁亦有别解,云:"夫仁,天地之生德也。天地之大德曰生,生生而无尽曰仁,而人则天地之心也。夫天地亦大矣,然天地之大大于生,而大德之生,生于心。生生之心,心于人也。"④可见,在近溪这里,生生之意较之于仁,具有更本质的特征,这也是其得于《易》,尊于《易》的重要原因。

其次,近溪与明道一体学的异致。

明道与近溪之万物一体也略有不同,这主要体现在以下几个方面:

其一,近溪论一体而无高下、圣凡之别,体现了泰州学派的论学路径。近溪曰:"赤子之心完养,即是大人之圣人。"⑤圣人与常人的区别仅在于"圣人者,常人而肯安心者也,凡人者,圣人而不肯安心者也,故圣人即是凡人以其自明,故即凡人而名为圣人矣。凡人本是圣人,以其自昧,故本圣人而卒为凡人矣。"⑥而明道则本于天理,肯定既定等级秩序的合法性、不可变易性,其云:"夫天之生物也,有长有短,有大有小。君子得其大矣,安可使小者亦大乎?天理如此,岂可逆哉?"⑦因此,就社会观念层面而言,明道与近溪的理论出发点不同。近溪消弭圣凡之别虽受制于一定的条件,但其价值取向颇为明显。而明道则以差别为前提,在明道这里,封建的伦理秩序是至高而不可置疑的。这是明道与近溪一体之论最为显著的区别。

---

① 罗汝芳著,方祖猷等编校整理:《罗汝芳集》上册《近溪子集》射卷,凤凰出版社2007年版,第78—79页。
② 罗汝芳:《盱坛直诠》上卷,台北广文书局影明万历刻本1991年第三版,第10页。
③ 罗汝芳:《盱坛直诠》上卷,台北广文书局影明万历刻本1991年第三版,第11页。
④ 罗汝芳:《盱坛直诠》上卷,台北广文书局影明万历刻本1991年第三版,第31页。
⑤ 罗汝芳:《盱坛直诠》下卷,台北广文书局影明万历刻本1991年第三版,第166页。
⑥ 罗汝芳:《盱坛直诠》下卷,台北广文书局影明万历刻本1991年第三版,第171页。
⑦ 程颢、程颐著,王孝鱼点校:《二程集·河南程氏遗书》卷十一,中华书局1981年版,第125页。

其二，明道论一体，目的之一在于回应佛教，以示儒学较佛学更具超越意义。二程在会讲中偶及谈禅，即"情思不乐，归而怅恨者久之"，忧心佛禅害道之深，认为，"古亦有释氏，盛时尚只是崇设像教，其害至小。今日之风，便先言性命道德，先驱了知者，才愈高明，则陷溺愈深"，认为佛学"决无取"，谓其乃"绝伦类"之谈，遂奋起而排击。① 明道云："若尽为佛，则是无伦类，天下却都没人去理；然自亦以天下国家为不足治，要逃世网，其说至于不可穷处。他又有一个鬼神为说。"② 二程本于儒家思想，对佛学的伦理、生死观念进行了系统的批判。近溪则不同，近溪被时人认为是近于禅的学者，即如与其持论十分接近的王龙溪，也对近溪的佛学因果观念有所不满。由于目的不同，明道申明儒学，贬落佛学，其仁学、孝悌在一体论中占据重要地位。而近溪申论一体之论，则脱略了分判儒佛的目的，能以容与的心态从学理方面平实讨论，而不必过于宣说儒家的道德论，辨识儒佛高下。

其三，近溪与明道对仁的理解似有不同。近溪所论之"仁"是活泼自如的，了无拘执沉厚之意。当有人问及"将天地万物一体处理会得明昼，则仁便可识其功"之时，近溪引述明道语云："程子欲人先误会得，识此仁也。"然后又说："仁者，天之生德，活泼泼地昭著心目，苟一加察即真机见前，仁识而天地万物自在其中矣。"③ 近溪之仁，具有明显的泰州学派印记，他说："盖此仁字其本源根抵于天地之大德，其脉络分布于品汇之心元，故赤子初生孩而弄之，则欣笑不休，乳而育之，则欢爱无尽，盖人之出世，本由造物之生机，故人之为生，自有天然之乐趣。"④ 近溪所论之"仁"是充盈着人生之乐，无所拘碍的仁，体现了人生的自然关怀。比较而言，明道所论之仁，并未消除群体与个体之间的紧张关系，他注重"仁"的体系性，以己及物之"仁"与推己及物的"恕"是相互匹配的，云："以己及物，仁也。推己及物，恕也。忠恕一以贯之。忠者天理，恕者人道。忠

---

① 以上引自程颢、程颐著，王孝鱼点校：《二程集·河南程氏遗书》卷二上，中华书局1981年版，第23—24页。
② 程颢、程颐著，王孝鱼点校：《二程集·河南程氏遗书》卷二上，中华书局1981年版，第24—25页。
③ 《近溪罗先生一贯编·孟子上》，载罗汝芳：《耿中丞杨太史批点近溪罗子全集》，《四库全书存目丛书》集部第129册，第638页上。
④ 《近溪罗先生一贯编·论语上》，载罗汝芳：《耿中丞杨太史批点近溪罗子全集》，《四库全书存目丛书》集部第129册，第620页。

者无妄,恕者所以行乎忠也。忠者体,恕者用,大本达道也。"①亦即明道之"仁"强调的是维护封建秩序以及忠君的政治功能。近溪论"仁"则稍有不同,近溪之"仁"从人生自然出发,从自然之身出发,而并不太关注"仁"之外拓产生的政治效应,云:"此个仁德与此个人身原浑融胶固打成一片,结作一团,但一粘动,不惟我喜亲人,而人亦喜亲我,立必俱立,成不独成,真是自然之妙,而非有所强也。"②显然,近溪所论万物一体之"仁",秉承了泰州学派的鲜明特质,其"仁",实乃心斋"明哲保身"之"明哲"而已。

其四,关于身与理的关系,近溪与明道有别。明道虽然认为《中庸》"赞化育"似有离人言理的倾向,而将人与天地浑然一体,显示了明道思想圆融的品性,但在论及身与理的关系时则云:"除了身,只是理。"③身与天理并非圆融为一,这是明道作为一体圆融论者鲜见的不周延之论。其原因则在于身往往是欲的载体,而去除人欲是二程共同的伦理取向,因此,欲与理的对立,也必然影响身与理的关系。而近溪则不同,他的一体论不是以灭人欲为旨归,而是期期以论证身与理的浑融为一,这与其生生之学、重《易》的理论取向完全一致,或者说是互为前提的。他说:"吾之此身,无异于天地万物,而天地万物,亦无异于吾之此身,其为心也,只一个心;而其为复也,亦只一个复,《经》云'复见天地之心',则此个心即天心也。"④近溪论及"身",强调的是"我之此身",亦即强调其个体之性,由于其一体论,其"吾之此身"乃"通天下为一身"⑤之"身",其一体论是带有鲜明泰州学派色彩的道德实现途径,云:"吾人此身,与天下万世原是一个,其料理自身处,便是料理天下万世处。"⑥这也是近溪与明道相区别的关键所在。近溪所论的主体,虽为一己,但是是"以天下为一人"之"大人"。这种通过将天下万物融合成浑一之主体的方法,显然也有得于明道,明道以一己之持

---

① 程颢、程颐著,王孝鱼点校:《二程集·河南程氏遗书》卷十一,中华书局1981年版,第124页。
② 《近溪罗先生一贯编·论语上》,载罗汝芳:《耿中丞杨太史批点近溪罗子全集》,《四库全书存目丛书》集部第129册,第619页。
③ 程颢、程颐著,王孝鱼点校:《二程集·河南程氏遗书》卷二上,中华书局1981年版,第33页。
④ 《近溪子集》数卷,载罗汝芳著,方祖猷等编校整理:《罗汝芳集》上册,凤凰出版社2007年版,第220页。
⑤ 《耿中丞杨太史批点近溪罗先生全集·一贯编·孟子下》,《四库全书存目丛书》集部129册,第581页上。
⑥ 《近溪子集》礼卷,载罗汝芳著,方祖猷等编校整理:《罗汝芳集》上册,凤凰出版社2007年版,第11页。

诚,即通过内求而实现成德,使一己之心"廓然而大公,物来而顺应"①,明道虽然提出了这样的路径,但主要是限于德性的一面,也仅是就"大公"之心而言。而罗汝芳则不限于此,他径以"天下为一人",这样,超越意义的主体性得到了进一步强化,其一体性更加彻底。主体虽然仍然具有德性的意义,具有"明明德于天下"的目的,但由于其视天下以"一人",较之于"大公"之心,德性的色彩得到了些许淡化。其不学不虑之赤子之心乃"一人"所固有,因此,近溪之"当下浑沦顺适"较之于明道之"物来而顺应"更具有现成派的特质。近溪通过万物一体,以涵括万有之"大人"为主体,身亦莫能外,乃至"通天下为一身"。他说:"人身与仁心原不相离"②,大道只在此身。近溪将"吾之此身"与"仁心"浑融,其结果必然是承认自然情欲的合理,因此,对于这样的结论我们就不难理解了:"万物皆是吾身,则嗜欲岂出天机外耶?"③当然,这样的结论必然会引起正统儒学的强烈质疑。事实上,承学之士随即就提出了质问,云:"如此作解,恐非所以立教。"对此质问,近溪有所退缩。他在引据孟子"形色天性"为其辩解的同时,还对这一结论预设了一个条件,这就是:"今日学者,直须源头清洁,若其初志气在心性上透彻安顿,则天机以发嗜欲,嗜欲莫非天机也。若志气少差,未免躯壳着脚,虽强从嗜欲,以认天机,而天机莫非嗜欲矣。"④由于这一条件,嗜欲的内涵也发生了改变,如此之"欲"与李卓吾所谓的"私欲"其实已有一定的区别。但尽管如此,近溪通天下为一身的理论还是对传统观念提出了挑战,为人性自然提供了一个巨大的空间,即如他言:"率之身而为道,同诸人而为教也,又岂非不期然而然也耶?故天命之性,便直贯天载之神,真平地而登天也已。"⑤乃至于有这样的重身之论:"盈天地之生而莫非吾身之生,盈天地之化而莫非吾身之化,冒乾坤而独露,理宇宙而长存,此身所以为极贵,而人所以为至

---

① 程颢、程颐著,王孝鱼点校:《二程集·河南程氏文集》卷二《明道先生文二·答横渠张子厚先生书》,中华书局1981年版,第460页。
② 《耿中丞杨太史批点近溪罗先生全集·一贯编·孟子下》,《四库全书存目丛书》集部第129册,第648页下。
③ 《耿中丞杨太史批点近溪罗先生全集·一贯编·孟子下》,《四库全书存目丛书》集部第129册,第654页上。
④ 《耿中丞杨太史批点近溪罗先生全集·一贯编·孟子下》,《四库全书存目丛书》集部第129册,第654页上。
⑤ 《近溪子集》礼卷,载罗汝芳著,方祖猷等编校整理:《罗汝芳集》上册,凤凰出版社2007年版,第12页。

大也。"①强调了身之极贵,人之极大。当然,仍需指出的是,近溪重身的立意与心斋有所不同,心斋是尊个体之身,为了尊身而实现个体间的和谐。但罗汝芳则不同,他所尊所重的是"大人"之身,亦即"通天下为一身",云:"盖学大人者,只患不晓得通天下为一身,而其本之重大如此。若晓得如此重大之本在我,则家、国、天下攒凑将来,虽狭小者,志意也著弘大。"②他在论述《大学》的立意时即认为,"孔子一生求仁,而曰中心安仁者,天下一人者也。其心将以仁,其身者仁万世人人之身"③。近溪对"身"的认识,引出两种不同的结果:一方面消解了心斋重身所体现的个体精神,回归到儒家基本的价值取向。另一方面,使"嗜欲"等自然情感存在的合理性得到了确立,即如其所云:"万物皆是吾身,则嗜欲岂出天机外耶?"

其五,对《大学》的重视稍有不同。近溪之一贯之学,体现了两种思维路向:一方面,他孜求从《易》学本体论的高度来求证;另一方面,近溪又祖述原典,远绍孔子。对此,门人杨起元在其《近溪先生一贯编序》中云:"'一贯'者,孔曾授受之微言也,是即所谓'一日克己复礼而天下归仁'者也,又即所谓'良知良能而达之天下'者也。"④近溪门人熊偀对于近溪的一贯之学是这样解释的:"吾师以孝弟慈尽人物之性,其即孔子一贯之旨乎?性一而已,一何在?一之于孝弟慈也。儒先皆谓一不可说,以予观之,安在其不可说也?孔子引其端,而吾师竟其说矣。"⑤近溪所谓"良知良能而达之天下",就是其理解的《大学》意旨所在。罗汝芳的万物一体就是以"一贯"为特征,以《大学》八条目为基本构架的。近溪认为,《大学》就是"大人之学",而大人就是"以天下为一人,身心就是天下国家"。因此,《大学》就是将八条目"浑沦联合,了无缝隙"⑥的浑一之学。对此,

---

① 罗汝芳:《旴坛直诠》上卷,台北广文书局影明万历刻本1991年第三版,第12页。
② 《近溪子集》礼卷,载罗汝芳著,方祖猷等编校整理:《罗汝芳集》上册,凤凰出版社2007年版,第3页。
③ 《近溪罗先生一贯编·大学》,载罗汝芳:《耿中丞杨太史批点近溪罗子全集》,《四库全书存目丛书》,集部第129册,第582页上。
④ 杨起元:《近溪罗先生一贯编序》,载罗汝芳著,方祖猷等编校整理:《罗汝芳集》附录三,凤凰出版社2007年版,第951页。
⑤ 杨起元:《近溪罗先生一贯编序》,载罗汝芳著,方祖猷等编校整理:《罗汝芳集》附录三,凤凰出版社2007年版,第952页。
⑥ 以上引自《近溪子集》数卷,载罗汝芳著,方祖猷等编校整理:《罗汝芳集》上册,凤凰出版社2007年版,第217页。

近溪有这样的问答:

> 问:古本《大学》其义何如?
>
> 罗子曰:大人者,以天下为一人者也。以天下为一人者,古之明明德于天下者也,古之明明德于天下者,由本以及末而善斯至焉者也。①

万物一体是途径与方法,"明明德于天下"才是其目的。在这一过程中,必然首先承认天下万物的实存性。泰州之学的"百姓日用",其关切点在于形下之器而非形上之道。同样,近溪之万物一体,虽然也承秉了阳明心本体论,但其扬历仕途,"随其辙迹,所至皆学也"②。其现实情怀使其将一体论置于自然现成的背景之下,从百姓日用等生活切近处悟证一体之道。谭道证性之时,淑世情怀无时或失。因此,近溪之万物一体,并无空谈性命,掉弄机锋之失,并不是要孜求澄然、湛然为心之本体,而是在彻形骸,忘物我,明乎一体之道的前提之下,求得"当下浑沦顺适"。对于历任太湖令、刑部主事、郎中、宁国、东昌太守,云南副使、参政的近溪而言,仕与学是融为一体的,亦即"其仕也以学为仕,其学也以仕为学"③。其"当下浑沦顺适"是统一于"明明德于天下"的宗旨之下的。近溪通过一体之学,尤其是《大学》,实现了平治天下的目的。重视《大学》,根本原因在于《大学》是以一体之学,实现内圣外王的经典媒介,是"四书"中重视王道尤著的经典。比较而言,明道论学,主要限于理学本身的谭道证性,重点关注的是持诚以明自身之理,而不需要格外物。④ 明道没有为政一方的近溪那样强烈的现实体验,因此,在理学经典中,明道对《大学》论& 较少,诚如牟宗三所说:"至明道,通《论》、《孟》、《中庸》、《易传》而一之,以言其'一本'义,亦少

---

① 《近溪罗先生一贯编·大学》,载罗汝芳:《耿中丞杨太史批点近溪罗子全集》,《四库全书存目丛书》集部第129册,第580页上。
② 杨起元:《梓罗子四书答问集叙》,载罗汝芳著,方祖猷等编校整理:《罗汝芳集》附录三,凤凰出版社2007年版,第954页。
③ 《近溪罗先生墓碑》,载罗汝芳著,方祖猷等编校整理:《罗汝芳集》附录二,凤凰出版社2007年版,第930页。
④ 如明道云:"学者不必远求,近取诸身,只明人理,敬而已矣,便是约处。《易》之'乾'卦言圣人之学,'坤'卦言贤人之学,惟言'敬以直内,义以方外,敬义立而德不孤'。至于圣人,亦止如是,更无别途。穿凿系累,自非道理。"(程颢、程颐著,王孝鱼点校:《二程集·河南程氏遗书》卷二上,中华书局1981年版,第20页)

谈《大学》。"①当然,近溪所论之《大学》,实乃以《孟子》说《大学》,正如其所云:"孔子此书却被孟子一句道尽,所云大人者,不失其赤子之心者也。"②良知良能与存神过化的统一,是近溪以这一途径论《大学》的内在动因。

对于近溪一体之学在泰州学派传承史上的地位,唐君毅先生有这样的论述,他说:"由心斋之格物之学,阳明之良知之学,以首言诚意之学者,则有王一庵。若更能循此身之本,与家国天下之末之'本末一贯'之意,而于此识得仁体之贯于此本末之一'生'之中,而畅发阳明《大学问》一文之旨,以言大人之身之另一形态之悟本体即工夫之学者,则罗近溪也。"③唐君毅对于罗近溪在阳明学及泰州学派流脉中的定位,洵为肯綮之论。

三、借《易》以论生生之学

深受《周易》的涵茹,是近溪的一个显著特点。据杨起元《罗近溪先生墓志铭》载:"戊申,学《易》于楚人胡子宗正。胡子宗正者,旧以举业师夫子(罗汝芳),夫子知其《易》有传也,至是币迎之,及有所扣,不应,夫子逡巡却拜,执弟子礼。胡子喜,使夫子息心而深思之。"④近溪虽然没有《易》学专论,但从其著述可以看出,他是以《周易》为基础形成自己的思想结构的。在他看来,"《易》者,圣圣传心之典,而天人性命之宗也"⑤,又说:"盖语道而至大《易》,则天地民物、五伦万善,极其具备纯全,了无纤毫欠缺。惟是聪明神圣,方能与之吻合符同,则《大易》可语道之全,而圣心可语《易》之全矣。"⑥近溪认为,《易》学在儒学中占据极重要的地位。他认为孔子三绝韦编,五十知天命之后,"直见乾坤之体",

---

① 牟宗山:《心体与性体》第一部第一章,上海古籍出版社1999年版,第17页。
② 《近溪子集》御卷,载罗汝芳著,方祖猷等编校整理:《罗汝芳集》上册,凤凰出版社2007年版,第108页。
③ 唐君毅:《中国哲学原论·原教篇》第十四章《王学之论争及王学之二流(下)》,中国社会科学出版社2006年版,第249页。
④ 罗汝芳著,方祖猷等编校整理:《罗汝芳集·附录三》,凤凰出版社2007年版,第920页。
⑤ 《近溪罗先生一贯编·易》,载罗汝芳:《耿中丞杨太史批点近溪罗子全集》,《四库全书存目丛书》集部第129册,第692页下。
⑥ 《近溪罗先生一贯编·孟子下》,载罗汝芳:《耿中丞杨太史批点近溪罗子全集》,《四库全书存目丛书》集部第129册,第644页下。

乃作《中庸》;"《中庸》道理"全从《易经》而来,《易》乃"五经之原""五经之祖"。孔门《学》《庸》全从《周易》"生生"一语中化出。在近溪看来,孔、颜、孟的思想都可用《易》学概括之,他说:"孔子浑然是《易》,颜子庶几乎复,而孟子庶几乎乾。"①近溪论《易》,虽然不无与阳明、龙溪等人相仿的内容,亦即以《易》论心,以《易》论良知,但更多的是阐论了生生之学及万物一体的观念。其中,重视《复》卦是近溪论《易》的一个重要特征。同时,具有鲜明的以我解《易》的色彩。

首先,《易》道与生生之学。

《易传·系辞上》:"生生之谓《易》也。"近溪亦深得于《易》理。在近溪看来,《易》揭示了天道人性的根本法则,云:

> 盖易之为易,其充塞寰穹、枢机造化,惟是一神以灵妙而通显之,在天则万万而成象,在地则万万而成形,元所成形象,万万皆乘其元化之灵妙通显而为知能,是以周遍活泼体段,若可区分而真精可无间隔,昭彰谓之帝则,继承谓之已性,而实则浑全,是为《易》理也。引个《易》理,本神明不测,本灵显无边,故物至则知之,知之则几动,几动则吉。②

基于这样的认识,近溪由《易》之本而及于生生化化之相,有十分详备的论述,云:

> 夫《易》者,圣圣传心之典,而天人性命之宗也,是故塞乎两间,彻乎万世,夫孰非一气之妙运乎!则乾始之而坤成之,形象之森列,是天地人之所以为命而流行不息者也。两间之塞,万世之彻,夫孰非妙运以一气乎!则乾实统乎坤,坤总归乎乾,变见之浑融,是天地人之所以为性而发育无疆者也。然命以流行于两间万世也,生生而自不容于或已焉,孰不已之也;性以发育乎两间万世也,化化而自不容于或遗焉,孰不遗之也。是则乾之大始,刚健中正,纯粹至精,不遗于两间而超乎两间之外,不已于万世

---

① 罗汝芳:《盱坛直诠》上卷,台北广文书局影明万历刻本1991年第三版,第54页。
② 《近溪罗先生一贯编·孟子下》,载罗汝芳:《耿中丞杨太史批点近溪罗子全集》,《四库全书存目丛书》集部第129册,第644页下—645页上。

而出乎万古之先。①

近溪有得于《易》之精神之一在于生生之学。他说:"《易》又只统以生生一言。"②又云:"孔门《学》《庸》全从《周易》生生一语化将出来。"③他以《易》道说明了何以谓之生生而不仅仅谓之生的原因,仔细描述了这个一体生化的过程。统而言之,即是"下至于九地,上至九天,中及万民,旁及万物,浑是一个生,恶可已;浑是一个神,不可穷"④。近溪虽然也与明道一样,以仁统诸一本,以仁来概括《大学》及孔子的宗旨,但是,较之于仁,近溪更重生生,云:"夫仁,天地之生德也。天地之大德曰生,生生而无尽曰仁。而人则天地之心也,夫天地亦大矣,然天地之大,大于生,而大德之生生于心,生生之心心于人也。"⑤可见,在近溪这里,生生之意较之于仁,具有更本质的特征,这也是其得于《易》,尊于《易》的重要原因。生生之论,是近溪论学的重要特质。其门人徐允修曾这样论近溪:"欲观夫子(近溪)之心,大德曰生;欲观夫子之身,形色天性。"⑥徐氏所云,大致指出了近溪的思想要旨。如果说"形色天性"在阳明学中是十分经见的表述,那么近溪论"大德曰生"在阳明学派中则罕见同调,而《易》学正为其这一思想特色提供了丰富的资源。明人高攀龙云:"《易》之本体只是一个生字"⑦,"生生之谓《易》也"。《周易》的重要思想意义在于提供了整个宇宙生生之化的哲学图解,将整个宇宙看成是一个不断自我创生、自我发展的动态的生命之流。《系辞上》所谓"是故刚柔相摩,八卦相荡,鼓之以雷霆,润之以风雨",亦即宇宙万物无不充盈着盎然生意,蕴含着生命的跃动。《周易》所揭示的生命哲学,从根本上杜绝了宗教神学在中国滋生的可能,它通过天地万物自身的生命力量,而并非外在的神力,说明了宇宙无穷变幻的自我根据,因此,传统哲学专注于此岸世界的创生和发展,这也是为何儒家以仁与生生之学结合在一起的原因。近

---

① 罗汝芳:《盱坛直诠》上卷,台北广文书局影明万历刻本1991年第三版,第48页。
② 罗汝芳:《盱坛直诠》上卷,台北广文书局影明万历刻本1991年第三版,第10页。
③ 《近溪罗先生一贯编·四书总论》,载罗汝芳:《耿中丞杨太史批点近溪罗子全集》,《四库全书存目丛书》集部第129册,第667页下。
④ 罗汝芳:《盱坛直诠》上卷,台北广文书局影明万历刻本1991年第三版,第11页。
⑤ 罗汝芳:《盱坛直诠》上卷,台北广文书局影明万历刻本1991年第三版,第31页。
⑥ 《近溪罗先生像赞》,载罗汝芳:《耿中丞杨太史批点近溪罗子全集》卷首。
⑦ 高攀龙:《高子遗书》卷二《札记》,《文渊阁四库全书》第1292册,第347页下。

溪正是沿着《周易》的这一思维路径去阐释其生生之论的,云:"盖天道人心总是一个生理,天以生生而成时,心以生生而习乎其时,故生生之谓《易》。《易》也者,变通以趋时者也。"①他所谓天道人心的"一个生理",其理论依托即在于《周易》,《易》乃是变通以趋时,不断适应时代发展的经典依据,云:"天地之大德曰生,夫盈天地间只是一个大生,则浑然亦只是一个仁矣。中间又何有纤毫间隔,又何从而以得天地以得万物也哉。"②乃至于他以"生"来替"心",云:"天地无心,以生万物为心,今若独言心字,则我有心而汝亦有心,而物亦有心,何啻千殊万异?善言心者,不如把个生来代他,则在天之日月星辰,在地之山川民物,在吾身之视听言动,浑然是此生生为机。"③以"生"代"心"是近溪用于证明万物一体、避免人各有心,心生殊异的途径。强调生生之化,是近溪的理论特色,乃至于以"心"还是用其他范畴为本,近溪并无确定的预设。可见,近溪之于阳明心学立场并不胶执固守。他执着的是一本论,而非心学。至于何者更能体现一本,则以何者为是。"心"易生歧义,故舍之不用而代之以"生"。近溪所以重生,与其受到程明道理论的涵茹而特别注重生化之机的理论取向有关,如他说:"夫大哉乾元,生天生地,生人生物,浑融透彻,只是一团生理,吾人此身,自幼至老,涵育其中。"④又说:"天地之大德曰生,夫盈天地间只一个大生,则浑然亦只是一个仁矣。"⑤同时,这也与他论学注意道德修养的旨趣有关,他说:"盖非《易》无以见天地之仁,故曰'生生之谓易'。"⑥凸显"易"道的生生之意。而论及生意,其核心在人,因为人乃是"盎然宇宙之中浑是一团生意"⑦。着意于人,着意于身心修养,这是近溪论《易》及生生之学的出发点。

近溪论生生,目的在于将"吾人之身"外扩于宇宙,将一己之"身"融摄于宇

---

① 《近溪罗先生一贯编·论语》上卷,载罗汝芳:《耿中丞杨太史批点近溪罗子全集》,《四库全书存目丛书》集部第 129 册,第 608 页上。
② 《近溪罗先生一贯编·论语》上卷,载罗汝芳:《耿中丞杨太史批点近溪罗子全集》,《四库全书存目丛书》集部第 129 册,第 617 页下。
③ 罗汝芳:《盱坛直诠》上卷,台北广文书局影明万历刻本 1991 年第三版,第 121—122 页。
④ 罗汝芳:《盱坛直诠》上卷,台北广文书局影明万历刻本 1991 年第三版,第 51 页。
⑤ 《近溪子集》射卷,载罗汝芳著,方祖猷等编校整理:《罗汝芳集》上册,凤凰出版社 2007 年版,第 92 页。
⑥ 《近溪子集》礼卷,载罗汝芳著,方祖猷等编校整理:《罗汝芳集》上册,凤凰出版社 2007 年版,第 28 页。
⑦ 罗汝芳:《盱坛直诠》上卷,台北广文书局影明万历刻本 1991 年第三版,第 26 页。

宙生化之中,达于物我为一的境地,实现道德的提升,他说:"此身之中,生生化化一段精神必倏然以自动,奋然以自兴,而廓然浑然,以与天地万物为一体而莫知谁之所为者。是则神明之自来,天机之自应,若锐炮之药,偶触星火而轰然雷震乎乾坤矣。至此则七尺之躯,顷刻而同乎天地,一息之气,倏忽而塞乎古今。"①正是通过这样的途径,近溪才将易道之生生不息之机,与德性修身结合到了一起。

其次,"复其见天地之心"。

《周易》的复卦在六十四卦中具有特殊的意义,"复"实现了天道和谐循环的运行轨迹。复卦深化了对于天道的认识,"复其见天地之心"。复之内卦为震,外卦为坤,下第一爻为阳爻,以上五爻为阴爻。复卦的精蕴在于两个方面:其一,充满着生生之义。《复》与《剥》虽然都是一阳五阴,但《剥》为一阳将尽,而《复》则为一阳初生,充满着生生的活力。《象》释"利有攸往"为"刚长也",亦即复卦之爻象是刚生长,表示阴极盛,阳刚消极而复反,预示着生机活力将有蓬勃的发展。其二,复卦体现了万物一体的宇宙论意蕴。《象》又释复卦云:"《复》,其见天地之心乎",这一诠释固然显示了"赞明复卦"(孔颖达《周易正义》)之义,更重要的是表明了复卦的宇宙论意义。而这种宇宙论又蕴含着万物一体,物我同一的意味,这在《周易》则是"寂然至无是其本",孔颖达谓之"凡以无为心,则物我齐致,亲疏一等,则不害异类,彼此获宁。若其以有为心,则我之自我,不能普及于物,物之自物,不能普赖于我,物则被害"。这正是明道、近溪等人一本论的重要理论基础。事实上,《易》学论者都十分注意《复》卦的万物一体之意。如王夫之《周易内传》云:"人之所以生者,非天地之心乎?见之而后可以知生,知生而后可以体天地之德,体德而后可以达化。知生者,知性者也。知性而后可以善用吾情,知用吾情而后可以动物,故圣功虽谨于下学,而必以'见天地之心'为入德之门。天地之心不易见,于吾心之复几见之尔。天地无心而成化,而资始资生于形气方营之际,若有所必然而不容已者。"②近溪论《易》亦特重复卦,认为"复是阳德。阳则生活而乐在其中。阳则光明而知在其

---

① 《近溪子集》礼卷,载罗汝芳著,方祖猷等编校整理:《罗汝芳集》上册,凤凰出版社2007年版,第28页。
② 《周易内传》卷二下,清《船山遗书》本。

中"①。近溪特重《复》卦,表现在以下几个方面:其一,唯"复"能通乎天地之心。近溪曰:"易所以求仁也,盖非易无以见天地之仁,故曰,生生之谓易,而非复无以见天地之心,故又曰,复其见天地之心。"②近溪从认识"天地之心"的角度说明《复》卦的意义。认为,天地之心彻天彻地、贯古贯今,都是一知以显发而明通之。非复,则无以见天地之心。"复"是在纯坤之下,初阳微动。这既是乾之大始,也是大始之知。当此之时,圣人则能迎其几而默识之,以虚灵之独觉,妙契大始之知之精微。③"复"乃明天地之心的方法。其二,描述了"复以自知"的途径。当有人问及"格物之本末,何以遂能独复而自知"之时,近溪说:"古之平天下者必先治国,治国必先齐家,齐家必先修身,是天下本在国,国本在家,家本在身,于是能信之真,好之笃,而求之极其敏焉,则此身之中,生生化化,一段精神必有倏然以自动,奋然以自兴,而廓然浑然,以与天地万物为一体,而莫知谁之所为者,是则神明之自来,天机之自应,若铳炮之药,偶触星火,而轰然雷震乎乾坤矣。至此则七尺之躯顷刻而同乎天地一息之气,倏忽而塞乎古今。"④其反身而致知的过程是由生生化化的一体之论决定的。就其形式而言,近溪强调的是顿悟而知,如铳炮之药,偶触星火,轰然雷震的过程。由于本于万物一体,自知又是莫知谁之所为,是"神明之自来,天机之自应",这就是近溪所谓的"独复自知"⑤的过程。其三,通过《复》卦以理解儒学的基本精神。近溪重视复卦,认为学《易》不于乾与复着手而径得孔孟精神是妄谈。⑥他还沿着二程的路径,从颜渊与复卦的比附入手谈论道德修养。二程认为,理解颜渊,是体认孔子思想的基础,因为孔子道大难求,须从颜子着手,近溪也以颜渊比喻为复。近溪认为,复卦善的品性是因乾卦所生,《象》所谓"大哉乾元",表现的就是阳明昊大,乾体广远之意。"元"乃乾德之首,近溪说:"元之初起头处,融和温煦,天下万事万物最可爱可喜",因此,是为"卦之善者也"。⑦而《复》则是一阳初动,

---

① 《近溪罗先生一贯编·论语》,载罗汝芳:《耿中丞杨太史批点近溪罗子全集》,《四库全书存目丛书》集部第129册,第615页下。
② 《近溪罗先生一贯编·论语下》,载罗汝芳:《耿中丞杨太史批点近溪罗子全集》,《四库全书存目丛书》集部第129册,第624页下。
③ 罗汝芳:《盱坛直诠》上卷,台北广文书局影明万历刻本1991年第三版,第49页。
④ 罗汝芳:《盱坛直诠》上卷,台北广文书局影明万历刻本1991年第三版,第50页。
⑤ 罗汝芳:《盱坛直诠》上卷,台北广文书局影明万历刻本1991年第三版,第50页。
⑥ 罗汝芳:《盱坛直诠》上卷,台北广文书局影明万历刻本1991年第三版,第54页。
⑦ 罗汝芳:《盱坛直诠》上卷,台北广文书局影明万历刻本1991年第三版,第55页。

可视为乾元之始,所以近溪说:"《复》在六十四卦岂不是第一最善者哉。"①由此而论及人之体认善性,仅需反求自身,即如同《复》卦之乾阳初始一样,说:"《复》之一卦,学者只一透悟,则自身自内及外浑是一个圣体,即天地冬至阳回,顽石枯枝更无一物不是春了。"②在近溪看来,孔、颜、孟的思想都可以用《易》学概括之,云:"孔子浑然是《易》,颜子庶几乎《复》,而孟子庶几乎《乾》。"③体悟、诠释孔、颜、孟的思想,必依循于《易》学之路,云:"求仁而不于《易》,学《易》而不于乾与复焉,乃欲妄意以同归于孔、颜、孟也,亦误矣哉,亦难矣哉。"④

复卦既具有万物一本的形式意义,又有"利有攸往",充满着希望和生机的内容意义。因此,近溪之于复卦的重视,是其万物一体论以及生命哲学的自然要求。这样,我们就不难理解近溪对复卦之于《易》道本质精神的体认了,他说:"《易》经一书,只一复卦便了却天地间无限的造化。"⑤此之天地间无限的造化,正是易学所提示的生生不息之意,亦即充盈于易道中的生命萌动精神。当然,作为泰州学派重要代表人物之一的近溪,对于复卦的诠释又着染了浓郁的泰州学派色彩。《易》道的生生之意,亦在于刚健之气,亦在于和乐融熙的境界,近溪也深刻地体认到了这一点,他对于复卦的诠解,正是本于这一路径。近溪将《易》的精蕴之意与泰州之学的精神脉理一并继承了下来,通过对易道的诠说得到了弘扬,这样,其生生之机以及万物一体论更显得深邃而幽远。近溪对于生命的体悟比泰州学派的其他学者更加深广,亦与其深受《易》学的濡染有关。近溪论"复",还具有自身的特色,这就是对一己的提升与超越,他说:"《易》曰,'中行独复'。又曰,'复以自知'。独与自,即己也。中行而知,即礼也。惟独而自,则聚天地民物之精神而归之一身矣。己安得而不复耶? 惟中而知,则散一己之精神而通之天地民物矣,复安得而不礼耶?"⑥可见,近溪申论的是一己与全体的统一。我们需要注意的是近溪对于群己关系的认识,因为儒家历来主

---

① 罗汝芳:《盱坛直诠》上卷,台北广文书局影明万历刻本1991年第三版,第55页。
② 罗汝芳:《盱坛直诠》上卷,台北广文书局影明万历刻本1991年第三版,第56页。
③ 罗汝芳:《盱坛直诠》上卷,台北广文书局影明万历刻本1991年第三版,第54页。
④ 罗汝芳:《盱坛直诠》上卷,台北广文书局影明万历刻本1991年第三版,第54页。
⑤ 《近溪子集》数卷,载罗汝芳著,方祖猷等编校整理:《罗汝芳集》上册,凤凰出版社2007年版,第192页。
⑥ 《近溪子集》礼卷,载罗汝芳著,方祖猷等编校整理:《罗汝芳集》上册,凤凰出版社2007年版,第26页。

张以群制己,克己以适群。近溪此处论"复",也是用来诠释克己复礼的,但近溪其实没有沿着传统的思维路向,申论克己以达到复礼的目的,而是着意于处理群己之间的关系。在一体论的语境之下,近溪认为群与己是完全统一的,这也是其后李卓吾公然提倡私欲的理论前提。当然,这同样是承因于明道,近溪说:"宋时儒者如明道说:'认得为己,何所不至。'又说:'仁者浑然与物同体,义礼智信皆仁也。'似得颜子此段精神。"①但是,己私又与孔子所谓"克己复礼"难以贯通。究竟以何为是？近溪取法《易传》而置《论语》于不顾,或者说是以《周易》对《论语》作重新解说。当承学者问及"克去己私,汉儒皆作此训,今遂不从,何也?"之时,近溪是这样回答的:"亦知其训有自,但本文'由己'之'己',亦'克己''己'字也,如何作得做'由己私'？《大学》克明德,克明峻德,亦'克己''克'字也。如何作得做'去明德'、'去峻德'耶？况克字正解只是作胜、作能,未尝作去。今细玩《易》谓'中行独复','复以自知',浑然是己之能与胜处,难说《论语》所言不与《易经》相通也。"②虽然近溪对"克己"的训解也是本于朱子,但朱子对于"克明德"与"克己复礼"有不同的解法,训"克"为"能",是就"克明德"而言;训"克"为"胜",是就"克己复礼"而言。"胜"乃超越、遮蔽之意,与"去"的意思差别并不大,与马融所谓"克己,约身也"意义相近。事实上朱熹在《四书或问》中就说过:"克己复礼,谓能胜去嗜欲,返身于礼也。"③但是,近溪则将"能"与"胜"视为同一义,都是取对"己"的肯定义,这就是其训"克"为"胜""能"的原因。虽然近溪的训解未必合于《论语》本意,但这与其由己体仁的思想得到了统一。近溪之所以对"克"作这样的训解,原因即在于《论语》"克己"之意与心学强化主体的思维路径有所不同,而近溪无疑是站在心学立场之上,因此,他必然首先要对《论语》中"克己复礼"做出新的诠释,这就是其训"克"为"胜""能"的原因。他本质上则是这样的主张:"为仁由己而不由人,则

---

① 《近溪子集》礼卷,载罗汝芳著,方祖猷等编校整理:《罗汝芳集》上册,凤凰出版社2007年版,第26页。
② 《近溪子集》礼卷,载罗汝芳著,方祖猷等编校整理:《罗汝芳集》上册,凤凰出版社2007年版,第26页。
③ 朱熹著,黄坤校点:《四书或问·论语或问》卷十二,上海古籍出版社、安徽教育出版社2001年版,第294页。

可见复必自己而健行也。"①近溪的这一番诠说,显示了晚明期间阳明后学"六经注我"的惯用方法。

近溪在借《易》以论生生之学以外,还通过论《易》对"我""己""身"等主体范畴进行了论述,实现了一己之私与天地之德的统一。途径概有三种:其一,通过万物一体论,云:"盈天地之生而莫非吾身之生,盈天地之化而莫非吾身之化。冒乾坤而独露,恒宇宙而长存,此身所以为极贵而人所以为至大也。"②近溪还孜孜求证保身之合理,云:"吾人此身与天下万世原是一个,其料理自身处,便是料理天下万世处。"③吾之"此身"极贵,而为"天下万世"的发端,"我"与"天地之德"已互融不碍,浑融为一了。其二,通过生生之机的自然发用。当有人问其"吾人心与天地相通,只因有我之私,便不能合"这一问题时,他说:"若论天地之德,虽有我亦隔他不得","即有我之中,亦莫非天地生机之所贯彻,但谓自家愚蠢而不知之则可,若谓他曾隔断得天地生机则不可"。④"有我"即为天地生机之流行发用,与天理妙合无痕,本为一体。"我"乃为天地生机之贯彻,离却"我"而谈论所谓"天地之德"便是愚蠢而不知之徒。其三,通过论复卦以处理群己关系,使淮南格物所蕴含的挺立主体的精神获得了《易》学证明。

四、人性论与工夫论

近溪的论学宗旨,学者有不尽相同的认识,萧近高云:"罗明德先生崛起西江,负大力,秉圣智,直抉深扃,提不学不虑之宗,而归之孝弟。"⑤刘一焜云:"先生之学,本于良知,而于不学不虑之真面目,见之至熟,故以不思不勉,即不学不虑,以不学不虑,即不思不勉。而其于学也,即伦即性,即人即天,不求诸古求

---

① 《近溪子集》礼卷,载罗汝芳著,方祖猷等编校整理:《罗汝芳集》上册,凤凰出版社 2007 年版,第 26 页。
② 罗汝芳:《盱坛直诠》上卷,台北广文书局影明万历刻本 1991 年第三版,第 12 页。
③ 罗汝芳:《盱坛直诠》上卷,台北广文书局影明万历刻本 1991 年第三版,第 23 页。
④ 黄宗羲著,沈芝盈点校:《明儒学案》卷三十四《泰州学案三》,中华书局 1985 年版,第 767—768 页。
⑤ 萧近高:《刻盱江罗近溪先生全集叙》,载罗汝芳著,方祖猷等编校整理:《罗汝芳集》下册,凤凰出版社 2007 年版,第 947 页。

诸今,不求诸圣求诸愚,隐若奥渫,微若謦欬,人若舆隶,物若飞潜,无非天则,无非明命。"①薛士彦云:"近溪罗先生倡道旴江三十余年,其学以求仁为宗,欲学者识取不学不虑初心为入圣真脉络。"②或言不学不虑,或言仁,或言孝弟。就三者而言,仁、孝弟乃其旨归,而不学不虑实乃工夫论的特质。近溪论不学不虑的经典依据是《孟子》,孟子曰:"人之所不学而能者,其良能也,所不虑而知者,其良知也。孩提之童,无不知爱其亲者,及其长也,无不知敬其兄也。"(《孟子·尽心章句上》)即不学不虑之良知良能,乃孩提之童所固有,亦即"赤子之心"之表现。近溪承其说而光大之,云:"我之初生一赤子也,赤子之心,浑然天理,其知不必虑,其能不必学,盖即莫之为而为,莫之致而至之体也。然则圣人之为圣人,亦惟以其不虑不学者同之,莫为莫致者,我常敬顺乎天,天常生化乎我,久之自成不思不勉、从容之圣人矣。圣如孔子,其同天处,更亲切焉。"③称叹赤子之心"气象出之自然,而功化成之浑然"。因此,在近溪的理论结构中,赤子之心与不学不虑是一体相关的,黄宗羲谓近溪之学"以赤子良心,不学不虑为的"④正是就其一体性而言的。当然,就其性质而言,两者又分属于人性论与工夫论。

(一) 人性论:从论孟子与告子关系谈起

作为罗近溪论学宗旨的赤子之心(或赤子良心)、不学不虑,都来源于《孟子》。孟子又以性善论以及与告子之辩称著于人性论发展史。近溪人性论虽然有"赤子之心,浑然天理"的表述,但更为具体的内涵,可以通过其对孟子、告子之辩的态度中得以展示与完善。刘宗周云:"先生(罗汝芳)学告子而深者也。学告子而深,则近于孟子矣;先生学孟子而过者也,学孟子而过,则近于告子矣。"⑤刘氏道出了罗近溪错综于孟子与告子之间的学术取向。与学者一般剧论孟子、告子之别不同,近溪多论孟子与告子之相通,在回答"告子谓生之

---

① 《刻罗近溪先生全集叙》,载罗汝芳著,方祖猷等编校整理:《罗汝芳集》下册,凤凰出版社2007年版,第945页。
② 《罗近溪先生语要后叙》,载罗汝芳著,方祖猷等编校整理:《罗汝芳集》下册,凤凰出版社2007年版,第961页。
③ 罗汝芳:《旴坛直诠》上卷,台北广文书局影明万历刻本1991年第三版,第62—63页。
④ 黄宗羲著,沈芝盈点校:《明儒学案》卷三十四《泰州学案三》,中华书局1985年版,第762页。
⑤ 《刘宗周全集》第三册《文编·论罗近溪先生语录二则示秦履思》,浙江古籍出版社2007年版,第357页。

性,与食色性也。何为孟子不取,且极辨其非耶"时云:

> 学者读书多心粗气浮,未曾详细理会,往往于圣贤语意不觉错过。即如告子此人,孟子极为爱敬,谓能先我不动心。夫"不动心"是何等难事?况又先于孟子也耶?想其见性之学,与孟子未达一间,止语意尚少圆融,而非公都诸子之所概论也。①

近溪着意于弥缝孟子与告子的差异。从孟子所说"我四十不动心"、"告子先我不动心",证明"告子此人,孟子极为爱敬",认为告子与孟子的不同,仅限于"语意尚少圆融"而已。这与一般儒学家们多注意孟子、告子之别不同。如朱熹对于孟子言之凿凿"告子先我不动心"作如是解:"孟子是义精理明,天下之物不足以动其心。告子之不动心,是硬把定,是粗法强制而能不动,非若孟子酬酢万变而不动也。"②新安陈氏则曰:"告子强制其心而能不动。孟子有定见、有定力而自然心不动。此处孟子亦姑借告子以浅说耳。"③而近溪对于告子的认识与朱熹等人迥然有别。但事实上,孟子与告子关于"不动心"的认识殊异昭昭可见。如在回答"敢问夫子之不动心与告子之不动心,可得闻与"之时,孟子有这样的表述:

> 告子曰:"不得于言,勿求于心;不得于心,勿求于气。"不得于心,勿求于气,可;不得于言,勿求于心,不可。夫志,气之帅也;气,体之充也。夫志至焉,气次焉。故曰:"持其志,无暴其气。"④

近溪何以置孟子之"不可"于不顾,而做出这一判断呢?其实,近溪只是借孟子"先我不动心"的表述而求得"孟子极为爱敬"告子的结论而已。谙熟经籍的近溪对于孟子的凿凿之言焉能无视?近溪虽然为告子辩解,但并未有违孟

---

① 《近溪罗先生一贯编·孟子下》,载罗汝芳:《耿中丞杨太史批点近溪罗子全集》,《四库全书存目丛书》集部第 129 册,第 647 页上。
② 胡广等纂修:《四书大全·孟子集注大全》卷三,《文渊阁四库全书》第 205 册,第 580 页下。
③ 胡广等纂修:《四书大全·孟子集注大全》卷三,《文渊阁四库全书》第 205 册,第 580 页下。
④ 杨伯峻译注:《孟子译注·公孙丑章句上》,中华书局 1960 年版,第 61—62 页。

学传统,云:"告子也,是人豪,然终是输与孟子。"①他认为虽然告子之不动心先于孟子,但其内涵还是有一定区别的。在近溪看来,"告子之所谓心与孟子之所谓心浑是两样,如黑白冰炭之异,相去远甚也"②。近溪认为,孟子的不动心需从孟子的两个话头去理解,即"我知言","我善养吾浩然之气"。孟子之不动心以知言得之,因此,"言与心无二体","而告子曰不得于心,勿求于气,把心在言外另作一件物事也"。同样,孟子之不动心以养气得之,因此,"心与气无二体"。而告子则说"不得于心,勿求于气",因此"便又把心在气外而另觅一个去处"。③ 这是他认为告子输于孟子之处。同样,对告子关于人性的杞柳湍水之喻,近溪认为告子论性太落虚玄,难以率物。且告子人性论"不思觉人"④。显然,近溪对于告子的"人性无分于善不善"同样持否定的态度。但是,近溪对告子"生之谓性"与"食色,性也"则予以肯定,并援先贤之论以证之。如对于"生之谓性",近溪证道:"今且道生为之言,在古先谓太上其德好生,天地之大德曰生,生生之谓易,而乾则大生,坤则广生。人之生也直,生则何嫌于言哉?至孟子自道则曰日夜所息,雨露之养,岂无萌蘖之生,乐则生矣。生则恶可已。是皆以生言性也。"⑤对于"食色性也",近溪证道:"目之于色,口之于味,性也。有命焉,是亦以食色言性也,岂生之为言在古则可道,在今则不可道耶? 生与食色在己则可以语性,在人则不可以语性耶?"⑥近溪对于告子诸论有这样的总体评价:"要之,'食色'一句不差,而差在仁义分内外,故辨亦止辨其义外,而未辨其谓食色也。若夫'生之'一言,则又告子最为透悟处,孟子心亦喜之。"⑦可

---

① 《近溪罗先生一贯编·孟子上》,载罗汝芳:《耿中丞杨太史批点近溪罗子全集》,《四库全书存目丛书》集部第 129 册,第 636 页下。
② 《近溪罗先生一贯编·孟子上》,载罗汝芳:《耿中丞杨太史批点近溪罗子全集》,《四库全书存目丛书》集部第 129 册,第 635 页下。
③ 以上引自《近溪罗先生一贯编·孟子上》,载罗汝芳:《耿中丞杨太史批点近溪罗子全集》,《四库全书存目丛书》集部第 129 册,第 636 页下。
④ 《近溪罗先生一贯编·孟子上》,载罗汝芳:《耿中丞杨太史批点近溪罗子全集》,《四库全书存目丛书》集部第 129 册,第 639 页上。
⑤ 《近溪罗先生一贯编·孟子下》,载罗汝芳:《耿中丞杨太史批点近溪罗子全集》,《四库全书存目丛书》集部第 129 册,第 647 页上。
⑥ 《近溪罗先生一贯编·孟子下》,载罗汝芳:《耿中丞杨太史批点近溪罗子全集》,《四库全书存目丛书》集部第 129 册,第 647 页。
⑦ 《近溪罗先生一贯编·孟子下》,载罗汝芳:《耿中丞杨太史批点近溪罗子全集》,《四库全书存目丛书》集部第 129 册,第 647 页下。

见,"语意上少圆融"乃是就仁内义外而言。在近溪看来,告子没有得万物一体之要领,他认为告子"若能响应承当,则性几神理顿尔圆通,天地万物浑然同体"①。近溪对于告子"生之谓性"与"食色,性也"的肯认,体现了泰州学派自然人性论的色彩。就"生之谓性"而言,这是告子据"性者生也"的古训而来,其"性"原本具有经验层面的含义,亦即最初乃动物性,然后才具道德性的。但自孟子性善论之后,多从超越的价值层面说"性",尤其是理学兴起后,道德性成为论"性"的先在前提。因此,近溪再次对告子"生之谓性"的肯认,则并不全然是对告子的复归,而是注意到了作为自然存在的经验层面所具有的"性"的含义,这是与其"赤子之心,不学不虑"的工夫论相贯通的。当然,近溪诠解"生之谓性",是由天道论起,以"天地之大德曰生"对"性"进行德性判断。虽未分判善恶,但其义恰如《中庸》所谓"天命之谓性",其中自然承秉着健顺五常之德。对"生之谓性"蕴含着的德性理解,也成为他肯认告子"食色,性也"的前提。"食色,性也",清晰地展示了从心斋的百姓日用即道到颜山农"制欲非体仁"的学派思想传承的逻辑线索。

罗汝芳的赤子之心不学不虑虽然源出于孟子,但孟子在论及不学不虑、良知良能之善端时,是剥离了人的动物性,亦即在明乎人与动物的根本区别之后来谈论人性之善的,因此,孟子之性善是基于人的道德性而言的。但人之善恶的问题是现实的存在,因此,宋明理学家在讨论人性之时,十分注重为善去恶的方法,这也是理学体系中极重要的工夫论。王阳明四句教的归趣即是"为善去恶是格物"。但近溪之赤子之心不学不虑,主张当下即是,对于"恶"性的产生鲜有论及,工夫论被虚化,因此,与其论学者自然有这样的发问:"天命之性与气质之性原自宋儒立说,是亦性有三品,善恶混之类也。今吾侪只宜以孟子性善为宗,一切气质屏而去之,作圣工夫乃始纯一也。"②近溪对此并不认同,谓之:"今非不可屏,而实不能屏也。"原因在于气质之说虽主于诸儒而非始于诸儒,孟子即有"形色天性"之说。同时,如无气质生化,呈露发挥,五性则无从感通,四端便无从出见。近溪认为,在孟子的思想体系中,天命之充塞流行,便已

---

① 《近溪罗先生一贯编·孟子下》,载罗汝芳:《耿中丞杨太史批点近溪罗子全集》,《四库全书存目丛书》集部第129册,第647页下。
② 《近溪罗先生一贯编·孟子上》,载罗汝芳:《耿中丞杨太史批点近溪罗子全集》,《四库全书存目丛书》集部第129册,第638页下。

妙凝气质,这种境界就德性而言则是"无善而无不善,无不善而实无善",近溪谓之"赤子之心浑乎其天者也"①。但在近溪看来,性善论并不是孟子人性论的全部,即所谓"孟子之道性善则自其性无善者言之"。性"无善"的一面并不在其中。在近溪看来,告子关于人性的杞柳柔顺、湍水活泼之喻,以及"生之谓性",则是"自性之无善者言之",其意"若谓性虽无不善而实无善也"。② 从这个意义上说,孟子的人性论与告子有内在的联系,性善论则与告子相悖。只是由于告子之论虚玄而难以觉人,这也是孟子"深辨之,力挽之",而"固未尽非之"的原因。③ 值得我们注意的是,近溪之"赤子之心"体现了孟子的人性论,而非性善论所能涵括,是包含了孟子与告子的思想而成的。明乎此,我们便理解近溪何以一反理学驳诘告子的传统而对其有所肯认。同时,这也成为我们理解近溪"赤子之心"的一把钥匙。这就是:近溪虽然也有"赤子之心,浑然天理"的笼统表述,但同时蕴含了理学家们所论的天命之性与气质之性内涵,天命之性因气质生化裎露,"赤子之心"不离气质。因此,"赤子之心"并不完全等同于孟子性善论。可见,近溪的成德旨趣,便具有自然人性的倾向,赤子之论便成了良知现成派的一种表现形式。同时,近溪论性之时主张天命妙凝气质,为泰州学派的平民儒学提供了一个新的理论方法,并将心斋百姓日用即道的思想在人性论方面进行了贯彻与延展。

近溪赤子之心理论源头的多元性以及内涵的复杂性,使其对性善论的相对性展开了讨论,《近溪子集》中有这样的对话:

> 曰:"性字原从心从生,则性本是心中生出来的,安得不善? 但人自家不能保守,便恶了。"
>
> 罗子曰:"如子所言,分明在字义上看,此性当作善。至在人身上看,此性却不免是恶了。子何曾见得性果善? 要之,性善一着是圣凡之关。只一见性善,便凡夫立地成圣。孔子以后,惟是孟子一人,直截透露,其他混帐,

---

① 《近溪罗先生一贯编·孟子上》,载罗汝芳:《耿中丞杨太史批点近溪罗子全集》,《四库全书存目丛书》集部第 129 册,第 639 页上。
② 《近溪罗先生一贯编·孟子下》,载罗汝芳:《耿中丞杨太史批点近溪罗子全集》,《四库全书存目丛书》集部第 129 册,第 647 页下。
③ 《近溪罗先生一贯编·孟子上》,载罗汝芳:《耿中丞杨太史批点近溪罗子全集》,《四库全书存目丛书》集部第 129 册,第 639 页上。

则十人而九矣。此不是他肯自放过,盖此处千重铁壁,若非真正舍死拼生一段精神,决未许草率透过也。"①

近溪认识到了孟子性善的相对性,认识到"人身上"恶性的存在,提出性善与否乃圣凡之别,需有"舍死拼生一段精神"方能透过。近溪直面传统儒家理解的孟子性善论的不周延之处,亦即恶性的存在问题。在近溪看来,"人身上"的恶性并不是如孟子比喻的那样,如水之"搏而跃之""激而行之",即人性的改变并不都是后天所致。当其问答之间,门人杜应奎亦曾有这样的插话:

孟子当时一说性善,其在门高弟,如公都、万章,俱纷纷诤辩,虽乐正子,名为好善而性有诸己,尚在疑信之间。至于宋时诸儒,先则直谓孟子只说得一边,须补以气质方备。②

近溪对杜应奎的插话虽然没有正面置评,但杜氏乃近溪高弟,如近溪不认同,必予置辩。因此,杜氏对性善论的质疑,当可视为近溪思想的重要佐证。

(二) 工夫论:不学不虑

近溪论学以赤子之心不学不虑为旨趣,这得到了近溪本人的默认。《近溪子集》乐卷开篇有这样的问答:

问:"今时谈学,皆说有个宗旨,而先生独无。自我细细看来,则似无而有,似有而无也。"

罗子曰:"如何是似无而有?"

曰:"先生虽随言对答,然多归之赤子之心,便是似无而有也。"

罗子曰:"如何是似有而无?"

曰:"才说赤子之心,便说不虑不学,却不是似有而无,茫然莫可措手

---

① 《近溪子集》数卷,载罗汝芳著,方祖猷等编校整理:《罗汝芳集》上册,凤凰出版社2007年版,第210页。
② 转引自《近溪子集》数卷,载罗汝芳著,方祖猷等编校整理:《罗汝芳集》上册,凤凰出版社2007年版,第210页。

罗子曰："孔孟门庭，果然风光别样。吾子以似在有无之间言之，却亦善于形容矣。其实不然，我今问：子原日初生亦是赤子否？"

曰："是。"

罗子曰："初生既为赤子，难说今日此身，不是赤子长成？"

曰："今我此身，果是赤子养成而非他也。"

罗子曰："此时我问子答，是知能之良否？"

曰："是知能之良也。"

罗子曰："此个问答，要虑学否？"

曰："不要虑，不要学也。"

罗子曰："如此是为宗旨，仅是的确为有矣，安得犹言似有而无耶？"①

虽然近溪对于学术宗旨仅是"自信从"的为学凭据，更重要的还需"善自觉悟"。"如其觉悟不妙，难望信从而同归矣。"②尽管如此，近溪还是肯认了问者对其为学宗旨的概括。同时，近溪还认为，这也是《大学》的宗旨。《近溪子集》中有这样的问答：

"问《大学》宗旨。"

罗子曰："孔子此书却被孟子一句道尽，所云'大人者，不失其赤子之心'者也。夫孩提之爱亲是孝，孩提之敬兄是弟，未有学养子而嫁是慈，保赤子，又孩提爱敬之所自生者也。此个孝、弟、慈，原人人不虑而自知，人人不学而自能，亦天下万世人人不约而自同者也。"③

不学不虑是否忽略工夫？对此近溪有这样的论述：

心为身主，身为神舍，身心二端，原乐于会合，苦于支离。故赤子提孩

---

① 罗汝芳著，方祖猷等编校整理：《罗汝芳集》上册，凤凰出版社2007年版，第35—36页。
② 罗汝芳著，方祖猷等编校整理：《罗汝芳集》上册，凤凰出版社2007年版，第36页。
③ 《近溪子集》御卷，载罗汝芳著，方祖猷等编校整理：《罗汝芳集》上册，凤凰出版社2007年版，第108页。

欣欣,长是欢笑,盖其时身心犹相凝聚。而少少长成,心思杂乱,便愁苦难当了。世人于此随俗习非,往往驰求外物,以图得遂安乐。不想外求愈多,中怀愈苦,甚至老死不克回头。惟是善根宿植、慧目素清的人,他却自然会寻转路,晓夜皇皇,如饥莘想食,冻露索衣,悲悲切切,于欲转难转之间,或听好人半句言语,或见古先一段训词时,则憬然有个悟处,所谓皇天不负苦心人。到此,方信大道只在此身,此身浑是赤子,又信赤子原解知能,知能本非虑学。至是,精神自来贴体,方寸顿觉虚明。如男女媾精以为胎,果仁沾土而成种,生气津津,灵机隐隐。云是造化,而造化不以为功,认为人力,而人力殆难至是,此则天心道脉,信为洁净精微也已。①

可见,近溪之工夫不在学虑,而是要悟得大道只在赤子之身。当然,返求自身大道之机,或是"听好人半句言语,或见古先一段训词"。当问者接着又提出"此后却又如何用功?"时,近溪答曰:"吾子只患不到此处,莫患此后工夫。子若不信,请看慈母之字婴儿、场师之培宝树,其爱养滋扶,意思何等切至,而调停斟酌,机括何等神妙。子固莫能为问,我亦莫可为答也已。"②可见,这就是近溪工夫论的全部内容。当然,近溪又提出,此之宗旨需看得活,认为"人全不思虑也,岂是道理?"③所谓不虑而知,是指以知的源头说,以消除拟议思量,而能使本有之天聪天明之用旁通无碍。他所谓"知本是天生之良,而不必杂以人为;知本不虑而明,而不必起以思索"④。但作为天生之良之知本身,则尚需虑而后明,故近溪曰:"细推其立教之意,不是禁人之虑,却正是发人之虑也已。"⑤其实,近溪所理解的不虑而知,不学而能,是反对后天违背自然人性的刻意之为,亦即所谓刻意之"要",并不是否定"学"。因为近溪认为憬然悟得存于己身之大

---

① 《近溪子集》乐卷,载罗汝芳著,方祖猷等编校整理:《罗汝芳集》上册,凤凰出版社2007年版,第37页。
② 《近溪子集》乐卷,载罗汝芳著,方祖猷等编校整理:《罗汝芳集》上册,凤凰出版社2007年版,第37页。
③ 《近溪子集》射卷,载罗汝芳著,方祖猷等编校整理:《罗汝芳集》上册,凤凰出版社2007年版,第91页。
④ 《近溪子集》射卷,载罗汝芳著,方祖猷等编校整理:《罗汝芳集》上册,凤凰出版社2007年版,第91页。
⑤ 《近溪子集》射卷,载罗汝芳著,方祖猷等编校整理:《罗汝芳集》上册,凤凰出版社2007年版,第91页。

道,往往因"古先一段训词"的启示。当然,"学"最根本的前提,需"有个头脑"①,亦即得之天之主体,诚如其所云:"头脑者,乃吾心性命而得之天者也。"②此之"头脑",亦即《大学》《中庸》"慎独"之"独"。此之独,是"灵明之知,而此心之本体也"③。对于"慎"与"独"的关系,他说:"独便是为慎的头脑,慎亦便以独作主张。"④"头脑"既立,方能神感神应,自然顺适。对此,我们有必要对黄宗羲在《明儒学案》中对罗汝芳工夫论的描述作一辨析。黄宗羲曾引述《近溪子集》中的一段话描述了近溪的工夫论,即:"工夫难得凑泊,即以不屑凑泊为工夫。胸次茫无畔岸,便以不依畔岸为胸次。解缆放船,顺风张棹。"其实,《近溪子集》在这段文字之前尚有这样一个前提:"汝若果然有大襟期,有大气力,又有大大识见,就此安心乐意,而居天下之广居,明目张胆而行天下之达道。"⑤此之"大襟期""大气力""大大识见",即罗汝芳此前所说的修德需不必汲汲做圣人,而要"详审去向的确地位",明确成圣的目标。其实这即是"大襟期""大大识见"。亦即,"解缆放船""顺风张棹",当是"去向的确地位"之后的自然任适。

近溪保任赤子之心的核心在于摒除后天见闻之习。在他看来,这是失却赤子之心的根本。他认为赤子之良知良能的善性,是因为"孩提初生,思虑未起,人也教不得他,他也学不得人"⑥。外在的见闻不但不能复归本心之善性,反而会失本心,因此,近溪之工夫,实际还是治心的工夫,或复归本心的工夫。他认为圣凡之别即在于圣人"知形性之妙,肯安心定志,以反求吾身"⑦。圣凡本无别,凡人只是因为"信不过自己,更驰逐见闻,拘沉成迹,将欲模仿圣人好

---

① 《近溪子集》射卷,载罗汝芳著,方祖猷等编校整理:《罗汝芳集》上册,凤凰出版社2007年版,第85页。
② 《近溪子集》射卷,载罗汝芳著,方祖猷等编校整理:《罗汝芳集》上册,凤凰出版社2007年版,第85页。
③ 《近溪子集》射卷,载罗汝芳著,方祖猷等编校整理:《罗汝芳集》上册,凤凰出版社2007年版,第85页。
④ 《近溪子集》射卷,载罗汝芳著,方祖猷等编校整理:《罗汝芳集》上册,凤凰出版社2007年版,第85页。
⑤ 《近溪子集》乐卷,载罗汝芳著,方祖猷等编校整理:《罗汝芳集》上册,凤凰出版社2007年版,第62页。
⑥ 《近溪罗先生一贯编》,载罗汝芳著,方祖猷等编校整理:《罗汝芳集》上册,凤凰出版社2007年版,第360页。
⑦ 《近溪罗先生一贯编》,载罗汝芳著,方祖猷等编校整理:《罗汝芳集》上册,凤凰出版社2007年版,第360页。

处,以为依归,忘却自家的根本,原与圣人一般"。对于成圣的工夫,他有这样的比喻:"归心根本,则花蕊不愁不如圣人也。"①这并不是通常所认为的读书磨镜之法,而是直接体认本心。对此,有这样的对话:

> 曰:今日学者工夫须如磨镜,尘垢渐去方得光显。
> 曰:孟子谓知皆扩充,即一知字果是要光明显现,但吾心觉悟的光明与镜面光明却有不同,何则? 镜面光明与尘垢原是两个,吾心先迷后觉,却是一个。当其觉时,即迷心为觉;则当其迷时,亦即觉心为迷。除觉之外更无所谓迷,除迷之外亦更无所谓觉。故浮云天日、尘垢镜光俱不足为喻。若必欲寻个譬喻,莫如冰之与水犹为相近。②

近溪的这一认识与王一庵相似,一庵有云:"《大学》所谓'在明明德',只是要人明识此体,非刮去其昏,如后人磨镜之喻。夫镜物也,心神也,物滞于有迹,神妙于无方,何可伦比?"③由于近溪的工夫是就复归本心而言,因此,他认为工夫与本体是合一的,即他所谓"学问之功,先须辨别,源头分晓,方有次第"④。此之"源头",即是心体。因此,近溪的工夫,并不是把捉操持,而是要顺性之体,得之自然,他说:"自然却是工夫之最先处,而工夫却是自然之已后处。"⑤近溪之知,不是外在的闻见知识,而是心之知,亦即良知,心知浑融乃是其工夫得力处。当然,近溪并不废学,但复归心体之本然乃是根本。即使读书亦需想着根本,亦即明心以见道,否则便落于举业套子而已。如果心体既明,则一了百当,即所谓"解缆放船,顺风张棹,无之非是"。但这需要经过学习与体悟的过程。据载,近溪有一友平素执持过苦,来近溪处求洒脱工夫,近溪要求其"同众讲

---

① 《近溪罗先生一贯编》,载罗汝芳著,方祖猷等编校整理:《罗汝芳集》上册,凤凰出版社 2007 年版,第 360 页。
② 《近溪语要》,载罗汝芳:《耿中丞杨太史批点近溪罗子全集》,《四库全书存目丛书》集部 130 册,第 27 页下。
③ 黄宗羲著,沈芝盈点校:《明儒学案》卷三十二《王一庵先生语录》,中华书局 1985 年版,第 733 页。
④ 《近溪子集》射卷,载罗汝芳著,方祖猷等编校整理:《罗汝芳集》上册,凤凰出版社 2007 年版,第 99 页。
⑤ 《近溪罗先生一贯编·易》,载罗汝芳:《耿中丞杨太史批点近溪罗子全集》,《四库全书存目丛书》集部 129 册,第 698 页上。

会,随时卧食,待数日有暇再共商量"。数日后,"其友跃然喜曰:'近觉中心生意勃勃,虽未尝用力,而明白洞达,自可爱乐。'"①近溪之友正是与讲会同仁的数日相处,经过悟证之后而得明白洞达的境界。可见,所谓不学不虑是指赤子良心非由学虑得之而言,但其保任过程则并不能废学。当然,学的目的在于发明本心,他说:"吾人为学,云是学圣。圣者通明者也。通明者,神明而不测者也。故明可测,则不神。明不神,则难通。"②而所谓神明不测,即是心。他说:"吾仁义礼智信之性,主之者则吾神明不测之心也。"③因此,他常常将学与心同列,如他说:"盖禾必待养而生,吾心则无时而不生;禾以遇旱而枯,吾心则无时而可枯也。故穷天极地,万万其物,而毕竟无一物可以象吾此心;亘古及今,万万其事,而毕竟无一事可以象吾此学。此心此学,真是只可默识而不可言求,只可意会而不可形索,至简而至妙,至易而至神者也。"④可见,近溪之学、工夫,仍是发明本心,"机"即是工夫论中的"感触觉悟"。近溪有云:"德性之良知良能,原是通古今、一圣愚,人人具足,而个个圆成者也。然虽圣人,亦必待感触觉悟方才受用得。"⑤此之"感触觉悟"就是见得心体,如此方才头头是道,了了皆通。但既"感触觉悟"之后则随处平满,这也就是龙溪对近溪颇有微词之处,"他却将动处亦把作真性笼罩过去,认做烦恼即菩提",批评其"与吾儒'尽精微'、'时时缉熙'功夫,尚隔一尘"。⑥

近溪的工夫论驳斥了理学的僵化之弊,唤起了被异化了的自然人性。同时也应该指出的是,赤子之心的善性(或合理性)的泛化,导致了道德理性自觉意识的退化,这也是早在朱熹时即体察到的隐忧:"泛言同体者,使人含糊昏缓而无警切之功,其弊或至于认物为己者有之矣。"⑦近溪之学的两重性意义在深

---

① 《近溪语要》,载罗汝芳:《耿中丞杨太史批点近溪罗子全集》,《四库全书存目丛书》集部130册,第19页。
② 《近溪子集》数卷,载罗汝芳著,方祖猷等编校整理:《罗汝芳集》上册,凤凰出版社2007年版,第203页。
③ 《近溪子集》射卷,载罗汝芳著,方祖猷等编校整理:《罗汝芳集》上册,凤凰出版社2007年版,第94页。
④ 《近溪子集》射卷,载罗汝芳著,方祖猷等编校整理:《罗汝芳集》上册,凤凰出版社2007年版,第106页。
⑤ 《近溪子集》射卷,载罗汝芳著,方祖猷等编校整理:《罗汝芳集》上册,凤凰出版社2007年版,第93页。
⑥ 黄宗羲著,沈芝盈点校:《明儒学案》卷十二《浙中王门学案二》,中华书局1985年版,第246页。
⑦ 《仁说》,载朱熹:《晦庵朱文公先生文集》(肆),上海古籍出版社2002年版,第3281页。

受其影响的李贽那里被演绎得更加淋漓尽致。

五、孝弟观

仁学乃孔子论学之本,是其道德哲学的总纲领,儒家诸德目都是由仁学开出的。而孝弟(尤其是孝)则是道德系统中最基本的、首要的德目,是达之于"仁"的首要途径与方法。孟子将亲亲敬长视为人所秉的天然之性,是不学而能,不虑而知的,从人性论的角度阐释了孝的先验性。列于儒家诸经之一的《孝经》注重"孝治"的作用,进一步提高了孝在儒家道德系统中的地位,汉代始便备受重视,乃至唐玄宗御注之而颁行天下,《孝经》治道的作用被衍至极致。迄至明代,学者们又将《孝经》与理学化的研究相结合,其中,罗近溪对于孝道的阐论殊为突出,其高弟杨起元云:"吾师罗夫子独得此经(《孝经》)之宗旨,故其言孝也,以仁言孝,其言仁也,以孝言仁。起不敏,不足以知之。然窃意欲明《孝经》之宗旨,似当自罗子始。"①罗氏后昆更将近溪之孝弟观视为承圣学统绪,补阳明不足以拯时弊的重要贡献,认为肇自尧舜的孝弟之道,"奈尘埋数千年,至阳明先生始悟良知而未证以孝弟,以故世儒见耿耿小明,而把捉以为知体,去道益远矣。先生性本天纵,造复资深,将此学脉全盘捧出,故宣为《会语》,无一言非孝弟;措为文章,无一篇不孝弟,真孔门嫡派"②。

孝弟虽然是关于家族伦理的道德范畴,属于梁启超所说的"私德",但由于在儒家道德系统中,"公德"或"全德"之"仁"与"私德"之"孝弟"是一体共存的,道德的实现是推己及人的过程。孔子曰"夫仁者,己欲立而立人,己欲达而达人"(《论语·里仁》)。近溪重孝弟等家族伦理,是在与天地合德的"大人"语境中展开的,其讨论家族伦理时始终具有社会伦理的关切,道德的视野是由亲亲而及于仁民爱物,由家族成员而及于生民大众、天地万物,即如近溪所说:"岂独孝弟为然哉?推而君臣,而夫妇,而朋友,而万民,而庶物,固无一而不在好生

---

① 《孝经宗旨跋》,载罗汝芳著,方祖猷等编校整理:《罗汝芳集》附录三,凤凰出版社2007年版,第969页。
② 罗万化等:《罗明德公文集跋》,载罗汝芳著,方祖猷等编校整理:《罗汝芳集》附录三,凤凰出版社2007年版,第978页。

之中。"①"老吾老以及人之老,则老老而民兴孝;长吾长以及人之长,则长长而民兴弟。"②只有推己及人,方为尽于孝道。因此,他说:"孝弟不难于知而难于行,不难于行而难于扩充以尽其道也。"③可见,在近溪这里,孝弟并不仅仅是"私德"而已。近溪之孝悌论,概有以下几方面的内容:

首先,"仁义是个虚名,而孝弟乃是其名之实也"④。仁,在儒学家看来,是"心德之全,人道之备也"⑤。但行仁由己,为仁是儒学工夫论的基本价值取向。"仁者人也。"仁是人应具有的德性,人与仁是混而为一的,诚如许谦所说:"其所以尽仁,则不过尽人道而已。"⑥虽然宋人晁说之在解释孔子"若圣与仁,则吾岂敢"(《论语·述而》)之义时说:"当时有称夫子圣且仁者,以故夫子辞之。苟辞之而已焉,则无以进天下之材,率天下之善,将使圣与仁为虚器,而人终莫能至矣。"⑦但晁氏是说孔子故意将圣与仁悬置而不可及,因此,此之"虚器"并非孔子言仁的本意。孔子说:"我欲仁,斯仁至矣。"(《论语·述而》)又说:"一日克己复礼,天下归仁焉。"(《论语·颜渊》)可见,仁道不远,行之则是。但由于仁毕竟是全德,爱人之德毕竟需从切近处得到体验,因此,孟子便将孔子所说的"亲亲为大"发展成"仁之实,事亲是也"(《孟子·离娄章句上》),将孝为仁德之首务、基础变而为仁德的切实体验。尽管如此,孟子仍然秉持了孔子"仁"学所具有的超越个体的大公境界,并强调了仁德的社会效用。就此而言,孟子将孔子的仁学赋予了更多的实际效用。而近溪则曰:"仁义是个虚名,而孝弟乃是其名之实也。"⑧这显然是一种颇为鲜见的表述。近溪对仁的悬置,目的与孔子的自谦迥然不同,而是泰州学派的立言宗旨使其然。泰州学派具有面向黎民百姓的

---

① 《近溪罗先生一贯编·易》,载罗汝芳:《耿中丞杨太史批点近溪罗子全集》,《四库全书存目丛书》集部第 129 册,第 708 页上。
② 《近溪罗先生一贯编·易》,载罗汝芳:《耿中丞杨太史批点近溪罗子全集》,《四库全书存目丛书》集部第 129 册,第 712 页上。
③ 《近溪罗先生一贯编·论语上》,载罗汝芳:《耿中丞杨太史批点近溪罗子全集》,《四库全书存目丛书》集部第 129 册,第 610 页下。
④ 《近溪先生一贯编·孟子下》,载罗汝芳:《耿中丞杨太史批点近溪罗子全集》,《四库全书存目丛书》集部第 129 册,第 641 页上。
⑤ 朱熹:《四书章句集注·论语集注》卷四,中华书局 1983 年版,第 101 页。
⑥ 许谦:《读中庸丛说》下,四部丛刊续编引元本。
⑦ 朱熹:《四书章句集注·论语集注》卷四,中华书局 1983 年版,第 101 页。
⑧ 《近溪罗先生一贯编·孟子下》,载罗汝芳:《耿中丞杨太史批点近溪罗子全集》,《四库全书存目丛书》集部第 129 册,第 641 页上。

立教祈向,因此,切近易感的道德践履较之于高妙抽象的道德理想更为有效。近溪说:"若泛然只讲个德字,而不本之孝弟慈,则恐于民身不切,而所以感之,所以从之,亦是漫言而无当矣。"①即使其论仁之时,也往往引孔子之"仁者人也,亲亲为大"为据,将其落实到孝弟慈等具体德目之上,即所谓"仁以孝弟之仁"②。在近溪看来,以德为政的机括所在,即是倡行孝弟慈。这是因为孝乃基于自然人性的德性,"现现成成而不劳分毫做作,顺顺快快而不费些子勉强"③。

对于孝与仁的关系,《论语·学而》中有若曰:"君子务本,本立而道生。孝悌也者,其为仁之本与。"④对于有若所言,二程认为,这并不是说孝是仁之本,而是说孝乃实施仁道之本,即其所谓:"'孝弟者,其为仁之本与!'言为仁之本,非仁之本也。"⑤"为仁"乃"行仁"之意,朱熹《四书章句集注》亦采二程之说,"谓行仁自孝弟始,孝弟是仁之一事。谓之行仁之本则可,谓是仁之本则不可。"⑥而近溪则曰:"孝弟也者,其为仁之本欤。本犹根也,树必根于地,而人必根于亲也。根离于地,树则仆矣。心违乎亲,人其能有成也耶?故顺父母和兄弟一家,翕然即气至滋息,根之入地也深,而树之蓊茂也将不可御矣。"⑦这与阳明的论述颇为相近,阳明在论及孝与仁的关系时亦云:"譬之于木,其始抽芽,便是生意发端处,抽芽然后发干,发干然后生枝生叶。然后是生生不息。若无芽,何以有干有枝叶?能抽芽,必是下面有个根在。有根方生,无根便死。无根何从抽芽?父子兄弟之爱,便是人心意发端处,如木之抽芽。自此而仁民,而爱物,便是发干生枝生叶。"⑧近溪并不胶执于"仁"与"行仁"之别,而是直接论述孝在道德系统中的基础性意义,与《孝经·开宗明义章》"夫孝,德之本也,教之所由生

---

① 《近溪罗先生一贯编·四书总论》,载罗汝芳:《耿中丞杨太史批点近溪罗子全集》,《四库全书存目丛书》集部第 129 册,第 675 页下。
② 罗汝芳:《一贯编·心性下》,明长松馆刻本。
③ 《近溪罗先生一贯编·四书总论》,载罗汝芳:《耿中丞杨太史批点近溪罗子全集》,《四库全书存目丛书》集部第 129 册,第 675 页下。
④ 《四书章句集注·论语集注》卷一,中华书局 1983 年版,第 48 页。
⑤ 程颢、程颐著,王孝鱼点校:《二程集·河南程氏遗书》卷十一,中华书局 1981 年版,第 125 页。
⑥ 朱熹:《四书章句集注·论语集注》,中华书局 1983 年版,第 48 页。
⑦ 《近溪罗先生一贯编·论语上》,载罗汝芳:《耿中丞杨太史批点近溪罗子全集》,《四库全书存目丛书》集部第 129 册,第 610 页上。
⑧ 王守仁撰,吴光、钱明、董平、姚延福编校:《王阳明全集》卷一《传习录上》,上海古籍出版社 2011 年版,第 29—30 页。

也"①的意蕴大致相同。同时,近溪视孝弟为道德之本,不但是因为孝弟乃浅近易及的德目,而且孝弟乃"直指入道之途径,明揭造圣之指南,为天下后世一切有志之士而安魂定魄"②,当百姓能周旋于事亲从兄之间,涵咏乎良知良能之妙,则"人皆尧舜之归,而世皆雍熙之化矣"③。亦即,基于人的天赋情感的孝弟是修德成圣,社会伦理实现的起点。由亲亲这种道德系统中最为切己真挚的情感,通过忠恕等行仁之方,达到仁民爱物的境界。这种修德过程虽然是儒者共识,但崇孝尚弟,径言"仁义"为虚名,明显承续了《孝经》宗旨。杨起元所谓"意欲明《孝经》之宗旨,似当自罗子始"④诚为允评。

当然,近溪之崇《孝经》,倡导以孝弟为本又是在理学的语境中展开论述的,因为《孝经》不见列于"五经",且宋儒(尤其是朱熹)对其质疑甚烈。因此,近溪之论孝弟,更多地还是从理学最重要的经典"四书"中寻求援据,或主要是通过"四书"的知识体系来展开论述。近溪认为孝弟是儒家经典或圣人之道的核心。孔子所说的"仁者,人也","亲亲之为大焉","将《中庸》、《大学》已是一句道尽"。孟子谓人性皆善,"尧舜之道,孝弟而已矣","其将《中庸》、《大学》亦是一句道尽"。⑤ 孝弟是《大学》《中庸》的核心精神,认为《大学》之道在明德,而"'明明德'之本来'明'者,即爱亲敬长,不虑而知,人皆无不有之者也"⑥。"明明德于天下原非他物,只是孝弟慈三事毕矣。"⑦孝弟慈是经《大学》《中庸》衍成的孔门"家风"。孔子十五岁志于学,其学之"归重"即在于孝弟慈。他将孝弟观植入"四书"的诠释之中,如近溪解释《中庸》"仲尼祖述尧舜,宪章文武"一章时引孟子所言:"尧舜之道,孝弟而已矣。"⑧"祖述尧舜"即是"祖述孝弟",宪章文

---

① 李隆基注:《孝经》,四部丛刊景宋本。
② 罗汝芳:《明道录》卷七,明万历刻本。
③ 罗汝芳:《明道录》卷七,明万历刻本。
④ 《孝经宗旨跋》,载罗汝芳著,方祖猷等编校整理:《罗汝芳集》下册,凤凰出版社 2007 年版,第 969 页。
⑤ 《近溪罗先生一贯编·四书通论》,载罗汝芳:《耿中丞杨太史批点近溪罗子全集》,《四库全书存目丛书》集部第 129 册,第 667 页下。
⑥ 《近溪罗先生一贯编·论语上》,载罗汝芳:《耿中丞杨太史批点近溪罗子全集》,《四库全书存目丛书》集部第 129 册,第 612 页上。
⑦ 《近溪罗先生一贯编·大学》,载罗汝芳:《耿中丞杨太史批点近溪罗子全集》,《四库全书存目丛书》集部第 129 册,第 586 页上。
⑧ 《近溪罗先生一贯编·大学》,载罗汝芳:《耿中丞杨太史批点近溪罗子全集》,《四库全书存目丛书》集部第 129 册,第 586 页上。

武亦是"宪章孝弟"。同样,孟子则"只孝弟二字,所以能成就亚圣之名"①,他认为《孟子》七篇无一句话离了孝弟,无一场事离了孝弟,"陈王道则以孝弟而为王道,明圣学则以孝弟而为圣学,管晏事功则以孝弟而鄙之,杨墨仁义以孝弟而辟之,王公气势以孝弟而胜之"②。近溪将一切经典会归于孔孟,而"孔孟之言皆必会归孝弟"③。同时,他还将孝弟慈视为格物的主要内容,而格物又是四书五经通贯之意。《近溪子集》中有这样的问答语:

> 问:《大学》首重格物,如《中庸》《论》《孟》各各章旨自殊,难说皆格物也。
> 罗子曰:岂止"四书"?虽尽括"五经",同是格物一义。盖学人工夫不过是诚意、正心、修身、齐家、治国、平天下,而"四书"、"五经"是诚、正、修、齐、治、平之善之至者,圣人删述以为万世之格。《大学》则撮其尤简要者而约言之,所以谓之曰"在格物"也。今观其书,通贯只是孝弟慈,便人人亲亲长长而天下平,孟子谓其道至迩,其事至易,予亦敢谓其格至善也。④

近溪将孝、弟、慈等家族伦理提到了至高的地步,将格物视为"四书""五经"的核心,体现了其泰州学派的基本路径。这样的阐释无疑是"六经注我"的解法。穿凿痕迹愈明,愈见其为孝弟立说之执着。

其次,论孝弟的根源与特征。近溪的孝弟观从《易》道寻其根源而从《孟子》中见其特征。其宣陈孝弟,意在纠阳明良知而不落实于孝弟之不足。

近溪孝弟论的理论之源乃《易》之生生之道。近溪从《周易》中汲取了丰富的思想因子,并奠定与建构了其思想的基本框架,《易》学的生生之道亦成为其仁孝观的理论基础。他认为仁乃孔门宗旨,仁即生意,云:"天地之大德曰生,夫盈天地间只一个大生,则浑然亦只是一个仁矣。中间又何有纤毫间隔,又何从而以得天地,以得万物也哉?故孔门宗旨唯是一个仁字。"⑤其释孝弟亦然,云:

---

① 罗汝芳:《明道录》卷七,明万历刻本。
② 罗汝芳:《明道录》卷七,明万历刻本。
③ 罗汝芳:《明道录》卷三,明万历刻本。
④ 《近溪子集》礼卷,载罗汝芳著,方祖猷等编校整理:《罗汝芳集》上册,凤凰出版社 2007 年版,第 22 页。
⑤ 《近溪子集》射卷,载罗汝芳著,方祖猷等编校整理:《罗汝芳集》上册,凤凰出版社 2007 年版,第 92 页。

"舜日夕以生生之心生乎其亲,以生生之心生乎其弟。又以生亲之心生天下人之亲。"①"生生不已"是其内在的根本法则,孝弟慈是其生生之理的具体表现,两者的关系是"骨髓"与"皮肤"的关系:"父母、兄弟、子孙是替天命生生不已显现个皮肤,天命生生不已是替孝父母、弟兄长、慈子孙,通透个骨髓。"②近溪认为,"孔门《学》、《庸》全从《周易》生生一语化将出来"③。而他认为孟子将《学》《庸》"一句道尽"的内容即是"尧舜之道,孝弟而已矣"。可见,在近溪看来,《周易》的"生生之道"是仁孝之德形成的根本动力。同样,仁孝之德亦是充塞寰穹,贯乎天地民物、五伦万善的《易》道的灵妙通显。因此,近溪认为,孝本身即是通万物,历古今的大道,"盖孝道至大至久,塞天地而横四海,沦草木而及禽兽,有许多大的道理皆是此个本子,非本之外又有道也"④。

近溪认为,孝弟的特征是不虑而知、不学而能之良知良能。他认为《大学》的宗旨被孟子所说的"大人者,不失其赤子之心者也"一语道尽。而"赤子之心"的具体内涵与呈现则是:"夫孩提之爱亲是孝,孩提之敬兄是弟。未有学养子而嫁是慈。"而"此个孝弟慈原人人不虑而自知,人人不学而自能",是"从造化中流出,从母胎中带来,遍天遍地,亘古亘今",⑤亦即所谓良知良能。近溪认为,不虑而知,不学而能之孝弟是理解或通乎尧舜之不思而得、不勉而中的必由之路,云:"后世不察,乃谓孝之与弟止举圣道中之浅近为言。噫,天下之理,岂有妙于不思而得者乎?孝弟之不虑而知,即所谓不思而得也。天下之行,岂有神于不勉而中者乎?孝弟之不学而能,即所谓不勉而中也。故舍却孝弟之不虑而知,则尧舜之不思而得,必不可至;舍却孝弟之不学而能,则尧舜之不勉而中,必不可及。"⑥近溪自认为将良知良能落实于孝弟,有效地弥补了阳明良知

---

① 《近溪罗先生一贯编·四书总论》,载罗汝芳:《耿中丞杨太史批点近溪罗子全集》,《四库全书存目丛书》集部第 129 册,第 686 页下。
② 《近溪罗先生一贯编·四书总论》,载罗汝芳:《耿中丞杨太史批点近溪罗子全集》,《四库全书存目丛书》集部第 129 册,第 667 页下。
③ 《近溪罗先生一贯编·四书总论》,载罗汝芳:《耿中丞杨太史批点近溪罗子全集》,《四库全书存目丛书》集部第 129 册,第 667 页下。
④ 《近溪先生一贯编·论语》,载罗汝芳:《耿中丞杨太史批点近溪罗子全集》,《四库全书存目丛书》集部第 129 册,第 610 页上。
⑤ 以上引自《近溪罗先生一贯编·大学》,载罗汝芳:《耿中丞杨太史批点近溪罗子全集》,《四库全书存目丛书》集部第 129 册,第 582 页下。
⑥ 罗汝芳:《明道录》卷七,明万历刻本。

说之不足。他认为阳明悟证良知,然而没有证以孝弟,遂有"见耿耿小明,而把捉以为知体,去道益远"①之弊。因此,近溪将良知与孝弟结合起来,视其为《大学》的切实工夫,云:"致良知则家齐国治而天下平矣。夫良知者,不虑不学而能爱其亲,能敬其长也,故《大学》虽有许多工夫,然实落处只是上老老而民兴孝;上长长而民兴弟。故上老老、上长长,便是修身以立天下之本。民兴孝,民兴弟便是齐治平而皆修身之用也。"②可见,近溪宣陈孝弟之说,具有补阳明仅证良知而不及孝弟的空疏之弊,而回归于孔孟的学术传统。从这个意义上说,王文燧谓近溪之学"以孝弟慈为实功"③洵为的论。

最后,以孝弟作为平治天下的起点。近溪重孝弟,也是泰州学派论学旨趣使其然。泰州学派即百姓日用以明道,论学以贴近民众的通俗常言,表达最易于为民众接受的道德。近溪之重孝弟,也是基于对孝弟社会功能的认识:"只孝弟便是尧舜,便足以明明德于天下。譬之溪涧此为一窦,彼为一淙,殊觉小小,群山合流,众壑聚派,即为江河。一人孝弟,一家孝弟,人人亲长,即唐虞熙皞之世不难也。"④人人从孝弟做起,便能收到平治天下之效。近溪认为,孝弟是人心和平之德,同时也是"和平天下万世之德"⑤,以此为起点,"亲九族万邦之和",这也是其以尧舜之道实现"荡荡巍巍之化"的关键。

对于孝弟观念之于平治天下的作用,近溪还有具体的论述,他认为礼乃实行王道政治的根本。礼之为礼,其中有经有曲。经纶天下需先定其经,但与显性的"经"相比,化成于无形,"精妙圆通"的"曲"则难以备举,即如同"方圆之规矩,拙工亦可传之,而巧非心解莫能成"。⑥ 因此,他将"礼"分为显性的"经礼"与隐性的"曲礼"。"曲礼"需要通过学习记载圣心的经典,凡庸才可以率循而

---

① 罗万化等:《罗明德公文集跋》,载罗汝芳著,方祖猷等编校整理:《罗汝芳集》下册,凤凰出版社2007年版,第978页。
② 《近溪先生一贯编·大学》,载罗汝芳:《耿中丞杨太史批点近溪罗子全集》,《四库全书存目丛书》集部,第129册,第586下。
③ 王文燧:《近溪罗先生乡约全书序》,载罗汝芳著,方祖猷等编校整理:《罗汝芳集》下册,凤凰出版社2007年版,第982页。
④ 罗汝芳:《一贯编·心性下》,明长松馆刻本。
⑤ 《近溪罗先生一贯编·诗书礼春秋附》,载罗汝芳:《耿中丞杨太史批点近溪罗子全集》,《四库全书存目丛书》集部,第129册,第686页下。
⑥ 《近溪罗先生一贯编·诗书礼春秋附》,载罗汝芳:《耿中丞杨太史批点近溪罗子全集》,《四库全书存目丛书》集部第129册,第690页上。

行。近溪认为,"曲礼"意蕴,存在于尧舜《典谟》与《论语·其为人也孝弟》一章之中,这也就是《大学》所记的治平之道,因此,近溪又视"克谐以孝"为"玄之又玄"①的,是超越层面的范畴。

近溪论孝弟的用世旨趣还体现在对圣谕六言的态度方面。近溪常常立说以辅证朱元璋圣谕六言,乃至认为圣谕之简当超迈于古圣,"直接唐虞之统而兼总孔孟之学者也"②。其临终之时,训导诸孙之言便是:"圣谕六言,直接尧舜之统,发挥孔孟之蕴,尔等能奉行于时时,于作圣何有?盖不学不虑之良,即孩提之爱亲敬长,故曰:'人皆可以为尧舜。'夫尧舜之道,孝弟而已矣,文之定省,武之达孝,皆此良知良能也。子思谓仲尼祖述尧舜者此也,宪章文武者此也。"③近溪之所以孜孜宣陈圣谕,最根本的原因是圣谕六言的核心在于前二言,即"孝顺父母,恭敬长上",亦即孝弟。圣谕六言体现了刚性的行政力量对社会风气的引导作用,而泰州学派则从学理方面体现了柔性的化民旨趣,两者都以传统的孝悌观念作为着力点。在泰州学派中,近溪将孝弟观念演绎得最为详备。

六、影响:阳明到李贽的中介

明清之际社会思潮的端倪可溯及王阳明④,而这一思潮前期的代表则是学界普遍认为深受阳明影响的李卓吾。论者常将由阳明到卓吾的思想演变过程看成这一时期的基本线索,如日本学者岛田虔次将李卓吾的思想看成是"中国

---

① 《近溪罗先生一贯编·诗书礼春秋附》,载罗汝芳:《耿中丞杨太史批点近溪罗子全集》,《四库全书存目丛书》集部第 129 册,第 686 页下。
② 《近溪罗先生一贯编·四书总论》,载罗汝芳:《耿中丞杨太史批点近溪罗子全集》,《四库全书存目丛书》集部第 129 册,第 667 页下。
③ 罗万化等:《罗明德公文集跋》,载罗汝芳著,方祖猷等编校整理:《罗汝芳集》下册,凤凰出版社 2007 年版,第 977—978 页。
④ 嵇文甫在《晚明思想史论》中对晚明思想界有过这样的评价:"你尽可以说它'杂',却决不能说它'庸',尽可以说它'嚣张',却决不能说它'死板';尽可以说它是'乱世之音',却决不能说它是'衰世之音'。它把一个旧时代送终,却又使一个新时代开始。它在超现实主义的云雾中,透露出现实主义的曙光。这样一个思想史上的转型期,大体上断自万历以后,约略相当于西历 16 世纪的下半期以及 17 世纪的上半期。然而要追溯起源头来,我们还得从明朝中叶王阳明的道学革新运动讲起。"

近代思维的一个顶点",认为卓吾的"童心"说是阳明"良知的成年"①。事实上,明人即已提出卓吾与阳明的学脉流传关系,沈德符云:"姚江身后,其高足王龙溪辈传罗近溪、李见罗,是为江西一派;传唐一庵、许敬庵,是为浙江一派。最后杨复所自粤东起,则又用陈白沙绪余而演罗近溪一脉,与敬庵同为南京卿贰,分曹讲学,各立门户,以至并入弹章,而楚中耿天台淑台伯仲,又以别派行南中。最后李卓吾出,又独创特解,一扫而空之。"②论者认为,阳明的思想对于卓吾的影响主要体现在三个方面:首先,阳明认识到朱子的理一元论无法应付当前乡村内外的各种矛盾,于是将判断权让给实际面对诸矛盾的现场当事者,这样,"理"就不是外在之理,而是存在于各自心中的道德主体(心即理——致良知)。他们强调的不是从教条而是从心即主体方面来看待现实,这样,儒家经典不是教条的、绝对的,而是已经历史地相对化了。其次,阳明不像宋学那样以士大夫的德风自上而下地感化民众(新民),而是把自己置于与民众同等的地位(亲民、万物一体之仁),寄希望于发挥民众现有的良知(满街都是圣人),使道德的承担者广及所有民众。最后,排除了把既成的理的观念从外部介入现实的途径,而主张"我心之是非",使心即理作用于现实之中,开辟了"欲望"进入"理"的道路。③

比较阳明与卓吾的思想便不难看出,阳明固然对卓吾具有重要的影响,但两人之间还存在着重大差异,沟口雄三所论阳明对卓吾三方面的影响仍值得商榷:其一,阳明由"我心之是非"所开启的"欲望"进入"天理"的道路与卓吾肯定私欲的合理性之间存在着巨大的理论落差。阳明在理欲关系方面确有一些与朱子不同之处,阳明继承了明道"天下善恶皆天理"④,"善固性也,然恶亦不可不谓之性也"⑤的思想,将"恶"之性淡化,将善与恶变成了是否过当而已,云:"至善者,心之本体。本体上才过当此子,便是恶了。不是有一个善,却又有一

---

① 转引自沟口雄三:《中国前近代思想的演变·中国前近代思想的屈折与展开》序章,中华书局1997年版,第30—31页。
② 沈德符:《万历野获编》卷二十七《紫柏评晦庵》,中华书局1959年版,第690页。
③ 详见沟口雄三:《中国前近代思想的演变·中国前近代思想的屈折与展开·序章》,中华书局1997年版。
④ 程颢、程颐著,王孝鱼点校:《二程集·河南程氏遗书》卷二上,中华书局1981年版,第14页。
⑤ 程颢、程颐著,王孝鱼点校:《二程集·河南程氏遗书》卷一,中华书局1981年版,第10页。

个恶来相对也。故善恶只是一物。"①阳明所说的障蔽天理的私欲也仅是因为"过"与"不及",而仍然是"心"之本体的应有之义。这样,就为私欲的存在留下了空间。但是,就其基本理论取向来看,阳明还是承续着理学贬斥自然情欲的固有理路,云:"性一而已,仁义礼智,性之性也;聪明睿知,性之质也;喜怒哀乐,性之情也;私欲客气,性之蔽也。"②在阳明看来,良知之在人心,常人亦然,但是"若无有物欲牵蔽,但循着良知发用流行将去,即无不是道。但在常人,多为物欲牵蔽,不能循得良知"③。事实上,阳明与程朱一样,也是强调存天理灭人欲,贬斥人欲的取向并没有改变,这与李卓吾公开倡论私欲的合理性有本质的区别。其二,关于"我"与"私"的问题。阳明发展了陆九渊的思想,构建了完整的心本体论,强化了宇宙人生境界中的主体性意识,他所谓"心外无理""仁者与物同体"都显示了成就自我是其本体论、人生论的固有之义。对于成己与克己的关系,阳明曾说过:"人须有为己之心,方能克己;能克己,方能成己。"④似乎其终极目标在于成己。但是,这仅是问题的一个方面,阳明论成己的目的是在肯定道德修持的载体,在于确认个体成圣的前提条件。无我,才是其最终的理论归宿。这主要源于两方面的现实需求:一方面从道德的层面来看,要消除个体间的紧张,以万物一体之仁,打通人我关系,必须无私(无我)以成仁,他说:"圣人之学,以无我为本,而勇以成之。"⑤把无我视为成就圣学的根本,这是理学以及儒学共同的价值取向。另一方面,从认识的层面来看,无我之虚,才能消除预设的认识背景,才能廓然大公,阳明说:"胸中切不可有,有即傲也。""古先圣人许多好处,也只是无我而已。"⑥"君子论事,当先去有我之私,一动于有

---

① 王守仁撰,吴光、钱明、董平、姚延福编校:《王阳明全集》卷三《传习录下》,上海古籍出版社2011年版,第110页。
② 王守仁撰,吴光、钱明、董平、姚延福编校:《王阳明全集》卷二《传习录中》,上海古籍出版社2011年版,第77页。
③ 王守仁撰,吴光、钱明、董平、姚延福编校:《王阳明全集》卷二《传习录中》,上海古籍出版社2011年版,第78页。
④ 王守仁撰,吴光、钱明、董平、姚延福编校:《王阳明全集》卷一《传习录上》,上海古籍出版社2011年版,第40页。
⑤ 王守仁撰,吴光、钱明、董平、姚延福编校:《王阳明全集》卷七《别方叔贤序》,上海古籍出版社2011年版,第258页。
⑥ 王守仁撰,吴光、钱明、董平、姚延福编校:《王阳明全集》卷三《传习录下》,上海古籍出版社2011年版,第142页。

我,则此心已陷于邪僻,虽所论尽合于理,既已亡其本矣。"①这显然与卓吾崇尚自我的思想迥然有异。其三,阳明论心的重点在于心本体论,强调心即理以及万物一体之心,其良知说本质上是一种道德论;而卓吾的"童心"说强调的绝假纯真、最初一念,"童心说"主要不是本体论,而是认识论,强调的是童心本真无伪。

同样对卓吾有重要影响的罗近溪则在一定程度上弥缝了两人之间的理论断层。近溪是卓吾最为钦敬的人物之一,卓吾屡屡将其视若仲尼,云:"然吾闻先生之门,如仲尼而又过之。""先生之寿七十而又四矣,其视仲尼有加矣。"自视为得近溪心印最深者,云:"能言先生者实莫如余。"②推服之意溢于言表。卓吾之所以自视为最得近溪心印者,在于近溪的思想对卓吾有直接的启迪,影响的痕迹昭然可见。近溪是阳明到卓吾理论演变过程中的一个重要环节。

首先,近溪的"赤子"论对于"童心说"的启迪。卓吾"童心说"与阳明良知说的区别主要在于两方面:一方面,童心期在求真,良知意在致善;另一方面,良知说既是本体论、道德论,又是工夫论,而"童心"则罕言本体,卓吾强调的是自然本真,自然现成,多读书识义理反而会障蔽童心。因此,卓吾的"童心"要在保任原初之心。这显然与阳明致良知所要求的下学上达、博文约礼相异其趣。而罗近溪与李卓吾的思想在这方面则十分相近。

如前所述,赤子之心是近溪论学的重要内容。近溪文集中,赤子之论在在皆是,论述尤为详备。赤子之心最显著的特点便是本非学虑,浑然天理,具有"神迹""化于天然自有之知能"的品性。近溪认为,赤子之心不失而大人入圣之事备矣,否则,从思索以探道理,泥景象以成操执,虽自认为用力于学,但实质"不知物焉,而不神迹焉,而弗化于天然自有之知能。日远日背,反不若常人"③。赤子之心虽然不知向学而浑沦于日用之间,但却如泉源一般,虽不导而自流;如种一般,虽不培而自活。论者以为近溪论学重破拆光景,不重义理的分解,其实这正是近溪要保任赤子之心。无工夫可言,无定法可守,浑沦顺适,自然现成,是赤子之心的本质特征。赤子之心不虑而知,此之知无需戒惧,自

---

① 王守仁撰,吴光、钱明、董平、姚延福编校:《王阳明全集》卷二十一《答徐成之》,上海古籍出版社2011年版,第889页。
② 以上引自李贽:《焚书》卷三《罗近溪先生告文》,中华书局1975年版,第124页。
③ 罗汝芳:《盱坛直诠》上卷,台北广文书局影明万历刻本1991年第三版,第133页。

然天成,这就是他常说的"捧茶童子却是道也"①。就工夫与本体的关系而言,近溪只求立其大本,只求保任赤子之心,云:"若人于这一个(心)不得归着,则纵言道理,终成邪说;纵做工夫,终是跛行。纵经营事业,亦终成霸功,与原来不虑而知、不学而能、天然不变之体,又何啻霄壤也哉。"②即从心上立根,做工夫而不忘本心,这就是他所说的工夫合本体:"圣人之学,工夫与本体原合一而相成也。时时习之,于工夫似觉紧切,而轻重疾徐终不若因时之为恰好。盖因时则是工夫合本体,而本体做工夫,当下即可言悦,更不必再俟习熟而后悦。"③所谓"因时",亦即当下即是;所谓"本体做工夫",就是悟证天然不变之本体,即可无往不适。

不难看出,近溪论赤子之心具有明显的从阳明到卓吾的过渡的特征:在真与善的关系方面,阳明的良知说以善为本;近溪则真、善并提,认为赤子之心是自然本真,是天机自动,自然而然。同时,赤子之心又是先天本善的,这就是近溪所谓:"夫孩提之爱亲是孝,孩提之敬兄是弟,未有学养子而嫁是慈,保赤子,又孩提爱敬之所自生者也"④;卓吾则单提本真。在工夫论方面,阳明天泉证道时不偏不倚,肯定龙溪、德洪二人之见,即他所谓利根之人"一悟本体,即是功夫"与平常之人"在意念上实落为善去恶","功夫熟后""本体亦明尽"⑤,两者相资为用;近溪则以不虑而知、不学而能的天然不变之体为本,从心上立根;而卓吾则更进一步,几欲将童心与道理闻见相对立,认为读书识义理遮蔽童心。当然,卓吾如此贬落习闻,目的在于破斥经典的权威,即他所谓"六经、《语》、《孟》,乃道学之口实,假人之渊薮"⑥,这当然是近溪所未有之义。

其次,在对个体之我及私欲的论述方面。传统儒学以征诸圣贤的方式,确

---

① 《近溪语要》卷上,载罗汝芳:《耿中丞杨太史批点近溪罗子全集》,《四库全书存目丛书》集部第130册,第6页上。
② 《近溪子集》数卷,载罗汝芳著,方祖猷等编校整理:《罗汝芳集》上册,凤凰出版社2007年版,第206页。
③ 《近溪子集》射卷,载罗汝芳著,方祖猷等编校整理:《罗汝芳集》上册,凤凰出版社2007年版,第80页。
④ 《近溪子集》御卷,载罗汝芳著,方祖猷等编校整理:《罗汝芳集》上册,凤凰出版社2007年版,第108页。
⑤ 王守仁撰,吴光、钱明、董平、姚延福编校:《王阳明全集》卷三《传习录下》,上海古籍出版社2011年版,第133页。
⑥ 李贽:《焚书》卷三《童心说》,中华书局1975年版,第99页。

立道德的理想规范。而这一规范是以仁为核心,以突出主体间关系为标准,人的个体需求、个体欲念都应该绝对服从这一标准。个体之我,或谓之"私",是儒学,尤其是理学摒落的内容。所谓天理人欲之辨,实质就是对个体本能需求的排斥。在正统理学的话语系统中,个体之我处于绝对弱势地位,消除个我之念,是天理存在的前提。而卓吾以超绝一世的气概,大胆地对其提出了挑战。他以张扬个性为本,只要是率其个性,就会弥往而不适,云:"夫私者人之心也,人必有私而后其心乃见,若无私则无心矣,如服田者,私有秋之获而后治田必力;居家者,私积仓之获而后治家必力;为学者,私进取之获而后举业之治也必力。"①"私"与"心"不二,"私"乃是人们精进创造的动力。而羁束个性,历来都是通过经典、规范而实现的;张扬个性势必需去除经典的神圣光环,打破既有的传统规范,因此,卓吾说:"天生一人,自有一人之用,不待取给于孔子而后足也。若必待取足于孔子,则千古以前无孔子,终不得为人乎?"②卓吾所论因此而被正统派目为"非圣无法"③,但我们要问的是:卓吾劈空之论究竟从何而来?在阳明的心学体系中,天理人欲仍然是一组对立的范畴。消除"私"欲乃是天理彰显的必要条件。而"私"其实就是"个我"。在阳明的体系中,他或认同"大我"而一意排斥"个我",或将无我看成是心体的本然之意。阳明也以《大学》为本,论述万物一体之仁,但是,他力求避免使用"我"这一范畴,如他说:"大人者,以天地万物为一体者也,其视天下犹一家,中国犹一人焉。若夫间形骸而分尔我者,小人矣。"④"尔我之分",是小人所为,因此,阳明之万物一体是以泯灭个性为特征的。对于"私",阳明更是一意排斥,他所谓心即理,是以心当理为前提的,云:"先生曰:'心即理也;无私心即是当理,未当理便是私心。若折心与理言之,恐亦未善。'"⑤其实这是阳明的一个理论难题:他所谓心即理如果是有条件的,那么,这并不符合"惟精惟一"这一尧舜禹三传的心传,也为其心本体论留下了理论盲点,即当理为心,不当理是否为心?如果是心不当理何以成就其本

---

① 李贽:《藏书》卷三十二《德业儒臣后论》,中华书局1959年版,第544页。
② 李贽:《焚书》卷一《答耿中丞》,中华书局1975年版,第16页。
③ 永瑢等:《四库全书总目》卷五十《藏书提要》,中华书局1965年版,第455页中。
④ 王守仁撰,吴光、钱明、董平、姚延福编校:《王阳明全集》卷二十六《大学问》,上海古籍出版社2011年版,第1066页。
⑤ 王守仁撰,吴光、钱明、董平、姚延福编校:《王阳明全集》卷一《传习录上》,上海古籍出版社2011年版,第30页。

体论？其实，阳明自己也意识到其心本体论与心即理的悖论，因此语气含混不决，"若折心与理言之，恐亦未善"，对此论留下了一些疑问。阳明理论体系出现的不周延，是由理学体系的性质所决定的：对私心的肯定，为私心正名，是近代思想的一个重要标识，而理学作为封建体制的思想基础，所能包容的是万物一体之仁，是由大我而及无我之境，这与佛教并无太大的区别，亦即以崇尚群体意识、群体利益为至上的目标；而承认私心之合理，必然冲破这一体系。这样，我们就不难理解阳明为何在回答这一问题时几近语塞，作答而不得要领了。虽然其后阳明借助良知说以调适这一矛盾，云："心之理无穷尽，原是一个渊。只为私欲窒塞，则渊之本体失了。如今念念致良知，将此障碍窒塞一齐去尽，则本体已复，便是天渊了。"①但是，所复之"天渊"其实正是以摒弃个我为前提的，可见，阳明的良知说在这一方面对卓吾的启示仍然十分有限。

比较而言，罗近溪对卓吾的启迪则较为直接。虽然近溪与阳明一样，也以张横渠、程明道的思想为依傍，以万物一体为立论之基。但是，近溪与阳明所求证的目标显然不一，阳明以心身关系及万物一体论强化了群体意识，目的是去一己之私而彰显天理；而近溪则不同，他本于万物一体论，首先将"身"本体化，云："盖学大人者，只患不晓得通天下为一身。"②由此他推论道："吾人此身与天下万世原是一个，其料理自身处，便是料理天下万世处。"③目的在于强调料理自身的道德合理性，强调料理自身不碍天理，料理自身即是彰显天理。在此基础上，他又以孟子"形色天性"为奥援，论证了"嗜欲"的合理性："万物皆是吾身，则嗜欲岂出天机外耶？"④如此结论，连承教者也不禁惊悚，云："如此作解，恐非所以立教。"⑤在这样的前提下，阳明理论中暗含着的"人情""日用"的合理性在近溪这里便成了自然的结论："人情者，圣人之田也"，"日用皆是性，人

---

① 王守仁撰，吴光、钱明、董平、姚延福编校：《王阳明全集》卷三《传习录下》，上海古籍出版社 2011 年版，第 109 页。
② 《近溪子集》礼卷，载罗汝芳著，方祖猷等编校整理：《罗汝芳集》上册，凤凰出版社 2007 年版，第 3 页。
③ 罗汝芳：《盱坛直诠》上卷，台北广文书局影明万历刻本 1991 年第三版，第 23 页。
④ 《耿中丞杨太史批点近溪罗先生全集·一贯编·孟子下》，《四库全书存目丛书》集部第 129 册，第 654 页上。
⑤ 《耿中丞杨太史批点近溪罗先生全集·一贯编·孟子下》，《四库全书存目丛书》集部第 129 册，第 654 页上。

性皆是善"。① 与此相联系,近溪对生生之道、性命之源的形象描摹,则是以另一种形式对自然人性作了肯定,云:"圆团团光烁烁的东西,描不成,写不就,不觉信手秃点一点,元也,无名也,无字,后来只得唤他做乾,唤他做太极也,此便是性命的根源。"②个我亦即"吾身",乃是达于天下万世的起点。嗜欲即是天机自动,生生之道即是太极。

　　为了求证一己之私合乎天理,首先要对与此相近的一个范畴——"我"正名。理学家们认为,"无我"方能为"仁",方能廓然大公,从而达到道德理想境界,因此,他们几乎都期以破除我执,如朱熹云:"人惟有我,故任私意。"③陆九渊亦云:"艮背行庭,无我无物。"阳明为了说明良知无所执着,也屡屡申说"无我"的观念,云:"圣人之学以无我为本"④,又云:"人心本是天然之理,精精明明,无纤介染着,只是一个无我而已。"⑤而近溪为了闳扩个体,则期期证明通天地万物的"大我",将"我"本体化。"我"是天地生机之流行发用,与天理妙合无痕,本为一体。他还以"我"与"气"的统一,描述了一个直达顺施、生天生地的自然过程:"夫合天地万物而知其为一气也,又合天地万物而知其为一我也,如是而谓浩然而充塞乎其间也,固宜如是而谓大之至而弘足以任重,刚之至而毅足以道远也,亦宜,是故君子由一气以生天生一,生人生物,直达顺施而莫或益之也。"⑥"我"成为一个弥存六合,而与"气"地位相似的虚拟化的本体。为了与正统理学家相颉颃,近溪还溯源于孟子,认为"我"与"仁"相埒不相悖,云:"天地间之物万万其生也,而万万之生,亦莫非天地之心之灵妙所由显也。谓之曰'万物皆备于我',则我之为我也,固尽品汇之生以为生,亦尽造化之灵以为灵。此无他,盖其生其灵浑涵一心,则我之与天原无二体,而物之与我又奚有殊致也哉?是为天地之大德,而实物我之同仁也。"⑦以程明道万物一体之仁为基点,

---

① 罗汝芳:《盱坛直诠》上卷,台北广文书局影明万历刻本1991年第三版,第23页。
② 罗汝芳:《盱坛直诠》上卷,台北广文书局影明万历刻本1991年第三版,第30页。
③ 黎靖德编:《朱子语类》卷三十六《论语》十八《子罕篇上》,中华书局1994年版,第953页。
④ 王守仁撰,吴光、钱明、董平、姚延福编校:《王阳明全集》卷七《别方叔贤序》,上海古籍出版社2011年版,第258页。
⑤ 王守仁撰,吴光、钱明、董平、姚延福编校:《王阳明全集》卷三《传习录下》,上海古籍出版社2011年版,第142页。
⑥ 罗汝芳:《盱坛直诠》上卷,台北广文书局影明万历刻本1991年第三版,第34页。
⑦ 《近溪子集》,载罗汝芳著,方祖猷等编校整理:《罗汝芳集》上册,凤凰出版社2007年版,第199—200页。

再以其体贴《孟子》"万物皆备于我"。这样，不但实现了"我"从主体到本体的转换，而且将其与儒学道德律相协调，使其堂堂皇皇地成为一个与"仁""心"等并列而存在的范畴。这一关节被打通，其余的问题便迎刃而解了，"我"之所行便是"仁"，即他所谓"仁人顺事"①；自然而发用便是"仁"，"强求诸其身"便是"勉强"。如此之"仁"，诚如近溪所谓"岂不简易，岂非大乐也哉!"②与"私"的意蕴十分相近的"我"得到了符合儒家传统道德律的证明，无疑为卓吾重"私"理论的提出做了必要的理论铺垫。卓吾正是沿着近溪的路径，从心与私的关系方面论证"私"乃自然合理的存在，不必贬抑，不必回避，即使圣人之辈也无不有私，亦"不能无势利之心，势利之心亦吾人禀赋之自然"③，人心皆私，人心必私，"此自然之理，必至之符，非可以架空而臆说也"④。从近溪与卓吾的论述我们可以看到，近溪所漾溢出的思想细流，在卓吾那里则被演成了冲决堤防的澎湃浪潮了。

---

① 《近溪子集》，载罗汝芳著，方祖猷等编校整理:《罗汝芳集》上册，凤凰出版社2007年版，第200页。
② 《近溪子集》，载罗汝芳著，方祖猷等编校整理:《罗汝芳集》上册，凤凰出版社2007年版，第200页。
③ 李贽:《李温陵集》卷十八《道古录》，明刻本。
④ 李贽:《藏书》卷三十二《德业儒臣后论》，中华书局1959年版，第544页。

第八章 赵贞吉：于经世出世中实现泰州学派的转向

赵贞吉(1507—1576)，字孟静，号大洲，四川内江人，官至礼部尚书兼文渊阁大学士。著有《赵文肃公文集》，官长驰为之集注，成《赵贞吉诗文集注》(巴蜀书社1999年版)。晚年拟编撰《经世通》与《出世通》，因病卒而未成。

一、学属泰州辨证

《泰州学案》中唯一独立成卷的便是赵大洲。黄宗羲明确记述了将其谱入《泰州学案》的缘由："先生之学，李贽谓其得之徐波石。"①这是指李贽在《为黄安二人上》中载："波石之后为赵大洲。"②事实上，除了李贽的记载外，时人也多认为赵大洲属于心斋以下的学脉，如耿天台云："徐方伯子直承之，传赵文肃。"③焦竑云："心斋先生以修身为格物，故其学独重立本。是时谈良知，间有猖狂自恣者。得此一提掇为功甚大，故阳明门人先生最得力。其后徐波石、赵大洲、罗近溪、杨复所诸公，皆自此出，至今流播海内，火传而无尽。盖其人不由文字，超悟于鱼盐之中，可谓旷代之伟人。"④袁宏道亦云："夫阳明之学，一传而为心斋，再传而为波石，三传而为文肃，谓之淮南派。"⑤除此，当时的史家也有类似的记载，如何乔远《名山藏》载："艮之学旨，其仲子襞能传之，在士大夫间则

---

① 黄宗羲著，沈芝盈点校：《明儒学案》卷三十三《泰州学案二》，中华书局1985年版，第747页。
② 李贽：《焚书》卷二《为黄安二上人三首·大孝一首》，中华书局1975年版，第80页。
③ 耿定向：《耿天台先生文集》卷一四《王心斋先生传》，明万历二十六年(1598)刘元卿刻本。
④ 焦竑著，李剑雄点校：《澹园集》卷四十九《明德堂答问》，中华书局1999年版，第746页。
⑤ 袁宏道著，钱伯城笺校：《袁宏道集笺校》卷五十四《寿何孚可先生八十序》，上海古籍出版社1981年版，第1535页。

布政使徐子直传之,大学士赵贞吉、参政罗汝芳传之。"①但由于徐波石的文集已佚,今存《赵文肃公文集》中记载与徐波石之间的过从并不多,其中正式的音问证据唯《与徐波石督学书》一篇,篇幅不长且以"友"而非"师"相称,内容也未涉及学术。从文集中难以寻觅到两人师承关系的证据,因此,赵大洲是否师承徐波石又不无疑问。但我们认为,徐波石与赵大洲实乃师友关系,应见列于泰州学派之中。

首先,赵大洲与徐波石存在着学术联系。

虽然赵大洲文集中与徐波石交往的信息不多,但大洲对波石的学术甚为认可,这在赵大洲为江北谷作别序时得到了证明。当江北谷与大洲论学时,大洲提出当以自虚无见为本,大洲在序文中并未揭示这是因圣学而发,但该序文其后又记云:

> 北谷子以告于波石徐子,徐子曰:"赵子恐子之学自见起,见自圣人起,故为斯言也。夫见不自圣人起,则吾良知自有不昧,而见为真我;学不自见起,则吾良知自有不倚,而学为真修。赵子与子笃友道者也,故为斯言也。虽然,赵子言之似矣,吾犹忧其自见中发也。虽然,北谷子如是不落于见,则赵子亦子之益友也。"②

从这样的记述可以得出以下信息:首先,赵大洲录徐波石的评述,说明赵大洲对徐波石是颇为尊重的。其次,从内容来看,徐波石所论是对赵大洲之论立言隐衷的揭示与深化。赵大洲的记述虽然是因江北谷关于圣人是否可学而发,但其阐论过程中并未明确昭示"不著不倚"于儒学经典,并未明确论及因圣而起见,但徐波石则明言:"夫见不自圣人起,则吾良知自有不昧,而见为真我;学不自见起,则吾良知自有不倚,而学为真修。"徐波石实乃非圣之言,与其后李贽《童心说》中的"六经、《语》、《孟》,乃道学之口实,假人之渊薮也,断断乎其不可以语于童心之言明矣"③,其意正相顾盼。赵大洲在序文中引徐波石之评以

---

① 《名山藏》卷八十五《王艮》,明崇祯刻本。
② 赵贞吉著,官长驰注:《赵贞吉诗文集注》卷十五《别江北谷令洪洞序》,巴蜀书社1999年版,第492—493页。
③ 李贽:《焚书》卷三《童心说》,中华书局1975年版,第99页。

卒篇，其实是援波石以申己意。而波石之不经，正是身为宰辅的赵大洲之欲言而不能言。同时，较之于赵大洲，徐波石还有更为彻底的破"见"之论，亦即"赵子言之似矣，吾犹忧其自见中发也"，而对大洲之论做进一步破斥。波石之见虽然看似与大洲相左，但其实是大洲思路的进一步深化。由此亦不难看出大洲对波石的敬服以及两人之间的学术联系，且这种联系又是最为敏感的"非圣"思维。这也是我们分析徐、赵关系之中尤为值得关注的。同时，这也是我们理解李贽对于赵大洲认识的关键。赵大洲曾累官至文渊阁大学士，是朝廷重臣，但李贽则将其与颜山农、何心隐等人并列，云："盖心斋真英雄，故其徒亦英雄也，波石之后为赵大洲，大洲之后为邓豁渠。山农之后为罗近溪，为何心隐，心隐之后为钱怀苏，为程后台，一代高似一代，所谓大海不宿死尸。"①从这个意思上说，赵大洲承徐波石之学而见列于泰州学派并非无稽之论。

徐波石与赵大洲的学术联系，还隐然存在于他们其他的学术呼应与赓续之中。概有两点：

其一，论"中"传承。徐波石的《波石集》虽已佚，但《明儒学案》卷三十二中保存的波石语录隐然有对程伊川的批评，核心有二，一是认为程伊川所说的"在物为理"与《周易·系辞》"感而遂通天下之故"不合，而与告子义外之非为近。二是认为伊川所谓"堂之中为中，国之中为中"的比拟与《周易·系辞》"神无方而易无体"不合，而与子莫执中而不知权之陋为近。② 从现存的波石语录来看，他对程伊川的"在物为理"有全面的破斥，这就是他论述颇详细的心本体论。但是，对于伊川所谓"堂之中为中，国之中为中"，波石语录中除了对此提出批评之外，对"中"无一正面阐述，这与其对心本论有较详细的阐发明显不同。黄宗羲在《明儒学案》赵大洲卷中已注意到了对伊川论"中"的批评是徐、赵学术赓续的证据，如果八卷《波石集》原文中有关于"中"的正面论述，黄宗羲不会弃之不录，因此，事实极可能是波石仅提出了这个问题而并未正面阐论。赵大洲正是继承了徐波石的学术"话头"，参证发挥。《赵文肃公全集》中正面论"中"之处甚多。黄宗羲也充分注意到了这一信息，他在《明儒学案》赵大洲卷中的《杂著》开篇即选取了长篇论"中"之作，其首云："中之名何称哉？其性命之总也

---

① 李贽：《焚书》卷二《为黄安二上人三首·大孝一首》，中华书局1975年版，第80页。
② 详见黄宗羲著，沈芝盈点校：《明儒学案》卷三十二《泰州学案一》，中华书局1985年版，第729页。

欤,乃圆满充足之号,无亏无盈,无首无尾,无分别同异之义。"①更重要的是,黄宗羲在《泰州学案》赵大洲的传记中直接揭示了在论"中"问题上大洲与徐波石思想的联系,云:

> 按先生之论中也,曰:"世儒解中者,不偏不倚,无过不及之名,而不知言中为何物。今夫置器于地,平正端审,然后曰'此器不偏不倚';度物之数,长短适中,然后曰'此物无过不及'。今舍其器物,未问其作何名状,而但称曰'不偏不倚,无过不及',则茫茫虚号,何所指归?若以为物物有天然之则,事事有当可之处,夫天然之则,在此物者,不能以该于彼物;当可之处,在此事者,不能以通于他事。若以为道心为主,而人心听命,则动静云为之际,自无过不及之差,此又以中为学问之效,宁有三圣心传,不指其体而仅言其效乎?"波石之论中也,亦曰:"伊川有堂之中为中,国之中为中,若中可拟而明也,《易》不当曰神无方而易无体矣。"故知先生有所授受也。②

在黄宗羲看来,论"中",是赵大洲从徐波石得泰州学脉的重要表征。黄宗羲认为,赵大洲从"体"而非"用"的层面论"中",实源自徐波石。徐波石所论在《明儒学案》卷三十二《泰州学案一·布政徐波石先生樾》的语录之中亦有记载。黄宗羲所引大洲之言,是赵大洲讲《尚书·大禹谟》"人心惟危,道心惟微。惟精惟一,允执厥中"时所述,目的是要明乎道心精一之体,亦即作为"性命之总名"的"中",即其所谓"圆满充足之号,无亏无盈,无首无尾,无分别同异之义"③。在赵大洲看来,"中"并非无过不及之名,而是"性命之总名"④,是孔子思想的核心观念,其云:"而吾夫子,拔起千载之后,直以尧舜为宗。其始志学,以至耳顺从心之年,无非此执中之指也。至其孙伋始著为书,曰《中庸》,欲以深明斯道。"世儒对于"中"的认识往往见其效而不明其体,因此,他阐论了"中"超越

---

① 黄宗羲著,沈芝盈点校:《明儒学案》卷三十三《泰州学案二》,中华书局1985年版,第749页。
② 黄宗羲著,沈芝盈点校:《明儒学案》卷三十三《泰州学案二》,中华书局1985年版,第747—748页。
③ 赵贞吉著,官长驰注:《赵贞吉诗文集注》卷十四《正学书社讲章》之七十九,第482页。
④ 赵贞吉著,官长驰注:《赵贞吉诗文集注》卷十四《正学书社讲章》之七十九,第482页。

层面的意义,认为,不能以具体事物的天然之则、当可之处理解"中",因为"天然之则,在此物者,不能以该于彼物;当可之处,在此事者,不能以通于他事",因此,他认为"若以为精一之功,以从事于人心道心之间,必使道心为主,而人心听命,则动静云为之际,自无过不及之差"①。黄宗羲所论的徐、赵之间的学术承续虽然并非泰州学派的核心思想,但徐波石、赵大洲都贬斥伊川,同斥理学名宿之论,确实是学术同道的重要证据。黄宗羲发现的两人之间显性联系,洵为事实。

其二,对于伊尹的看法。伊尹是商朝前期著名的政治家,《孟子·万章上》说:"汤之于伊尹,学焉而后臣之,故不劳而王。"但是,自心斋提出"大成学"之后,泰州学派中对于伊尹的尊崇发生了一些变化,王心斋不以伊尹、傅说为人生目标,云:"伊、傅之事我不能,伊、傅之学我不由。"②认为伊、傅得君之用只是奇遇,如不遇明君,仅能独善而终,不值得归慕。而孔子虽不遇而能教人以成圣之学,这也是其大成学的理想目标。在心斋看来,伊尹是与孔子相对而立的两种不同的境界,对伊尹与孔子的认识不同,成了大成学的重要标志。心斋乃一介处士,而波石则是为政一方的布政使。与此相关,波石对伊尹的评价也与心斋有所不同,云:"伊尹以天民之先觉而觉天下者,觉此灵明之性而已。必自觉矣,而始可以语得也。是故惟君子也,无入而不自得。自得者,率性而行者也,焉往而非道哉!不有伊、周,又谁觉天下?"③如果没有伊尹觉天下,则百姓执梦以为真,不能觉其性之灵明,就没有个体意识的提升,即他所谓"无自悟之门"。在波石看来,人人皆有的不忍人之心就是伊尹觉天下之心的具体体现,云:"孟子指怵惕之心于乍见入井之顷,即伊尹觉天下之心也。"④显然,波石对伊尹的评价与心斋明显有别,因此,大成论在波石的语录中了无涉及。相反,波石认为儒学具有经政抚时与定性立命两方面的成就。⑤ 大洲对伊尹的评价承续了波石的态度,云:"古之君子,或仕与处,皆究竟其学而已也。学者觉也,

---

① 赵贞吉著,官长驰注:《赵贞吉诗文集注》卷十四《正学书社讲章》之七十九,第483页。
② 王艮:《重刻心斋王先生语录》卷上,《四库全书存目丛书》子部第10册,齐鲁书社1995年版,第4页。
③ 黄宗羲著,沈芝盈点校:《明儒学案》卷三十二《泰州学案一》,中华书局1985年版,第729页。
④ 黄宗羲著,沈芝盈点校:《明儒学案》卷三十二《泰州学案一》,中华书局1985年版,第729页。
⑤ 详见黄宗羲著,沈芝盈点校:《明儒学案》卷三十二《泰州学案一》,中华书局1985年版,第728页。

古有先觉而后仕者,伊尹是也。伊尹曰:'予天民之先觉者。'有先仕而后觉者,孔子是也。"①将伊尹与孔子并列,他认为已觉而后仕更佳,谓:"夫已觉而仕,则具在我,而仕境相摩,其觉愈精。"②显然,对伊尹的评价,赵大洲承续了徐波石的传统,这也是其得波石学术之传的另一个表征。

其次,颜山农与李贽的师友之论对判断大洲学派归属的启示。

大洲见列于波石门下的事实,还可以在同门的记载中得到印证,其中颜山农著述中留下了诸多信息。山农在《自传》中的一段记载:"铎自独违家乡,奋游四方,必求至人,参裁耿恢。游入帝里,忽遇一师,徐卿波石,讳樾,字子直,贵溪人,时为礼部祠郎。当(时)有庶吉士赵贞吉,号大洲,内江人;敖铣,号梦坡,高安人,先列游夏座,引农同门,师事三年。"③所谓"引农同门"亦即颜山农与赵贞吉、敖铣等人都列于徐波石之门墙。这一记载与耿天台、李卓吾的记载正相吻合。同时,《明儒学案·泰州学案》还记载了山农与赵大洲同行的经历:"山农游侠,好急人之难,赵大洲赴贬所,山农偕之行,大洲感之刺骨。"④"赵大洲赴贬所"是指嘉靖二十九年(1550)时年四十三岁的赵大洲与严嵩有隙,终为其构陷,下其诏狱,廷杖四十,谪广西应远荔波县典史。据载:"贞吉率妻子赴广西,至祁阳,得广西督学王敬所翰谕。贞吉病且两月矣,计取道永州入粤,过飞雄岭中瘴,止存皮骨,与妻子相向而泣,是时颇为狼狈,智勇俱困矣。卒赖王敬所之眷顾,得置于安全之地。"⑤大洲《与吴初泉侍御书》又云:"舍弟颐吉……此子颇孝友,疏财倜傥,慕义人也。往庚戌之秋与其不肖之兄,单衣支骑出宣将士。今事定后思之,殊为寒心。当时若遇一虏,则兄弟俱死耳。兄死宜矣,又累及弟以死,甚无谓也。然此子轻生爱兄,勇于为义之节,亦略可见矣。"⑥可见,当其贬谪广西之时,窘迫异常。而此时颜山农能偕其而行,必定对山农承祧的泰州之学有深切的了解。

黄宗羲将赵大洲列于"泰州学案"的重要依据来自李贽,即所谓"先生之

---

① 黄宗羲著,沈芝盈点校:《明儒学案》卷三十三《泰州学案二》,中华书局1985年版,第753页。
② 黄宗羲著,沈芝盈点校:《明儒学案》卷三十三《泰州学案二》,中华书局1985年版,第753页。
③ 颜钧:《颜钧集》卷三《自传》,中国社会科学出版社1996年版,第25页。
④ 黄宗羲著,沈芝盈点校:《明儒学案》卷三十二《泰州学案一》,中华书局1985年版,第703页。
⑤ 《赵贞吉年谱》,载赵贞吉著,官长驰注:《赵贞吉诗文集注》,巴蜀书社1999年版,第816页。
⑥ 赵贞吉著,官长驰注:《赵贞吉诗文集注》卷二十一《与吴初泉侍御书》,巴蜀书社1999年版,第694页。

学,李贽谓其得之徐波石"①。赵大洲文集中虽然没有拜师徐波石的记载,但其与徐波石情感甚笃的表现不难寻觅,如《与徐波石督学书》载:"别久无缘奉书问,身无羽翮,思君实劳;君所念我,亦应尔也。"②其"友"的特征十分明显。两人的非圣情结也证明他们在学术上存在着根本的共同点。那么这是否就是李贽将徐波石视为赵大洲之师的根据呢?这需要考察李贽对于"师"的认识。对此,李贽在《为黄安二上人三首》中,紧随着记述"波石之后为赵大洲"的《大孝》之后的即是《真师》。而这两首不但都是为黄安二上人所作,且存在着意脉联系。《大孝》中论述了心斋及其学脉所体现的豪杰传统,随后的《真师》中即论述了对"师友"的理解,云:"余谓师友原是一样,有两样耶?"他认为师友是一体的:"夫使友而不可以四拜受业也,则必不可以与之友矣;师而不可以心腹告语也,则亦不可以事之为师矣。""古人知朋友所系之重,故特加师字于友之上,以见所友无不可师者,若不可师,即不可友。大概言之,总不过友之一字而已,故言友则师在其中矣。"③这种关系,也就是李贽所认为的"真师"。基于这样的认识,波石、大洲的师友关系自然可以得到确认。因此,李贽所论的波石、大洲之间的关系,实质是学术志趣相得而并非行"四拜受业"之礼的"友",亦即李贽所谓"真师"的关系。这显然是对"师"的一种广义的理解。就学术流派内部成员的肯认情况来看,历史上真正行"四拜受业"之礼者固然不少,但仍有不少"私淑"以及李贽所认为的"师友"一体的关系存在。因此,将赵大洲与徐波石一起列为泰州学派亦在情理之中。

复次,《文集》中未称师的原因蠡测。

对于《赵文肃公文集》中没有师事徐波石以及与闻泰州之学的记载,须知,其文集乃由贞吉之子鼎柱、景柱与门人龚懋贤、邓林材缀遗稿为诗抄、文抄、讲章而成,凡二十三卷,名《赵文肃公全集》。④ 而据姜宝《赵文肃公文集序》载:"公(赵贞吉)又有无穷宝藏,止此集二十余卷行世,未及吐尽胸中之奇大。究其

---

① 黄宗羲著,沈芝盈点校:《明儒学案》卷三十三《泰州学案二》,中华书局1985年版,第747页。
② 赵贞吉著,官长驰注:《赵贞吉诗文集注》卷二十一《与徐波石督学书》,巴蜀书社1999年版,第649页。
③ 以上转引自李贽:《焚书》卷二《真师二首》,中华书局1975年版,第80—81页。
④ 详见赵贞吉著,官长驰注:《赵贞吉诗文集注》附录《赵贞吉年谱》,巴蜀书社1999年版,第832页。

生平著作,公所未尽传,今不幸与其人俱往矣,可惜哉,可惜哉。"①事实上,大洲所撰远过于此:"盖公平生纂述百家之言至数十百卷,其书浩博,力不能就。而世所传诵,惟诗文藏稿数帙,以为艺林型范。"②亦即文集并非大洲在世时所编。作为尊为太子太保的一品大臣,现存《赵文肃公文集》中鲜有称师者,亦与整理者及赵大洲隆崇的地位有一定的关系。需要注意的是,赵大洲既明学术,亦振事功,这样的人生经历与当时在士大夫中已流行的泰州之学本有相通之处,因此,是否对泰州学人抠衣称弟子并不能作为判断其是否承续泰州之学的主要根据,而需要据其整体思想及行履作综合判断。今存赵大洲文集中与泰州学派关系密切的文献有两篇,一是与徐波石书,一是王心斋墓志铭。徐波石比赵大洲早一科,波石为嘉靖十一年(1532)进士,大洲为嘉靖十四年(1535)进士,他们分别为心斋撰写行状与墓志铭。据吴讷云:"行状者,门生故旧状死者行业,上于史官或求铭志于作者之词也。……复征曰,状者,即其真以形容之也,传志之作,必有所据,斯可命辞,故求文者必具状以需之。"③可见,由《行状》而求《墓志》是一个上达的过程。徐波石与赵大洲一为《行状》,一为《墓志》,因此,在大洲文集中对徐波石未以师称并不足怪。但另一方面,问《志》于大洲,以徐波石为介,也恰可从一个侧面证明他们之间的密切关系。同时,对于赵大洲的学派归属,我们还需注意的是,在万斯同的《儒林学派》中,耿定向、周海门等都不见列于泰州学派,但对赵大洲则清楚地记载其师承徐波石。万斯同虽亲炙于黄宗羲,《儒林学派》改易了其师《明儒学案》之《泰州学案》中的部分传主成员,可见,当黄宗羲所列确有不当之处时,万斯同决不饰非。而对赵大洲则一仍师说,将赵贞吉、张后觉并列于徐波石门下。考虑到当时八卷《波石集》仍存世的可能,因此,不能排除万斯同从《波石集》中得到了较确凿的关于徐、赵师承关系的证据。

最后,赵大洲的泰州学派归属从归慕心斋中也得到了印证。

大洲虽然没有亲炙心斋的经历,但赵大洲与心斋相通相得甚为清楚,如,他对于身之于天地万物之间的关系亦有相似的认识,他说:"夫道者,通于物之名也。通于物者,必通于己也。未有不通于己而能通物者也。上下四方而身处

---

① 转引自赵贞吉著,官长驰注:《赵贞吉诗文集注》,巴蜀书社1999年版,第27页。
② 高启愚:《赵文肃公文集序》,载赵贞吉著,官长驰注:《赵贞吉诗文集注》,巴蜀书社1999年版,第36页。
③ 贺复征编:《文章辨体汇选》卷五百五十一,《文渊阁四库全书》第1408册,第666页下。

其中谓之物也。矩者,通于物之准也。絜者,通于矩之用也。噫,亦难矣,要有本也。"①以身为一物,且明显以身为矩之意,这样的认识直接秉承心斋而来。当然,最直接地体现与心斋及泰州之学密切联系的还在于其撰写《泰州王心斋墓志铭》。值得注意的有如下几点:其一,他全面总结了心斋泰州之学的核心内容:"先生(心斋)之学以悟性为宗,以格物为要,以孝弟为实,以太虚为宅,以古今为旦暮,以明学启后为重任,以九二见龙为正位,以孔氏为家法,可谓契发归真,生知之亚者也。"②尤其是"生知之亚者"几乎是尊圣之辞。其二,称王艮为"子",认为王艮在阳明后学中最为称著,云:"越中王先生论学名世,从游若泰州王子称最著。"③其三,描绘了心斋之异禀异相:"先生生有珠在手,左一右二,隆颡修臞。"④显然将心斋以圣贤视之。其四,厘定了心斋淮南格物的地位:"铭曰:'越中良知,淮北格物,如车两轮,实贯一毂,后有作者,来登此车,无以未觉,而空著书。'"⑤将心斋的"淮北格物"与王阳明的"越中良知"一体并列,视其为一毂两轮,这样的认识得到了时人的普遍认可,焦竑、李材等都循着这样的路径论泰州之学。因此,考察赵大洲的"泰州"身份,除了需要厘辨与徐樾的关系之外,还应看到赵大洲对泰州学派盟主的肯认,或者说直接"私淑"于心斋,对泰州学派直朓本源的心理皈依的因素。赵大洲虽然没有与心斋的面晤之契,但归慕心斋之学的情态昭然可见。

二、"跻阳明而为禅"的主要代表

黄宗羲认为泰州学派与王龙溪有共同的学术祈向,即:"启瞿昙之秘而归

---

① 赵贞吉著,官长驰注:《赵贞吉诗文集注》卷十五《代赠司马曾确庵平戎入觐序》,巴蜀书社 1999 年版,第 516 页。
② 赵贞吉著,官长驰注:《赵贞吉诗文集注》卷十八《泰州王心斋墓志铭》,巴蜀书社 1999 年版,第 580 页。
③ 赵贞吉著,官长驰注:《赵贞吉诗文集注》卷十八《泰州王心斋墓志铭》,巴蜀书社 1999 年版,第 579 页。
④ 赵贞吉著,官长驰注:《赵贞吉诗文集注》卷十八《泰州王心斋墓志铭》,巴蜀书社 1999 年版,第 579 页。
⑤ 赵贞吉著,官长驰注:《赵贞吉诗文集注》卷十八《泰州王心斋墓志铭》,巴蜀书社 1999 年版,第 581 页。

之师,盖跻阳明而为禅矣。"龙溪浸淫佛学一望便知,这也是刘蕺山等人视龙溪为阳明学脉颓坏的根本原因。但泰州学派前期的王氏一门、徐波石、何心隐则鲜有"启瞿昙之秘"的取向,颜山农虽然论学宗教性渐浓,但鲜有关于佛禅的正面论述。在泰州学派中真正开启这一风气并演至极致的则是赵大洲与邓豁渠。从这个意义上来说,赵大洲、邓豁渠堪称是泰州学派中最能体现"跻阳明而为禅"的代表。

黄宗羲为何称泰州学派的立言宗旨是"益启瞿昙之秘而归之师,盖跻阳明而为禅矣"? 我们认为,这是由徐樾、颜山农、赵大洲、邓豁渠这一系的思想归纳而来。徐樾的思想因文献较少已难得全貌,但徐樾之后的学脉在颜山农文集中有明确记述,而错综三教则是其鲜明的特色。据颜山农的《自传》载:

> 铎自独违家乡,奋游四方,必求至人,参裁耿快。游入帝里,忽遇一师,徐卿波石,讳樾,字子直,贵溪人,时为礼部祠郎。当(时)有庶吉士赵贞吉,号大洲,内江人。敖铣,号梦坡,高安人。先列游夏座,引农同门,师事三年,省发活机,逢原三教,自床际缘,何往不利! 师亦钟爱,可与共学。①

逢源三教,是"跻阳明而为禅"的前提,而这可能是徐波石、颜山农、赵大洲等人共同的论学取向,这在颜山农的一些著述中也得到了体现,其《明羑八卦引》云:"谋游四方五年,首遇仕学波石徐师于燕城,三年受规,三教肆明,卒业淘东。"《履历》云:"樾当际会,有缘先立徐师波石之门,随任住京畿三年,叨获造就三教活机。"《七日闭关开心孔昭》亦云:"遇师先授三教活机,后□大成仁道。"②不难看出,这样的为学路径很可能是受到徐波石的影响而形成,他们都是得"三教活机"的融通之士。但从颜山农的著述来看,虽宗教性渐浓,但关于佛禅的论述并不显著。徐波石的著述仅《明儒学案》中有部分载录,其中并无涉佛的内容,在三教问题上还是执守儒家之本。如,佛教的轮回说是其受到广泛信奉流行的重要原因,对此,波石为儒学辩解道:"疑吾道特足以经政抚时,而不知其定性立命之奥,将谓二氏有密教也,而不知人者天地之心,得其心则天地

---

① 颜钧:《颜钧集》卷三《自传》,中国社会科学出版社1996年版,第25页。
② 转引自《颜钧集》卷十《附录二》,中国社会科学出版社1996年版,第124页。

与我同流，混辟之化，相与终始，亦何以惑死生乎？《易》曰'原始返终'，故知死生之说。其说也，谓形有始终耳。而性即命也，何始终乎？故君子尽性则至命矣，不知求作圣之学，何以望此道之明，而自立人极也哉！"①波石基于万物一体而以人为本的理论背景，认为儒学除了具有经政抚时之功，还具有定性立命的奥义。性命则是超越于始终之形，而无始终之虞的。这样，儒学也解决了生死之惑的问题。在徐波石看来，要明乎此道，当求作圣之学，其中了无"逢原三教"的痕迹在。而真正"逢原三教"的当数赵大洲。大洲对于理学了无胶执承祧之意，而是错综众说，以圆境为依归，求六经大义。他对汉学的释经方式深为不满，认为子思、孟子之后，知经大义的，概有五人："夫庄生之治经也达，其智圆矣；荀卿之治经也约，其履端矣；子云之治经也奥，其机深矣；仲淹之治经也辨，其才周矣；尧夫之治经也贯其用，宜矣。此五子者，卓尔如此，皆以为不合孔子而弃之矣，则后来者欲以明道，将安所归哉？"②虽然他对于五子之学是否尽合孔氏，"犹有余说"，但承认其"大义未乖"，而且将五子视为对儒家六经在"达""约""奥""辨""贯其用"诸方面的杰出代表。大洲将此五子视为儒学的正脉大宗，这显然为正统儒者难以接受。庄子虽然在《天下篇》中谓之"《诗》以道志，《书》以道事，《礼》以道行，《乐》以道和，《易》以道阴阳，《春秋》以道名分"。但将这一道家的重要代表列为子思、孟子之后的第一解经重镇，本身即近"荒唐之言"。但大洲视此五人为"学海之巨筏"，为士子们培其本根的主要学习对象，这显然并不是理学家们所描述的天道性命为核心的儒学传统。这种广通博及的学术取向，也显示了赵大洲的学术流派意识颇为淡化，"逢原三教"成为可能。

判断黄宗羲所谓"跻阳明而为禅"的结论所自，还需从黄宗羲对于泰州学人的述评中进行考察。黄宗羲述波石、山农时并未涉及佛禅，但在记述赵大洲时则有这样的文字：

> 先生（赵大洲）初不自讳其非禅学，常与徐鲁源相遇，鲁源言："学问当有所取，有所舍。"先生厉声曰："吾这里无取无舍，宛然宗门作用也。"其答

---

① 黄宗羲著，沈芝盈点校：《明儒学案》卷三十二《泰州学案一》，中华书局1985年版，第728页。
② 赵贞吉著，官长驰注：《赵贞吉诗文集注》卷十七《六经堂记》，巴蜀书社1999年版，第570页。

友人云:"仆之为禅,自弱冠以来,敢欺人哉!试观仆之行事立身,于名教有悖谬者乎?则禅之不足以害人明矣。仆盖以身证之,非世儒徒以口说诤论比也。"①

黄宗羲对于赵大洲不自讳入禅的言论是何态度呢?他引述了赵大洲对"禅不足以害人"论的辩说,可见其对大洲观点是认同的,且从侧面论证道:"古来如大年、东坡、无垢、了翁一辈,皆出于此。若其远理而失真者,则断断无一好人也。"②黄宗羲在赵大洲传中所谓"英雄欺人,徒自欺耳!",乃是对赵大洲以七图回示蔡子禾问道而言,而不是针对涉禅之论。

黄宗羲的判断是源于赵大洲的思想实际的。赵大洲欲著《出世通》,姜宝更称其为"宿世高僧化身"③,总结其论学之旨为:"经世者不碍出世之体,出世者不忘经世之用。"④赵大洲虽官至文渊阁大学士,但其为学则广综博取,高启愚《赵文肃公集序》云:"公之学淹贯群流,博综千古,冥搜逖览,靡所不极,而尤深明出世之旨,于道籥禅宗,各晰其微言,以合于性命。"⑤他是一位敢于任事,正色危言,孤立一意,敢于标明自己学术祈向的卓荦奇伟之士,兼通经世出世,既能"以天挺真儒任道脉",又"穷无量性宗玄宗"。⑥ 赵大洲错综三教以论学,如他诠释"中"云:"中也者,其性命之总名也与?乃圆满充足之号,无亏无盈、无首无尾、无分别同异之义。其体则太始之元、太乙之真,其材则二仪之精、五行之秀。以言其浑成则为元命,以言其圆明则为元性。不立一知而不见其不足,包括万德,而不见其有余者,其惟中乎?"⑦他不但问学于徐波石,同时,与浙中王门的王宗沐交谊甚笃。据黄宗羲《明儒学案》载,王宗沐"师事欧阳南野,少从二氏而入,已知'所谓良知者,在天为不已之命,在人为不息之体,即孔氏之仁也。学以求其不息而已'。其辨儒释之分,谓'佛氏专于内,俗学驰于外,圣人则

---

① 黄宗羲著,沈芝盈点校:《明儒学案》卷三十三《泰州学案二》,中华书局1985年版,第748页。
② 黄宗羲著,沈芝盈点校:《明儒学案》卷三十三《泰州学案二》,中华书局1985年版,第748页。
③ 《赵文肃公文集序》,载赵贞吉著,官长驰注:《赵贞吉诗文集注》,巴蜀书社1999年版,第27页。
④ 《赵文肃公文集序》,载赵贞吉著,官长驰注:《赵贞吉诗文集注》,巴蜀书社1999年版,第28页。
⑤ 转引自赵贞吉著,官长驰注:《赵贞吉诗文集》,巴蜀书社1999年版,序第35页。
⑥ 詹尔选:《大洲先生赵文肃公集跋》,载赵贞吉著,官长驰注:《赵贞吉诗文集注》,巴蜀书社1999年版,第40页。
⑦ 赵贞吉著,官长驰注:《赵贞吉诗文集注》卷十四《正学书社讲章》,巴蜀书社1999年版,第482页。

合内外而一之'。此亦非究竟之论。盖儒释同此不息之体,释氏但见其流行,儒者独见其真常尔。先生之所谓'不息'者,将无犹是释氏之见乎!"①赵大洲与江右王门的聂豹、罗洪先等人也多有过从,音问频密。他对湛甘泉亦云:"虽在门墙之外,其心实不异于策杖之隶也。"②事实上,他是一位学术廊庑甚阔的学者,清人陈田在论及大洲诗歌时有云:"文肃(赵大洲谥文肃)诗豪曲快字,不得以成派绳之。"③这种广综博取,唯真道是求的学术精神,尤其公然标榜"禅不足以害人"的学术态度,势必会淡化其门派意识。大洲以为,世儒之斥禅,实乃违背了学术的通融精神。他认为学术的古今之变,即如同国土疆域一般:"三代以前,如玉帛俱会之日,通天下之物,济天下之用,而不必以地限也。孟、荀以后,如加关讥焉,稍察阻矣。至宋南北之儒,殆遏籴曲防,独守溪域,而不令相往来矣。"④认为"物不通方则国穷,学不通方则见陋"。在他看来,宋儒的学术畦界太严,尤以朱熹为甚,谓其法程、张而不信程、张,尊杨、谢而加辟杨、谢。大洲认为真正圆通妙达之学,恰恰是被儒士们所斥之禅学,云:"凡诸灵觉明悟通解妙达之论,尽以委于禅,目为异端。"⑤在大洲看来,禅学不但不是弊,其简易疏畅恰恰可以纠矫宋学破碎支离之不足。当然,大洲为佛禅辩,并非为了贬抑儒学,而是要斥宋代以来儒学独守蹊域之病。他认为灵觉明妙之学非禅所独有而儒者所无,果如此,"非灵觉明妙,则滞窒昏愚,岂谓儒者必滞窒昏愚,而后为正学耶?"他引子思"惟天下聪明睿智,足以临"⑥为据,说明不能尽辟"易简疏畅""灵觉明妙"之学。这些灵觉明妙之学,则是胶执之士"尽以委于禅"而已。他引子思之言,正体现了这不仅仅为禅所固有。其隐曲之意在于:这是与程朱为代表的宋学有别的阳明学。从这个意义上说,赵大洲正是黄宗羲所说的"跻阳明而为禅"的典型代表。

大洲正面为佛禅辩,云:"禅之不足以害人明矣。仆盖以身证之,非世儒徒

---

① 黄宗羲著,沈芝盈点校:《明儒学案》卷十五《浙中王门学案五》,中华书局1985年版,第314页。
② 赵贞吉著,官长驰注:《赵贞吉诗文集注》卷二十一,巴蜀书社1999年版,第663页。
③ 陈田辑:《明诗纪事》戊签卷十九,上海古籍出版社1993年版,第1774页。
④ 赵贞吉著,官长驰注:《赵贞吉诗文集注》卷二十一《复广西督学王敬所书》其四,巴蜀书社1999年版,第656页。
⑤ 赵贞吉著,官长驰注:《赵贞吉诗文集注》卷二十一《复广西督学王敬所书》其四,巴蜀书社1999年版,第656页。
⑥ 赵贞吉著,官长驰注:《赵贞吉诗文集注》卷二十一《复广西督学王敬所书》其四,巴蜀书社1999年版,第657页。

以口说诤论比也。"①但是,大洲所入之禅,乃如来禅,而对祖师禅他则有批驳:

> 朱子云:"佛学至禅学大坏。"盖至于今,禅学至棒喝而又大坏。棒喝因付嘱源流,而又大坏。就禅教中分之为两:曰如来禅,曰祖师禅。如来禅者,先儒所谓语上而遗下,弥近理而大乱真者是也。祖师禅者,纵横捭阖,纯以机法小慧牢笼出没其间,不啻远理而失真矣。今之为释氏者,中分天下之人,非祖师禅勿贵,递相嘱付,聚群不逞之徒,教之以机械变诈,皇皇求利,其害宁止于洪水猛兽哉!故吾见今之学禅而有得者,求一朴实自好之士而无有。假使达摩复来,必当折棒噤口,涂抹源流,而后佛道可兴。②

对禅法的区分直接影响到了黄宗羲对赵大洲的评价。因为黄宗羲不认同顾宪成所说的"心隐辈坐在利欲胶漆盆中,所以能鼓动得人,只缘他一种聪明,亦自有不可到处",而认为"非其聪明,正其学术也"。其学术的根源即在于"所谓祖师禅者,以作用见性"③。赵大洲对祖师禅的批评主要针对顿悟的禅法。而如来禅则是落功渐次,亦即循序渐进的方法。自六祖慧能说法创宗,继之五家七宗自传心灯以来,祖师禅受到了高僧以及文人士子的褒赞,谓之"直证释迦未开口说法前的觉源心海,打开了自心彻天彻地的大光明藏,佛心自心印合无间"④。祖师禅后学将佛教人间化,修行解脱不再是息心灭情,遗世涅槃,而是通过人性的自我悟证,或通过人伦日用实现理想人格的圆成,致使"非祖师禅勿贵"成为禅门的共同趋向。但是,祖师禅标榜的"教外别传,不立文字"忽视严密的经教与事相的修习,虽然使心体得到了自在,使禅宗更具生活化的特征,但因众生根器有别,且以"无相戒"为自得,遂使鱼龙混杂,衍成堕落的狂禅之风。赵大洲在祖师禅称盛之时,孤明独发,痛诋其非。大洲的理论勇气,一如其"好刚使气,动与物迕"(《明史·赵贞吉传》)的性情。大洲痛诋祖师禅,与其

---

① 赵贞吉著,官长驰注:《赵贞吉诗文集注》卷二十二《与赵浚谷中丞书》,巴蜀书社1999年版,第707页。
② 黄宗羲著,沈芝盈点校:《明儒学案》卷三十三《泰州学案二》,中华书局1985年版,第748页。
③ 黄宗羲著,沈芝盈点校:《明儒学案》卷三十二《泰州学案一》,中华书局1985年版,第703页。
④ 《太虚大师全书》第二卷,宗教文化出版社2004年版,第333页。

持守的"自筑其墙,自固其防","易悟者心,难净者习"①的工夫论密切相关。在苛斥祖师禅"远理而失真",末流之害"宁止于洪水猛兽"的同时,大洲对于如来禅则引先儒之评,同样语含贬抑:"语上而遗下,弥近理而大乱真者是也。"所谓"语上而遗下",乃程伊川高第尹焞之言,他认为圣人之言,是上下兼尽的。"若夫语上而遗下,语理而遗物,则岂圣人之言哉?"南宋辅广释尹焞之言曰:"程子论佛氏之学,如管中窥天,只见上去,不见四旁,是语上而遗下也。"②所谓"弥近理而大乱真"则是宋人陈淳在《与赵司直季仁 二》的尺牍中首先提出,他认为禅学纵然说得精微玄妙,"不过只是弥近理而大乱真"③,甚相似而绝不同。可见,赵大洲对如来禅的态度虽然不像对祖师禅的批评那样峻烈,但仍然视其为与儒学不可同日而语的异说。通过其对祖师禅与如来禅的品评可以推得,大洲所涉之禅,比较而言,更近如来禅,诚如黄宗羲所言:

> 先生之所谓"不足以害人"者,亦从弥近理而大乱真者学之。古来如大年、东坡、无垢、了翁一辈,皆出于此。若其远理而失真者,则断断无一好人也。④

作为身膺九重渥眷,一品崇阶的大臣,儒释相资为用的思想贯及一生,晚年仍在编《经世通》与《出世通》,且径言"禅之不足以害人明矣"。乃至时人许孚远认定其"学本葱岭"⑤。虽然大洲涉禅之论实乃广拓学术堂奥而已,就其基本立意言,"不诡于正,无一事有乖于彝伦"⑥。赵大洲思想中的这一变化,肇始了"泰州""跻阳明而为禅"的学术风向。

---

① 赵贞吉著,官长驰注:《赵贞吉诗文集注》卷二十三《求放心斋铭》,巴蜀书社 1999 年版,第 750—751 页。
② 转引自《四书大全·论语集注大全》卷九,《文渊阁四库全书》第 205 册,第 301 页上。
③ 陈淳:《北溪大全集》卷二十四,《文渊阁四库全书》第 1168 册,第 690 页下。
④ 黄宗羲著,沈芝盈点校:《明儒学案》卷三十三《泰州学案二》,第 748 页。
⑤ 《赵文肃先生文集序》,载赵贞吉著,官长驰注:《赵贞吉诗文集注》,巴蜀书社 1999 年版,第 31 页。
⑥ 《赵文肃先生文集序》,载赵贞吉著,官长驰注:《赵贞吉诗文集注》,巴蜀书社 1999 年版,第 31 页。

三、在泰州学派演变中的地位与影响

赵大洲虽然不是泰州学派中承续脉络最清晰的,但他是泰州学派影响于庙堂之上的重要环节,是泰州"跻阳明而为禅"的体现者。大洲之学体现并影响到了文坛风气。

首先,借"大圆镜智"以证百姓日用即道。大洲的工夫论具有与心斋、龙溪不同之处,他凭渐修以复先天本体,复先天则日用形色即性。《答胡庐山督学》中有云:

> 来谕云:"道通天地万物,无古今人我。"诚然,诚然。但云:"欲卷而藏之,以己立处未充,不能了天地万物也。"斯言似有未莹彻处耳,愚意谓当云:"己力未充,故时有滞执处,时有碍塞处。于此但假渐习薰修,久之不息,徐徐当彻去矣。"即彻处谓之先天,而天弗违;即未彻,谓之后天,而奉天时也。作如是功者,日用间种种色色,刹刹尘尘,皆在此天圆镜智中,卷舒自在,不见有出入往来之相,陵夺换转之境矣。故曰"不离日用常行内,直造先天未画前"也。岂可以为沾带难于解脱耶?①

这是赵大洲因胡直的来书而发。胡直在黄宗羲的《明儒学案》中见列于江右王门,胡直云:"若有我之私未去,堕落形骸,则不能备万物矣。不能备万物,而徒向万物求理,与我了无干涉,故曰理在心,不在天地万物,非谓天地万物竟无理也。"②这也就是胡直与赵大洲所谓"欲卷而藏之,以己立处未充,不能了天地万物也"。但大洲不认同胡直所论。在大洲看来,己力未充而存滞执碍塞之处时,并不应"卷而藏之",摒绝与天地万物的联系;而应渐修不息,以复先天本具之性。"未彻"之种种滞碍相,仅是"后天"之习使其然,因此,只要渐修不息,如是做功,便

---

① 赵贞吉著,官长驰注:《赵贞吉诗文集注》卷二十二《答胡庐山督学书》,巴蜀书社 1999 年版,第 714 页。
② 黄宗羲著,沈芝盈点校:《明儒学案》卷二十二《江右门王学案七》,中华书局 1985 年版,第 511—512 页。

能通乎万物,以成一体之仁。这一路径与王学现成派的一了百当并不完全一致。现成派之悟一般是顿悟,而赵大洲所述的工夫乃是渐修,但大洲之先天"彻处",呈现的是一个"大圆镜智"。

赵大洲认同的是阳明"不离日用常行内,直造先天未画前",是说从后天"日用常行"处渐修不息,而达于先天之境。当其滞执碍塞处既彻之后,赵大洲以佛学名相"大圆镜智"状之,此之"大圆镜智",是泯没先天、后天之别,"卷舒自在,不见有出入往来之相,陵夺换转之境"的。因此,他对于邓豁渠所谓"后天就是先天"(《南询录六七》)提出批评,谓之:"欲于后天中干先天事。"认为这是妄作分别语。赵大洲泯先天后天之别的"大圆镜智",虽然是以佛教的名相道出,但这恰恰与心斋之"百姓日用即道"的命题相吻合。心斋之百姓日用即道,亦以僮仆往来"不假安排"为特征,大洲亦引《中庸》之"天命之谓性"为据,也认为日用常行即是性体的自然体现而"不假人为"。① 当然,赵大洲与心斋的区别同样也较为明显,心斋之百姓日用即道其义大致有二:一是百姓之日用常行,不落意见,即是道的体现;二是从其宣教的角度而言,从百姓日用处以明道,其中并无工夫论的含义在。而赵大洲所获的"大圆镜智",是需要经久之不息的渐修,最终使滞执碍塞既彻之后方可臻达。以佛教言之,则是要明乎离有漏杂染之法的清净智体;以儒学言之,即是明乎"道"。但大洲又借万物一体的途径,使己立未充之时,得到了泯然同一,云:"天地万物古今与我一体也,而欲取为己任,则二之矣。"他还以禅宗论云门的三句说明"随顺觉性":"其一,函盖乾坤句,周容遍摄之谓也;其二,截断众流句,独一无侣之谓也;其三,随波逐流句,即随性之谓也。三句一义也,一义三句也。夫能周容遍摄则一体矣;能独立无侣则一用矣;能随顺觉性则即体即用,即用即体,体用一如矣。"②对于三句的内容,一般认为是三种深浅不同的层次。《石林诗话》有云:"禅宗论云门有三种语,其一为随波逐浪句,谓随物应机,不主故常;其二为截断众流句,谓超出言外,非情识所到;其三为函盖乾坤句,谓泯然皆契,无间可伺,其深浅以是为序。"③但

---

① 赵贞吉著,官长驰注:《赵贞吉诗文集注》卷二十二《答胡庐山督学书》,巴蜀书社1999年版,第714页。
② 赵贞吉著,官长驰注:《赵贞吉诗文集注》卷二十二《答胡庐山督学书》,巴蜀书社1999年版,第715页。
③ 叶梦得撰,逯铭昕校注:《石林诗话校注》卷上,人民文学出版社2011年版,第18页。

赵大洲则强调三句一义，都是体现了随顺觉性、体用一致的过程。赵大洲所谓"随顺觉性"，与心斋之百姓日用即道其意甚近。他认为，学如果达到随顺觉性的境地，"则即体即用，即用即体，体用一如矣"，亦即"达乎大觉圆顿之门"。①可见，赵大洲立身行事方面是在不违名教的前提之下，出入三教，为泰州学派的核心思想提供了新的阐释维度。

其次，是泰州之学实现经世目的的重要人物。心斋的思想是由阳明心学开出，阳明心学的产生是因朱学渐成为博取利禄的工具，失去了敦化风俗的功能，阳明遂倡以良知说，期以通过人们的内圣功夫以挽救失坠的时风，因此，阳明立教的目的在于济世。但由于其日渐玄虚精微，使其逐渐成了士人们书斋中的学理游戏，而失去了面向社会、面向民众的经世功能。心斋以通俗明快的语言，直面百姓现实的论学取向，将心学从文士书斋中解放了出来。但由于心斋乃一介布衣，并无治国秉政的切实体验，论学多关注百姓日用与即事明理，其经世之效也受到了局限。赵大洲则不同，他既承续了泰州之学的基本路径，又能结合为政经验，以深广的学植，强烈的现实情怀，形成了带有鲜明的经世色彩的学术特征。对此，清人陈谨策云："以性命为根本，以经济为实用。"②大洲期期以经世为务，云："夫学术必助于治理，治理必原于学术。"③他曾欲编《内篇》《外篇》，其中《内篇》包括《经世通》《史通》《业通》等。其自述编撰旨趣，云：

> 或问曰："子曷编古今书为内外篇也？"曰："予意在备经世之法，俾愿治之主有所采择耳。经曰：域中有四大而王居一焉，王即经世之主也，其位为统，其臣为传，其令为制，其事为志，其道为典，其德为行，其才为艺，其技为术，譬之于车轮辕辐毂轴盖厢，一不备，非完车也。能知七部之书，皆以赞治而固其统也，则于经世之法，如探果于囊，走丸于坂，亦易知而易

---

① 赵贞吉著，官长驰注：《赵贞吉诗文集注》卷二十二《答胡庐山督学书》，巴蜀书社1999年版，第715页。
② 陈谨策：《赵文肃公文集序》，载赵贞吉著，官长驰注：《赵贞吉诗文集注》卷首，巴蜀书社1999年版，第25页。
③ 赵贞吉著，官长驰注：《赵贞吉诗文集注》卷二十三《祭古圣贤文》，巴蜀书社1999年版，第765页。

行矣。"①

可见,经世是赵大洲的为学宗旨。他编《出世通》,也是因其乃"化人之书"②。正因为他以经世为本,以致用为务,这种经世精神使得其对儒家经典的认识与理学家明显不同,并成为其编撰《经世通》的缘起:

> 客曰:"子学道者,曷以史自居?"噫,是乌知六经之皆史乎?又乌知仲尼为史之圣乎?六经,群言之宗也。仲尼,万世之眼也。班固、陈寿以下,不足与于斯言也。司马子长自谓百代史官,亦有意于尊孔氏明道术矣。惜也,统典未建,传行不彰,制志郁而不明,艺术漏而不张,务多而不要其宗,好奇而未具夫眼。夫多而无宗者必散也,奇而无眼者必乱也,乌能原化理而究道术哉?③

赵大洲秉持六经皆史的思想,作《经世通》,目的是弥补历代史家"务多而不要其宗"之弊,因事明理,因器明道,"欲为我明增一斯文赤帜"④。其路径与心斋百姓日用即道一脉相承。只不过心斋是通过百姓日用以明道,而大洲则通过一道以统万有,即他所谓:"业所摄体虽异,而眼在于典,典建而天下之道出于一。道一则内圣之学明而行,艺术皆随之一矣。"⑤在赵大洲这里,君道与师道是治世之两翼:"君道立而道行于天下,师道立而道明于天下,此圣王得位者以修道复性为教如此也。"⑥他将心斋的大成之学注入了更多的经世内容。

---

① 赵贞吉著,官长驰注:《赵贞吉诗文集注》卷二十三《内外二篇都序》,巴蜀书社1999年版,第757页。
② 赵贞吉著,官长驰注:《赵贞吉诗文集注》卷二十三《内外二篇都序》,巴蜀书社1999年版,第757页。
③ 赵贞吉著,官长驰注:《赵贞吉诗文集注》卷二十三《史业二门都序》,巴蜀书社1999年版,第758—759页。
④ 赵贞吉著,官长驰注:《赵贞吉诗文集注》卷二十三《与少司马曾确庵论统部书》,巴蜀书社1999年版,第762页。
⑤ 赵贞吉著,官长驰注:《赵贞吉诗文集注》卷二十三《史业二门都序》,巴蜀书社1999年版,第759页。
⑥ 赵贞吉著,官长驰注:《赵贞吉诗文集注》卷十四《国学讲章》七十一,巴蜀书社1999年版,第468—469页。

还值得一提的是,赵大洲之涉佛也不是一般的修佛以求解脱为目的,不是为了小我之一身,而是为了免使作为"天地之心"的人类为根尘识念所坏,以造神圣之业为期,云:"夫古之君子,得志则兼爱天下,不得志则康济一身耳。且一身亦不小也,是天地之心也,阴阳之会也,鬼神之交也,五行之秀气也,未有不被此根尘识念所坏者。今自顾其身与凡夫等,而欲造神圣之业,岂不难哉。"①因此,在赵大洲的学术语境中,佛学并不是消极遁世之学,而是儒学之外的另一种认识人生、世界的方法,并不违碍而是有益于济世有为之志。当友人赵浚谷(时春)担心其"向空寂之途,则灰其有为之志,窭堕散弃,不可鞭策,而损于名教"②时,赵大洲则表示,儒释之相济,便体现为"功成便当角巾东道"③。赵大洲百折不回的刚忠英伟之节正是清人汪缙所说的"我相转强"④之"我相",其实就是他们气秉中体现出的积极入世的刚猛之气。可见,大洲出入三教,目的是将三教作为经世之资。对此,王维桢在给赵大洲的尺牍中亦表示了类似看法,这可以视为他们共同的学术祈向:

> 兄负当世之望,志在济艰持厄,振颓纲,扶积弱。此人人所明也。顾坎壈不离其身,斯其故可知矣,老氏之术本欲有为而阳示无为,其道居在吾儒之右,不可弗之讲也。⑤

黄宗羲将赵大洲独立一卷,显示了赵大洲在泰州学派之中具有的特殊意义,即赵大洲的学术祈向所系甚大,大洲曾任国子监祭酒,讲读编修,官至礼部尚书兼文渊阁大学士,参机务。他与曾撰《崇儒祠碑记》的另一重臣李春芳都与泰州学派具有密切的关系。赵大洲与李春芳对心斋之学的推尊乃至承祧,显示了泰州之学的影响不但在士林流播,且已上达于庙堂。当然,这与泰州学

---

① 赵贞吉著,官长驰注:《赵贞吉诗文集注》卷二十二《与赵浚谷中丞书》,巴蜀书社1999年版,第708页。
② 赵贞吉著,官长驰注:《赵贞吉诗文集注》卷二十二《与赵浚谷中丞书》,巴蜀书社1999年版,第708页。
③ 赵贞吉著,官长驰注:《赵贞吉诗文集注》卷二十二《与赵浚谷中丞书》,巴蜀书社1999年版,第708页。
④ 汪缙:《汪子文录》卷八《独香记》,清道光三年张杓刻本。
⑤ 王维桢:《槐野先生存笥稿》卷二十七《与赵大洲光禄简》,明万历三十四年(1606)刻本。

派儒学平民化的目的并不相违,李春芳推尊心斋之学,是因为"学"昌方可天下平,即其所谓:"予惟天下之治忽系人心,人心之邪正系学术,学术不明,人心不正,欲望天下治安难以矣。"他称赞心斋的著述、思想道:"先生之学,始于笃行,终于心悟,非徒滋口说者。"① 显然,在李春芳看来,心斋之学的特点在于笃行,在于"天下治安",在于民众教化之功。赵大洲与李春芳对泰州学派的承祧或尊崇,体现了泰州之学经世精神的实现途径取得了重要突破。

大洲虽未以天下万世师自居,但他提出了仕与觉的关系,认为已觉"涵万汇而无体,摄宇宙而无功"的性体之后而仕者,通过仕境相摩,则其觉愈精。在他看来伊尹便是如此。他特别指出仕而未觉之害:"已仕而不求其觉,则权在仕,而身徇情移,其惑益蔽。"② 其蔽乃至于"君臣之义不明,同胞兄弟之念不洪,生人憔悴,大道荒蒙"。他同样呼唤圣哲以明仕觉之道,谓之"非有哲人,谁与领此?"③ 这可谓是心斋大成之学在士大夫阶层的运用。

再次,开启了求真黜妄的价值取向。大洲云:

> 夫黜妄者如蕉之喻,真种者如莲之喻,伪作者如姚黄之喻。今夫剥蕉身者无蕉,然不有蕉之根乎?故黜妄者,重重汰之,则根本露而真体见矣。莲生淤泥而无所染,非君子履世行己之则乎,然莲之为花,非菑扬采质已耳,为蓬,为壳,为仁,仁之中复为薏焉,则又一莲矣,此天机最真之处也。君子力学而自得,有似于此。夫姚黄非不美观,与莲奚以异?然其灿然露者,徒以供王孙俄顷之玩则委诸泥沙耳,竟何成哉?今之论者欲胥率有徒同出一途,则千万一喙,而真妄茫然无别,遂令剽窃缘饰之俦,得巢白其中,此不剥蕉之故也。夫观蕉之外,非不蒿然大也,而不知中实无有;今持此术以履于世,则剽窃缘饰之情亦易以见,盖利害得失毁誉几微之际,而肝胆尽章矣,此其不能如莲之洁也明矣。④

---

① 李春芳:《贻安堂集》卷九,明万历十七年(1589)李戴刻本。
② 黄宗羲著,沈芝盈点校:《明儒学案》卷三十三《泰州学案二》,中华书局 1985 年版,第 753 页。
③ 黄宗羲著,沈芝盈点校:《明儒学案》卷三十三《泰州学案二》,中华书局 1985 年版,第 753 页。
④ 赵贞吉著,官长驰注:《赵贞吉诗文集注》卷二十一《复广西督学王敬所书》其三,巴蜀书社 1999 年版,第 654 页。

赵大洲的求真黜妄之论是以孔子为归，这与心斋相似。心斋论学亦以直承孔孟为是，无论其论格物还是大成学都显示了返求原始儒学的传统。大洲也孜求直造孔子之门而不囿于见，他认为圣人孔子之言，乃群言之家、道之岸。但孔学自三千、七十之后，便各持其异，其后的儒士往往"众言淆乱于名言而喧聒于是非之异者"，这是因为"见使之也"。因此，他认为"学者而至于圣人之门，则并其名言丧矣，何有于见？"①大洲又云："真学真志，真志真修，真修至虚，至虚至谦，至虚无见。见即是我，至谦无我，我不可见，终日乾乾学此而已矣。见起忘修，我起害志。修非真修，志非真志，敢曰真学？"②可见，大洲亦以"见"为真学之碍。为了求真学，大洲认为在学之前需致虚无见，不倚无我，亦即诚意，最终才能获得真见，得其真我，这才是真志真修。为了去"见"求真，他对亚圣孟子亦有批评，云："往予读荀卿之讥孟子略法先王而不知其统，未尝不骇也。及探道日久，心稍有知，回视孟子之禽兽杨墨，则窃谓持论之过严矣。夫二子之学，要有所本也。墨子本于禹，杨子本于黄帝、老子。二子皆当世高贤，其学本以救世。至其徒之失真，则非二子之罪也。遽极其讨伐而拟诸禽兽焉，非不深究先王之学术亦各有在之过乎。谓之略法者，以言不深考云耳。"③虽然宋代以来李觏、司马光、苏轼等人都曾对孟子思想提出异议，但是，随着理学的形成，孔孟并列而尊，疑孟、非孟之论自宋代以后几乎消歇，而赵大洲则直言孟子禽兽杨墨之过，这在明代是殊为鲜见的。赵大洲肯定杨墨之学的价值在于认为其有救世的作用。大洲为学求真黜妄以及对孟学的批评隐约开启了李贽《童心说》中对"六经"、《语》、《孟》质疑的先声。赵大洲在《复广西督学王敬所书》第三书中论及真伪，第四书中则有正孟之论。而李贽在《童心说》中则由童心为真人之不可失，进而论及"天下之至文，未有不出于童心焉者也"，在大洲求真以"至于圣人之门"而有正孟之论的基础上更进一步，最终溯及"六经"、《语》、《孟》，认为其大半非圣人之言，不可为万世至论。这也成为晚明思想界最具特色的一道风景。从李贽对赵大洲的评价可以看出，李贽受赵大洲的影响不无

---

① 黄宗羲著，沈芝盈点校：《明儒学案》卷三十三《泰州学案二》，中华书局1985年版，第754页。
② 赵贞吉著，官长驰注：《赵贞吉诗文集注》卷十五《别江北谷令洪洞序》，巴蜀书社1999年版，第492页。
③ 赵贞吉著，官长驰注：《赵贞吉诗文集注》卷二十一《复广西督学王敬所书》其四，巴蜀书社1999年版，第655页。

可能。

　　最后,泰州之学影响于文苑的重要关捩点。晚明文学思潮是在阳明学以及泰州学派"风行天下"的背景之下兴起的。阳明及其后学,尤其是泰州学派是晚明文学思潮兴起的重要思想资源。在儒林与文苑的会通之中,李贽及其由文及道的《童心说》的独特作用已为世人充分认识,而其前的赵大洲也是一位文道兼擅的学者。他当时便给人以着意于词章的印象,与其同馆的袁元峰曾责其"不共讲圣学,惟与论文事之为务"①。大洲特修牍申辩,主张先立其大,然后能自然成文,云:"兄试思之也,今之君子若能实用其功,则自能先立其大者,自能流烁成文章,鼓舞为事业。"②达到"华实相茂"之境。他认为"若夫道未胜而务词之修,虽奇倔如杨,腴古如荀,奥达如韩,君子以为尤有心病焉"③,其理想的境界是"学道识其大者,又复能昌于其辞"④。大洲注重先立乎大,然后自然成文,这是与其后兴起的晚明文学思潮神韵通贯的。就创作实践来看,一部《赵文肃公文集》,所收诗歌即达五百余首,大洲堪称是阳明及泰州后学中存诗最多的学者之一。其诗文与杨升庵、任瀚、熊敦朴并称为"蜀中四大家"。不但如此,即使谈道证性,也带有鲜明的文学色彩,如,他对"中"有新的认识,谓其为"性命之总名"。对于"中"的特质,他以诗性的语言道出:

　　　　天高明而中与之高明,地博厚而中与之博厚。万古悠久无疆而中与之无疆。执之者,如宝珠在握而珠外有余光;其极也,千珠历落而彩射无边。如古镜当台而境外有余照;其极也,万镜交辉而光影无尽。⑤

　　正是错综于文道之间,才使得其思想以审美的形式呈现,加速了阳明及泰

---

① 赵贞吉著,官长驰注:《赵贞吉诗文集注》卷二十一《答同馆袁元峰编修书》,巴蜀书社1999年版,第647页。
② 赵贞吉著,官长驰注:《赵贞吉诗文集注》卷二十一《答同馆袁元峰编修书》,巴蜀书社1999年版,第648页。
③ 赵贞吉著,官长驰注:《赵贞吉诗文集注》卷二十一《答同馆袁元峰编修书》,巴蜀书社1999年版,第647页。
④ 赵贞吉著,官长驰注:《赵贞吉诗文集注》卷二十一《答同馆袁元峰编修书》,巴蜀书社1999年版,第647页。
⑤ 赵贞吉著,官长驰注:《赵贞吉诗文集注》卷十四《正学书社讲章》,巴蜀书社1999年版,第482页。

州学派思想的流播。同时,文人们在谈道证性的过程中,也使灵心慧性得到了滋育,并袒露于文苑。这一端绪在王东厓与王一庵那里已得到显露。但其后颜山农、何心隐等人文艺或审美的色彩十分淡薄。而赵大洲则迥然不同,他以诗文抒写自己的情志,钱谦益谓之:"为诗骏发,突兀自放,一洗台阁婵媛铺陈之习。其文章尤为雄快,殆千古豪杰之士,读之犹想见其眉宇云。"①赵大洲、罗汝芳、李贽等人文道兼擅的取向为当时的文苑变革提供了深厚的学术基础。

不但如此,赵大洲与晚明文人的学术与审美取向也颇多相得之处,如赵贞吉与晚明文人的涉佛取向颇多顾盼。大洲对李长者(通玄)亦甚推敬,这与李贽以及晚明的文人十分相近。大洲有云:"仆近得李长者《华严合论》善本,拟以衰残身命,供奉法界总持,不自计其根茎之大小矣。凡遇同好,即以此妙义告之,乃性命之极谈也,况公乃同好之极选乎?"②同时,他在《答胡庐山督学书》中亦云:"且公谓之了天地万物古今人我者,愚意度之,当如李异人《合论》谓自他不隔一毫端,始终不离于当念云耳。"③同样,李贽对于《华严合论》也极为尊崇,云:"《华严合论》精妙不可当,一字不可改易,盖又一《华严》也。"④因此他编有《华严经合论简要》。公安派中坚袁宏道则将李通玄与孔子的言论一起视若经典,谓:"孔子曰:'下学而上达。'枣柏(李通玄,又称枣柏大士)曰:'其知弥高,其行弥下。'始知古德教人修行持戒即是向上事。"⑤他们推崇李通玄的原因是多方面的,日本学者荒木见悟分析明代为何李通玄《华严合论》所受的尊崇远过于澄观《华严经疏钞》的原因时说:"李通玄在明代声誉绝高,可以知道是由于与禅者的体验息息相关的缘故,《合论》比《疏钞》更受士大夫欢迎另外一个可能的原因是:澄观让佛教民儒道二者对决争持的意识过于浓厚,相对于此,李通玄毋宁是包含他儒释会通的可能性。澄观在《演义钞》中随处引用《易经》或《易钩命诀》的话题,然后只说:'今借语用之,取意则别。'只是为了理解上的方

---

① 钱谦益:《列朝诗集小传》丁集中《赵宫保贞吉》,古典文学出版社1957年版,第539页。
② 赵贞吉著,官长驰注:《赵贞吉诗文集注》卷二十二《寄广西宪长胡庐山书》,巴蜀书社1999年版,第724—725页。
③ 赵贞吉著,官长驰注:《赵贞吉诗文集注》卷二十二《答胡庐山督学书》,巴蜀书社1999年版,第715页。
④ 李贽:《焚书》增补一《又与从吾孝廉》,中华书局1975年版,第257页。
⑤ 袁宏道著,钱伯城笺校:《袁宏道集笺校》卷二十二《李龙湖》,上海古籍出版社1981年版,第792页。

便,其本意系为夸示佛说之理较《易经》为高之故。但是其断定'若以阴阳变异能生万物,即是邪因',其谆谆告诫后人须严防三教混杂,关于佛教与儒道两者之间的差别罗列了十条资料,这对于想要在士人之间流传《疏钞》的佛者而言,当然是势必面对的难题。"① 诚如荒木氏所论,明代(尤其是晚明)对李通玄的推尊与当时混会三教的思维路径有关。推尊李通玄的多为会通三教的学者,李贽、袁宏道无一不是如此,如袁宏道云:"余尝谓唐宋以来,孔氏之学脉绝,而其脉遂在马大师诸人。及于近代,宗门之嫡派绝,而其派乃在诸儒。"② 混马祖道一于儒家学统。同样,赵大洲尊奉李通玄及《华严合论》,亦与其身为一品台阁重臣而能坦言"禅不足以害人"的学术态度有关。就赵大洲而言,他信奉李通玄以及出入佛禅,正是其不囿门派、宏阔学术门庭的态度使然。诚如荒木氏所说:"信奉《合论》,同时也就带有不拘儒释差别、一心追求普遍真理的意味。这对那些以不得已必须以信奉儒教为口号的士人而言,反而开启了为了扩充教养学识的范围所不可或缺的要籍这样一条特殊的进路。"③ 与其相关联,他们对于李通玄的态度又与晚明文士们扬程明道、苏东坡而抑朱熹密切相关。明人祝允明有云:"明道深味于《华严合论》,自谓有所心融意会为喜,以其所由,书于云盖寺。"④ 相反,朱熹则对《华严合论》极为不屑,云:"《华严合论》,其言极鄙陋无稽,不知陈了翁一重理会这个,是有甚么好处,也不会厌。可惜极好底秀才,只恁地被他引去了。"⑤ 赵贞吉与陈了翁的态度一样,他集矢于朱熹,认为其法程张而不信程张,尊杨谢而力辟杨谢。同时,他认为朱熹"拒禅甚力,恶苏尤深,诋陆太露"⑥。赵大洲的性情气秉,亦颇得子瞻风韵,钱谦益谓之"公刚忠英伟,称其气貌,议论慷慨,有孔文举、苏子瞻之风"⑦。赵大洲扬苏东坡而贬朱熹,这

---

① 《李通玄在明代》,载荒木见悟著,廖肇亨译:《明末清初的思想与佛教》,台北联经出版事业股份有限公司2006年版,第129—130页。
② 袁宏道著,钱伯城笺校:《袁宏道集笺校》卷四十一《为寒灰书册寄郧阳陈玄朗》,上海古籍出版社1981年版,第1226页。
③ 《李通玄在明代》,载荒木见悟著,廖肇亨译:《明末清初的思想与佛教》,台北联经出版事业股份有限公司2006年版,第132页。
④ 祝允明:《祝子罪知录》卷七,明刻本。
⑤ 黎靖德编:《朱子语类》卷一百二十六,中华书局1994年版,第3026页。
⑥ 赵贞吉著,官长驰注:《赵贞吉诗文集注》卷二十一《复广西督学王敬所书》其四,巴蜀书社1999年版,第657页。
⑦ 钱谦益:《列朝诗集小传》丁集中《赵宫保贞吉》,古典文学出版社1957年版,第539页。

与晚明文坛"东坡御临"的现象正相吻合。赵大洲与晚明文人的学术取向的诸多"相似",根源则在于他们都是以一种宽宏的学术襟怀来论学、论文。这也是晚明激进派文士们一扫文坛摹拟涂泽之病,走出唯盛唐之诗、秦汉之文是法窠臼的思想动因。

正因为如此,赵大洲受到了当时文苑之士的推崇,如,发公安派先声的袁宗道有《杂说》一篇,除了记述其为宏道所作的《西方合论引》之外,主要历述了当时阳明学及泰州学派的行谊以及学术旨趣,其中记述尤为详备的便是罗汝芳、赵大洲与李贽。其论及李贽的著述主要是《童心说》,论及赵大洲的著述凡三篇,分别是《赠谢给谏序》《别江北谷序》与《与胡庐山督学论学》。《杂说》堪称是公安派肇兴的思想基础,其中,赵大洲的影响赫然可见。而万历年间思想界"两大教主"之一的李贽,实乃晚明革新派文人最直接的启教者,公安派主将袁宏道在万历十九年(1591)专程拜会李贽,留住达三个多月,遂使袁宏道的文学观念发生了根本的转变,袁中道谓之"先生(宏道)既见龙湖,始知一向掇拾陈言,株守俗见,死于古人语下,一段精光不得披露。至是浩浩焉如鸿毛之遇顺风,巨鱼之纵大壑。能为心师,不师于心;能转古人,不为古转。发为语言,一一从胸襟流出,盖天盖地,如象截急流,雷开蛰户,浸浸乎其未有涯也"①。李贽对赵大洲的学术极为推敬,他在论及孔孟之后的宋明儒学时,将周、程、阳明、心斋、大洲并列②,在《续藏书·赵贞吉本传》中,对其学术更是极为崇挹,谓之:"至其问学渊源,上控尧孔之微,而并包,逮于伯阳、子羽,爰达泥洹,雅自命曰,经世、出世,其古之博大人哉,荀扬诸子未足窥其奥也。其文章不袭人后而博辨雄深,要归于道。"③袁宏道本人对赵大洲也极为崇佑,云:"罗中,高士薮泽也。近代性命之学,始于赵文肃。尝窃读公书,出入禅儒,而去其肤,关、闽所未及也。"④乃至表示"假我数年",即"欲负笈以从者也"。⑤ 竟陵派盟主钟惺有诗

---

① 袁中道著,钱伯城点校:《珂雪斋集》卷十八《吏部验封司郎中中郎先生行状》,上海古籍出版社1989年版,第756页。
② 详见李贽:《焚书》卷一《答邓明府》,中华书局1975年版,第41页。
③ 李贽著,张光澍点校:《续藏书》卷十二《少保赵文肃公》,中华书局1962年版,第255页。
④ 袁宏道著,钱伯城点校:《袁宏道集笺校》卷五十四《寿何孚可先生八十序》,上海古籍出版社1981年版,第1534页。
⑤ 袁宏道著,钱伯城点校:《袁宏道集笺校》卷五十四《寿何孚可先生八十序》,上海古籍出版社1981年版,第1534页。

云:"侧听平时语,恒称赵大洲。及予窥述作,似不异源流。各负匡时气,同怀出世谋。惜哉殊秀实,易地道相侔。"[1]袁宏道云:"白、苏、张、杨,真格式也;阳明、近溪真脉络也。"[2]在晚明文人看来,文学与思想是表里相契的关系。而阳明学及泰州学派正是晚明文学思潮兴起的思想基础,其中深受晚明文人敬奉的赵大洲的影响理应不被忽视。

---

[1] 钟惺著,李先耕、崔重庆标校:《隐秀轩集》卷六《哭雷何思先生十首》之六,上海古籍出版社1992年版,第83页。
[2] 袁宏道著,钱伯城点校:《袁宏道集笺校》卷四十三《答陶周望》,上海古籍出版社1981年版,第1253页。

第九章 邓豁渠:"跻阳明而为禅"的泰州传人

邓豁渠,名鹤,号太湖,法号豁渠,四川省成都府内江县人。生于弘治十一年(1498)。一生证道,无一仕履经历,卒年不详。① 耿天台《里中三异人传》对其有较详细记载。②

一、《南询录》与邓豁渠的为学经历

邓豁渠的著述,《明史》《澹生堂藏书目》等仅著录《南询录》一种,今存。但据袁伯修记载,邓豁渠生前著述内容并不止于此,其"所著书,(邓)石阳访得之,今亦不存。存《东询录》,百分之一耳"③。伯修所记之《东询录》,不见于文献著录,是否即今之《南询录》尚难确考,但邓豁渠著述百存其一当为事实。据耿天台《邓豁渠传》记载,《南询录》大约是嘉靖四十三年(1564)——邓豁渠六十七岁以后,寓居耿天台家乡时所集。其乃邓氏晚年之作,因此,基本体现了邓豁渠学术思想的全貌。

邓豁渠一生遍参时贤,学术思想经历了多次变化。这在《南询录》中得到了体现。根据《南询录》一〇九的记载,他自"己亥年礼师",即是于嘉靖十八年

---

① 据耿天台记载:"嗣大洲入相,乃来京候谒。大洲拒不容见,而心故怜之,斥俸十金属里中一仕宦者携之归,仕宦者携至涿州,渠病作,而仕宦者争于赴任,弃之去,竟死野寺中,无所殡云。"(《耿天台先生文集》卷十六《里中三异传·邓豁渠传》,明万历二十六年刘元卿刻本)但李卓吾在《与焦弱侯书》中有记:"嗟嗟! 以邓豁渠八十之老,尚能忍死于保定慵夫之手,而不肯一食赵大洲之禾。"(李贽:《焚书》卷二《与焦弱侯》,中华书局1975年版,第63页)赵大洲的生卒年为1508—1576年,见陈世英《赵贞吉生年考及官职考——〈明史〉辨误两则》,载《福建论坛》2009年第2期。
② 见《耿天台先生文集》卷十六《里中三异传·邓豁渠传》,明万历二十六年(1598)刘元卿刻本。
③ 袁宗道著,钱伯城点校:《白苏斋类集》卷二十二《杂说》,上海古籍出版社1989年版,第316页。

(1539)师事赵大洲。这是邓豁渠自记的问学之始。邓豁渠在《南询录自叙》中亦有明确记述,谓之:"既壮,知慕道学,情状虽累坠,则有凛然与众不同之机。四十二岁,遇人指点,于事变中探讨天机,为无为之学。久久知事外无理,又以事理混融为学的;又久久知百姓日用,不知的是真机。学者造到日用不知处,是真学问,遂从事焉。"① 可见,其学术从赵大洲而入言之凿凿。同时,悟得的为学旨趣亦是泰州学派所标示的"百姓日用即道"的思想。但邓豁渠其后又经历了艰苦的证悟过程,他因不解良知而入青城山参禅十年,又入云南鸡足山,悟得人情事变之外有妙理在。后入南塘山中,有刘明卿、耿楚倥相助,始得生活安妥,于学能豁然通晓。邓红通过《南询录》所记内容进行了编年,对邓豁渠的思想作了历时考察,认为其"在中国大地各处周游,到1558年61岁时以澧州为根据地为止的十一年间为前期。在澧州逗留的八年时间为中期。67岁进入黄安以后为晚期"。前期的思想倾向是"追求分裂的'良知'",中期是"以'修命'来'修性'",晚期体现的是"三教合一"的思想。② 这样的历时分析虽然很好地解释了黄宗羲在《明儒学案》以及何继高在《刻南询录跋语》中对邓豁渠思想特征记述相冲突的原因,但将《南询录》各条以时间为序安排的根据尚有一些疑问,如第六三条中即有"渠一日阅《南询录》秘义"的文字,似为《南询录》成书之后所记,而根据整篇次第,六三条甫过半数。因此,对于《南询录》,除了明确有干支纪年的条目之外,其他条目的排列不宜过分强调时间次第,还是对其整体内容作综合分析为宜。总体而言,邓豁渠追寻超越的倾向较为一贯,诚如其所谓"事上穷究理,理则难明;理上穷究事,事则易明"(《南询录》五五)。当然,这一学术路向并没有脱离泰州学的本质,他还是通过百姓日用入手,其超越之路似有禅宗见山只是山,见水只是水③的意味。这就是他所谓:"学得与常情,是一般吃饭,一般睡觉,如痴如呆,才是好消息。"(《南询录》二七)当然,邓豁渠的这一观点与一般意义上的任情适性又有区别,而是经明心见性后的学术境界,虽"不拘戒律",但有"只主见性"的前提;虽"与人无别",但具"有主宰"的前提;虽"不假工夫",但有"神明默契"的前提。(《南询录》三二)这是妙悟、证道之后呈

---

① 《南询录自叙》,载《中国哲学》第十九辑,岳麓书社1998年版,以下《南询录》文献均引于此。
② 详见邓红:《试论邓豁渠的思想倾向》,《内江师范学院学报》2014年第5期。
③ 见普济著,苏渊雷点校:《五灯会元》卷十七《黄龙心禅师法嗣·青原惟信禅师》,中华书局1984年版,第1135页。

现出的"与人无别"的境界。从这个意义上说,邓豁渠与李贽等人的思想尚有一定的差异,这是因为他还孜求向上一路,这也是其毕生备尝艰辛求道的人生经历。同时,邓氏期期以问学为人生目的,这也与赵大洲不无关系。当邓豁渠遍访时贤,"与大洲不相闻者数十年"之后,两人在卫辉相见,赵大洲"惊异下车,执手徒行十数里,彼此潜然流涕。大洲曰:'误子者,余也。往余言学过高,致子于此,吾罪业重矣'"①。可见,正是赵大洲的指点,才使得邓豁渠以参证学问为人生归趣,乃至于绝俗忘家,超越世情。经过遍游湖海、寻人印证而得的学问归趣究竟是什么呢?这已与赵大洲的为学宗旨相去甚远了,当二人数十年之后相见时,情虽浃而道不同。据载:"时有来大洲问学者,大洲令渠答之。大洲听其议论,大恚曰:'吾借是以试子近诣,乃荒谬至此。'"②乃至此后赵大洲拒不相见,可见他们的学术已成殊途。那么,邓豁渠的学术归趣是什么呢?我们认为这是带有泰州学派的色彩,但又带有浓郁的佛道因子的学术境界。《泰州学案》中引:

> 渠之学,日渐幽深玄远,如今也没有我,也没有道,终日在人情事变中,若不自与;终日在声音笑貌中,亦不自知。泛泛然如虚舟漂瓦而无着落,心之虚也,自不知其虚;心之静也,自不知静。凡情将尽,圣化将成,脱胎换骨,实在于此。(《南询录》一〇九)

邓豁渠所标示的历尽辛苦而得的"渠之学",其中既有泰州学派以及王学现成派的色彩,亦即自然即道,但佛道的色彩已十分浓烈,师事赵大洲的影响已式微。

二、思想的历时变化及主要内涵

邓豁渠的学术思想经历了一个不断证悟,发展变化的过程。各个时期又

---

① 转引自黄宗羲著,沈芝盈点校:《明儒学案》卷三十二《泰州学案一》,中华书局1985年版,第706页。
② 黄宗羲著,沈芝盈点校:《明儒学案》卷三十二《泰州学案一》,中华书局1985年版,第706页。

具有不尽相同的特点。兹就其主要方面论述如次：

首先，论元明真心。在《南询录》六四中，邓豁渠记述为学经历时，比较清楚地昭示了其由阳明学—现成派（泰州学派）—佛学的过程。他在论述超凡入圣的途径时，认为一切世情与学问都是凡情。学人们在臻于圣化之境时需要通过三道关：第一道关是去掉不好的，认取好的，邓豁渠谓之是在"善恶上干工夫"；第二道关是不认善恶，而是探究善恶背后的原因与主体，即他所谓"认着所以干好不好的，是甚么在干"，这同样未得究竟义，而只是"认知识作良知者"；第三道关是认取不识而知，自然而然的学问，亦即泰州学派以及王学现成派的旨趣，但邓豁渠认为这是认"识神作元明照者"。显然，元明照是比识神更高的境界，即如同他说"认知识作良知"，良知高出于知识一样。何谓元明照？《楞严经》云："元明照生所，所立照性亡。迷妄有虚空，依空立世界。想澄成国土，知觉乃众生。"①对于"元明"，邓豁渠亦有论述，与眼、火、日月之明有限量不同，有个"没限量的，不囿于形、超于神明之外"，可"照破三千大千恒河沙世界"的，"是谓元明"（《南询录》六九）。"元明"，即如来藏性。《圆觉经心镜》云："元明者，即如来藏性也。"②《南询录》七四中对"元明"有系统表述。他认为元明真心是超越于神、机、心性、情念的最高范畴，云："神随机转，机随情念转，情念有善有恶，神机可以为善为恶，皆幻化也。元明真心是转移不得的，情念不能及，神机不能入。"因此，他称元明为"大明""大神"。邓豁渠还将佛教的如来藏性与"命"相联系，云："照可以言心，寂可以言性，不可以言命。命也者，玄之又玄也。"（《南询录》七四）识神虽然也是佛教用语，识指识心，神指神魂，但在佛教看来，识神尚是形在的层面，如慧远云："不得见形朽于一生，便谓识神俱表。"③因此，释氏有时将其与儒学相比况，如明代高僧德清云："儒氏以识神为天命之性。"④道士陆西星释解佛典时说得更为直白："学道之人不识真，只为从前认识神。"⑤可见，"元明照"才是他所尚求的圣化境界，也就是佛教"依空立世界"的境界。《南询录》第六十五条较清楚地昭示了邓豁渠的佛学归趣。正因为这样的为学取

---

① 般刺蜜帝译：《楞严经》卷六，《大正新修大藏经》第19册，第13页。
② 智聪述：《圆觉经心境》卷三，《续藏经》第10册，第399页。
③ 吉藏：《三论玄义》卷一，《大正新修大藏经》第45册，第1页。
④ 德清述：《楞严经通议》卷四，《续藏经》第12册，第569页。
⑤ 陆西星述：《楞严经述旨》卷二，《续藏经》第14册，第630页。

向，他又不完全为泰州学派所牢笼，他认为泰州之学等王学现成派仅"透得率性之谓道"，而没有透得"天命之谓性"，尚不能超脱凡情，其立论的基础是佛教的缘起性空。人们远离幻有，恰恰容易"辗转成有"。在他看来，"幻心灭幻尘，幻尘虽灭，幻心不灭；幻心虽灭，灭幻不灭；灭幻虽灭，灭灭不灭"（《南询录》六七）。他所尊奉的"元明照"，则是"依空立世界"，"所立照性亡"，这就是他所谓"超脱凡情"的理论。

其次，第二机即第一机。这是邓豁渠受月泉启示而长期信奉的思想。据《南询录》一三载："因王东厓指引，问湖州府武康县天池山礼月泉。月泉云：'第二机即第一机。'又云：'知此一机则无第一第二。'"但月泉所证，其后被邓豁渠否定了，据《南询录》一〇九载："乙丑正月，刘明卿接家避严霜之威，另居一室供养应时。又有邓庆善待，颇得安妥。油油然有颖悟之机。迁居耿楚倥茅屋，林柏壹送供害养，两月始达父母未生前的，先天天地先的，水穷山尽的，百尺竿头外的，与王老师差一线的，所谓无相三昧，般涅盘，不属有无，不属真妄，不属生灭，不属言语，常住真心，与后天事不相联属。向日鸡足所参人情事变的，豁然通晓，被月泉妨误二十余年，几乎不得出此苦海，南柯梦中几无醒期。"（《南询录》一〇九）他认为这一境界与月泉法师处所证得的"第二机即第一机"并不相同，而是一个摒弃了第二机的纯粹的"第一机"，亦即是超越层面的体认，是无自觉的虚静之心。可见，所谓第二机即第一机仅是豁渠求道过程"被月泉所误"的一个阶段而已，最终被"常住真心，与后天事不相联属"的思想所取代。但"被月泉所误"时间长达二十余年之久，因此，这也是邓豁渠学术思想中的一段重要的经历。所谓第二机即第一机，实乃心斋百姓日用即道的另一种表述，之所以问道于月泉，亦是"因王东厓指引"（《南询录》一三）。东厓荐引说明了其对于月泉的主要观点"第二机即第一机"（《南询录》一三）应当是熟悉且认可的。认可的根本原因是月泉之"第二机即第一机"与心斋"百姓日用即道"有相通之处。与此相联系，豁渠主张全体放下，排除一切心的持守方可透过，这与近溪十分相近。但在这方面，龙溪指出了近溪的理论不足，说："虽云全体放下，亦从见上承当过来，则毁誉利害真境相逼，尚未免有动。他却将动处亦把真性笼罩过去，认做烦恼即菩提，与吾儒尽精微，时时缉熙，工夫尚隔一尘。"①豁渠也是

---

① 王畿撰，吴震编校整理：《王畿集》卷四《留都会纪》，凤凰出版社2007年版，第90页。

仅讲全体放下而鲜讲直下承当。他从月泉法师那里堪得的所谓"第二机即第一机",其实落得的仅是自然顺适而已。对于一切放下,《南询录》中有这样的记载:

> 江问合用工夫。渠曰:"一切放下。"江曰:"只这的。"渠曰:"不这的,便是求解脱。"江曰:"莫不落顽空。"渠叫江,江应。渠曰:"你几曾顽空,叫着即应,伶伶俐俐,天聪明之尽也。"渠问江云:"但有造作,便是学问。性命上无学问。但犯思量,便是人欲。性命自会透脱宗下明白,当下便了性命,是个玄门以神为性,气为命,便落第二义,便在血气上做去了,便在游魂上做去了。纵做得长生不死,也只得守其尸耳;纵做得神通变化,也只是精灵之术,于性命迥不相干。神有聚散,性无聚散;气有生灭,命不生灭。"(《南询录》二五)

类似的表述《南询录》中多有记述,如"学得与常情,是一般吃饭,一般睡觉,如痴如呆,才是好消息"(《南询录》二七)。这与李贽排斥"道理闻见"颇为相似。邓豁渠从月泉处接受的第二机即第一机其实不是本体即工夫,而是悟本体而不论工夫,求得的仅是"一切放下",最后只是以呼名唤姓的偷换概念的方法来表达不落顽空而已。邓豁渠其后悟得的常住真心则归于佛道,诚如黄宗羲所评:"所谓先天第一义者,亦只得完一个无字而已。"①邓氏所谓"为月泉妨误",某种程度上也是自别于泰州之学的陈述。同理,这"妨误了二十余年",也就是邓氏与泰州学派应同的二十余年。

最后,"致虚守静"(《南询录自叙》)以透性命之窍。邓豁渠追寻的是"造化之外"的超越之道。对此,他曾有过与王阳明龙场悟道时相似的体验。当其丙辰年(嘉靖三十五年,1556)过广西八八岭时,饥饿劳苦之极,屡屡跌仆于石径之上,当时邓豁渠闭目休歇,情念净尽,生死利害已全然不顾。此时的邓豁渠悟得了这样的情境:"清静宝光,分明出现,曾所未见;曾未有的消息,曾未有的光景,非言语可以形容",并且说明这是其"饥饿劳苦之极,逼出父母未生前面目来"。(《南询录》二二)虽然他说所见尚为"相外光景",但这是认为自己"功行未

---

① 黄宗羲著,沈芝盈点校:《明儒学案》卷三十二《泰州学案一》,中华书局1985年版,第707页。

圆,涵养未至,参究未透,尘劳未释"的缘故。可见,邓豁渠孜孜以求的是超越于现实、造化之外的本原,这也是其脱却尘俗,艰苦寻道的根本动力。邓豁渠是直指本体向上一路的学者。邓氏的向上一路,就理事关系而言,是脱略了事而纯粹见之于理。当其与澧州正庵主人论儒家"事上磨练"时,云:"说个磨练,就有个事,有个理,有个磨练的人,生出许多烦恼,不惟被事障碍,且被理障。欲事理无碍,须要晓得就是理欲透向上机缘,须要晓得理上原无事。"(《南询录》三五)这是超越于事的层面的理,与现成派所持守的"不虑而知""不学而能"并不相同,他认为"不虑而知""不学而能"之"知""能","皆属神机",并不是超然独存的玄妙之理(《南询录》五七),乃至于他还追寻超越于理事的"性命窍"。而"所谓事理,所谓日用,与夫有情无情,有善无善,有过无过,有作无作,皆非性命窍",此"窍"乃是"甚深微秒"的无上之窍,"须致虚守静"方可透悟。(以上引自《南询录自叙》)邓豁渠的证道之路即是透悟"性命窍"的过程。邓氏孜孜以透悟性命窍的人生与学术追求,主要源自佛学,他说:"渠之学,谓之火里生莲,只主见性,不拘戒律。"(《南询录》三二)邓豁渠在《南询录自叙》中描述一生寻觅的最终学术境界是:"杜闲客之谈,远假借之徒,却世情之交,自行自止,自歌自咏,优游亟泳,以似凡情消化,离生死苦趣,入大寂定中,大光明藏生灭灭矣,寂灭为乐。"(《南询录自叙》)具有佛学消解自我的色彩。因此,其参透"性命窍"的过程,基本是归心佛禅的过程。事实上,时人更多的是将邓豁渠视为佛教中人,李贽称其为邓和尚、渠上人。而其著作《南询录》也被视为佛学著作,如《明史·艺文志》便是将其列为"释家类"。袁小修的论述则更为详细,据袁宏道《德山麈谭》载:"小修又云:'走明白路,亦有两种:有于经纶上求明白,如法师是也,乃认贼为子,决不可用。有言语道断,心行处灭,亦是走明白一路者,如觉范、豁渠其人也。观《林间》、《南询》二录自见。'"[1]将邓豁渠与宋代诗僧觉范并提。所谓"走明白路""漆黑路"乃是袁氏昆仲关于如来禅、祖师禅的形象说法,袁宏道《珊瑚林》中在引述小修所言之前有云:"走明白路者,求解也,解通,名如来禅。走漆黑路者,求悟也,悟透,名祖师禅。"[2]邓豁渠乃丛林僧人,几乎成为时人的共识。但邓豁渠之涉佛,并不能成为判定其是否为泰州学派传人的依据。因为

---

[1] 袁宏道著,钱伯城点校:《袁宏道集笺校》卷四十四《德山麈谭》,上海古籍出版社1981年版,第1296页。

[2] 袁宏道:《珊瑚林》下卷,明清响斋刻本。

在时人看来,泰州别派本身即与佛学意脉相通。因此,邓豁渠之涉佛,并不碍其得泰州心传。如,李贽虽然称其邓和尚,但又称其为心斋之后"一代高似一代"的一个重要环节。袁宏道亦云:"文肃别派为渠上人。"①从这个意义上说,黄宗羲"跻阳明而为禅"的判断,虽然不能涵括心斋等泰州前期学者,但论之于泰州后学的特征则是较为允当的。邓氏归心佛学,又兼承泰州之脉,论说良知,堪称其为"跻阳明而为禅"的代表。

当然,邓豁渠在追寻向上一路,以透性命之窍时,还有佛学之外的理论根源。如邓氏云:"须在诚、无为理会,才是几先之学。诚则神,神则几自妙。研几落第二义,堕善恶上去了,总是体认天理之流弊。"(《南询录》三〇)豁渠所谓"几"的涵义颇为玄妙,邓红认为是"性",就其研几便堕落于善恶而言,似乎具有这一涵义。但因为"几"本身具有玄妙之义,《易传》云:"夫易,圣人之所以极深而研几也。唯深也,故能通天下之志,唯几也,故能成天下之务。"其"几"即机微之意,诚如晋人韩康伯所云:"适动微之会则曰几。"②"几"乃是变化的关键,所谓"研几开物"。因此,释之谓"性"似又太过坐实,邓豁渠也说"神则几自妙"。这从邓豁渠的其他论说中也可得到印证:

> 与刘洞衡话于龙潭,方丈叙及孔子五十而学《易》。衡曰:"我们如今讲究的,就是《易》。孔子学学这个,若去'有过'、'无过'上观孔子,便不是圣人;大机大化大运用的妙义,便不是圣人之学。"(《南询录》三三)

邓豁渠述刘洞衡之言而不予评述,可见其对刘氏言说的默认。刘氏不执之于"有过""无过"来体悟孔子以及圣人之学,就是超越于此关节,而从更加本原的角度来体悟,这也即是其所谓"几先之学"。而刘氏所云,正是其与邓豁渠讨论孔子论《易》而发,所谓"几""研几"也正是源出于《易》学。因此,《易》也是理解邓氏追寻向上一路的另一学术渊源。

邓豁渠是一位颇受时人物议而被称为异端的学人。黄宗羲在评论邓豁渠

---

① 袁宏道著,钱伯城点校:《袁宏道集笺校》卷五十四《寿何孚可先生八十序》,上海古籍出版社1981年版,第1535页。
② 王弼注,韩康伯注,孔颖达疏,陆德明音义:《周易注疏》卷十一,《文渊阁四库全书》第7册,第539页上。

为学之"误"时也说,"身之与性,截然分为二事,言在世界外,行在世界内",意即邓豁渠的行谊与思想脱节。诚如黄宗羲所说,"人但议其纵情",但邓氏的行谊是祖死不葬,父丧不奔,见黜于名教,是"杜闲谈之客,远假借之徒,却世情之交,自行自止,自歌自咏,优游亟泳"(《南询录自叙》)。但这并不是行谊与思想的殊异,而恰恰是他遍访时学,纵横三教而后形成的思想使其然,即他所说的"凡情消化,离生死苦趣,入大寂定中"(《南询录自叙》)。可见,邓豁渠并非行与学的分隔。邓豁渠之狂怪,是因出入于三教之后,学术与人生态度发生了巨大变化使其然,因此,即使认为邓豁渠言行两分的黄宗羲,亦已看到了其"纵情",实源于其以"无"为先天第一义。因此,邓豁渠之狂怪,表面上看是"自行自止,自歌自咏,优游亟泳",但其弃功名、妻、子,间关万里,辛苦跋涉,最终死于野寺之中。这样的"纵情",并非为一己之利,也不是顾宪成所说的"坐利欲胶漆盆中"所能涵括。他曾自述其学,谓之"火里生莲,只主见性,不拘戒律"(《南询录》三二),其意亦为黄宗羲所采,但"不拘戒律"其实说的是"与人无别",亦即自己能从百姓日用之中悟得真机,绝非恣肆纵欲之意。虽然耿天台在《邓豁渠传》中记述《南询录》原作中曾有"色欲性也,见境不能不动,既动不能不为羞。而不敢言,畏而不敢为者,皆不见性"的表述,但存世的《南询录》中并无这样的文字,即使是对邓豁渠予以苛斥的耿天台也认为是"渠自不得于心,删去之耶"①,更何况邓豁渠证道不辍,即使偶有所书,也绝非其学问宗旨。恰恰相反,《南询录》中记录的却有这样的文字:"天下极尊荣者美官,妨误人者亦是这美官;人情极好爱者美色,断丧人者亦是这美色,打得过这两道关,方名大丈夫。"(《南询录》七七)还说:"学阳明不成,纵恣而无廉耻;学心斋不成,狂荡而无藉赖。"(《南询录》一九)大洲恚然而斥其学,认为邓豁渠虽有颜渊之质,但经过多年遍游参证,最终所论却是"误己误人"的"虚罔语"。② 大洲批评的当是邓氏泛滥佛道之后的学问特色,而非"色欲性也"之类的纵情之辞。理解邓豁渠,需要体悟其学与行的一致性。其行谊之狂怪,乃源于其不辞辛劳,弃绝世情利欲的证道决心之坚。这种坚毅的问学精神恰恰是传统学术最为崇尚的,即孔子所谓"朝闻道,夕死

---

① 耿定向:《耿天台先生文集》卷十六《里中三异传·邓豁渠传》,明万历二十六年(1598)刘元卿刻本。
② 耿定向:《耿天台先生文集》卷十六《里中三异传·邓豁渠传》,明万历二十六年(1598)刘元卿刻本。

可矣"。因此,不应视其为狂怪不羁的异端者。

三、入列《泰州学案》的学理依据

黄宗羲在《明儒学案》中将邓豁渠归于泰州别派,这也是较为普遍的看法,如清人陆世仪云:"心斋之学虽粗,然以一不识字灶丁而能如此,却是豪杰有气魄,鼓动得人,故当时泰州一派亦盛,然接引者多是布衣,又多死非命,如颜山农、邓豁渠、何心隐之属,亦学问粗疏,一往不顾之所致也。"①据耿天台《里中三异人传·邓豁渠传》载:"(豁渠)初闻里中大洲先生谈学,心厌之。已,渐有入,则时时从之游,即大洲家众峻拒之,勿为阻。"但邓豁渠的一生是不断问道的,学术屡经变化,乃至"髡发出游方外"②的过程。邓豁渠的为学路径是由泰州学人赵大洲入,亦即李贽所谓"其端实自赵老发之"(《叙南询录》)。判断邓豁渠的学派归属,除了师承关系之外,尚需结合邓豁渠的思想,学术经历,对阳明、心斋、东厓等人的态度,乃至与赵大洲思想的比较等多维度的考察方可得其大概。

邓豁渠虽然"卒以心师赵老而禀学焉"③,但赵大洲对邓豁渠之"欲与后天中干先天事"④深为不满。赵、邓的殊异需稍作探析。就表面看,邓氏云:"后天就是先天。"(《南询录》六七)赵大洲论学尚"大圆镜智",泯先天、后天之别,亦即其所谓"不离日用常行内,直造先天未画前"⑤。不难看出,两人的论学取向并无根本殊异。这里,我们有必要与同时而稍早、影响甚大的王畿先天正心之学进行比较考察。赵大洲以"大圆镜智"泯先天、后天之别,与王龙溪的先天正心之学相近。当然,龙溪主要是从工夫论的角度来阐论先天正心之学的,云:"良知是天然之灵窍,时时从天机运转,变化云为,自见天则,不须防检,不须穷索,

---

① 陆世仪:《思辨录辑要》卷三十一,《文渊阁四库全书》第 724 册,第 294 页下。
② 耿定向:《耿天台先生文集》卷十六《里中三异传·邓豁渠传》,明万历二十六年(1598)刘元卿刻本。
③ 李贽:《叙南询录》,载《中国哲学》第十九辑,岳麓书社 1998 年版。
④ 赵贞吉著,官长驰注:《赵贞吉诗文集注》卷二十二《答胡庐山督学书》,巴蜀书社 1999 年版,第 714 页。
⑤ 赵贞吉著,官长驰注:《赵贞吉诗文集注》卷二十二《答胡庐山督学书》,巴蜀书社 1999 年版,第 714 页。

何尝照管得,又何尝不照管得?"①而赵大洲则主要是从本体的角度而言。龙溪的先天正心之学虽然有先天即后天的一体色彩,但他其实又是严分先天、后天的,云:"正心,先天之学也;诚意,后天之学也。"②赵大洲与王龙溪都有关于先天、后天关系的论述,这都与他们论学范围三教的倾向有关。在龙溪看来,只有认识到念之于先天心体而言则是无,如此,先天之性体便能一体流行,这颇有六祖慧能"无念为宗"的意味。但龙溪吸取佛道思想的目的仅在于解决工夫论的问题,为其先天正心之学在逻辑上得以圆满周延,内涵与佛道则相去甚远。因为佛道并无儒家性理所具有的道德内涵,因此,龙溪虽然公开提倡"范围三教之枢",但他还是指出:"学佛老者,苟能以复性为宗,不沦于虚妄,是即道释之儒也。"③而赵大洲则借用佛教"大圆镜智",意谓其智体清净,离有漏杂染之法,亦即体不动而用常显,用常显而体不动,即佛教所谓"自众生善恶之业报,显现万德之境界"。其实质是归之于体之清虚。可见,与王龙溪之援佛道以证其工夫论不同,赵大洲之援佛,实乃证其本体论。其"不离日用常行内"只是途径,"直造先天未画前"才是所论之本。赵大洲之所以对邓豁渠所论不满,乃是因为邓豁渠所论仍然是以分别先天、后天为前提的。而赵大洲则认为,先天、后天的区别是相对的,只是滞执碍塞处是否彻去而已,本质并无不同,种种色色,刹刹尘尘,皆在大圆镜智之中。因此,他认为已发与未发之体并无区别,《中庸》之"天命之谓性",周敦颐之"和也者中也,中节也,天下之达道也",老子观窍与观妙同出同立之旨,佛氏之不思善、不思恶,见本来面目之义都与此义相同。而邓豁渠"欲于后天中干先天事",便是妄作分别语以骇人听。④ 其实,大洲之斥邓豁渠实乃意气之论。因为大洲引据的大圆镜智恰恰是以分别为前提的,即众生善恶业报与万德境界,或清净智体与有漏杂染诸法之别。因此,豁渠之"后天中干先天事"与其所说的"大圆镜智"并无多少区别。相反,大洲自己所申论的已发即未发之体恰恰与大圆镜智存在着明显殊异。大洲之斥豁渠其实是因情绪而不在学术,因为在《答胡庐山督学书》中有这样一段文字:"吾

---

① 王畿撰,吴震编校整理:《王畿集》卷四《过丰城答问》,凤凰出版社2007年版,第79页。
② 王畿撰,吴震编校整理:《王畿集》卷一《三山丽泽录》,凤凰出版社2007年版,第10页。
③ 王畿撰,吴震编校整理:《王畿集》卷十七《三教堂记》,凤凰出版社2007年版,第486页。
④ 赵贞吉著,官长驰注:《赵贞吉诗文集注》卷二十二《答胡庐山督学书》,巴蜀书社1999年版,第714页。

观渠书中觊望有待之多,自负张皇之甚,轻侮前训,以表己能,堕于业罪而不自觉。嗟嗟,云水瓢笠之中,何为作乞墦登垄之态耶? 宜见笑于大方之家矣,姑置勿论。"①赵大洲极诋邓豁渠之非,于士林之中曾引起纷议。邓石阳曾将大洲斥豁渠之"云水瓢笠之中,作此乞墦登垄之态"书之于李贽。李贽是当时鲜见的竭力为邓豁渠申辩的学者,他说:"览教至此,不觉泫然! 斯言毒豁,实刺我心。"②但他又极崇大洲,因此,他对大洲之言的解释是意在警示胡直,云:"当时胡氏必以致仕为高品,轻功名富贵为善学者,故此老痛责渠之非以晓之,所谓言不怒,则听者不入是也。今夫人人尽知求富贵利达者之为乞墦矣,而孰知云水瓢笠之众,皆乞墦耶!"③李贽所论,当为曲说,这是因为他既认为"赵老真圣人也"④,"夫赵老何人也,巍巍泰山,学贯千古"⑤,同时,又因自己与邓豁渠相似的性情志趣而为其申辩。赵大洲极诋豁渠的根本原因在于其"自负张皇之甚,轻侮前训,以表己能,堕于业罪而不自觉"⑥,亦即其弃人伦而悖传统的行谊。从赵大洲对于邓豁渠的痛诋,亦可见两者之间的性情志趣之别。邓豁渠"凡情将尽,圣化将成"(《南询录》一〇九),实乃邓豁渠于世情之外证道的为学取向使其然。这也是邓豁渠与赵大洲相区别,且为大洲所不容的特质。对此,袁中道在《柞林纪谭》中所载的李贽的评述可资参考:

> 问:"邓豁渠语录说道,觉得不甚活。"叟曰:"渠一生被第一机即第二机混了,恐后人复朦胧道去,故尔分析,将以扫第二即第一之窾白也。其学问是真实学问,从万死中得来。"曰:"比大洲如何?"曰:"大洲不同。邓老一生是个担板人,所以学问也有些担板。大洲却圆。"⑦

---

① 赵贞吉著,官长驰注:《赵贞吉诗文集注》卷二十二《答胡庐山督学书》,巴蜀书社1999年版,第715页。
② 李贽:《焚书》卷一《复邓石阳》,中华书局1975年版,第11页。
③ 李贽:《焚书》卷一《复邓石阳》,中华书局1975年版,第11页。
④ 李贽:《焚书》卷一《复邓石阳》,中华书局1975年版,第11页。
⑤ 李贽:《焚书》卷一《复邓石阳》,中华书局1975年版,第12页。
⑥ 赵贞吉著,官长驰注:《赵贞吉诗文集注》卷二十二《答胡庐山督学书》,巴蜀书社1999年版,第715页。
⑦ 袁中道著,钱伯城点校:《珂雪斋集》附录二《柞林纪谭》,上海古籍出版社1989年版,第1484—1485页。

在李贽(亦即《柞林纪谭》中之"叟")看来,邓豁渠与赵大洲为学的区别在于"担板"与"圆"。而大洲之"圆",其实是学以经世,而不仅仅以证道为归趣,因为李贽在论及"大洲却圆"之后,尚有这样的假设:"当时翰林中也大奇,便有张太岳、高中玄、赵大洲三人,俱以豪杰同时用事。"①这与"却世情之交"的邓豁渠迥然不同。赵大洲对于邓豁渠的批评,诚如李贽所述,仅是其"迹"而非"本"。在为学之根本上,李贽认为,邓豁渠是深得虞廷精一之学的学者,其"所见甚的确,非虚也,正真实地位也;所造甚平易,非高也,正平等境界也",而这正是"亲得赵老之传者"。② 从邓豁渠的逃儒归佛,到元明真心的思维路向,都有亲得赵大洲之传的痕迹。李贽所言洵为的论。

邓豁渠对心斋之学虽然时有未得究竟义的评价,但其泰州之学的色彩仍然明显。邓豁渠虽然追寻向上一路,但仍然持守百姓日用之学,云:"学到日用不知,不论有过无过,自然有个好消息出来。见有过,则知无过好;见无过,则知有过不好。好不好,皆迷境也;反不如百姓日用妥帖。尧之安安,孔子之申申夭夭,才是乐,才是学。邵尧夫浑是个弄精魂的人,白沙打住吟风弄月船,阳明且向樽前学楚狂等意,与尧夫同,不得与尧孔同。除了他这些好意思,才得安安申申,才与百姓一般妥帖,才是道人本色。学百姓学孔子也。百姓是今之庄稼汉,一名上老,他是全然不弄机巧的人。"(《南询录》八二)他秉承的也是一种赤子之论,做一个毫无机巧的真百姓。他认为,学得一个真百姓,才是一个真学者,才是不失赤子之心,才能谓之为"大人",他还引孔子所谓"吾有知乎哉?无知也。于乡党恂恂如也"一语,谓其"似不能言者,才是一个真百姓"。(《南询录》八四)他以现成论诠解孔子,云:"孔子之学,一贯是宗旨,可以仕则仕,可以止则止,可以久则久,可以速则速。用寒则穿衣,饥则吃饭,可睡则睡,可起则起,是他行持如此行持,自无意、必、固、我之私。无意、必、固、我之私,不是鸢飞鱼跃妙机,就是维天之命,於穆不已,而成四时造化。故曰:知智者,亦行其所无事,则其智亦大矣。"(《南询录》九)他认为"百姓皆一贯也"(《南询录》八五),认为道学倡行以来,并没有人能够真正学成孔子,原因即在于宗法的是孔子,学习的则是朱熹。理学家们视一贯之旨高不可及,而邓氏认为百姓皆得一贯旨

---

① 袁中道著,钱伯城点校:《珂雪斋集》附录二《柞林纪谭》,上海古籍出版社1989年版,第1484—1485页。
② 李贽:《焚书》卷一《又答石阳太守》,中华书局1975年版,第5页。

趣,真正得孔子义谛的是百姓,而非宋儒的分疏条贯之学,因为孔子之旨是"机缄不露"的。(《南询录》八五)王艮虽然提出"百姓日用即道",但鲜有证明,而邓豁渠从百姓得孔子"一贯"之旨的角度,对泰州学派的这一思想进行了论证。这堪称是邓豁渠乃泰州学派传人最鲜明的标识。邓豁渠径言:"学得一个真百姓,才是一个真学者。"(《南询录》八四)同样,他认为程子的定性论也是错认神为性,所以其学亦"不得到家"(见《南询录》八六)。可见,他对于宋代理学多持否定态度,原因是在他看来,宋代理学没有真正秉持孔子的一贯之旨,认识本然之性,而是以种种叠床架屋之论,使妄上加妄。即如其所云:"本等是一江清水,被这迷人搅起波来,故曰依旧落迷途。"(《南询录》八六)其黜落道理,直截本心自然之意,与阳明学及泰州之学的旨趣实相通贯。他极崇阳明,谓之:"阳明振古豪杰,孔子之后一人而已。"(《南询录》一〇五)又云:"心斋格物是权乘,阳明良知是神明。水穷山尽,那著子便悬绝在。"(《南询录》一一)他还曾对阳明诗教做出诸种诠解,言辞之中对阳明戛戛独造颇为认同,或讽孔子,或讽周子,或讽朱子(见《南询录》八九),但对阳明并无异议。当然,考察邓豁渠与泰州学派的关系,最重要的依据是他唯一存世的著作《南询录》中表现的思想是否与泰州之学有相通之处。《南询录》计有一一三条。对于其核心思想,《南询录》第六十三条有这样的记述:

> (邓庆)问:"如何谓之妄心?"渠曰:"不当想的想,不当为的为,一切世情皆妄心。"如何谓之真心?渠曰:"当想而想,当为而为,一切有理的皆真心。"曰:"饥来吃饭倦来眠,可是工夫否?"渠曰:"率性。率性就是工夫。"渠一日阅《南询录》秘义,庆(邓庆)侍曰:"这个书都在说这个道理。这个道理明白,这个书也不消要得他。"

《南询录》的秘义,也就是邓庆理解的"这个道理",就是"一切有理的皆真心"。此之"理",不是理学"性理"之"理",不是二程自家体贴出来的"天理",而是自然之理,即他所说的"当想而想,当为而为",诸如"饥来吃饭倦来眠"的自然欲求等。因此,他说"率性就是工夫"。邓豁渠在《南询录》中阐论的"这个道理",在第六十三条邓豁渠与邓庆的对话中有进一步的论述。他认为,邓庆的发问是妄心,因为是涉于安排、思虑而后问,但邓豁渠自己的回答则是真心,是不涉安排的自然回应,即他所谓"我答你无心,无心是真"。邓庆深受启教,并用之于与邓豁渠的日常应对之中。邓豁渠有一天要求邓庆谈学问,邓庆答曰:"不要说。"当邓庆正在收拾卧具时,邓豁渠又问,邓庆曰:"我这等收拾卧具,就是鹘里鹘突做,就是不识不知,顺帝之则,不要时常把来说。"(《南询录》六三)邓豁渠将其详细载入,显然对此深以为然。不难看出,邓豁渠在《南询录》中阐论的最核心思想即是自然现成,这与王心斋百姓日用即道,以及其后的罗汝芳"赤子之心"、李贽"童心"说意脉相连。邓豁渠摒弃的"一切世情",类似于李贽所谓"道理闻见"。当然,邓豁渠比罗汝芳、李贽等人的论说更具禅学色彩,他与邓庆之间关于言学的应对,便带有浓厚的机锋对接的意味。

但毋庸否认的是,邓氏的学术思想与泰州学派以及心斋所承的阳明学也存在着诸多殊异之处。日本学者荒木见悟说:"当时影响思想界最大的是阳明学,豁渠也承认'阳明振古豪杰,孔子之后一人而已',但是他并不能满足于阳明的良知说,从他的著作来看,用'性命'一词的地方远比'良知'来得多,或许可以作为他意图超越良知说的证明吧。"①诚如其所言,邓豁渠对于良知之至上性有所怀疑,他说:"良知,神明之觉也。有生灭,纵能透彻,只与造化同运并行,不能出造化之外。"虽然邓豁渠师承赵大洲,而赵大洲与泰州之学有明确的学脉渊源。但是,豁渠与心斋尚有一定的距离,如豁渠云"心斋格物是权乘,阳明良知是神明"(《南询录》一一),尤其是对泰州后学提出了怀疑,云:"学阳明不成,纵恣而无廉耻;学心斋不成,狂荡而无藉赖。"(《南询录》一九)邓豁渠期期以"神理""神明""神机"等语汇作为透悟之关键一着,显示了二氏的影响所在。同时,豁渠对于阳明学的理解似乎也不尽准确,他说:"此时讲圣学的,皆以分别是非善恶的是良知,不分别是非的是知识,运用是非善恶之中者,良知也,夫人所不能自与也。分别是非善恶者,知识也。夫人能与之也。良知、知识之别,学问之真假所系,可不慎欤?"(《南询录》五八)事实上,邓豁渠虽然在当时被视为具有叛逆色彩的"异人",但是,豁渠对现成论其实并不认同,他曾对种种时论提出批评,云:"谓行所无事是率性,率性就是圣人。又谓现前昭昭灵灵的,就是鸿蒙混混沌沌的。又谓第二义,就是第一义。又谓后天就是先天,曰行,曰率,曰义,

---

① 《邓豁渠的出现及其背景》,载荒木见悟著,廖肇亨译:《明末清初的思想与佛教》,台北联经出版事业股份有限公司 2006 年版,第 197 页。

皆可名言。有名言,皆落相;有相皆物也。今之学者,只透得率性之谓道,透不得天命之谓性,此所以不能超脱凡情,个个都是害病死,个个没结果。"(《南询录》六七)更重要的是,邓豁渠深受佛理濡染,论学还是依循向上一路,着意于透悟无之本体,记曰:"一日,坐楚倥茅亭,闻鸡啼,得入清净虚澄,一切尘劳,若浮云在太虚,不相妨碍。次早,闻犬吠,又入清净,湛然澄沏,无有半点尘劳。此渠悟入大光明藏消息也。"(《南询录》七二)这在泰州学派中亦属权乘,因为泰州学派肇始期的学者虽出身寒微,但他们讨论的依然是理学心性本体,挺立自心的问题。泰州学派的自心还是《大学》"正心"之"心",而邓豁渠则坠于佛学的"大光明藏"。同时,泰州学派自别于理学正统的为学取向则是形在之物,如心斋之淮南格物的核心是尊身而非正心,何心隐则以笃行践履见长,而邓豁渠追寻向上一路,究学于佛,这与心斋之学颇多乖隔。同样,邓豁渠也并没有太多地执守阳明学,其究竟范畴是"元明真心",他认为这是超然于神机、情念等之上的。在豁渠看来,神机、情念等都是幻化的,唯有"元明真心是转移不得的,情念不能及,神机不能入"(《南询录》七四)。"神机有生灭,元明真心无生灭也。""至若元明真心,普照恒沙国土,广鉴一切,有情可以知蝼蚁之声,可以知两点之数,可以知草木痛痒,日月照不到处能照之,神明察不到处能察之,神机功德可思议,元明功德不可思议,是谓大明,是谓大神,是谓无上,是谓无等等是。"(《南询录》七四)豁渠论学并不限于良知,他还以五行造化来构建他所认识的宇宙世界,认为宇宙中一切有形有色皆受五行造化管摄,不得自由。世间富贵福泽,困穷拂郁,寿倡夭折等种种不同,都是因为五行造化拨弄的结果。(《南询录》一〇七)其舍家游居之行,是基于对世情的否定。诚如其所云:"我出家人,一瓢云水,性命为重。反观世间,犹如梦中,既能醒悟,岂肯复去做梦?"(《南询录》二八)可见,邓豁渠之学具有鲜明的三教合通的色彩。

　　李贽是申论邓豁渠与赵大洲师承关系及两者学术同一性较为突出的学者,这与李贽的学术取向不无关系,邓豁渠与李贽堪称是泰州学派中浸淫佛学最深者。邓豁渠与李贽都曾有落发为僧的经历。李贽敬奉邓豁渠的原因之一,与他们都具有"启瞿昙之秘"的特色有关。但邓豁渠向心佛学的动因与李贽又有所不同,邓豁渠是从究学的路径而礼佛,诚如其所云:"渠思性命甚重,非拖泥带水可以成就,往告中溪,落发出家。"(《南询录》五)邓豁渠信服佛理,他执贽于佛学是期期解决学理上的困惑。他认为佛学超越于阳明的,即在于可以了得生死。他说:"觉得阳明良知,了不得生死;又觉人生都在情量中,学者工夫,未超情外,不得解脱。"(《南询录》三)"良知,神明之觉也。有生灭,纵能透彻,只与造化同运并行,不能出造化之外。"(《南询录》四)他向心佛学并不是因为遁逃薮的作用或受时风的影响,因此,"太湖①落发,一佛出世"(《南询录》五)。李贽之论佛多少与"遁逃薮"有关,而与邓豁渠有所不同。从李贽与邓石阳的数通尺牍可以看出,赵贞吉《胡庐山督学书》中对邓豁渠有所批评的内容是由邓石阳传示李贽的。作为数十年的挚友,邓石阳与李贽在对邓豁渠的评价上发生了争执。李贽对大洲极崇但又为豁渠极辩。李贽为豁渠辩,是宽宏的学术态度使其然,实乃对佛学的态度之辩。在邓石阳欲使李贽毁掉该文时,李贽予以拒绝,其理由是:"人各有心,不能皆合。喜者自喜,不喜者自然不喜;欲览者览,欲毁者毁,各不相碍,此学之所以为妙也。"相反,如果"各见其是,各私其学,学斯僻矣"。② 李贽其实是为佛学存在的合理性而辩。他认为,习佛并非违逆之举,云:"国家以六经取士,而有三藏之收,以六艺教人,而又有戒坛之设;则亦未尝以出家为禁矣。"③基于这样的认识,他视邓豁渠为承桃虞廷精一之学的学者便不足为怪了,这也是其孜孜以申论邓氏为赵大洲之嫡传,泰州一脉不碍佛学的根本原因。论佛而向慕心斋之学,这从邓豁渠的学术经历中也得到了证明。他曾拜访泰州与追寻阳明踪迹。嘉靖三十年(1551),邓豁渠赴泰州,访心斋之子王东厓,对此,《南询录》有生动的记载:

> 壬子二月,之泰州北山寺,时有三人问渠:"长老何处人?"渠曰:"四川。""你问那里去?"渠曰:"往安丰场泉。""你往安丰场做甚么?"渠曰:"我去安丰场,寻访王东厓。"彼曰:"你莫是寄书与东厓?"渠曰:"是。"三人遂与作礼。此日起会讲学,陆续来者知是与东厓书的和尚,咸加礼貌坐下末席,再会坐上末席,三会坐上中席。是会也,四众俱集,虽衙门书手,街上卖钱、卖酒、脚子之徒皆与席听讲。乡之耆旧,率子弟雅观云集。王心斋之风,犹存如此。(《南询录》一二)

---

① "太湖"为邓豁渠的法号。
② 李贽:《焚书》卷一《复邓石阳》,中华书局1975年版,第11—12页。
③ 李贽:《焚书》卷一《复邓石阳》,中华书局1975年版,第12页。

豁渠生动地记述了寻访东厓,以及会讲泰州的情形。尤其是与闻者不分士庶、僧俗,宛若心斋讲学场景的再现。豁渠的体认与记述,实乃景仰泰州学派的佐证。同样,嘉靖三十三年(1554),他还曾前往王阳明的故乡绍兴,拜访阳明祠堂和阳明洞。与其交往较多的则是赵大洲、耿天台等泰州学派或与泰州学派相关的人物。当然,还应看到,邓豁渠是一位追求玄虚之学,唯求宗趣,而不以教、派为是的学者。他曾将宗、教作区别论,云:"学问有教有宗。宗者,宗旨也。别是一条超然直路,与教不相关。由教而入者,便有阶级,何由超悟也。"(《南询录》一〇六)在他看来,立教是滞碍学术的,即便是孔子亦是如此,云:"论孔子者,谓一落画相,后天易也,未超数量,而有终穷;不如老子谷神不死,犹为超绝,安有孔子聪明睿智,不能穷神知化,弗透仙佛玄关者也?盖其立教,只得如此。"(《南询录》一〇三)在他看来,孔子未能穷神知化,是以人伦为本的立教宗旨使其然。同样,对于老子的思想,虽然其致虚极,守静笃,甚合邓豁渠所谓的"学问妙诀",且老子以神立教,但其"神有耗散,随机而转,俱非常住真心",尚不如佛教明心见性,致有超出三界之外的,与天地同悠久的金刚不坏身。邓豁渠认为,神明洞达的老子之所以未能识三界之理,也在于立教的原因使其然。(《南询录》一〇四)由于他并无一定的归宗情结,因此对三教之失时有论及,如他说:"儒者之学,变化气质而已;全真之学,调养血气而已;禅那之学,种下善根而已。既非超群逸格之才,又无明师指点,执定寻常伎俩,无过人颖悟,终亦必亡而已矣。"(《南询录》八一)同样,他对泰州学派的盟主以及王阳明都曾指出其为学之不足。这是得泰州学术别传的邓豁渠的特质之一。而其出入于儒佛,堪称是泰州后学一个重要的学术转向。

四、从邓豁渠看泰州学派的历时特征

对于泰州学派的学术特点,黄宗羲有这样的论述:"阳明先生之学,有泰州、龙溪而风行天下,亦因泰州、龙溪而渐失其传。泰州、龙溪时时不满其师说,益启瞿昙之秘而归之师,盖跻阳明而为禅矣。"[①]亦即,在黄宗羲看来,泰州学派

---

① 黄宗羲著,沈芝盈点校:《明儒学案》卷三十二《泰州学案一》,中华书局1985年版,第703页。

与王畿都是将佛禅归诸阳明的学者。黄宗羲这样的判断尚有可议之处,此说律之于王龙溪则可理解,但泰州学派的盟主王艮与佛禅基本无涉,并无"启瞿昙之秘而归之师"的色彩,涉佛之论并不符合泰州学派的为学取向。诚如荒木见悟所说:"王门当中,与佛教最接近的人是龙溪,心斋此种倾向极为薄弱,其子东厓虽然出入玉芝法聚之门,但也见不着多少佛学的影子。"①黄宗羲对泰州学派的评价,似乎更像因赵大洲、邓豁渠、管志道、李贽而发。黄宗羲谓管志道"决儒释之波澜,终是其派下人也"②,称引赵大洲"禅之不足以害人明矣"③。因赵大洲当时影响甚大,谈禅之风遂影响士人,钱谦益谓"今之谭禅者,皆宗赵大洲'只贵眼明,不贵践履'之说,终日谈玄说妙"④。严格来说,黄宗羲所述,主要体现了赵大洲以下的学术趋向。由此亦可见,"泰州"之学的特质,亦经过了一个历时演变的过程。事实上,从现存的有关邓豁渠的资料来看,邓氏堪称是泰州学人之中受佛学浸润最深的学人。他在《南询录自叙》中云:"学者造到日用不知处,是真学问,遂从事焉。知镜中影皆幻有,皆假真如而生,旋生旋灭,俱非真实。"又说:"所谓事理,所谓日用,与夫有情无情,有善无善,有过无过,有作无作,皆非性命窍。""欲透此窍,须致虚守静。得入清净,清净本然,道之消息。渠从事于此,遂得悟入。"可见,邓豁渠虽然从百姓日用处悟入,但最终的学术归趣则在于佛道,亦即所谓"清净本然,道之消息"。这是邓豁渠为自己的《南询录》所作的自叙,是对自己著述宗旨的概括。可见,论学归于佛学,乃是其深思而后所得。邓豁渠论学归诸佛,在《南询录》中在在可见。如对于阳明良知与佛学的关系,他说:"觉得阳明良知,了不得生死;又觉人生都在情量中,学者工夫,未超情外,不得解脱。此外,另有好消息,拟议不得的。拟议不得的,言思路难解难分,诸佛所证无上妙道也。"显然,在邓豁渠看来,阳明与儒学都是关注现实人生,而不了生死的学说,这与佛教具有根本的区别。能够了生死问题的是佛教的轮回理论。因此,邓豁渠认为"阳明良知,了不得生死"。与此相反,"诸佛所证无上妙道"(《南询录》三),高下自别。这是从人之生死而言。同样,他还

---

① 《赵大洲的思想》,载荒木见悟著,廖肇亨译:《明末清初的思想与佛教》,台北联经出版事业股份有限公司2006年版,第98页。
② 黄宗羲著,沈芝盈点校:《明儒学案》卷三十二《泰州学案一》,中华书局1985年版,第708页。
③ 黄宗羲著,沈芝盈点校:《明儒学案》卷三十三《泰州学案二》,中华书局1985年版,第748页。
④ 钱谦益著,钱曾笺注、钱仲联标校:《牧斋初学集》卷八十六《跋傅文恪公大事狂言》,上海古籍出版社1985年版,第1800页。

有这样的论述:"良知,神明之觉也。有生灭,纵能透彻,只与造化同运并行,不能出造化之外。"(《南询录》四)这是从本体而言。在邓豁渠看来,良知之神明之觉,只能透彻于现实世界,而对于超越于现实世界之外的则并无透彻之功。当其偶尔称颂阳明之时,也是将其视为得乎佛理的俊杰,云:"阳明振古豪杰,孔子之后一人而已。其曰'乾坤是易原非画',示人以无相玄宗也。曰'心性何形得染尘',示人以本觉元净也。曰'只是良知更莫疑',示人以学问关窍也。"(《南询录》一〇五)他对阳明教法有这样形象的比喻:

    阳明诗教:"但致良知成德业",乱草草事。"只是良知更莫疑",拨草寻牛事。"直造先天未画前",望见白牛事。咦,他的这条牛,犯人苗稼,管取收拾不彻。(《南询录》九〇)

邓氏以禅宗十牛图形象地说明了阳明的正心思想,以禅解说阳明诗教。阳明诗教宗旨以见性为本,但邓豁渠则视牛为犯人苗稼之牛,尚未悟证彻底。在邓氏看来,阳明之良知说还不是究竟义,他追求的是更彻底的悟证。所谓的"收拾不彻",当是指人牛俱忘的境界。可见,邓豁渠真正"跻"阳明的良知说而为禅宗了。不但如此,邓豁渠还对禹与周公执之于事而后学提出了批评,认为禹待水祸平复以后学,则八年在外"皆苦趣";周公遭管、蔡之变,三年东居,为流言所扰,周公待流言止而后学也是十分危险的。尧舜禹被儒家视为"三圣",周公是与孔子并列的儒家的创始者。邓豁渠贬儒家诸圣,而倡直造佛祖门庭的上乘之学,足以体现他的学术祈向。就学术的路向而言,他有将泰州学派以及王学现成派归诸禅法,或者视其为悟禅的进路,云:"天机在人,分分明明,停停当当,活泼、圆融、透彻。当动时自动,当止时自止,加不得一毫人力安排布置。"(《南询录》四四)"百姓日用,用此也;率性,率此也。"(《南询录》四四)虽然已由学而悟道,知得向上事,但此"道"乃"后天道",还需透入,否则"若堕其中,即有生灭,难免轮回"(《南询录》四四)。邓豁渠所谓"透入",即是摆脱轮回,亦即佛教的解脱。因此,归趣还是佛教。从这个意义上说,儒学不能透入,不是儒生之"人病",而是"法病",云:"讲圣学的,脱不得秀才旧套子。虽说情顺万事而无情,终是有沾带,饶他极聪明,会修为止,透现前的向上事,实难悟入。"(《南询录》五三)同样,他为学境界也以佛学为尚,认为,在情念上理会,则有拟议之病;

在机括上理会,止透盈虚消息之理;只有在大寂定中理会,才能入光明藏(见《南询录》五九)。

邓豁渠以禅为究竟,当是从阳明学演绎而来,正所谓"良知,范围三教之宗"①。但是,这对于一般学者来说是甚难接受的,即使是混儒禅同一学脉的袁宏道也对此提出了批评。袁宏道曰:"近代之禅,所以有此流弊者,始则阳明以儒而滥禅,既则豁渠诸人以禅而滥儒。禅者见诸儒汩没世情之中,以为不碍,而禅遂为拨因果之禅;儒者借禅家一切圆融之见,以为发前贤所未发,而儒遂为无忌惮之儒。不惟禅不成禅,而儒亦不成儒矣。"②无论袁宏道的价值判断为何,但他客观地指出了邓豁渠与阳明一样,都具儒佛会通的特征。黄宗羲所谓"跻阳明而为禅",其实仅是阳明论学涉佛的遁词而已。同时也应看到,论学及佛实是阳明、泰州、龙溪的普遍特征,心斋等仅是特例。赵大洲、邓豁渠等泰州后学只是跻心斋而重归阳明之学而已。

---

① 湛若水:《湛甘泉文集》卷二十三,清康熙二十年(1681)黄楷刻本。
② 袁宏道著,钱伯城点校:《袁宏道集笺校》卷二十二《答陶石篑》,上海古籍出版社1981年版,第790页。

余　论

　　泰州学派由心斋肇其端,形成了以淮南格物、百姓日用即道、大成学为中心的学术思想。无论是内涵还是讲学对象、方法,都体现了与传统儒学不尽相同的特征,并伴随着阳明学而"风行天下"。但心斋的表述明快通俗而疏于论证,承嗣家学的王东厓通过博取阳明、龙溪之学而转精。王一庵则较清晰地梳理了心斋之学的内在逻辑,并提出了诚意慎独论,丰富了泰州学派的内涵。心斋是一位平民,虽有"百姓日用即道"之论,但并无笃行之实,乃至"每论世道,便谓自家有愧"①。泰州后学颜山农、何心隐等人则通过建立"萃和会""聚和堂"等乡村组织,将心斋儒学的民间化思想付诸实践,并以各自的行谊特征,彰显了泰州学派特有的精神风致。赵大洲则将泰州学派的学术思想上达于庙堂之上,同时,其经世出世,学综多元的取向更形突出。邓豁渠既归心佛学,又兼承泰州之脉,持守百姓日用之学,认为"与百姓一般妥帖,才是道人本色"②。学得一个真百姓,才是一个真学者。邓豁渠又论说良知,极崇阳明,实乃黄宗羲所谓"跻阳明而为禅"的代表。从邓豁渠泛滥三教的学术取向来看,这与王心斋持守儒家立场论学的取向已相去甚远,这也是泰州学派走向解体的表征之一。

　　随着程朱理学的短暂复兴以及考据学的兴起,泰州学派逐渐走向消歇。明清之际的学人们对于泰州学派尤其是颜何一派的批评是带着明清易代的复杂情感而做出的。这种特殊的时代情境使得学者们对泰州学派的批评更为峻厉。但学术评价需要时间的积淀,需淡化特定时代因素的影响,方可从更宏阔的历史视野之下理性地厘定其在学术史上的地位。泰州学派以及受其影响的学者之所以在明末和近代以来受到了迥然不同的评价,时代是不可忽视的因素。同时,学人们对泰州学派的态度又往往是与对李贽的评价密切联系在一起的。李贽的学派归属问题是分析泰州学派历史地位时无法回避的一个难题。

---

① 王艮:《重刻心斋王先生语录》卷上,《四库全书存目丛书》子部第10册,齐鲁书社1995年版,第9页。
② 邓豁渠:《南询录》八二,日本内阁文库本。

李贽虽然径称王东厓为"贽之师",但黄宗羲在《明儒学案》中并未将其列于《泰州学案》。黄氏不列李贽,一般认为与李贽出入三教有关。但李贽生活的年代,三教融通之风盛行,《泰州学案》中的邓豁渠之礼佛似更过于李贽。黄宗羲不将李贽列入《泰州学案》更重要的原因也许还不在于此。当本书卒章之时,有必要对此再做分析。

　　李贽属于泰州学派的显性证据是李贽在《储瓘》中的记载:"心斋之子东崖公,贽之师。"①但是,李贽最为尊崇的学者是王龙溪,在《王龙溪先生告文》中哀叹龙溪道:"圣代儒宗,人天法眼,白玉无瑕,黄金百炼,今其没矣,后将何仰!"极度称颂了王畿"随地雨法",广布良知说的功绩:"以故四域之内,或皓首而执经,五陵之间,多继世以传业。遂令良知密藏,昭然揭日月而行中天;顿令洙、泗渊源,沛乎决江、河而达四海。"②赞叹程度远过于"贽之师"王东厓。何以如此?概有两方面的原因:其一,在李贽看来,王东崖是一位承学多元,学派特征并不显著的学者。他在明言东崖乃"贽之师"之后,又云:"东崖之学,实出自庭训,然心斋之学在日,亲遣之事龙溪于越东,与龙溪之友月泉老衲矣,所得更深邃也。东崖幼时,亲见阳明。"③其二,与其对"真师"的理解有关。李贽在《真师》中云:"世人不知友之即师,乃以四拜受业者谓之师;又不知师之即友,徒以结交亲密者谓之友。"④李贽认为"师友原是一样"。比较而言,友是比师更重要的范畴。他谓师与友的关系云:"夫使友而不可以四拜受业也,则必不可以与之友矣;师而不可以心腹告语也,则亦不可以事之为师矣。古人知朋友所系之重,故特加师字于友之上,以见所友无不可师者,若不可师,即不可友。大概言之,总不过友之一字而已,故言友则师在其中矣。"⑤可见,李贽并不介意传统的师徒授受形式,但更注重志同道合的关系。他明确说过:"吾虽不曾四拜受业一个人以为师。""然孰知吾心中时时四拜百拜,屈指不能举其多,沙数不能喻其众。"⑥他所尚的实乃"学无常师"。因此,判断李贽是否是泰州学派的承祧者,不能仅仅以拜师为唯一标准。就李贽的学术思想来看,他受到王龙溪、罗近溪的影响更

---

① 李贽:《续焚书》卷三《储瓘》,中华书局1975年版,第90页。
② 李贽:《焚书》卷三《王龙溪先生告文》,中华书局1975年版,第121页。
③ 李贽:《续焚书》卷三《储瓘》,中华书局1975年版,第90页。
④ 李贽:《焚书》卷二《为黄安二上人三首·真师》,中华书局1975年版,第81页。
⑤ 李贽:《焚书》卷二《为黄安二上人三首·真师二首》,中华书局1975年版,第80—81页。
⑥ 李贽:《焚书》卷二《为黄安二上人三首·真师二首》,中华书局1975年版,第81页。

为直接。因此,黄宗羲不将李贽列入《泰州学案》除了是否礼佛的因素之外,更有对李贽学术思想全面考察的因素在。尽管如此,李贽又是与泰州学派关系至为密切的一位学者。他对泰州学派的重要中坚罗近溪也甚为推敬,《罗近溪先生告文》云:"然吾闻先生之门,如仲尼而又过之。""先生之寿七十而又四矣,其视仲尼有加矣。"①将近溪视若仲尼。李贽自视为得近溪心印最深者,云:"能言先生者实莫如余。"恸悼近溪云:"盖余自闻先生讣来,似在梦寐中过日耳。乃知真哀不哀,真哭无涕,非虚言也。"慨叹:"天丧予,予丧天,无父何怙,而子而望孤者耶?"②不难看出,李贽礼敬时贤,是因学术而崇奉,而并不囿于学派归属。当然,判断李贽是否属于泰州学派,更重要的还在于考察其与泰州学派核心思想观念的异同。虽然学术流派成员之中都会存在着一定的理论殊异,学派成员之间基于差异性而产生的学术商论是学派发展变化的重要动能。但这种异致又是以不违忤基本学术立场为前提的,否则便难以为同一学派所牢笼。李贽最具特色、影响最大的理论是"童心说"。虽然其形成也受到罗汝芳等人思想的影响,但"童心说"最终则是对六经、《语》、《孟》的质疑,谓其"非其史官过为褒崇之词,则其臣子极为赞美之语。又不然,则其迂阔门徒,懵懂弟子,记忆师说,有头无尾,得后遗前,随其所见,笔之于书",乃至做出这样的判断:"六经、《语》、《孟》,乃道学之口实,假人之渊薮也。"③这是李贽在中国思想史上最具特色与震撼力的表述,但这显然与心斋极尊孔子,谓"自古英雄谁能此?开辟以来惟仲尼"④迥然有别,也与对其影响甚大的罗汝芳有所不同。罗汝芳虽然"早岁于释典玄宗,无不探讨",但其后论学"一本诸《大学》孝弟慈之旨,绝口不及二氏",乃至其孙阅读《中峰广录》之时,"先生(罗汝芳)辄命屏去,曰:'禅家之说,最令人躲闪,一入其中,如落陷井,更能转头出来,复归圣学者,百无一二'"⑤。旁及二氏只是以儒为本的证学方式而已,与李贽对儒家经典的质疑明显不同。这才是判断李贽学派归属最重要的依据。因此,我们亦循黄宗羲《明儒学案》

---

① 李贽:《焚书》卷三《罗近溪先生告文》,中华书局1975年版,第122页。
② 李贽:《焚书》卷三《罗近溪先生告文》,中华书局1975年版,第124页。
③ 李贽:《焚书》卷三《童心说》,中华书局1975年版,第99页。
④ 王艮:《重刻心斋王先生语录》卷下《大成歌寄罗念庵》,《四库全书存目丛书》子部第10册,齐鲁书社1995年版,第42页。
⑤ 黄宗羲著,沈芝盈点校:《明儒学案》卷三十四《泰州学案三》引王塘南语,中华书局1985年版,第762—763页。

旧例,不列李贽于其中。

但这一判断并不意味着李贽与泰州学派无关。恰恰相反,除了对儒家经典的态度明显有别之外,李贽受泰州学派的影响在在可见。诸如,王心斋尊身论与李贽论"私"意蕴相通,李贽"穿衣吃饭,即是人伦物理,除却穿衣吃饭,无伦物矣"①,宛见心斋"百姓日用即道"的痕迹,以及论学"以赤子良心、不学不虑为的"②的罗近溪对"童心说"的影响等等。与学人们常常对泰州学派及其颜钧、何心隐一派多有苛责之声不同,李贽对泰州之学有着热情的褒赞:

> 当时阳明先生门徒遍天下,独有心斋为最英灵。心斋本一灶丁也,目不识一丁,闻人读书,便自悟性,径往江西见王都堂,欲与之辩质所悟。此尚以朋友往也,后自知其不如,乃从而卒业焉。故心斋亦得闻圣人之道,此其气骨为何如者!心斋之后为徐波石,为颜山农。山农以布衣讲学,雄视一世而遭诬陷;波石以布政使请兵督战而死广南。云龙风虎,各从其类,然哉!盖心斋真英雄,故其徒亦英雄也。波石之后为赵大洲,大洲之后为邓豁渠;山农之后为罗近溪,为何心隐,心隐之后为钱怀苏,为程后台;一代高似一代。所谓大海不宿死尸,龙门不点破额,岂不信乎!③

李贽梳理的由心斋开启的泰州学脉与黄宗羲《泰州学案》大致相同④,且早于黄宗羲近百年。李贽虽然"不曾四拜受业一个人以为师",但他对泰州学脉的倾慕溢于言表。尤其值得注意的是,他描述的泰州学脉是以"英雄"气韵流贯为基本特征的。李贽这位热情的旁观者对六经、《语》、《孟》的大胆质疑,又何尝不是受到了这种"英雄"气的感染而使其然?因此,李贽之于思想史的重大意义也从一个侧面印证了泰州学派的历史价值。

---

① 李贽:《焚书》卷一《答邓石阳》,中华书局1975年版,第4页。
② 黄宗羲著,沈芝盈点校:《明儒学案》卷三十四《泰州学案三》,中华书局1985年版,第762页。
③ 李贽:《焚书》卷二《为黄安二上人三首·大孝一首》,中华书局1975年版,第80页。
④ 在《为黄安二上人三首·大孝一首》中梳理泰州学脉时虽然未论及邓豁渠,但在其后的《为黄安二上人三首·真师二首》中又有这样的记述:"黄安二上人到此,时时言及师友之重。……故吾因此时论及邓豁渠,又推豁渠师友之所自。二上人喜甚,以为我虽忝为豁渠之孙,而竟不知豁渠之所自,今得先生开示,宛然在豁渠师祖之旁,又因以得闻阳明、心斋先生之所以授受,其快活无量何如也!"(中华书局1975年版,第81页)显然又将邓豁渠列于心斋的学脉之下。只是邓豁渠的学术承挑隐而不显,乃至二上人"虽忝为豁渠之孙,而竟不知豁渠之所自"。

泰州学派之于中国思想史的意义学者们已有充分的讨论，毋庸再赘。兹仅就泰州学派基于平民化的学术取向而注重乡村建设的社会意义稍作分析。

　　泰州学派注重百姓日用之中体道的论学路径，发展至颜山农、何心隐一派，"以赤手搏龙蛇"的勇毅精神将儒家的社会理想图景付诸乡村实践。如果说黄宗羲所总结的"复非名教之所能羁络"的特质在泰州别派的理论之中并无明显的呈现，那么，在基层社会实践方面，他们则超越了传统儒家名教指示的治平路径。传统儒家强调内圣外王以实现社会理想，亦即在得其位之后，将儒家的社会理想付诸实践。而颜山农、何心隐则不同，他们不但作出位之思，且付诸社会实践。出位之实践，才是他们招致传统儒家呵斥的根本原因。虽然其中的许多细节已消弭于历史的尘埃之中，但他们的理想社会境界在于"和"。他们囿于客观条件，而将理想的实现从基层乡村改造做起，这总体上是符合儒家入世品格的。颜、何一派所为正是王心斋所倡的儒学平民化、大众化向社会实践的延展。心斋孜求的圣人之道与百姓日用统一的思想在颜、何这里得到了践行与落实。区别在于心斋立足于教，而颜、何笃志于行而已。泰州学派的一些杰出人物也表现出了类似的学、行取向，如曾拜师于颜山农的罗近溪也着意于乡村实践，两人的区别仅在于是否得其位。罗近溪在出守宁国府时，但"以讲会乡约为治"[①]，注重基层民间的社会改良。王东崖也因族中"尊卑老少之间，渐失祖宗礼义"的现实，乃立宗会于心斋祠堂，"周悉广布，以昭族规"。族人贫富相济，且"置义田以赒穷乏，立义学以广教育"，目的是使"吾族为慈孝忠厚之族，而吾乡为仁善和义之乡"。泰州学派学人们的乡村建设组织程度不一，如王东崖建立的王氏宗会以"识达治体，以报我皇王载造之恩"为期，因此，宗会规约明言："贡赋课税不累官司征催之繁。"[②]而何心隐的"聚和堂"则颇有乡村自治的意味。泰州学派这一本于学术旨趣的面向社会基层的实践品格，是儒学经典化之后儒林十分鲜见的新动向。这为不得其位的儒士开辟了一条经世路径，于"穷""达"两极之外，提供了儒士施展理想抱负的广阔空间。泰州学派的这一学行倾向虽然在当时褒贬不一，但对于儒家学术的价值实现具有重要的意义。泰州学派的这一平民实践指向也成为后世知识分子学以经世、

---

① 黄宗羲著，沈芝盈点校：《明儒学案》卷三十四《泰州学案三》，中华书局 1985 年版，第 760 页。
② 王襞：《新镌东崖王先生遗集》卷上《告合族祖宗文》，明万历刻明崇祯至清嘉庆间递修本。

躬行践履的珍贵资源。如民国期间注重乡村建设的梁漱溟先生就深受泰州学派这一品格的影响,他在《我的自学小史》中谈到转而信奉儒学之后,"给我启发最大,使我得门而入的,是明儒王心斋先生"①。泰州学派面向民间、着意于乡村的学行品格,在儒学逐渐流于教条空疏之时,为儒学增添了新的活力,赋予其新的现实价值。因此,厘定泰州学派的历史地位,亟须对其立足于平民的社会实践品格予以充分关注。

---

① 梁漱溟:《梁漱溟全集》第二卷,山东人民出版社1990年版,第126页。

参考文献

经部

顾梦麟:《四书说约》,明崇祯十三年刻本。
胡广等:《四书大全》,《文渊阁四库全书》第 205 册。
胡广等撰,周群、王玉琴校注:《四书大全校注》,武汉大学出版社 2009 年版。
焦循撰,沈文倬点校:《孟子正义》,中华书局 1987 年版。
李隆基注:《孝经》,四部丛刊景宋本。
陆西星述:《楞严经述旨》,《续藏经》第 14 册,经号:0295。
马其昶:《周易费氏学》,《续修四库全书》第 40 册,上海古籍出版社 2002 年版。
毛亨传,郑玄笺,孔颖达疏:《毛诗正义》,北京大学出版社 1999 年版。
潘维城:《论语古注集笺》,清光绪七年(1881)江苏书局刻本。
释德清述:《楞严经通议》,《续藏经》第 12 册,经号:0279。
释吉藏:《三论玄义》,《大藏经》第 45 册,经号:1852。
释智聪述:《圆觉经心镜》,《续藏经》第 10 册,经号:0254。
孙希旦:《礼记集解》,中华书局 1989 年版。
王弼注,韩康伯注,孔颖达疏,陆德明音义:《周易注疏》,《文渊阁四库全书》经部第 7 册。
王弼注,孔颖达疏:《周易正义》,北京大学出版社 1999 年版。
杨伯峻译注:《论语译注》,中华书局 1980 年版。
杨伯峻译注:《孟子译注》,中华书局 1960 年版。
郑玄注,孔颖达正义:《礼记正义》,中华书局 1980 年版。
朱熹:《四书章句集注》,中华书局 1983 年版。
朱熹著,黄坤校点:《四书或问》,上海古籍出版社、安徽教育出版社 2001 年版。

史部

毕自严:《度支奏议》,明崇祯刻本。
高廷珍辑:《东林书院志》,清雍正刻本。
何乔远:《名山藏》,明崇祯刻本。
黄宗羲著,全祖望补修,陈金生、梁运华点校:《宋元学案》,中华书局 2007 年版。
黄宗羲著,沈芝盈点校:《明儒学案》,中华书局 1985 年版。
李贽:《藏书》,中华书局 1959 年版。
李贽著,张光澍点校:《续藏书》,中华书局 1962 年版。
陆九德辑:《皇明名臣经济录》,明嘉靖二十八年(1549)刻本。
沈德符:《万历野获编》,中华书局 1959 年版。
宋濂等:《元史》,中华书局 2005 年版。
万斯同:《儒林宗派》,四明丛书约园刊本。
王安定等纂修:《两淮盐法志》,清光绪三十一年(1905)刻本。
王士性撰,吕景琳点:《广志绎》,中华书局 1981 年版。
王世贞著,董复表辑:《弇州史料》,明万历四十二年(1614)刻本。
吴亮辑:《万历疏钞》,《四库禁毁书丛刊》史部第 466—467 册。
杨一凡点校:《皇明制书》,社会科学文献出版社 2013 年版。
朱廷立、史绅等:《盐政志》,明嘉靖刻本。

子部

顾炎武著,黄汝成集释:《日知录集释》,岳麓书社 1994 年版。
胡广等:《性理大全书》,《文渊阁四库全书》第 710—711 册。
黎靖德编:《朱子语类》,中华书局 1994 年版。
李材:《见罗先生书》,明万历刻本。
刘宗周:《人谱类记》,《文渊阁四库全书》第 717 册。
刘宗周:《学言》,《文渊阁四库全书》第 717 册。
陆世仪:《思辨录辑要》,《文渊阁四库全书》第 724 册。

罗大经著,孙雪霄校点:《鹤林玉露》,上海古籍出版社 2012 年版。

罗钦顺著,阎韬点校:《困学记》,中华书局 1990 年版。

罗汝芳:《明道录》,明万历刻本。

罗汝芳:《盱坛直诠》,台北广文书局影明万历刻本 1991 年版。

邵雍著,郭彧、于天宝点校:《皇极经世书》,上海古籍出版社 2017 年版。

苏轼撰,王松龄点校:《东坡志林》,中华书局 1997 年版。

王艮:《重刻心斋王先生语录》,《四库全书存目丛书》子部第 10 册,齐鲁书社 1995 年版。

王钧林、周海生译注:《孔丛子》,中华书局 2009 年版。

俞琰:《周易参同契发挥》,明刻本。

袁宏道:《珊瑚林》,明清响斋刻本。

章诗同注:《荀子简注》,上海人民出版社 1974 年版。

周汝登辑:《王门宗旨》,明万历刻本。

集部

陈淳:《北溪大全集》,《文渊阁四库全书》第 1168 册。

陈田辑:《明诗纪事》,上海古籍出版社 1993 年版。

陈献章著,孙通海点校:《陈献章集》,中华书局 1987 年版。

程颢、程颐著,王孝鱼点校:《二程集》,中华书局 1981 年版。

冯从吾:《少墟集》,《文渊阁四库全书》第 1293 册。

高攀龙:《高子遗书》,《文渊阁四库全书》第 1292 册。

耿定向:《耿天台先生文集》,《四库全书存目丛书》集部第 131 册。

顾宪成:《顾端文公遗书》,清康熙刻本。

何心隐著,容肇祖整理:《何心隐集》,中华书局 1960 年版。

贺长龄辑:《清经世文编》,清光绪石印本。

贺复征编:《文章辨体汇选》,《文渊阁四库全书》第 1048 册。

胡维霖:《胡维霖集》,明崇祯刻本。

黄宗羲:《黄宗羲全集》,浙江古籍出版社 1985 年版。

焦竑著,李剑雄点校:《澹园集》,中华书局 1999 年版。

李春芳:《贻安堂集》,明万历十七年(1589)李戴刻本。
李颙著,陈俊民点校:《二曲集》,中华书局1996年版。
李贽:《焚书》,中华书局1975年版。
李贽:《李温陵集》,明刻本。
李贽:《续焚书》,中华书局1975年版。
刘宗周:《刘蕺山集》,《文渊阁四库全书》第1294册。
刘宗周著,吴光主编:《刘宗周全集》,浙江古籍出版社2007年版。
陆九渊著,钟哲点校:《陆九渊集》,中华书局1980年版。
罗汝芳:《耿中丞杨太史批点近溪罗子全集》,《四库全书存目丛书》集部第129册。
罗汝芳著,方祖猷等编校整理:《罗汝芳集》,凤凰出版社2007年版。
吕坤撰,王国轩、王秀梅整理:《吕坤全集》,中华书局2008年版。
钱谦益:《列朝诗集小传》,古典文学出版社1957年版。
钱谦益著,钱曾笺注,钱仲联标校:《牧斋初学集》,上海古籍出版社1985年版。
邵廷采著,祝鸿杰校点:《思复堂文集》,浙江古籍出版社1987年版。
邵雍著,郭彧整理:《邵雍集》,中华书局2010年版。
沈懋孝:《长水先生文钞》,明万历刻本。
汪缙:《汪子文录》,清道光三年(1823)张杓刻本。
王襞:《新镌东厓王先生遗集》,明万历刻明崇祯至清嘉庆间递修本。
王艮撰,袁承业编纂:《王心斋先生全集》,民国元年(1912)铅印本。
王畿著,吴震编校:《王畿集》,凤凰出版社2007年版。
王世贞:《弇州续稿》,《文渊阁四库全书》第1283册。
王守仁著,吴光、钱明、董平、姚延福编校:《王阳明全集》,上海古籍出版社2011年版。
王维桢:《槐野先生存笥稿》,明万历三十四年(1606)刻本。
吴宽:《家藏集》,《四部丛刊》景明正德本。
许衡:《鲁斋遗书》,《文渊阁四库全书》第1198册。
颜钧著,黄宣民点校:《颜钧集》,中国社会科学出版社1996年版。
杨简:《慈湖遗书》,民国四明丛书本。
永瑢等:《四库全书总目》,中华书局1965年版。
袁宏道著,钱伯城笺校:《袁宏道集笺校》,上海古籍出版社1981年版。
袁中道著,钱伯城点校:《珂雪斋集》,上海古籍出版社1989年版。

袁宗道著,钱伯城标点:《白苏斋类集》,上海古籍出版社1989年版。
湛若水:《湛甘泉文集》,清康熙二十年(1681)黄楷刻本。
张履祥著,陈祖武点校:《杨园先生全集》,中华书局2002年版。
张载著,章锡琛点校:《张载集》,中华书局1978年版。
赵贞吉著,官长驰注:《赵贞吉诗文集注》,巴蜀书社1999年版。
钟惺著,李先耕、崔重庆标校:《隐秀轩集》,上海古籍出版社1992年版。
周敦颐著,陈克明点校:《周敦颐集》,中华书局1990年版。
周汝登:《东越证学录》,《四库全书存目丛书》集部第165册。
朱熹:《晦庵集》,《四部丛刊》景明嘉靖本。
朱熹撰,朱杰人、严佐之、刘永翔主编:《朱子全书》,上海古籍出版社2002年版。
朱彝尊著,黄君坦点校:《静志居诗话》,人民文学出版社1998年版。

近人著述

陈来:《中国近世思想史研究》,商务印书馆2003年版。
龚杰:《王艮评传》,南京大学出版社2001年版。
侯外庐:《宋明理学史》,人民出版社1984年版。
嵇文甫:《晚明思想史论》,东方出版社1996年版。
季芳桐:《泰州学派新论》,巴蜀书社2005年版。
劳思光:《中国哲学史》,广西师范大学出版社2005年版。
刘师培:《刘申叔先生遗书》,台北大新书局1965版。
牟宗三:《从陆象山到刘蕺山》,上海古籍出版社2001年版。
牟宗三:《心体与性体》,上海古籍出版社1999年版。
彭国翔:《良知学的展开——王龙溪与中晚明的阳明学》,生活·读书·新知三联书店2005年版。
钱明:《阳明学的形成与发展》,江苏古籍出版社2002年版。
钱穆:《宋明理学概述》,《钱宾四先生全集》第九册,台北联经出版事业股份有限公司1998年版。
钱穆:《中国学术思想史论丛》,生活·读书·新知三联书店2009年版。
《庆祝卞孝萱先生八十华诞文史论集》,江苏古籍出版社2003年版。

太虚法师:《太虚大师全书》,宗教文化出版社 2004 年版。
唐君毅:《中国哲学原论》,中国社会科学出版社 2005 年版。
吴震:《泰州学派研究》,中国人民大学出版社 2009 年版。
《中国哲学》编委会:《中国哲学》第十九辑,岳麓书社 1998 年版。

〔美〕乔治·赫伯特·米德著,霍桂桓译:《心灵、自我和社会》,译林出版社 2012 年版。
〔美〕余英时:《论戴震与章学诚》,生活·读书·新知三联书店 2000 年版。
〔美〕余英时:《儒家伦理与商人精神》,广西师范大学出版社 2004 年版。
〔美〕约翰·奥尼尔著,张旭春译:《身体形态——现代社会的五种身体》,春风文艺出版社 1999 年版。
〔日〕岛田虔次著,甘万萍译:《中国近代思维的挫折》,江苏人民出版社 2005 年版。
〔日〕沟口雄三著,索介然、龚颖译:《中国前近代思想的演变》,中华书局 1997 年版。
〔日〕荒木见悟:《明代思想研究》,东京创文社 1972 年版。
〔日〕荒木见悟著,廖肇亨译:《明末清初的思想与佛教》,台北联经出版事业股份有限公司 2006 年版。

后　记

　　完成了一部历时最为绵长的写作，理应记录下这一过程。当三十年前沉浸于晚明文士们蔬园插菊、柳下弹棋的生活风致，不拘格套、独抒性灵的文学活动之时，促使这一文坛奇观形成的诸多现象引起了我的注意：晚明文学思潮主将袁宏道既见李贽，始知一向掇拾陈言、株守俗见之失。至是，浩浩焉如鸿毛之遇顺风，巨鱼之纵大壑。赋诗为文，一一从胸襟流出，盖天盖地，如象截急流，雷开蛰户，文坛性灵狂飙乍起。而李贽又是一位亲炙于王襞，兼得泰州学脉的学坛"教主"。同样，晚明文坛另一巨匠汤显祖也"幼得于明德（罗汝芳，门人私谥明德）师"（汤显祖：《答邹宾川》），泰州学派中坚罗汝芳对汤显祖"或穆然而咨嗟，或熏然而与言"（汤显祖：《太平山房集选序》），泰州之学是汤显祖创作出奇彩腾跃作品不可掩抑的底色。晚明文坛摇曳多姿的奇花异卉，显然得乎这一圭角峥嵘的学术流派的理论滋养。而泰州学人是学术思想史上别样的存在："多能赤手搏龙蛇"，"掀翻天地，前不见有古人，后不见有来者"（黄宗羲：《明儒学案·泰州学案》），他们引起的学术震荡是悠悠学术史上所鲜见的：贬之者据爱书以发论，褒之者以"真英雄"相赞，乃至一时豪俊，不赴廷对，自惭菲劣而以蒙受门下之遇自喜。俯仰褒贬，霄壤悬绝，何以如此？我遂而产生了一探究竟的强烈愿望。但当时泰州学派的资料搜求殊为不易，《四库存目丛书》尚未编成，在庋藏甚富的南京图书馆遍检目录亦难觅《近溪子集》踪迹。同时，点校整理的泰州学人的材料数量甚鲜，大量线装古籍存诸图书馆古籍部，拍摄则律峻价昂，不得已而仅能枯坐誊录，效率殊低。有幸的是，近二十年前，刘笑敢教授邀世安兄与我一同到香港中文大学访学。其间，瞠目于新亚图书馆开架书籍属序井然而新旧混列，这些平时需要图书管理人员恭敬地从书库中请出的线装古籍，居然与普通书籍圣凡一律，忠实地履行着书籍供阅读、研究的天职。不仅如此，还可在无损书籍的前提下随手复印。于是，我自港返宁，背负了数十斤泰州学派复印古籍而乐不自胜，阅读、研究不再受场域之囿。其后虽然时有旁骛，但对泰州学派独特风景的流连从未中绝。数年前书稿终于草成，并被列入国家社会科学基金后期资助项目,使这个漫长而令人沉醉的过程暂告一段落。在书稿即将付诸梨枣之时,著名学者陈来先生拨冗赐序相勉,值此,首先要对陈先生表示衷心的感谢与敬意。同时,还要感谢为书稿写作提供帮助的诸位学者:笑敢教授中文大学访学之邀给我带来了望外之获;受台大黄俊杰教授之邀作法鼓人文讲座期间,古伟瀛教授赐予了李庆龙先生的博士论文《罗汝芳思想研究》;多年前成复旺教授赐下《盱坛直诠》,东岭教授赐下肇亨教授译荒木见悟大著《明末清初的思想与佛教》,钱明教授赐下邓豁渠《南询录》复印件,等等。感谢校核全书文献的诸位:同窗沐金华教授,博士生刘立群、刘鑫鹏,硕士生刘正浩、马茜,等等。在此,对他们致以诚挚的谢意。

泰州学派肇基之始即深受学界瞩目,时贤亦有多种泰州学派的研究成果问世,尤其是龚杰先生、畏友吴震、季芳桐教授的大作已著声于学林。由于泰州学派是一个多元复杂且影响重大的学术流派,即便是核心成员的文献尚存在着进一步释读的空间,遑论其边际、内涵、价值等歧于仁智的种种。因此,泰州学派的研究必然是一个动态过程,这也是本人不揣浅陋而献芹于学坛的根本动因。拙作虽历时绵久,罄竭驽钝而成,但其中仍有诸多不周之思、失允之判,尚祈同好不吝指谬,并为泰州学派的进一步深入研究而同心共进。

周　群

壬寅春于远山近藤斋

图书在版编目（CIP）数据

泰州学派研究 / 周群著 .— 北京：商务印书馆，2022
（中国学术流派研究丛书）
ISBN 978-7-100-20898-7

Ⅰ.①泰⋯ Ⅱ.①周⋯ Ⅲ.①泰州学派—研究 Ⅳ.
① B248.35

中国版本图书馆 CIP 数据核字（2022）第 043489 号

本书由南京大学中央基本科研业务费、
南京大学人文基金资助出版

权利保留，侵权必究。

中国学术流派研究丛书
泰州学派研究
周 群 著

商 务 印 书 馆 出 版
（北京王府井大街36号 邮政编码100710）
商 务 印 书 馆 发 行
南 京 新 洲 印 刷 有 限 公 司 印 刷
ISBN 978-7-100-20898-7

2022 年 5 月第 1 版	开本 700×1000 1/16
2022 年 5 月第 1 次印刷	印张 20¼

定价：99.00 元